DIREITO DAS NANOTECNOLOGIAS E O MEIO AMBIENTE DO TRABALHO

Conselho Editorial
André Luís Callegari
Carlos Alberto Molinaro
Daniel Francisco Mitidiero
Darci Guimarães Ribeiro
Draiton Gonzaga de Souza
Elaine Harzheim Macedo
Eugênio Facchini Neto
Giovani Agostini Saavedra
Ingo Wolfgang Sarlet
Jose Luis Bolzan de Morais
José Maria Rosa Tesheiner
Leandro Paulsen
Lenio Luiz Streck
Paulo Antônio Caliendo Velloso da Silveira

Dados Internacionais de Catalogação na Publicação (CIP)

G598d   Góes, Maurício de Carvalho.
         Direito das nanotecnologias e o meio ambiente do trabalho / Maurício de Carvalho Góes, Wilson Engelmann. – Porto Alegre: Livraria do Advogado Editora, 2015.
         248 p. ; 25 cm.
         Inclui bibliografia.
         ISBN 978-85-7348-979-8

         1. Direito do trabalho. 2. Nanotecnologia. 3. Direito ambiental. 4. Hermenêutica (Direito). 5. Direitos fundamentais. I. Engelmann, Wilson. II. Título.

CDU 349.24:530.145

CDD 344.01

Índice para catálogo sistemático:
1. Direito do trabalho : Nanotecnologia   349.24:530.145

(Bibliotecária responsável: Sabrina Leal Araujo – CRB 10/1507)

Maurício de Carvalho Góes
Wilson Engelmann

DIREITO DAS NANOTECNOLOGIAS E O MEIO AMBIENTE DO TRABALHO

Porto Alegre, 2015

©
Maurício de Carvalho Góes
Wilson Engelmann
2015

Capa, projeto gráfico e diagramação
Livraria do Advogado Editora

Revisão
Rosane Marques Borba

Direitos desta edição reservados por
Livraria do Advogado Editora Ltda.
Rua Riachuelo, 1300
90010-273 Porto Alegre RS
Fone/fax: 0800-51-7522
editora@livrariadoadvogado.com.br
www.doadvogado.com.br

Impresso no Brasil / Printed in Brazil

Apresentação

Com grande satisfação e alegria recebi o convite dos professores Maurício de Carvalho Góes e Wilson Engelmann para apresentar a obra "Direito das Nanotecnologias e o Meio Ambiente do Trabalho".

O livro, resultado da tese doutoral do colega Maurício, orientado pelo colega Wilson no Programa de Pós-Graduação em Direito da Universidade do Vale do Rio dos Sinos, é original, extremamente detalhista e técnico no campo do meio ambiente laboral, a tratar do tema da nanotecnologia.

A divisão da obra se dá em dois grandes capítulos.

No primeiro, os autores tratam do Direito do Trabalho, seus princípios fundamentais, abordando o meio ambiente laboral como norte da dignidade do trabalhador e sua relação com as nanotecnologias no mundo do trabalho.

A partir de então, são examinados o princípio da proteção (no Direito do Trabalho), a dignidade da pessoa humana e o valor social do trabalho. Os autores tratam da incidência dos princípios fundamentais e dos direitos fundamentais na relação jurídica de emprego. É neste momento que, com grande felicidade, Maurício e Wilson ingressam no chamado "círculo hermenêutico" como instrumento para romper o paradigma conceitual e para ensejar uma interpretação que contribua com a eficácia dos princípios.

O capítulo encerra com a abordagem ao meio ambiente de trabalho seguro, normas vigentes de proteção ao trabalhador e a proposta hermenêutica para o chamado "acontecer de fato".

No segundo capítulo, entram as nanotecnologias e a sua relação com o Direito do Trabalho. A partir do existente, os autores apresentam alternativas normativas como forma de regulação do trabalho a fim de atender às demandas de proteção da dignidade do trabalhador.

São examinadas as fontes que versam sobre saúde e segurança do trabalhador, vinculadas à prevenção e sua utilização em matéria de nanotecnologia. Logo vem a abordagem ao princípio da precaução como ponto de partida para a criação de marcos regulatórios acerca das nanotecnologias. Aqui, o destaque é para a valorização da precaução no mundo do trabalho.

Por fim, e de forma brilhante, o fato jurídico laboral nanotecnológico adota o "diálogo entre fontes" de Direito do Trabalho como forma de possibilitar a produção de proposições de respostas, sempre com o fim de preservar a dignidade do trabalhador. Com esta base teórica, os autores propõem marcos regulatórios em matéria de saúde e segurança do trabalho com nanotecnologias.

Apresentado com cuidado o tema do livro, cabe uma palavra sobre os autores.

O professor e pesquisador Wilson Engelmann, colega gentil e afável, é Mestre e Doutor em Direito pela Unisinos, bem como professor do Programa de Pós-Graduação em Direito da mesma instituição, onde é Coordenador adjunto. Investiga com maestria temas de hermenêutica filosófica, ética, direito natural, direitos humanos, direitos fundamentais, além de ser uma das maiores autoridades acadêmicas do país em nanotecnologia. Lidera o Grupo de Pesquisa JUSNANO, que pesquisa o tema. Por si só, o seu currículo recomenda a leitura da obra.

O professor Maurício é, acima de tudo, um parceiro acadêmico e um Amigo com "A" maiúsculo. Mestre em Direito pela ULBRA e Doutor em Direito pela UNISINOS, mas, principalmente, festejado professor de Direito do Trabalho a encantar seus alunos nas salas de aula e fora delas. É, para minha alegria, um dos meus pares na Pontifícia Universidade Católica do Rio Grande do Sul. Maurício é, além de pesquisador, advogado trabalhista militante, emprestando aos seus clientes a sólida formação acadêmica e a dedicação profissional que o caracterizam.

Por todas as razões expostas, ser distinguido, entre tantos grandes nomes, para apresentar este livro, me emocionou. Sou grato aos autores, cumprimento à editora e recomendo a obra ao público.

Gilberto Stürmer
Professor de Direito do Trabalho da PUCRS
Graduação e Pós-Graduação
Advogado

Sumário

1. Introdução..9
2. **Direito do trabalho, princípios e direitos fundamentais, e meio ambiente de trabalho: delineando os pressupostos para projetar a dignidade do trabalhador e sua relação (hermenêutica) com as nanotecnologias no mundo de trabalho.**...................15
   2.1. Princípio da proteção, dignidade da pessoa humana e valor social do trabalho............17
      2.1.1. Princípio da proteção: suas "Faces" na Relação Contratual de Emprego.............17
      2.1.2. Dignidade da pessoa humana e valor social do trabalho: perspectivas contemporâneas carregadas de historicidade..38
         2.1.2.1. Dignidade da Pessoa Humana..43
         2.1.2.2. Valor social do trabalho..48
   2.2. A incidência dos princípios fundamentais e dos direitos fundamentais nas relações jurídicas de emprego: o *círculo hermenêutico* como instrumento para romper o paradigma conceitual e para ensejar uma interpretação que contribua para uma verdadeira eficácia destes princípios..53
      2.2.1. Os direitos fundamentais sociais dos trabalhadores: a atuação positivada dos princípios fundamentais nos direitos trabalhistas..54
      2.2.2. A eficácia dos princípios e direitos fundamentais nas relações de emprego no contexto do círculo hermenêutico: a projeção da dignidade da pessoa humana no mundo laboral..61
   2.3. Meio ambiente de trabalho seguro: as normas vigentes de proteção ao trabalhador e a proposta hermenêutica para o seu "acontecer" de fato...................................78
      2.3.1. Saúde, higiene e segurança do trabalho: o tratamento jurídico preventivo de proteção ao trabalhador no meio ambiente de trabalho...................................82
      2.3.2. O princípio de solidariedade e o meio ambiente de trabalho: o caminho para uma nova hermenêutica da prevenção..90
3. **Nanotecnologias e direito do trabalho: a utilização do que já existe e a construção de alternativas normativas como forma de *regulação* do trabalho com nanotecnologias e de atender às respectivas demandas de proteção da dignidade do trabalhador.**...........117
   3.1. Generalidades acerca das nanotecnologias: os *reflexos* (econômicos) e os *efeitos* (à vida humana) decorrentes dessa expressão da inovação tecnológica..................118
      3.1.1. A (não) regulação do ordenamento jurídico brasileiro no tocante às nanotecnologias: possibilidade de uma regulação não tradicional.....................129
      3.1.2. O impacto das nanotecnologias na saúde e na segurança do trabalhador: das premissas básicas ao risco (riscos conhecidos e riscos desconhecidos e futuros) a partir da identificação do fato laboral nanotecnológico................................138
   3.2. As fontes atuais de Direito do Trabalho que versam sobre saúde e segurança do trabalhador vinculadas à *prevenção* e sua utilização em matéria de nanotecnologia: uma possibilidade (in) suficiente (?)...153

3.3. O *princípio da precaução* como ponto de partida para a criação de marcos regulatórios acerca das nanotecnologias: um sinal de alerta para a necessidade de valorização da *precaução* no mundo do trabalho..160

3.4. O *fato (jurídico) laboral nanotecnológico* e a adoção do "diálogo entre fontes" de Direito do Trabalho como forma de possibilitar a *produção de proposições de respostas* para preservar a dignidade do trabalhador...172

3.5. A proposição de marcos regulatórios em matéria de saúde e de segurança do trabalho com nanotecnologias: o *cuidado humano e o cuidado constitucional*................204

    3.5.1. Propostas de estruturas normativas: partindo-se dos modelos OSHA, NIOSH, Institute for Health and Consumer Protection – European Comission e ISO 26000 até se alcançar uma "proposta única"...207

        3.5.1.1. OSHA – Occupational Safety and Health Administration....................208

        3.5.1.2. The National Institute for Occupational Safety and Health – NIOSH.....209

        3.5.1.3. Institute for Health and Consumer Protection – European Comission....211

        3.5.1.4. ISO 26000...214

    3.5.2. Proposta de Projeto de Lei que altera a consolidação das leis do trabalho: proposta de regulação tradicional ou legal como expressão de um novo direito propriamente dito oriundo de uma nova Hermenêutica do Direito........221

4. Conclusão..225

Referências...235

1. Introdução

Este livro tem por tema central as Nanotecnologias, cuja delimitação alcança as Nanotecnologias e o Direito do Trabalho, com vistas a uma abordagem harmonicamente vinculada à linha de pesquisa "Sociedade, Novos Direitos e Transnacionalização", do Programa de Pós-Graduação em Direito – Mestrado e Doutorado – da UNISINOS, local de gestação das ideias que estruturam este trabalho.

Hodiernamente, as nanotecnologias representam uma das expressões do avanço e do desenvolvimento tecnológico, em que é possível a significativa redução e transformação atômica e molecular tendente a servir de fator de maior produtividade, otimização, praticidade e maior durabilidade das matérias-primas para a indústria, para o mercado e para a própria vida humana. As crescentes descobertas científicas acerca das nanotecnologias ensejam um valioso contexto de modernidade e de impulso da economia.

Todavia, não obstante os efeitos benéficos decorrentes do surgimento das nanotecnologias, assim como outras tecnologias, há a produção de consequências para o meio ambiente e para a saúde humana. Enquanto surgem inúmeras pesquisas com vistas a aprimorar as tecnologias nano e ampliar seu campo de incidência, a comunidade científica se movimenta no sentido de apurar e identificar os *efeitos nocivos* que podem vir a ser produzidos ao meio ambiente e ao ser humano, sendo que já existem vários estudos que indicam a nocividade das nanotecnologias em variadas situações.

Neste aspecto, acortina-se uma situação de *riscos desconhecidos e futuros*. As nanotecnologias, por serem tecnologias de difícil visualização e, por representarem um mundo novo no campo da ciência e da tecnologia, geram um panorama de incerteza, insegurança e angústia: sabe-se que as nanotecnologias oferecem *riscos desconhecidos e futuros*, mas que podem sim gerar *efeitos nocivos*. Segundo as pesquisas e estudos científicos, sabe-se que há consequências nocivas oriundas das nanotecnologias, diante das características da alta volatilidade, desprendimento e movimentação das nanopartículas no meio ambiente, mas pouco se sabe sobre os concretos efeitos e de que forma esses se desdobram.

Não obstante o caráter geral de atuação das nanotecnologias no meio ambiente e no cotidiano da vida humana, por certo, os trabalhadores são os primeiros a sofrerem os efeitos das nanotecnologias, pois estão diretamente ligados à fabricação, produção, manipulação e engenheiramento de nanopartículas, nanotubos ou nanomateriais.

Em se tratando de nanotecnologias, o Direito, na sua forma tradicional (previsão em lei) ainda não acolheu tal matéria atinente, instaurando-se, assim, um quadro de ausência de marcos regulatórios específicos quanto às nanotecnologias. Mormente quanto ao trabalho humano e sua relação-decorrência com as nanotecnologias, a ausência de tratamento legal a este fato laboral é uma característica do Direito do Trabalho brasileiro que, aliás, deixou e deixa de acompanhar muitos outros fatos carentes de previsão.

Com efeito, resta instaurado o problema a ser enfrentado na tese ora apresentada. Considerando o avanço tecnológico, o advento das nanotecnologias, a ausência de marcos regulatórios gerais e específicos acerca dessas tecnologias, a existência de *riscos desconhecidos e futuros*, a concreta possibilidade de ocorrência de *efeitos nocivos* ao meio ambiente laboral e ao trabalhador que essas tecnologias podem vir a produzir, o escopo protetivo do Direito do Trabalho comprometido com a saúde e a segurança do trabalhador, e, considerando o objetivo ético universal de preservação dos direitos humanos e dos direitos fundamentais, o livro pretende trabalhar em torno do seguinte problema: sob quais condições se poderá desenvolver um sistema efetivo – estruturado a partir dos modelos propostos por órgãos internacionais preocupados com a saúde e a segurança do trabalhador – de proteção do trabalhador envolvido no processo de pesquisa, produção e emprego das nanotecnologias?

Neste sentido, para responder ao problema, constrói-se a seguinte hipótese principal, a qual se entrelaça com diversas hipóteses secundárias, conjunto que subsidiará a linha de argumentação desta tese: o Direito do Trabalho pode (deve) buscar tutelar a instalação segura no meio ambiente de trabalho das nanotecnologias, ainda que inexistam marcos regulatórios legislativos específicos. Isto ocorrerá, por meio dos seguintes movimentos de inovação jurídica: o sistema normativo vigente que abarca as normas de saúde e segurança do trabalho baseadas na prevenção deve ser submetido a uma *Nova Hermenêutica da Prevenção*; essa proposta de *Nova Hermenêutica da Prevenção* se alcança a partir do conjunto interpretativo *princípio de solidariedade=círculo hermenêutico=consciência coletiva*; resta necessária a adequação das novas situações decorrentes do emprego das nanotecnologias ao sistema normativo de *prevenção* existentes e propor outros capazes de representar medidas efetivas à proteção da saúde do trabalhador; o ponto de partida para esta adequação e proposição de novas medidas reside na aplicação do *princípio da precaução*; a valorização e aplicação do *princípio da precaução* facilita e propicia a utilização do "diálogo entre fontes" de Direito do Trabalho; este "diálogo" é uma proposta hermenêutica que serve de portal para o acesso a outras normas voltadas a um caráter mais regulatório do trabalho nanotecnológico (*regulação não tradicional*); a operacionalização deste "diálogo entre fontes" ocorre por meio das *"fases de conduta interpretativa"*; todo este movimento (hermenêutico) possibilita a identificação de estruturas regulatórias concretas que possibilitarão ao intérprete, no caso concreto, utilizar-se de alternativas próximas e vocacionadas a atender as demandas provocadas pela ocorrência e desenvolvimento do *fato laboral nanotecnológico*; neste contexto nasce a proposição de quatro estruturas normativas – os modelos OSHA, NIOSH, *Institute for Health and Consumer Protection – European Comission* e ISO 26000 –; com espelho nestas estruturas e nas específicas recomendações e orientações de cada um, é possível construção de uma proposta única em que se imponham medidas protetivas a serem tomadas pelos empregadores que promovam atividades, as quais, de alguma forma, ensejam o desenvolvimento do *fato laboral nanotecnológico*; por último, todo este novo contexto propicia uma Nova Hermenêutica do Direito, terreno em que se possibilita a criação de um Projeto de Lei de alteração da Consolidação das Leis do Trabalho, com ênfase no tratamento específico do trabalho nanotecnológico.

Diante desse cenário, este livro tem por objetivo geral: estudar as nanotecnologias e seus reflexos no meio ambiente do trabalho, buscando respostas protetivas a esta atividade laboral, cada vez mais presente no cenário nacional e internacional, como forma de preservação da dignidade da pessoa humana do trabalhador, submetido a *riscos desconhecidos e futuros*.

Os objetivos específicos são: examinar o Direito do Trabalho como sendo a gênese da proteção ao trabalhador; observar o contexto geral das normas de Direito do Trabalho e a influência do Princípio da Proteção; demonstrar a aplicação dos princípios e direitos fundamentais nas relações de emprego; abordar os aspectos inerentes ao meio ambiente de Trabalho como uma das facetas do Direito Ambiental, sobretudo quanto ao caráter preventivo das normas existentes; estudar vários aspectos pertinentes às generalidades acerca das nanotecnologias e sua relação com o Direito; propor uma discussão acerca do novo fato jurídico relacionado ao trabalho – *fato laboral nanotecnológico* – e sobre a proposta hermenêutica do "diálogo entre as fontes formais trabalhistas" como forma de "abertura" de preocupação regulatória das nanotecnologias no trabalho; analisar os possíveis marcos regulatórios existentes, mormente quanto à relação nanotecnologias e trabalho humano, definindo paradigmas normativos e criando proposições específicas para atender e "impor" postura de proteção ao trabalho com nanotecnologias, como forma de garantir sua dignidade.

De outra parte, para possibilitar a construção das alternativas jurídicas que se pretende apresentar, o livro estrutura-se em duas partes:

O Primeiro Capítulo representa a matriz de contextualização desta construção, onde serão abordados significativos aspectos atinentes ao Direito do Trabalho, aos princípios fundamentais, aos direitos fundamentais e ao meio ambiente de trabalho. Estabelecido com uma função, sobretudo contextualizadora, o Primeiro Capítulo pretende delinear os pressupostos de projeção da dignidade do trabalhador e sua relação hermenêutica com as nanotecnologias no mundo laboral. Nesta primeira parte serão abordados os pilares do Princípio da Proteção e seu papel histórico e atual na própria formação e no desenvolvimento do Direito do Trabalho; os princípios fundamentais e os direitos fundamentais sedimentados pela Constituição Federal de 1988, com ênfase na sua incidência nas relações de emprego a partir da utilização de uma interpretação baseada no *círculo hermenêutico*, instrumento este destinado a promover a verdadeira eficácia destes princípios e direitos fundamentais; e, também, o meio ambiente de trabalho, sobremaneira o sistema vigente de normas preventivas de proteção à saúde e à segurança do trabalhador, assim como a proposição de uma *nova hermenêutica da prevenção* para fins de promover o "acontecer" destas normas, a partir da adoção do conjunto interpretativo *princípio de solidariedade=círculo hermenêutico=consciência coletiva*. Salienta-se que os três pilares de sustentação do Primeiro Capítulo concretam o plano de desenvolvimento harmônico das nanotecnologias no contexto normativo do Direito do Trabalho, o que se dará no Segundo Capítulo.

No Segundo Capítulo, será estabelecida a efetiva relação (ou conexão) entre as nanotecnologias e o Direito do Trabalho, momento em que será proposta a utilização do que já existe em termos de normas de saúde e de segurança do trabalho, bem como será proposta a construção de alternativas normativas de "regulação" do trabalho com nanotecnologias para atender as respectivas demandas oriundas da necessidade de se promover a proteção da dignidade do trabalhador. Por consequência, serão examinadas, primeiramente, as generalidades acerca das nanotecnologias, partindo do seu conceito técnico-científico, passando pelas pesquisas e estudos sobre o assunto, e alcançando a análise dos *reflexos* (econômicos) e dos *efeitos* (à vida humana) produzidos por essas tecnologias. Em seguida, será enfatizada a questão inerente à regulação ou não regulação do sistema brasileiro no tocante às nanotecnologias, momento em que será abordada a tendência e a possibilidade de uma *regulação não tradicional*. Ainda no campo das generalidades, serão declinados os impactos das nanotecnologias na saúde e na segurança do trabalhador, a partir da fixação de *premissas básicas* até o exame dos *riscos desconhecidos e futuros*, tudo como decorrência da identificação do *fato laboral nanotecnológico*. Em um segundo momento, partir-se-á para a análise das fontes atuais de Direito do Trabalho e se sua aplicação, em matéria nanotecnológica, resta suficiente para promover a proteção à saúde e à segurança do trabalhador nanotecnológico. Em um terceiro ponto, pela existência dos *riscos desconhecidos e futuros*, será proposta uma análise do *princípio da precaução*, o qual representará um ponto de partida para a criação de marcos regulatórios em termos de trabalho nanotecnológico e meio ambiente laboral. Na sequência de abordagem, em um quarto momento, iniciar-se-á o movimento de produção de proposições de respostas que o Direito deve prestar ao *fato (jurídico) laboral nanotecnológico*, com vistas à concretização das alternativas de *regulação*, o que será possível por meio do "diálogo entre fontes" de Direito do Trabalho. Em um quinto e último momento, serão propostos marcos regulatórios relativos à saúde e à segurança do trabalho com nanotecnologias, como forma de materializar o *cuidado humano* e o *cuidado constitucional* que se deve dispensar ao *fato laboral nanotecnológico* e seus desdobramentos. Para tanto, o livro finalizará sua abordagem com a construção de marcos regulatórios baseados em quatro paradigmas – os modelos OSHA, NIOSH, *Institute for Health and Consumer Protection – European Comission* e ISO 26000 –, e com uma proposta de Projeto de Lei de alteração da Consolidação das Leis do Trabalho, especificamente em relação a uma *regulação legal ou tradicional* acerca da saúde e da segurança do trabalho no contexto nanotecnológico, representando um *Novo Direito propriamente dito* oriundo de uma *Nova Hermenêutica do Direito*.

Deste modo, todos os argumentos e construções trazidas neste livro pretendem demonstrar a necessidade que existe em o Direito prestar respostas às demandas imbricadas à saúde e à segurança do trabalho decorrente do *fato laboral nanotecnológico*, visando a concretizar a proteção da dignidade deste respectivo trabalhador, mas, tendo por condição evidente a consolidação de um rompimento com a hermenêutica tradicional (positivista/legalista) e se valendo de propostas que encontram raízes numa filosofia hermenêutica e numa hermenêutica filosófica capazes de aproximar a hermenêutica de viés humano do Direito do Trabalho, o que, por seu turno, tende a propiciar a adequada *regulação* das nanotecnologias.

2. Direito do trabalho, princípios e direitos fundamentais, e meio ambiente de trabalho: delineando os pressupostos para projetar a dignidade do trabalhador e sua relação (hermenêutica) com as nanotecnologias no mundo de trabalho

Este capítulo apresenta um exame do Princípio da Proteção – norteador do Direito do Trabalho –, bem como a representatividade, importância e atuação dos princípios fundamentais e dos direitos fundamentais na relação de emprego, e os principais aspectos do meio ambiente de trabalho.[1] Estes elementos compõem o alicerce de contextulalização para o estudo crítico das nanotecnologias.

Sempre que se estuda o Direito do Trabalho, seja para compreendê-lo, seja para pré-compreender suas garantias e outros direitos – no caso, os direitos decorrentes do trabalho humano com nanotecnologias[2] –, se faz necessária

---

[1] Adotou-se no presente estudo a expressão "relação de emprego", e não relação de trabalho, por duas razões. Primeira razão: o alcance do trabalho vincula-se ao exame dos reflexos do trabalho como nanotecnologias num contrato decorrente de um vínculo empregatício, relação essa protegida pela Consolidação das Leis do Trabalho e pelas respectivas normas de segurança do trabalho. Segunda razão: Após a promulgação da Emenda Constitucional 45, de 2004, a Justiça do Trabalho passou a ter competência material para processar e julgar também causas decorrentes de uma relação de trabalho. Ou seja, as relações decorrentes de uma relação civil de trabalho, como prestação de serviços autônomos, representação comercial e empreitada, por exemplo, passaram a ser julgados pela Justiça do Trabalho. Por essa razão, pertinente, desde então, conceber a ideia de a expressão *contrato de trabalho* decorre de uma relação de trabalho, espécie de uma relação de trabalho gênero. E a expressão *contrato de emprego* decorre da espécie "relação de emprego", ou seja, uma relação em que existe o vínculo empregatício sustentado, sobretudo, por um liame de subordinação jurídica entre as partes contratantes.

[2] O exame detido acerca das nanotecnologias será discutido no segundo capítulo. Todavia, adianta-se um conceito de nanotecnologias para fins de entendimento do assunto, já nesta fase do estudo. A associação com potências de 10 para determinar as ordens de grandezas são importantes para a compreensão da escala nano. Assim como o quilo corresponde a um fator de 10^3, e o mili corresponde a 10^{-3}, na escala nano o fator de grandeza é de 10^{-9}, ou seja, quando se fala em um nanômetro, está-se falando em um bilionésimo de metro: 0,000.000.001m. "Esse tamanho é aproximadamente 100 mil vezes menor do que o diâmetro de um fio de cabelo, 30 mil vezes menor que um dos fios de uma teia de aranha ou 700 vezes menor que um glóbulo vermelho". Agência Brasileira de Desenvolvimento Industrial (ABDI). *Cartilha sobre nanotecnologia*. Brasília: ABDI, 2010. Disponível em: <http://www.abdi.com.br/Estudo/Cartilha%20nanotecnologia.pdf>. Acesso em: 05 maio 2012. p. 16. Para

a análise da origem em que reside a proteção ao trabalho que contamina as normas trabalhistas vigentes.

Além disso, tendo em vista que o Direito do Trabalho surgiu para resgatar (ou exaltar) a dignidade do trabalhador;[3] que a Carta Política de 1988 calcou suas normas no valor maior da dignidade da pessoa humana;[4] e que a norma trabalhista carece de atualização (ou mesmo de criação) frente às novas e complexas relações que surgem com o avanço tecnológico, relevante que se faça o exame dos princípios e direitos fundamentais no Direito brasileiro e sua aplicação às relações de emprego (que no Brasil, a interpretação e incidência dos princípios e direitos fundamentais ainda estão em crescimento ou amadurecimento, sobretudo no tocante ao Direito do Trabalho).

Por essa razão, ao se tratar do tema das nanotecnologias, não restam dúvidas de que a busca por ideias ou soluções de demandas emergentes do mundo do trabalho passa pela identificação e utilização (numa perspectiva atual) do Princípio trabalhista da Proteção e dos princípios e direitos fundamentais aplicáveis ao trabalho e suas relações.

Da mesma forma, inequivocamente, o grande sintoma do impacto das nanotecnologias no mundo do trabalho aparece no meio ambiente laboral, vez que, como se discutirá posteriormente, a busca por uma inovação tecnológica, como no caso das nanotecnologias, pode criar riscos à saúde e à segurança de um trabalhador envolvido, situação esta que vai de encontro à Proteção que "regula" a relação de emprego e ao direito fundamental da dignidade da pessoa humana do trabalhador que faz jus a um ambiente laboral seguro, saudável e, portanto, equilibrado.

Assim, é possível fixar que o objetivo primordial deste capítulo é identificar e ressaltar o caráter protetivo do Direito do Trabalho, demonstrar a simbiose dos direitos trabalhistas com os princípios e direitos fundamentais, fazendo surgir uma preocupação (ou "mentalidade") constitucional trabalhista, bem

---

fins do presente exame, o *fato nanotecnologia* será associado diretamente com o *fato trabalho humano*, o que receberá, ao longo da pesquisa, o tratamento de *fato laboral nanotecnológico*. Por conseguinte correto é, no particular, usar também as expressões *trabalho nanotecnológico e trabalhador nanotecnológico*.

[3] Peter Häberle, ao examinar decisões dos Tribunais alemães sobre matéria trabalhista, enfatiza que a dignidade se irradia nas relações de emprego, de modo que sempre fique em primeiro plano uma configuração humanamente digna dessas relações, o que acarreta um dever de cuidado e de assistência para o empregador. SARLET, Ingo Wolfgang. *Dimensões da dignidade*: ensaios de filosofia do direito e direito constitucional. Porto Alegre: Livraria do Advogado, 2005. p. 112-113.

[4] Muito embora venha a se tratar mais a frente sobre a dignidade da pessoa humana e seus principais aspectos, pertinente, neste ponto, já adiantar um panorama conceitual acerca desse princípio. Conforme Ingo Wolfgang Sarlet, "[...] o princípio da dignidade da pessoa humana, expressamente enunciado pelo art. 1º, inc. III, da nossa CF, além de constituir o valor unificador de todos os direitos fundamentais, que, na verdade, são uma concretização daquele princípio, também cumpre função legitimadora do reconhecimento de direitos fundamentais implícitos, decorrentes ou previstos em tratados internacionais, revelando, de tal sorte, sua íntima relação com o art. 5º, parágrafo 2º, da nossa Lei Fundamental. Cuida-se de posições exemplificativamente referidas e que expressam o pensamento de boa parte da melhor doutrina, de modo especial no que tange à íntima vinculação entre o princípio da dignidade da pessoa humana e os direitos fundamentais". SARLET, Ingo Wolfgang. *A eficácia dos direitos fundamentais*. 8. ed. rev. atual. Porto Alegre: Livraria do Advogado, 2007. p. 107.

como contextualizar a discussão acerca das nanotecnologias no mundo do trabalho, sobretudo, no tocante ao meio ambiente de trabalho.

Encerrando esta etapa introdutória ao primeiro capítulo, é de grande valia destacar que a proposta da análise ora apresentada não pretende apenas mostrar aquilo que transita no campo da dogmática jurídica trabalhista, mas pretende, também, e, principalmente, examinar (e defender) o tema da proteção do trabalhador no meio ambiente de trabalho a partir de uma proposta hermenêutica divorciada da concepção tradicional, sendo que, em muito, se utilizará da filosofia hermenêutica de Martin Heidegger e da hermenêutica filosófica de Hans-Georg Gadamer, o que, sem dúvidas, servirá de argamassa para o estudo das nanotecnologias no mundo do trabalho.

2.1. Princípio da proteção, dignidade da pessoa humana e valor social do trabalho

O item ora apresentado ocupar-se-á de declinar aquilo de mais inerente à essência do Princípio da Proteção e os principais aspectos vinculados aos princípios da dignidade da pessoa humana e do valor social do trabalho, vez que o exame desses princípios – todos, diga-se de passagem, íntima e harmonicamente ligados –, representa um dos alicerces fundamentais para se suscitar a proteção do trabalho humano decorrente do contato, manuseio ou exposição *às* e *com* nanotecnologias.

2.1.1. Princípio da proteção: suas "Faces" na Relação Contratual de Emprego

A origem do caráter protetivo com o qual se reveste o Direito do Trabalho confunde-se com a origem do próprio Direito do Trabalho como ciência jurídica.

Deste modo, para o propósito do presente exame, necessário se faz traçar breve panorama de uma historicidade antropológica, quanto ao surgimento do Direito do Trabalho, mormente acerca de alguns eventos que perpetraram marcas significativas e definitivas no mundo do trabalho, os quais merecerão destaque a partir de agora, vez que, em momentos posteriores, se vislumbrará que todo o movimento histórico tendente à consolidação de um sistema protetivo e de uma mentalidade de valorização do trabalho importará na análise contemporânea das nanotecnologias e do trabalho humano delas decorrente. Declinar-se-á, em momentos oportunos, que as nanotecnologias se desenvolvem no panorama do "desconhecido", motivo pelo qual os riscos correspondentes também serão desconhecidos e com uma tendência potencial de resultados nocivos.

Uma das justificativas – senão a única –, para a transformação do modo de tratamento social e jurídico do trabalho humano foi a quebra do paradigma contratual clássico em que se inseria a prestação de energia de trabalho, por ocasião da Revolução Industrial. A modernização do trabalho àquela época produziu consequências dentro da relação de trabalho até então existente e fora dela.

Ao final do século VII, início do século VIII, a Europa passou por uma transformação de significância única. O advento do tear mecânico e da máquina a vapor instaurou um novo cenário: a modernização das técnicas de produção econômica e a substituição gradativa da mão de obra pelas máquinas. Surgem os polos industriais e, com isso, o poder econômico começa a concentrar-se nas mãos de poucos, os quais estabeleciam suas próprias regras e as impunham aos trabalhadores. Esses por sua vez, ou se submetiam às regras de dominação, ou acabavam por juntar-se à massa de desempregados e miseráveis que surgia na Europa. A Revolução Industrial foi berço de um processo de dominação que alterou profundamente as condições de vida dos trabalhadores. Os trabalhadores eram submetidos a salários insuficientes, a jornadas de trabalho longas e extenuantes, e não possuíam qualquer garantia de direitos mínimos. Essa situação definiu o surgimento de uma nova classe social: a classe operária ou o proletariado.[5] Luiz Philipe Vieira de Mello Filho e Renata Queiroz Dutra identificam a gênese do Direito do Trabalho com o surgimento do proletariado como uma nova classe social:

> A gênese do direito do trabalho pode ser identificada com a afirmação do trabalho livre. É a partir da superação do sistema feudal e das suas práticas de servidão, pelo capitalismo, mormente a partir do advento da Revolução Industrial, que se pode compreender a formação de uma massa de trabalhadores livres, prestando serviços sob a condição de assalariados e compondo uma nova classe social: o proletariado.[6]

Nesse ponto temporal, portanto, o trabalho manual dá lugar à máquina. O homem trabalhador se depara com uma situação nunca antes vista: a continuidade de seu ofício, mas, agora, por meio de uma ferramenta não humana. Richard Sennett bem descreve essa mudança:

> [...] Em termos sociais, os artesãos deram um novo passo. A máquina a vapor de Watt, criada em oficinas do século XVIII em condições que se assemelhavam às do estúdio de Antônio Stradivari, logo passaria a ser fabricada e utilizada num ambiente social radicalmente diferente. [...] À medida que amadurecia a cultura da máquina, o artífice do século XIX parecia cada vez menos um mediador e mais um inimigo da máquina. Frente à rigorosa perfeição desta, ele se tornava um símbolo da individualidade humana, configurado concretamente no valor positivo atribuído às variações, defeitos e irregularidades do trabalho manual. No século XVIII, a fabricação de vidro antecipara essa mudança nos valores culturais; já agora, os escritos de John Ruskin, o grande analista romântico do artesanato, lamentavam a perda das oficinas da era pré-industrial e transformavam o labor do artífice num estandarte de resistência – resistência ao capitalismo associada à resistência às máquinas.[7]

---

[5] BRESCIANI, M. Stella M. *Londres e Paris no Século XIX*: o espetáculo da pobreza. São Paulo: Brasiliense, 1985. p. 25.
[6] MELLO FILHO, Luiz Philippe Vieira de; DUTRA, Renata Queiroz. Contrato de locação de serviços, contrato de prestação de serviços e contrato de trabalho. In: TEPEDINO, Gustavo et al. (Coords.). *Diálogos entre o Direito do Trabalho e o Direito Civil*. São Paulo: Revista dos Tribunais, 2013. p. 215-247. p. 225.
[7] SENNETT, Richard. *O artífice*. Tradução de Clóvis Marques. 3. ed. Rio de Janeiro: Record, 2012. p. 100.

Alain Supiot denomina essa nova fase como "maquinismo industrial", em que a Revolução Industrial foi um processo que gerou também o divórcio entre o espaço-tempo das máquinas e o da vida humana. Além disso, para o autor:

> Sem mão nem cérebro, a máquina tinha necessidade de ser nutrida e guiada pelo homem. A fábrica industrial definiu-se, portanto, ao mesmo tempo pela *concentração* de um grande número de trabalhadores e pela *separação* com o habitat e a Cidade.[8]

Pois foi exatamente nesse ponto que emergiu a necessidade de se criar normas mínimas de proteção ao trabalhador. As normas inerentes à antiga locação de serviços não mais se adequavam a uma relação que era regida pela desigualdade entre as partes. Nesse contexto de assimetria normativa, nasce o Direito do Trabalho. Carlos Eduardo Pianovski Ruzyk destaca:

> O direito do trabalho propriamente dito nasce no âmbito desse conjunto de contradições: um Estado que contraria os preceitos do Liberalismo clássico para o fim de, a rigor, propiciar a manutenção e o desenvolvimento do Capitalismo; uma legislação social que atende às lutas dos trabalhadores, mas, simultaneamente, busca trazê-los para o interior de um Estado-social.[9]

Além disso, pela consciência coletiva e pela luta de classe, surge a reflexão e conclusão de que os trabalhadores necessitavam de direitos mínimos a serem garantidos, frente à nova relação de trabalho que se desenhava, temperada, agora, não mais pela igualdade contratual, mas pela sujeição ou subordinação daquele que somente detém a energia de trabalho a oferecer com aquele que detém o capital e o empreendimento econômico (nesse viés, vislumbra-se que a relação de trabalho acaba por se ramificar noutra espécie, a relação de emprego).

Supiot examina tal momento histórico:

> [...] Ao perímetro da troca e ao da aliança, o Direito Contratual acrescenta, agora, o da subordinação, pela qual uma parte se coloca na área do exercício do poder de outra. Duas espécies de contratos, que em geral se combinam na prática, encarnam essa figura da subordinação: os contratos de dependência e os contratos dirigidos [...].
>
> [...] O Direito do Trabalho interveio então para reconstituir um espaço-tempo humanamente suportável. Tendo a iluminação a gás, depois elétrica, emancipado o trabalho industrial dos ritmos de natureza (dia/noite; verão/inverno) e exposto os operários a um alongamento desmedido da duração de trabalho, o Direito veio limitar a jornada, depois o ano, depois a vida de trabalho. [...].
>
> [...] O maquinismo industrial punha em perigo a integridade física dos trabalhadores e, consequentemente, os recursos humanos da Nação. Por isso, o Direito foi interposto entre a máquina e os corpos no trabalho: regras de higiene e de segurança foram impostas para protegê-los, a começar por aqueles que encarnam o futuro de uma sociedade: as mulheres e as crianças. [...].[10]

---

[8] SUPIOT, Alain. *Homo juridicus*: ensaio sobre a função antropológica do Direito. Tradução de Maria Ermantina de Almeida Prado Galvão. São Paulo: Martins Fontes, 2007. p. 164-165.

[9] RUZYK, Carlos Eduardo Pianovski. Relações privadas, dirigismo contratual e relações trabalhistas. In: TEPEDINO, Gustavo et al. (Coords.). *Diálogos entre o Direito do Trabalho e o Direito Civil*. São Paulo: Revista dos Tribunais, 2013. p. 97-109. p. 101.

[10] SUPIOT, Alain. *Homo juridicus*: ensaio sobre a função antropológica do Direito. Tradução de Maria Ermantina de Almeida Prado Galvão. São Paulo: Martins Fontes, 2007. p. 130;164;170.

Não obstante a percepção coletiva que buscou, pelo Direito, humanizar a técnica, em consonância com as demandas decorrentes da luta de classe e aliados ao espírito de necessidade de transformação do cenário inerente ao trabalho, ocorreram alguns fatos históricos importantes que ensejaram uma profunda reflexão e influenciaram a mudança do estado de dominação que havia se instaurado, mas, principalmente, que deram origem às primeiras normas de proteção aos trabalhadores e, por conseguinte, ao surgimento do Direito do Trabalho num contexto universalizado.

Para o exame em particular, pertinente apontar alguns eventos históricos que surgiram frente ao novo cenário econômico e social, tais como o Manifesto Comunista de 1948, a publicação da Encíclica *Rerum Novarum* e a assinatura do Tratado de Versalhes que, dentre outras providências, instituiu a Organização Internacional do Trabalho – OIT. Tais eventos contribuíram para a afirmação de uma consciência coletiva de resgate da dignidade do trabalhador, o que ensejou um cenário propício para o surgimento do Direito do Trabalho.

O Manifesto Comunista de Karl Marx e Friedrich Engels revelou o novo quadro social e econômico decorrente da Revolução Industrial, bem como as consequências das transformações na relação capital e trabalho na vida dos trabalhadores, tendo por ápice o surgimento do proletariado. O Manifesto, dentre outros apontamentos, basicamente, apresenta dois escopos muito evidentes. Primeiramente, destaca a distorção que os meios de produção sofreram com a modernização da indústria e do comércio, bem como as respectivas mazelas geradas na vida dos trabalhadores:

> [...] Quanto menos o trabalho exige habilidade e força, isto é, quanto mais a indústria moderna progride, tanto mais o trabalho dos homens é suplantado pelo das mulheres e crianças. As diferenças de idade e de sexo não têm mais importância social para a classe operária. Não há senão instrumentos de trabalho, cujo preço varia segundo a idade e o sexo. Depois de sofrer a exploração do fabricante e de receber seu salário em dinheiro, o operário torna-se presa de outros membros da burguesia, do proprietário, do varejista, do usurário, etc. As camadas inferiores da classe média de outrora, os pequenos industriais, pequenos comerciantes e pessoas que possuem rendas, artesãos e camponeses, caem nas fileiras do proletariado: uns porque seus pequenos capitais, não lhes permitindo empregar os processos da grande indústria, sucumbiram na concorrência com os grandes capitalistas; outros porque sua habilidade profissional é depreciada pelos novos métodos de produção. Assim, o proletariado é recrutado em todas as classes da população. [...].[11]

Para Marx e Engels, o surgimento do proletariado coincide com o nascimento da luta deste com a burguesia, dando origem ao que mais tarde se consolidaria como sendo uma luta de classe:

> [...] O proletariado passa por diferentes fases de desenvolvimento. Logo que nasce começa sua luta contra a burguesia. A princípio, empenham-se na luta operários isolados, mais tarde, operários de uma mesma fábrica, finalmente operários do mesmo ramo de indústria, de uma mesma localidade, contra o burguês que os explora diretamente. Não se limitam a atacar as relações burguesas de produção, atacam os instrumentos de produção: destroem as mercadorias estrangeiras que lhes fazem concorrência, quebram as máquinas, queimam as fábricas e esforçam-se para reconquistar a posição perdida do artesão da Idade Média. [...].[12]

---

[11] SENNETT, Richard. *O artífice*. Tradução de Clóvis Marques. 3. ed. Rio de Janeiro: Record, 2012. p. 29.
[12] Ibid., p. 29.

Richard Senett retrata essa transformação, exemplificando os efeitos sentidos pelos artesãos:

> A palavra artífice evoca imediatamente uma imagem. Olhando pela janela da oficina de um carpinteiro, vemos lá dentro um homem de idade cercado de aprendizes e ferramentas. Reina a ordem no local, peças para a confecção de cadeiras estão enfileiradas, o ambiente é tomado pelo odor das lascas recém-aparadas na madeira, o carpinteiro debruça-se em sua bancada para fazer uma rigorosa incisão de marcheteria. A oficina é ameaçada por uma fábrica de móveis instalada logo adiante na mesma rua.[13]

Neste contexto, Marx e Engels destacam o crescimento do proletariado com um concomitante crescimento da consciência da força coletiva:

> Nessa fase, constitui o proletariado massa disseminada por todo o país e dispersa pela concorrência. Se, por vezes, os operários se unem para agir em massa compacta, isto não é ainda o resultado de sua própria união, mas da união da burguesia que, para atingir seus próprios fins políticos, é levada a por em movimento todo o proletariado, o que ainda pode fazer provisoriamente. Durante essa fase, os proletários não combatem ainda seus próprios inimigos, mas os inimigos de seus inimigos, isto é, os restos da monarquia absoluta, os proprietários territoriais, os burgueses não industriais, os pequenos burgueses. Todo o movimento histórico está desse modo concentrado nas mães da burguesia e qualquer vitória alcançada nessas condições é uma vitória burguesa. Ora, a indústria, desenvolvendo-se, não somente aumenta o número dos proletários, mas concentra-os em massas cada vez mais consideráveis; sua força cresce e eles adquirem maior consciência dela. Os interesses, as condições de existência dos proletários se igualam cada vez mais, à medida que a máquina extingue toda diferença do trabalho e quase por toda parte reduz o salário a um nível igualmente baixo. Em virtude da concorrência crescente dos burgueses entre si e devido às crises comerciais que disso resultam, os salários se tornam cada vez mais instáveis; o aperfeiçoamento constante e cada vez mais rápido das máquinas torna a condição de vida do operário cada vez mais precária; os choques individuais entre o operário e o burguês tomam cada vez mais o caráter de choques entre duas classes.[14]

Depois, num segundo momento, o Manifesto busca, a partir de uma reflexão quanto aos problemas então detectados, relatar o surgimento de uma consciência coletiva efêmera e instigar a organização e união efetiva dos proletários, no sentido de que urgiam medidas compensatórias concretas e duradouras ante ao desequilíbrio engendrado:

> Os operários começam a formar uniões contra os burgueses e atuam em comum na defesa de seus salários; chegam a fundar associações permanentes a fim de se prepararem, na previsão daqueles choques eventuais. Aqui e ali a luta se transforma em motim. Os operários triunfam às vezes; mas é um triunfo efêmero. O verdadeiro resultado de suas lutas não é o êxito imediato, mas a união cada vez mais ampla dos trabalhadores. Esta união é facilitada pelo crescimento dos meios de comunicação criados pela grande indústria e que permitem o contato entre operários de localidades diferentes. Ora, basta esse contato para concentrar as numerosas lutas locais, que têm o mesmo caráter em toda parte, em uma luta nacional, em uma luta de classes. Mas toda luta de classes é uma luta política. E a união que os habitantes das cidades da Idade Média levavam séculos a realizar, com seus caminhos vicinais, os proletários modernos realizam em alguns anos por meio das vias férreas. A organização do proletariado em classe e, portanto, em partido políti-

---

[13] SENNETT, op. cit., p. 29.
[14] MARX, Karl; ENGELS, Friedrich. *Manifesto do Partido Comunista*. Escrito em: dez. 1847 / jan. 1848. Publicado pela primeira vez em: Londres, fev. 1848. Disponível em: <http://www.histedbr.fae.unicamp.br>. Acesso em: 03 fev. 2014. p. 5-6.

co, é incessantemente destruída pela concorrência que fazem entre si os próprios operários. Mas renasce sempre, e cada vez mais forte, mais firme, mais poderosa.[15]

Sobre o proletariado inglês, Orwel lança sua crítica de forma descritiva:

Para simbolizar a guerra de classes, foi criada a figura mais ou menos mítica do "proletário", um sujeito musculoso porém abatido, de macacão sujo de graxa, em nítido contraste com o "capitalista", um gordão malvado de cartola e casacão de peles. Assume-se tacitamente que não há ninguém entre um e outro; e a verdade, claro, é que em um país como a Inglaterra cerca de uma quarto da população está nessa faixa intermediária.[16]

Ademais e, por fim, o Manifesto estabelece o caráter revolucionário advindo do proletariado:

Aproveita-se das divisões intestinas da burguesia para obrigá-la ao reconhecimento legal de certos interesses da classe operária, como, por exemplo, a lei da jornada de dez horas de trabalho na Inglaterra. Em geral, os choques que se produzem na velha sociedade favorecem de diversos modos o desenvolvimento do proletariado. A burguesia vive em guerra perpétua; primeiro, contra a aristocracia; depois, contra as frações da própria burguesia cujos interesses se encontram em conflito com os progressos da indústria; e sempre contra a burguesia dos países estrangeiros. Em todas essas lutas, vê-se forçada a apelar para o proletariado, reclamar seu concurso e arrastá-lo assim para o movimento político, de modo que a burguesia fornece aos proletários os elementos de sua própria educação política, isto é, armas contra ela própria. Demais, como já vimos, frações inteiras da classe dominante, em consequência do desenvolvimento da indústria são precipitadas no proletariado, ou ameaçadas, pelo menos, em suas condições de existência. Também elas trazem ao proletariado numerosos elementos de educação.

Finalmente, nos períodos em que a luta de classes se aproxima da hora decisiva, o processo de dissolução da classe dominante, de toda a velha sociedade, adquire um caráter tão violento e agudo, que uma pequena fração da classe dominante se desliga desta, ligando-se à classe, revolucionária, a classe que traz em si o futuro. Do mesmo modo que outrora uma parte da nobreza passou-se para a burguesia, em nossos dias, uma parte da burguesia passa-se para o proletariado, especialmente a parte dos ideólogos burgueses que chegaram à compreensão teórica do movimento histórico em seu conjunto. De todas as classes que ora enfrentam a burguesia, só o proletariado é uma classe verdadeiramente revolucionária. As outras classes degeneram e perecem com o desenvolvimento da grande indústria; o proletariado pelo contrário, é seu produto mais autêntico. As classes médias – pequenos comerciantes, pequenos fabricantes, artesãos, camponeses – combatem a burguês porque esta compromete sua existência como classes médias. Não são, pois, revolucionárias, mas conservadoras; mais ainda, reacionárias, pois pretendem fazer girar para trás a roda da História. Quando são revolucionárias é em consequência de sua iminente passagem para o proletariado; não defendem então seus interesses atuais, mas seus interesses futuros; abandonam seu próprio ponto de vista para se colocar no do proletariado.[17]

Portanto, o Manifesto Comunista fora um postulado de grande relevo e de importe para a criação de um contexto jurídico de proteção, ainda que seu

---

[15] MARX, Karl; ENGELS, Friedrich. *Manifesto do Partido Comunista*. Escrito em: dez. 1847 / jan. 1848. Publicado pela primeira vez em: Londres, fev. 1848. Disponível em: <http://www.histedbr.fae.unicamp.br>. Acesso em: 03 fev. 2014. p. 6-7.

[16] ORWELL, George. *O caminho para Wigan Pier*. Tradução de Isa Maria Lando. São Paulo: Companhia das Letras, 2010. p. 247.

[17] MARX, Karl; ENGELS, Friedrich. *Manifesto do Partido Comunista*. Escrito em: dez. 1847 / jan. 1848. Publicado pela primeira vez em: Londres, fev. 1848. Disponível em: <http://www.histedbr.fae.unicamp.br>. Acesso em: 03 fev. 2014. p. 6-7.

mote de preocupação fosse o papel do proletário na sociedade burguesa e sua posição frente às transformações no sistema de produção capitalista.

Num contexto mais humanístico, a Encíclica *Rerum Novarum*, publicada pelo Papa Leão XIII, em 15 de maio de 1891, apresentou um exame das condições então enfrentadas pelos operários frente às transformações do cenário laboral da época.

A Encíclica, por sua vez, traçou um exame comparativo entre a condição dos operários e sua condição de ser humano perante Deus, visando a alertar para a necessidade de preservação da dignidade do trabalhador e de sua família, assim como a pregação do cristianismo pelo bem da vida e da alma de ambos. Enaltecendo a natureza humana, pela Encíclica, a Igreja aponta o papel de todos os partícipes da sociedade num caráter obrigacional de se promover a valorização do trabalho humano:

> 12. Entre estes deveres, eis aqueles que dizem respeito ao pobre e ao operário: deve fornecer integralmente e fielmente todo o trabalho a que se comprometeu por contrato livre e conforme à equidade; não deve lesar o seu patrão, nem nos seus bens, nem na sua pessoa; as suas reivindicações devem ser isentas de violências, e nunca revestirem a forma de sedições; deve fugir dos homens perversos que, nos seus discursos artificiosos, lhes sugerem esperanças exageradas e lhes fazem grandes promessas, as quais só conduzem a estéreis pesares e à ruína das fortunas. Quanto aos ricos e aos patrões, não devem tratar o operário como escravo, mas respeitar nele a dignidade do homem, realçada ainda pela do cristão. O trabalho do corpo, pelo testemunho comum da razão e da filosofia cristã, longe de ser um objeto de vergonha, faz honra ao homem, porque lhe fornece um nobre meio de sustentar a sua vida. O que é vergonhoso e desumano e usar dos homens como de vis instrumentos de lucro, e não os estimar senão na proporção do vigor dos seus braços. O cristianismo, além disso, prescreve que se tenham em consideração os interesses espirituais do operário e o bem da sua alma. Aos patrões compete velar para que a isto seja dada plena satisfação, que o operário, não seja entregue à sedução e às solicitações corruptoras, que nada venha enfraquecer o espírito de família, nem os hábitos de economia. Proíbe também aos patrões que imponham aos seus subordinados um trabalho superior às suas forças ou em desarmonia com a sua idade ou o seu sexo.[18]

O teor da manifestação contida na Encíclica cria uma relação de comparação, qual seja, o operário como o pobre e o patrão como o rico, sendo que o patrão deve tratar seu operário espelhado pelo tratamento de como Jesus tratava os pobres como "bem-aventurados":

> 15. Quanto aos deserdados da fortuna, aprendam da Igreja que, segundo o juízo do próprio Deus, a pobreza não é um opróbrio, e que não se deve corar por ter que ganhar o seu pão do suor do seu rosto. Ele, que de muito rico que era, se fez indigente (2 Cor 8, 9) para a salvação dos homens; que, filho de Deus e Deus ele mesmo, quis passar aos olhos do mundo por filho de um artífice; que chegou até a consumir grande parte de sua vida em trabalho mercenário: "Não é ele o carpinteiro, filho de Maria" (Mt 6, 3). Quem tiver em sua frente o modelo divino, compreenderá mais facilmente o que Nós vamos dizer: que a verdadeira dignidade do homem e a sua excelência reside em seus costumes, isto é, na sua virtude; que a virtude é o patrimônio comum dos mortais, ao alcance de todos, dos pequenos e dos grandes, dos pobres e dos ricos; só a virtude e os méritos, seja qual for a pessoa em quem se encontrem, obterão a recompensa da eterna felicidade. Mais ainda: é para as classes desafortunadas que o coração de Deus parece inclinar-se

---

[18] ASSOCIAÇÃO CULTURAL MONTFORT. *Encíclica Rerum Novarum*. Disponível em: <www.montfort.org.br>. Acesso em: 16 abr. 2015. p. 6;8.

mais. Jesus Cristo chama aos pobres de bem-aventurados (Mt 5, 3): convida com amor a virem a ele, a fim de consolar a todos os que sofrem e que choram (Mt 11, 18); abraça com caridade mais terna os pequenos e os oprimidos. Estas doutrinas foram, sem dúvida alguma, feitas para humilhar a alma altiva do rico e torná-lo mais condescente, para reanimar a coragem daqueles que sofrem e inspirar-lhes resignação. Com elas se acharia diminuído um abismo procurado pelo orgulho, e se obteria sem dificuldades que as duas classes se desses as mãos e as vontades se unissem na mesma amizade.[19]

Por outro lado, a Encíclica imputou ao Estado a obrigação de fixar um sistema de proteção ao trabalho, o que, sem dúvidas, representa um gene para a criação de um arcabouço normativo próprio para a relação laboral, que redundou no surgimento do Direito do Trabalho:

19. Todavia não há dúvida de que, para obter o resultado desejado, não é demais recorrer aos meios humanos. Assim, todos aqueles a quem a questão dizem respeito, devem visar ao mesmo fim e trabalhar de harmonia cada um na sua esfera. Nisto há como uma imagem da Providência governando o mundo: porque nós vemos de ordinário que os fatos e os acontecimentos que dependem de causas diversas são a resultante da sua ação comum. Ora, que parte de ação e de remédio temos nós o direito de esperar do Estado? Diremos, primeiro, que por Estado entendemos aqui, não tal governo estabelecido entre tal povo em particular, mas todo governo que corresponde aos preceitos da razão natural e dos ensinamentos divinos, ensinamentos que Nós mesmos expusemos, especialmente na Nossa Carta Encíclica sobre a constituição cristã das sociedades

[...]

27. No que diz respeito aos bens naturais e exteriores, primeiro que tudo é um dever da autoridade pública subtrair o pobre operário à desumanidade de ávidos especuladores, que abusam sem nenhuma discrição, das pessoas como das coisas. Não é justo nem humano exigir do homem tanto trabalho a ponto de fazer pelo excesso de fadiga embrutecer o espírito e enfraquecer o corpo. A atividade do homem, restrita como a sua natureza, tem limites que se não podem ultrapassar. O exercício e o uso aperfeiçoam-na, mas é preciso de que quando em quando se suspenda para dar lugar ao repouso. Não deve, portanto, o trabalho prolongar-se por mais tempo do que o as forças permitem. Assim, o números de horas do trabalho diário não deve exceder a força dos trabalhadores, e a quantidade do repouso deve ser proporcionada à qualidade do trabalho, às circunstâncias do tempo e do lugar, à compleição e saúde dos operários. O trabalho, por exemplo, de extrair pedra, ferro, chumbo, e outros materiais escondidos, debaixo da terra, sendo mais pesado e nocivo à saúde deve ser compensado, com uma duração mais curta. Deve-se também às estações, porque não poucas vezes um trabalho, que facilmente se suportaria numa estação, noutra é de fato insuportável ou somente se vence com dificuldade.[20]

O postulado 28 da Encíclica mostra a matriz de uma preocupação ainda maior com os trabalhos especiais, como o labor da mulher por exemplo, bem como o descanso que, hoje, está cada vez mais fadado à observância:

28. Enfim, o que um homem válido e na força da idade pode fazer, não será eqüitativo exigi-lo duma mulher ou duma criança. Especialmente a infância, – e isto deve ser estritamente observado –, não deve entrar na oficina senão quando a sua idade tenha suficientemente desenvolvido nela as forças físicas, intelectuais e morais; do contrário, como uma planta ainda tenra, ver-se-á murchar com demasiado precoce, e dar-se-a cabo da sua educação. Trabalhos há também que não se adaptam tanto ã mulher, a qual a natureza destina de preferência aos arranjos domésticos,

---

[19] ASSOCIAÇÃO CULTURAL MONTFORT. *Encíclica Rerum Novarum*. Disponível em: <www.montfort.org.br>. Acesso em: 08 mar. 2014. p. 6;8.

[20] Ibid., p. 10;13-14.

que, por outro lado salvaguardam admiravelmente a honestidade do sexo, e correspondem melhor, pela sua natureza, ao que pede a boa educação dos filhos e a prosperidade da família. Em geral, a duração do descanso deve medir-se pelo dispêndio das forças que ele deve restituir. O direito ao descanso de cada dia assim como à cessação do trabalho no dia do Senhor, deve ser a condição expressa ou tácita de todo contrato feito entre patrões e operários. Onde esta condição não entrar, o contrato não será probo, pois ninguém pode exigir ou prometer a violação dos deveres do homem para com Deus e para consigo mesmo. [...].[21]

Em anos posteriores, mas não menos importante (já que as relações laborais ainda estavam em pleno desenvolvimento e havia claros sinais de vivacidade dos efeitos da Revolução Industrial), a criação da Organização Internacional do Trabalho – OIT – teve papel fundamental na consolidação de um Direito do Trabalho capaz de atuar especificamente com a preocupação de interferência no mundo do trabalho (diga-se de passagem, em perene transformação e necessidade de adaptação aos efeitos do progresso, contexto este em que se expressam as nanotecnologias).

A OIT derivou como parte do Tratado de Versalhes, que impôs fim à Primeira Guerra Mundial. Representa uma agência da Organização das Nações Unidas – ONU – que tem por escopo a elaboração e formulação de convenções e recomendações internacionais que normatizam matéria de ordem trabalhista. Antes mesmo da adoção da Carta das Nações Unidas (1946) e da Declaração Universal dos Direitos Humanos (1948), a OIT, pela Declaração de Filadélfia, já manifestara expressamente que seus princípios se fundavam na dignidade e que se calcavam na ideia de que o trabalho não era uma mercadoria, e que todos os seres humanos têm o direito a condições de liberdade, dignidade, segurança econômica e igualdade de oportunidades.[22]

Nesse sentido, a OIT foi e é fonte de Direito do Trabalho para várias nações, inclusive para o Brasil, seja com o caráter informador na formulação de normas trabalhistas internas, seja com o caráter de norma impositiva a ser observada, sendo que em momento ulterior, em itens particulares, será abordado o papel representativo das Convenções da OIT acerca da matéria de meio ambiente de trabalho, bem como a possibilidade de sua utilização como ferramenta de busca e construção de marcos regulatórios, quando do exame da relação entre nanotecnologias e trabalho humano.

Assim, sem se apartar da origem do Princípio da Proteção, mas sem deixar, também, de ressaltar seus desdobramentos num contexto temporal contemporâneo de desenvolvimento e evolução, salienta-se que a OIT, dentre tantos outros movimentos, colabora na aplicação da proteção e valorização do trabalho a nível mundial, sobretudo pelos preceitos da *Declaração dos Direitos e Princípios Fundamentais do Trabalho* adotada pela 87ª Sessão da Conferência Internacional do Trabalho, em 1998, tendo por principais pilares o respeito à liberdade sindical, o reconhecimento do direito de negociação coletiva, a eliminação a todas as formas de trabalho forçado ou obrigatório, a efetiva abolição

---

[21] ASSOCIAÇÃO CULTURAL MONTFORT. *Encíclica Rerum Novarum*. Disponível em: <www.montfort.org.br>. Acesso em: 16 abr. 2015. p. 10;13-14.
[22] ORGANIZAÇÃO INTERNACIONAL DO TRABALHO – OIT. *Conheça a OIT*: história. Disponível em: <http://www.oit.org.br/content/hist%C3%B3ria>. Acesso em: 16 abr. 2015.

do trabalho infantil e a eliminação da discriminação em matéria de emprego e ocupação. Além disso, em junho de 2008, na 97ª Sessão da Conferência Internacional do Trabalho, foi celebrada a *Declaração sobre Justiça Social para uma Globalização Equitativa*, documento esse que representou uma evidente preocupação internacional com a crise financeira também internacional que se avizinhava e que eclodiu em setembro daquele ano, cujas disposições abarcaram reflexos sociais até hoje sentidos.[23]

Enfim, as linhas anteriores mostram que a gênese do Direito do Trabalho não reside no direito individual e sim nos movimentos de caráter coletivo. No plano mundial (sobremaneira, europeu), a produção significativa de normas trabalhistas decorreu de fontes autônomas originadas dos movimentos coletivos (convenções e acordos coletivos de trabalho oriundos de negociação entre categorias).

Na visão de Supiot, os movimentos coletivos foram decisivos para o nascimento do Direito do Trabalho:

> Os sindicatos, a greve, a negociação coletiva se tornaram as peças de um maquinário institucional que transforma relações de força em relações de direito. Foram esses direitos de ação coletiva que possibilitaram o progresso, sob formas nacionais variadas, de uma hermenêutica social do Direito Civil, sem a qual nem o Direito do Trabalho nem a previdência social poderiam ser nascido..[24]

De outra parte, não restam dúvidas de que as transformações acima abordadas, ao longo do tempo e até hoje, geram efeitos e deixam marcas definitivas nos desdobramentos do mundo laboral.[25] Como assevera Richard Sennett:

> Essas mudanças culturais e sociais ainda estão presentes entre nós. Em termos culturais, ainda lutamos por entender positivamente nossos limites, em comparação como mecânico; socialmente, ainda lutamos com o antitecnologismo; o trabalho artesanal continua sendo o foco, em ambos os casos.[26]

Por isso, mas sem esgotar o debate, cabível salientar que, guardadas as proporções das condições de vida atuais, não se pode desprezar a assertiva de que, num contexto contemporâneo, se está diante de uma "mais suave" Revolução Industrial, ou, no mínimo, de uma "nova roupagem" da relação capital-trabalho, a qual exige um novo pensar da relação subordinada na contemporaneidade, o que será abordado mais adiante, quando do exame das nanotecnologias e da complexidade das relações frente a um mundo tendente a transformações tecnológicas. Hodiernamente, a revolução tecnológica traz

---

[23] Ibid.

[24] SUPIOT, Alain. *Homo juridicus*: ensaio sobre a função antropológica do Direito. Tradução de Maria Ermantina de Almeida Prado Galvão. São Paulo: Martins Fontes, 2007. p. 191.

[25] Como expressão de facticidade das transformações mencionadas, é possível vislumbrar um conceito de dignidade do trabalhador, a *contrario sensu*, pelo relato do autor Eric Blair, sob o pseudônimo de George Orwel, no livro o *Caminho para Wigan Pier*, ao contar a vida dos mineiros do norte da Inglaterra ao final dos anos 30, em que denota sua visão acerca da dependência jurídica dos trabalhadores perante os patrões. "[...] Essas pequenas inconveniências e indignidades, isso de sempre ter que esperar, sempre ter que fazer tudo segundo a conveniência dos outros, é algo inerente à classe da vida trabalhadora. [...]". ORWELL, George. *O caminho para Wigan Pier*. Tradução de Isa Maria Lando. São Paulo: Companhia das Letras, 2010. p. 69.

[26] SENNETT, Richard. *O artífice*. Tradução de Clóvis Marques. 3. ed. Rio de Janeiro: Record, 2012. p. 100.

reflexos na economia, mas consigo, traz riscos ao homem não albergados pelo ordenamento. As nanotecnologias são exemplos concretos disto.

Portanto, calcada no panorama histórico acima declinado e seguindo a premissa de que o passado justifica e explica o presente, a abordagem ora apresentada leva a uma antecipada conclusão de que a origem do Direito do Trabalho explica e justifica o caráter protetivo da norma trabalhista, assim como justifica o caráter desse ramo do Direito e o surgimento do princípio norteador da relação empregatícia, o Princípio da Proteção (também conhecido como da Tutela, Protetor e Tuitivo).[27]

Noutro prisma, o traçado histórico efetuado antecipou que o Direito do Trabalho nasceu da necessidade de se criar normas que viessem a corrigir as desigualdades existentes entre trabalhadores e detentores do poder econômico, em decorrência do surgimento da relação subordinada (ou relação de emprego). Para tanto, as normas de Direito do Trabalho surgiram no espírito de se tratar desigualmente os desiguais, ou seja, de se impor proteção em demasia ao trabalhador perante o empregador.

Diante disso, pretende-se identificar o reflexo que o surgimento do Direito do Trabalho produziu nas relações de emprego, ou seja, a lógica social de um princípio, o qual é influenciador e informador das normas trabalhistas, bem como impõe a proteção do trabalhador perante o estado de subordinação existente com seu empregador.

---

[27] Ao se adentrar ao exame do Princípio da Proteção e de seus desdobramentos, importante traçar alguns pontos quanto ao significado e função dos princípios no Direito, o que servirá como pré-compreensão, não só para essa temática, como para a análise dos princípios fundamentais da dignidade da pessoa humana e do valor social do trabalho mais adiante abordados. Tem-se por princípio o fundamento valorativo de uma norma positivada. Para Karl Larenz, princípios dão "pautas gerais de valoração ou preferências valorativas em relação à ideia do Direito". LARENZ, Karl. *Metodologia da Ciência do Direito*. Tradução de José Lamego. 3. ed. Lisboa: Fundação Calouste Gulbenkian, 1997. p. 316. Para Engelmann, os princípios "correspondem aos fundamentos, ou aos pontos de partida da elaboração jurídica". ENGELMANN, Wilson. *Crítica ao positivismo jurídico*: princípios, regras e conceito de Direito. Porto Alegre: Sergio Antonio Fabris, 2001. p. 93. Gabriela Neves Delgado, quanto ao conteúdo principiológico leciona: "Nesse sentido, compreende-se que o modelo dos valores trata *prima facie* do melhor (âmbito do bom), ao passo que o modelo dos princípios refere-se *prima facie* ao que é devido (âmbito do dever-ser)". DELGADO, Gabriela Neves. *Direito fundamental ao trabalho digno*. São Paulo: LTr, 2006. p. 105. Quanto à função dos princípios, Engelmann alude que "a sistematização destes princípios, poderá funcionar como uma forma de substituição das regras jurídicas". ENGELMANN, op. cit., p. 92. Tanto as regras como os princípios são normas jurídicas, pois ambas dizem o que deve ser. Os princípios são retirados de uma esfera teórica meramente ilustrativo-programática e inseridos num contexto normativo. Assim, a diferença entre regras e princípios é uma distinção entre dois tipos de normas. Quanto à concretude emanada dos princípios, no caso concreto, Alexy os classifica como "mandados de otimização". ALEXY, Robert. *Teoria de los Derechos Fundamentales*. Tradução de Ernesto Garzón Valdéz. Madrid: Centro de Estúdios Constitucionales, 1993. p. 60-86. Por fim, também sobre a temática da função principiológica, cabível citar a lição de Dworkin: "Quando um juiz indaga o que os legisladores devem ter pretendido realizar, ele quer perguntar que políticas ou princípios ajustam-se mais naturalmente à lei que aprovaram. Quando indaga o que teriam feito se lhes exigissem que respondessem à pergunta que têm diante de si, quer perguntar que respostas decorrem das políticas ou princípios que se ajustam mais naturalmente à lei que aprovaram. Nenhuma questão é realmente psicológica ou histórica; todas colocam a mesma pergunta básica numa roupagem psicológica ou histórica". DWORKIN, Ronald. *Uma questão de princípio*. Tradução de Luis Carlos Borges. 2. ed. São Paulo: Martins Fontes, 2005. p. 24-25.

Num primeiro momento, é possível reafirmar que o Direito do Trabalho, desde o seu nascedouro, revestiu-se de um caráter tuitivo inegável, dando origem ao Princípio da Proteção da relação de emprego, sendo que para Américo Plá Rodriguez, o fundamento deste princípio está ligado à própria razão de ser do Direito do Trabalho. O legislador trabalhista teve grande preocupação em estabelecer maior amparo a uma das partes, visando a proteção do trabalhador, sendo que essa aparente desigualdade tem por finalidade igualar as partes no âmbito do Direito do Trabalho.[28]

Nessa esteira, no Direito do Trabalho, a preocupação central parece ser a de proteger uma das partes com o objetivo de, mediante essa proteção, alcançar-se uma igualdade substancial e verdadeira entre as partes.[29]

Não restam dúvidas, assim, de que a necessidade de proteção jurídica da relação de emprego decorre da condição de subordinação pessoal e, muitas vezes, da dependência econômica inerente ao trabalhador. Nesse sentido, o Princípio da Proteção do trabalhador resulta das normas imperativas e, portanto, de ordem pública, que caracterizam a instituição básica do Estado nas relações de trabalho, visando a opor obstáculos à autonomia da vontade.[30]

Na lição de Mario de La Cueva, o Direito do Trabalho se trata de um Direito Especial, que se distingue do Direito Comum, especialmente porque, enquanto este supõe a igualdade das partes, aquele pressupõe uma situação de desigualdade que ele tende a corrigir com outras desigualdades.[31]

Além disso, de acordo com o que fora anunciado anteriormente, como ocorre com os demais ramos do Direito, com o Direito do Trabalho não é diferente quanto à utilização de uma gama de princípios.

Essa utilização se dá, inclusive, na forma de um instrumento hermenêutico, quando da interpretação do caso concreto, sendo que, nesse caso, os princípios são classificados, seguindo a linha de entendimento de Wilson Engelmann, como sendo "princípios hermenêuticos para a aplicação do direito".[32]

Já fora dito com evidência que o Direito do Trabalho é uma ciência informada por uma série de princípios – que serão nominados mais adiante –, sendo, o principal, o Princípio da Proteção. Esses princípios, por sua vez, especialmente o da Proteção, servem de fundamento para inúmeras decisões em reclamações trabalhistas na análise do caso em concreto, seja como argumento para justificar uma decisão protetiva, seja para atender o comando previsto no artigo 8º[33] da Consolidação das Leis do Trabalho quando inexiste previsão

---

[28] RODRIGUEZ, Américo Plá. *Princípios de Direito do Trabalho*. São Paulo: LTr, 1996. p. 30.

[29] Ibid., p. 28.

[30] SÜSSEKIND, Arnaldo; MARANHÃO, Délio; VIANNA, Segadas. *Instituições de Direito do Trabalho*. 14. ed. São Paulo: LTr, 1993. v. 1. p. 128.

[31] LA CUEVA, Mario de. *Derecho mexicano del trabajo*. 4. ed. México: Porrua, 1954. p. 263.

[32] ENGELMANN, Wilson. *Crítica ao positivismo jurídico*: princípios, regras e conceito de Direito. Porto Alegre: Sérgio Antônio Fabris, 2001. p. 103.

[33] Art. 8º. As autoridades administrativas e a Justiça do Trabalho, na falta de disposições legais ou contratuais, decidirão, conforme o caso, pela jurisprudência, por analogia, por equidade e outros princípios e normas gerais de direito, principalmente do direito de trabalho, e, ainda, de acordo com os usos e costumes, o direto

legal para determinado fato examinado, o qual oferta como ferramentas "[...] princípios e normas gerais de direito, principalmente do direito de trabalho [...]".[34] Assinala-se, no entanto, que, na verdade, a prerrogativa do artigo 8º da CLT se inspira no próprio artigo 4º da antiga *Lei de Introdução ao Código Civil* (Decreto-Lei 4.657, de 1942), a qual, no ano de 2010, passou a se chamar *Lei de Introdução às normas do Direito Brasileiro* (Lei 12.376, de 2010).[35]

Dito isso, como referido alhures, no Direito do Trabalho o Princípio da Proteção, sem sombra de dúvidas, pode ser considerado o principal princípio informador. Sua dinâmica se desdobra em 3 princípios (ou subprincípios), quais sejam, o *princípio da aplicação da norma mais favorável* (com isso é possível a inversão da hierarquia das fontes formais e permitir, assim, que a norma formalmente inferior seja aplicada em detrimento de outra "superior", quando sua disposição for favorável ao empregado. Ou, ainda, quando mais de uma disposição legal tutele o mesmo fato examinado em específico); o *princípio da consideração da condição mais benéfica*, vinculada à ideia do direito adquirido e na ideia de que tudo que integrar o patrimônio jurídico do trabalhador não pode ser-lhe retirado; e o *princípio do "in dúbio pro operario"* – quando o juiz intérprete da norma incorre em dúvida quanto à interpretação, quanto à disposição ou alcance de uma norma, na situação em concreto, caso em que deverá aplicar a que melhor atenda os interesses do empregado.

Ainda, como manancial do Princípio da Proteção, decorrem outros princípios chamados também de norteadores da relação de emprego – *"princípios decorrências-lógicas"* –, tais como Princípio da Continuidade da relação de emprego, Princípio da Irrenunciabilidade de direitos (ou Indisponibilidade) e Princípio da Primazia da Verdade Real (ou Primazia da Realidade). Significa dizer que os princípios ora citados podem ser considerados uma decorrência lógica (ou *"princípios decorrências-lógicas"*) do Princípio da Proteção, vez que a

---

comparado, mas sempre de maneira que nenhum interesse de classe ou particular prevaleça sobre o interesse público. Parágrafo único. O direto comum será fonte subsidiária do direito do trabalho, naquilo em que não for incompatível com os princípios fundamentais deste. BRASIL. *Decreto-Lei nº 5.452, de 1º de maio de 1943*. Aprova a Consolidação das Leis do Trabalho. Disponível em: <http://www.planalto.gov.br/ccivil_03/decreto-lei/del5452.htm>. Acesso em: 16 abr. 2015.

[34] Lenio Streck faz uma crítica aos princípios gerais de direitos, nos seguintes termos: "Assim – e buscando inspiração em Bobbio –, afirmo que duas são as possibilidades como relação ao modo como lidamos com a questão dos princípios nesta quadra da história. A primeira tese é a da 'continuidade', pela qual o direito é um modelo de regras e, por isso, os princípios constitucionais que emergem da tradição do segundo pós-guerra são apenas uma (nova) versão, agora sofisticada, do modelo de princípios gerais do direito já existente ao tempo das metodologias jurídicas que influenciaram o pensamento jurídico que sucedeu à codificação. [...]. Como contraponto, proponho a 'tese da descontinuidade' – que penso ser a mais adequada –, pela qual se entende que os princípios constitucionais instituem o *mundo prático* no direito. Essa institucionalização representa um ganho qualitativo para o direito, na medida em que, a partir dessa revolução paradigmática, o juiz tem o dever (*have a duty to*, como diz Dworkin) de decidir de forma correta. Trata-se do dever de resposta correta, correlato ao direito fundamental de resposta correta que venho defendendo". STRECK, Lenio Luiz. *Verdade e consenso*: constituição, hermenêutica e teorias discursivas. 4. ed. São Paulo: Saraiva, 2011. p. 56-57.

[35] Art. 3º. Esta Lei entra em vigor na data de sua publicação. BRASIL. *Lei nº 12.376, de 30 de dezembro de 2010*. Altera a ementa do Decreto-Lei nº 4.657, de 4 de setembro de 1942. Disponível em: <http://www.planalto.gov.br/ccivil_03/_Ato2007-2010/2010/Lei/L12376.htm>. Acesso em: 16 abr. 2015.

aplicabilidade de cada um deles representa mera expressão da proteção que se deve proporcionar nas relações de emprego.[36]

Diante disso, é crível dizer que no Direito do Trabalho há um espaço de atuação de um *mundo dos princípios*, o que se sobressai quando ocorre a "aplicação concreta do direito".[37]

Como exemplo desse *mundo dos princípios* no Direito do Trabalho, pertinente referir um acórdão proferido em sede de julgamento de recurso ordinário, proferido pela 6ª Turma do Tribunal Regional do Trabalho da 4ª Região,[38] em cuja demanda se discutia a responsabilidade subsidiária de um Município que foi o tomador de serviços. O envolvido Município buscava sua absolvição da condenação imposta por sentença. Nota-se, à primeira análise, que a situação invoca entendimento jurisprudencial, na medida em que a Súmula 331 do Tribunal Superior do Trabalho é a "fonte" da responsabilidade subsidiária nos casos de terceirização, já que esta figura, afora a Lei 6.019/1974 (Lei do Trabalho Temporário), não possui previsão legal. E, em 24.05.2011, a Resolução 174 do TST alterou a redação da Súmula 331 do TST,[39] acrescentando o item V, o qual, em suma, condiciona a condenação subsidiária do ente público à prova da sua culpa no cumprimento das obrigações da Lei 866/1993 (cujo artigo 171, § 1º, desta Lei, foi considerado constitucional pelo Supremo Tribunal Federal no mesmo ano). A mencionada Turma, por unanimidade, negou provimento

---

[36] Importante salientar que tais princípios são elencados por Américo Plá Rodriguez na obra "Princípios de direito do trabalho", mas não como "decorrências lógicas", mas sim, como princípios próprios influenciados pelo da Proteção. De qualquer sorte, na prática, os princípios elencados são largamente utilizados pela jurisprudência, na prática forense. RODRIGUEZ, Américo Plá. *Princípios de Direito do Trabalho*. São Paulo: LTr, 1996.

[37] Princípios: entre a sabedoria e a aprendizagem. CANOTILHO, José Joaquim Gomes. Homenagem ao Doutor Antônio Castanheira Neves. *Boletim da Faculdade de Direito*, Coimbra, 2006. p. 9.

[38] [...] Esse entendimento tem fundamento no Princípio da Proteção, informador do Direito do Trabalho, bem como na culpa *in vigilando*, que consiste na obrigação da tomadora dos serviços em verificar se os encargos trabalhistas estão sendo devidamente cumpridos pela prestadora. No caso, caberia ao Município fiscalizar o cumprimento do acordo firmado entre a Cooperativa e a reclamante, com a presença do ente público. [...]. BRASIL. Tribunal Regional do Trabalho (4. Região). 2. Vara do Trabalho de Passo Fundo. 6. Turma. Acórdão nº 0000013-68.2010.5.04.0662 (RO). Participam: Maria Inês Cunha Dornelles e Maria Helena Lisot. Redatora: Maria Cristina Schaan Ferreira. Porto Alegre, 11 de abril de 2012. Disponível em: <http://gsa3.trt4.jus.br/search?q=cache:yTZ4fE5SbkcJ:iframe.trt4.jus.br/gsa/gsa.jurisp_sdcpssp.baixar%3Fc%3D41552902+0000013-68.2010.5.04.0662+inmeta:DATA_DOCUMENTO:2010-05-19.2014-05-19++&client=jurisp&site=jurisp_sp&output=xml_no_dtd&proxystylesheet=jurisp&ie=UTF-8&lr=lang_pt&proxyreload=1&access=p&oe=UTF-8>. Acesso em: 16 abr. 2015.

[39] *Súmula nº 331 do TST. CONTRATO DE PRESTAÇÃO DE SERVIÇOS. LEGALIDADE* (nova redação do item IV e inseridos os itens V e VI à redação) – Res. 174/2011, DEJT divulgado em 27, 30 e 31.05.2011 [...] IV – O inadimplemento das obrigações trabalhistas, por parte do empregador, implica a responsabilidade subsidiária do tomador dos serviços quanto àquelas obrigações, desde que haja participado da relação processual e conste também do título executivo judicial. V – Os entes integrantes da Administração Pública direta e indireta respondem subsidiariamente, nas mesmas condições do item IV, caso evidenciada a sua conduta culposa no cumprimento das obrigações da Lei n.º 8.666, de 21.06.1993, especialmente na fiscalização do cumprimento das obrigações contratuais e legais da prestadora de serviço como empregadora. A aludida responsabilidade não decorre de mero inadimplemento das obrigações trabalhistas assumidas pela empresa regularmente contratada. [...]. BRASIL. Tribunal Superior do Trabalho. *Súmula nº 331*. Contrato de Prestação de Serviços. Legalidade. Disponível em: <http://www3.tst.jus.br/jurisprudencia/Sumulas_com_indice/Sumulas_Ind_301_350.html>. Acesso em: 16 abr. 2015.

ao recurso ordinário, adotando o Princípio da Proteção para afastar um entendimento sumulado do próprio Tribunal Superior do Trabalho, com vistas a garantir o crédito do trabalhador.

A despeito da função dos princípios – já referida em linhas anteriores –, nota-se, pela citação prática acima, que o Princípio da Proteção serviu aos intérpretes como fundamento para afastar a interpretação do Tribunal Superior acerca de um dispositivo legal.

Na mesma linha que vem se adotando na presente exposição, no plano concreto, o Princípio da Proteção não só serve como inspirador ou fonte de subsídio para o legislador, como também se revela como uma forma de interpretação da norma a serviço da efetividade do Direito do Trabalho, com ênfase na preservação da dignidade do trabalhador.

Por outro lado, a consolidação de princípios como parâmetros interpretativos pode gerar fechamento na aplicação do Direito, vez que obstaculizam uma visão constitucional acerca do direito debatido no caso em concreto, objetificando, muitas vezes, a relação jurídica em questão e originária do conflito, o que, evidentemente desencadeia uma crise na questão da decisão judicial. A problemática de utilização obtusa e exclusiva de instrumentos principiológicos pode abrir espaço para o ativismo jurídico e para a discricionariedade do julgador, posto que fecharia a possibilidade de uma visão que enxergue além do pragmatismo e que alcance a tutela constitucional que se impõe no topo de uma pirâmide hierárquica de fontes formais. Esse *pamprincipiologismo* que ocorre em todos os ramos do Direito, e, também, no Direito do Trabalho, seria uma edição "reestilizada" dos princípios gerais de Direito.[40]

Por certo, o Princípio da Proteção não pode servir de óbice para a atuação concomitante e conjunta de outros princípios, razão pela qual pode se admitir que, em muitas situações, antes de se utilizar o Princípio da Proteção, se gravite pela atuação dos princípios constitucionais, não como numa espécie de hierarquia de princípios, mas sim, se aproveitando de preceitos originalmente enraizados na dignidade da pessoa humana.[41]

---

[40] Lenio Streck define "pamprincipiologismo": "[...] Assim, está-se diante de um fenômeno que pode ser chamado de 'pamprincipiologismo', caminho perigoso para o retorno à 'completude' que caracterizou o velho positivismo novecentista, mas que adentrou ao século XX: na 'ausência' de 'leis apropriadas' (a aferição desse nível de adequação é feita, evidentemente, pelo protagonismo judicial), o intérprete 'deve' lançar mão dessa ampla principiologia, sendo que, na falta de um 'princípio' aplicável, o próprio intérprete pode criá-lo [...]". STRECK, Lenio Luiz. *Verdade e consenso*: constituição, hermenêutica e teorias discursivas. 4. ed. São Paulo: Saraiva, 2011. p. 538-539.

[41] Lenio Streck faz uma crítica ao Princípio da Proteção à luz da sua tese de "pamprincipiologismo": "[...] Princípio Protetor no direito do trabalho: a partir de sua aplicação – e de seus vários subprincípios –, as normas, no direito do trabalho, devem buscar proteger o trabalhador. Não bastasse esse *standard*, ainda podem ser encontrados 'princípios' como: da Norma Mais Favorável, da Imperatividade das Normas Trabalhistas, da Indisponibilidade dos Direitos Trabalhistas, da Condição Mais Benéfica, da Inalterabilidade Contratual Lesiva, Intangibilidade Contratual Objetiva, da Intangibilidade Salarial, da Primazia da Realidade sobre a Forma, Continuidade da Relação de Emprego, o *in dubio pro operario* e o do Maior Rendimento. Observa-se como é possível construir *standards* que, a pretexto de 'prestigiar' o direito, fragiliza-se sobre modo a partir de discursos políticos, morais, econômicos, entre outros. Quais a condições de possibilidade existentes para a aplicação normativa, *v.g.*, do 'princípio da Primazia da Realidade sobre a Forma'? E qual a constitucionalidade do 'princípio da Imperatividade das Normas Trabalhistas'? Leis trabalhistas podem se sobrepor à

Com isso, é possível sustentar a tese de dispensabilidade parcial dos *standards*[42] de Direito do Trabalho, frente aos princípios fundamentais dos incisos I e II do artigo 1º, e do rol de 34 (trinta e quatro) incisos e de um parágrafo único do artigo 7º, ambos da Constituição Federal, os quais representam os chamados direitos fundamentais sociais dos trabalhadores urbanos, rurais e domésticos (esses, vinculados ao rol do mencionado parágrafo único do artigo 7º). Diz-se dispensabilidade parcial, pois o Direito do Trabalho deve ter seus princípios próprios, pois isso lhe garante a carga protetiva que as normas trabalhistas precisam ter, bem como, a despeito de que a dignidade da pessoa humana deve ser observada em qualquer âmbito, não se descarta a possibilidade de que os princípios próprios sejam facilitadores da aplicação conjunta de princípios constitucionais, atuando como uma espécie de filtro ou adaptador ao fato trabalho e ao mundo do trabalho.

Mormente, a verdade é que a antiga aparelhagem legislativa material trabalhista remonta a questões que não estão no rol do artigo 7º, mas que demandam interpretação e solução a partir do princípio da dignidade da pessoa humana (que, aliás, é o que "contamina" os direitos fixados no artigo 7º constitucional), bem como no princípio do valor social do trabalho, sendo que o Direito do Trabalho, ainda mais nos tempos de hoje, precisa somar esses princípios à atuação dos princípios próprios (não utilizá-los como únicos), proposta essa que coaduna com as pretensões da exposição ora declinada, como será visto mais adiante, quando se tratar de trabalho nanotecnológico.

Passada essa análise, parte-se para o exame da influência do Princípio da Proteção na formação das normas que regulam as relações de emprego.

Em se tratando de influência do Princípio da Proteção, no presente estudo resta inevitável falar-se em taxonomia, vez que a gênese concomitante do Princípio da Proteção e do Direito do Trabalho como ciência exercem influência notória na classificação ou natureza deste Direito do Trabalho como ramo do Direito, sobretudo pela limitação da vontade dos contratantes.

Muito embora, *a priori*, se esteja tratando o Direito do Trabalho como um ramo do Direito Privado, a quebra do paradigma contratual clássico e a própria natureza e evolução das relações de trabalho demonstram que há nítida inserção de normas de ordem pública, situação essa que torna complexa a discussão acerca da taxonomia do Direito Trabalhista (ramo do Direito Público ou Privado). Sobre o estudo da amplitude das normas trabalhistas, considerando que o Direito de Trabalho é o ramo do Direito que regula a relação entre empregado e empregador – a princípio, portanto, entre particulares –, mas que indubitavelmente sofre a inserção de normas de ordem pública, paira a dúvida

---

Constituição (e, vejamos, aos seus princípios?). Mais, na medida em que a Constituição possui um catálogo de preceitos (e princípios) que garantem os direitos fundamentais-sociais (mormente os atinentes ao trabalho), por que razão necessitamos de um 'princípio' que, óbvio, 'exige' uma interpretação a favor do trabalhador? Afinal, qual é a 'serventia' da Constituição? [...]. STRECK, Lenio Luiz. *Verdade e consenso*: constituição, hermenêutica e teorias discursivas. 4. ed. São Paulo: Saraiva, 2011. p. 527.

[42] A palavra *standard* é utilizada por Dworkin na obra *Los Derechos en Serio*, com o significado de exigência de justiça, equidade ou dimensão de moralidade. DWORKIN, Ronald. *Los Derechos em Serio*. Tradução de Marta Gustavino. Buenos Aires: Planeta-Agostini, 1993. p. 72.

quanto à localização do Direito do Trabalho no conjunto do Direito, ou seja, se ramo do Direito Público ou Privado.

Num sentido de surgimento do Direito do Trabalho em âmbito mundial, Alain Supiot o classifica como um Direito Especial, assim como o Direito Administrativo, Direito Ambiental, Direito do Consumidor e Direito Previdenciário, pois tais ciências se desenvolveram para dar "estatuto" a tudo aquilo que ultrapassa o limite do interesse individual. Segundo o autor, esses Direitos "especiais" representam verdadeiras "muletas" para a ideia de um "direito comum do contrato".[43]

Com foco no Direito brasileiro, conforme entende Sayão Romita, é necessário fazer uma distinção entre ordem pública substantiva e ordem pública procedimental. Essas duas noções são essencialmente diferentes, vez que de um lado a norma busca a preservação da ordem na sociedade e, de outro lado, objetiva-se a imperatividade de determinadas normas jurídicas. Assim, a influência notória e crescente dos direitos fundamentais enseja um conceito amplo de ordem pública, o que faz com que se limite o exercício de direitos individuais em prol da coletividade. Nesse sentido, o citado autor indaga qual diferença, *a priori*, se vislumbra entre uma decisão que visa a impedir uma manifestação pública de uma decisão que determina a nulidade de um contrato de aprendizagem, do que se denota, portanto, o evidente gene da norma de ordem pública enraizada na norma trabalhista.[44]

No entanto, a matéria suscita debate. Para alguns, o Direito do Trabalho deve integrar o campo do Direito Público, pois é esse seu caráter predominante. Para outros juristas, o Direito Laboral configura-se como ramo do Direito Privado, pois são normas de direito privado que predominam e influenciam a relação de emprego.[45]

De outra parte, frente às duas correntes acima declinadas, não há o que falar da necessidade de criação de uma terceira categoria, ou seja, de um campo jurídico que não pode ser determinado nem no público e nem no privado. Isso porque, o Direito do Trabalho representa um Direito unitário, pouco importando que dele, ao mesmo tempo, resultem normas de Direito Público e Privado, pois a norma não pode ser analisada de forma isolada. Na verdade, o que se tem é uma hibridização de conceitos tendentes a dar relevo à defesa do trabalho e à proteção do trabalhador.

Nesta linha, Supiot entende que:

---

[43] SUPIOT, Alain. *Homo juridicus*: ensaio sobre a função antropológica do Direito. Tradução de Maria Ermantina de Almeida Prado Galvão. São Paulo: Martins Fontes, 2007. p. 124.

[44] ROMITA, Arion Sayão. *Direitos fundamentais nas relações de trabalho*. 2. ed. rev. e aum. São Paulo: LTr, 2007. p. 171.

[45] Para Sérgio Pinto Martins, o Direito do Trabalho pertence ao ramo do Direito privado. Não negamos a existência de normas de Direito público e privado no âmbito do Direito do Trabalho, mas elas não chegam a constituir-se num *tertium genus*, nem há a criação de um Direito unitário ou misto. O que ocorre é que há preponderância da maioria das regras de Direito privado, como se verifica no contrato de trabalho, diante das regras de Direito público, o que também se observa no Direito Civil e no Direito Comercial, que nem por isso deixam de ser parte do ramo do Direito privado. MARTINS, Sérgio Pinto. *Direito do Trabalho*. 22. ed. atual. São Paulo: Atlas, 2006. p. 54.

Em segundo lugar, a mercantilização do "recurso humano", inerente à idéia de contrato de trabalho e à instituição do mercado de trabalho, vem contradizer a separação entre pessoas e as coisas que fundamenta a ordem mercantil. Daí a invenção nesse campo de conceitos, tais como os de emprego e de solidariedade, que hibridizam o contrato e o estatuto e dão uma nova juventude às formas pré-contratuais do vínculo social, que ignoravam essa distinção. O Direito alemão, sempre apegado ao rigor dos conceitos, deduziu disso uma ordem jurídica tripartite, que dá lugar, ao lado do Direito Público e do Direito Privado, a um Direito Social que mescla a técnicas convencionais e regulamentais. Os juristas franceses que, ao contrário, veneram as bipartições, sempre tiveram dificuldade em reconhecer a importância desses híbridos e em integrá-los em seus conceitos jurídicos básicos.[46]

Não obstante o exame sobre a procedência de cada corrente acima delineada, a verdade é que todos os argumentos defendidos são aproveitados para explicar ou elucidar a natureza ou caráter da norma trabalhista, sobretudo da norma trabalhista que tem também por fonte a Constituição Federal, a qual, por forte influência dos princípios e direitos fundamentais, fixa direitos mínimos do trabalhador a serem observados nas relações de emprego. Este cenário, sem dúvidas, dá sinais de que o Direito do Trabalho, se não foi o primeiro dos ramos do Direito Privado a sofrer o processo de constitucionalização, certamente, foi um dos ramos que mais deixou em relevo os sinais de ocorrência de tal fenômeno. Coaduna com a ideia de constitucionalização do Direito Privado a expressão "despatrimonialização" usada pelo professor Carmini Donisi, citado por Maria Celina Bodin de Moraes.[47] Para Cláudio Brandão:

São, sim, novos tempos e esse desafio consiste em traçar os rumos que devem orientar o direito do trabalho tomando como inspiração a transformação já vivenciada no direito civil e que representou um virada de página, uma guinada mesmo, no modelo instituído em 1916 e que em grande parte foi e tem sido fruto da incorporação de teses consagradas na jurisprudência dos tribunais: o seu processo de constitucionalização e de despatrimonialização no tratamento das relações privadas [...].[48]

Merece citação a referência feita por Giovanni Cazzetta, quanto ao fato de que, em matéria de contrato de trabalho, há a necessidade de observância do "interesse social", que, por certo, serve de limitador da plena autonomia da vontade individual:

La richiesta è quella di um "nuovo diritto", di una revisone del nesso tra lavoro e contratto: "Supremo principio informatore del contrato di lavoro" – si aferma – deve essere quello di garantir la volontá libera di entrambe le parti, quello di impedire che la "libera volontá possa nuocere all"interesse sociale"; principio inspiratore del contratto di lavoro deve essere quello di "dare armi pari alle parti nella lotta per il diritto" per "impedire che la disuguaglianza di fatto produca la disuguaglianza di diritto".[49]

---

[46] SUPIOT, Alain. *Homo juridicus*: ensaio sobre a função antropológica do Direito. Tradução de Maria Ermantina de Almeida Prado Galvão. São Paulo: Martins Fontes, 2007. p. 121-122.

[47] MORAES, Maria Celina Bodin de. *Danos à pessoa humana*: uma leitura civil-constitucional dos danos morais. Rio de Janeiro: Renovar, 2003. p. 73-74.

[48] BRANDÃO, Cláudio. Novos rumos do Direito do Trabalho. In: TEPEDINO, Gustavo et al. (Coords.). *Diálogos entre o Direito do Trabalho e o Direito Civil*. São Paulo: Revista dos Tribunais, 2013. p. 37-54. p. 44.

[49] CAZZETTA, Giovanni. Codificazione ottocentesca e paradigmi contrattuali: il problema del lavoro. In: MARTINS-COSTA, Judith; VARELA, Laura Beck (Orgs.). *Código dimensão história e desafio contemporâneo*: estudos em homenagem ao professor Paolo Grossi. Porto Alegre: Sérgio Fabris, 2013. p. 81-108. p. 87.

Tradicionalmente, o Direito do Trabalho se articula e se apresenta como um ramo do Direito Privado, seja porque regula relação entre particulares, seja porque antes do seu efetivo surgimento a relação de trabalho era submetida às regras da locação de serviços e, depois, pelas regras do Código Comercial de 1850 e pelo Código Civil de 1916 (no Brasil). Posteriormente, com a evolução das relações de trabalho provocadas pela Revolução Industrial (como já abordado anteriormente), paulatinamente, o Direito do Trabalho foi se enriquecendo. Significa dizer que o Estado interveio com mais efetividade e profundidade nas relações empregatícias e no domínio contratual.[50]

Essa regulamentação imperativa deu-se em virtude do interesse protegido do trabalhador, o que, a princípio, evidenciaria, por esse raciocínio, que o Direito do Trabalho tramitaria como ramo do Direito Público. Todavia, da mesma forma, é inegável que os sujeitos da relação de emprego – empregado e patrão – determinam o caráter privado dessa relação, sendo que mesmo que haja normas de Direito Público insertas na relação laboral, existe autonomia de vontade, ainda que reduzida.[51]

Aliás, a Consolidação das Leis do Trabalho, aprovada e criada pelo Decreto-Lei nº 5.452, de 1º de maio de 1943, na exposição de motivos da referida norma, especificamente nos postulados 28, 29 e 30, demonstra o evidente caráter de intervenção do Estado com o intuito de revestir as normas protetivas com um caráter público, sobretudo quando mencionam expressões como "a ordem institucional ou estatutária prevalece sobre a concepção contratualista" e "primazia do caráter institucional sobre o efeito do contrato".[52]

Desta feita, como asseverado acima, é tendência (ou deveria ser) que o Estado cada vez mais imponha normas de ordem pública nas relações empregatícias, demonstrando a influência do Direito Público. Por outro lado, o fato de haver espaço para a autonomia da vontade entre as partes contratantes e para a autonomia da vontade coletiva – negociação coletiva que possui autorização constitucional para se promover certa flexibilização na legislação trabalhista – impede que se descarte a incidência do Direito do Trabalho no campo do

---

[50] GOMES, Orlando; GOTTSCHALK, Elson. *Curso de Direito do Trabalho*. Rio de Janeiro: Forense, 2006. p. 24.

[51] Rodrigo Coimbra afirma que: "Outra questão que cabe esclarecer é que a natureza protecionista do Direito do Trabalho não transforma sua natureza em si, nem tampouco o caráter de ordem pública de suas normas, pois o conceito de normas de ordem pública não converge com a noção de Direito Privado, podendo haver normas dessa natureza no âmbito do Direito Privado". COIMBRA, Rodrigo. Jurisdição Trabalhista Coletiva e Direito Objetivo. In: ZAVASCKI, Liane; BÜHRING, Marcia Andrea; JOBIM, Marco Félix. *Diálogos constitucionais de Direito Público e Privado*. n. 2. Porto Alegre: Livraria do Advogado, 2013. p. 443.

[52] 28. Em relação aos contratos de trabalho, cumpre esclarecer que a prevalência das "normas" de tutela sôbre os "contratos" acentuou que a ordem institucional ou estatutária prevalece sôbre a concepção contratualista. 29. A análise do conteúdo da nossa legislação social prova exuberantemente a primazia do caráter institucional sôbre o efeito do contrato, restrito este à objetivação do ajuste, à determinação do salário e à estipulação dà natureza dos serviços e isso mesmo dentro de *standards* e sob condições preestabelecidas na lei. 30. Ressaltar essa expressão peculiar constituiria certamente uma conformação com a realidade e com a filosofia do novo Direito, justificando-se assim a ênfase inicial atribuída à enumeração das normas de proteção ao trabalho, para somente em seguida ser 1·eferido o contrato individual. MACHADO FILHO, Alexandre Marcondes. *Exposição de motivos [da Consolidação das Leis de Proteção ao Trabalho]*. 1948. Disponível em: <http://aplicacao.tst.jus.br/dspace/handle/1939/29280>. Acesso em: Acesso em: 05 abr. 2014.

Direito Privado. Nesse contexto, identifica-se a assertiva de Supiot de que "[...] o contrato se publiciza ao participar da definição de um bem comum".[53]

Por certo, considerando todos os argumentos traçados, resta inevitável conceber que o Direito do Trabalho admite a incidência das duas características – de Direito Público e Privado – no intuito de se fazer efetiva a proteção almejada ao trabalhador, desiderato esse que se extrai das normas constitucionais, sobretudo dos princípios e direitos fundamentais, os quais se relacionam com o objeto do estudo trazido a lume.

No Direito do Trabalho, as partes, sujeitos das relações jurídicas particulares restam atrelados à observância dos princípios e direitos fundamentais fixados pela Carta Magna. É um típico movimento de constitucionalização do Direito Privado. Mesmo que, a princípio, as partes contratantes estejam respaldadas pelo princípio da autonomia da vontade privada, no desenvolvimento da relação jurídica, as partes devem respeitar alguns direitos mínimos atinentes à relação que ora se busca celebrar. Para Melina Girardi Fachin, a autonomia privada

> [...] deixa ser dogma *a latere* do texto constitucional e passa a ser ela integrante do fundamento constitucional da proteção da liberdade e autodeterminação individuais – que deve ser lida à luz do contexto e sistema constitucionais postos.[54]

Hans Carl Nipperdey, por sua vez, delineia a conjugação dos direitos fundamentais com o direito privado:

> Na ponderação do conteúdo do valor dos direitos fundamentais deve ser levado em conta com a tendência fundamental liberal da lei fundamental. A liberdade de autolimitação encontra, por isso, primeiro lá o seu limite onde a ponderação deixa de aparecer um outro bem jurídico fundamentalmente protegido como valor mais elevado. [...] O reconhecimento do efeito absoluto dos direitos fundamentais significa, por isso, de modo nenhum que o particular, no fundo, não deveria contrair vinculações para, com isso, conservar-se a liberdade ampla para a atuação – isso seria, de fato, o fim da autonomia privada –, mas ele atualiza simplesmente os direitos fundamentais também no tráfego do direito privado sob plena consideração da decisão fundamental da lei fundamental para a liberdade.[55]

A partir deste raciocínio, é possível concluir que qualquer negócio jurídico, por mais liberdade que enseje aos contratantes no seu clausulamento, deverá observar os direitos mínimos estabelecidos pela Constituição Federal, o que, aliás, é o que se denota do artigo 444 da Consolidação das Leis do Trabalho.[56] Nesse aspecto, Cláudio Brandão destaca que:

---

[53] SUPIOT, Alain. *Homo juridicus*: ensaio sobre a função antropológica do Direito. Tradução de Maria Ermantina de Almeida Prado Galvão. São Paulo: Martins Fontes, 2007. p. 208.

[54] FACHIN, Melina Girardi. O desenvolvimento das relações trabalhistas e a eficácia dos direitos humanos. In: TEPEDINO, Gustavo et al. (Coords.). *Diálogos entre o Direito do Trabalho e o Direito Civil*. São Paulo: Revista dos Tribunais, 2013. p. 113-129. p. 127.

[55] NIPPERDEY, Hans Carl. Direitos Fundamentais e Direitos Privado. Tradução de Waldir Alves. In: DÜRIG, Günter; NIPPERDEY, Hans Carl; SCHWABE, Jürgen. *Direitos Fundamentais e Direito Privado*: textos clássicos. Organização e revisão de Luís Afonso Heck. Porto Alegre: Sérgio Antônio Fabris, 2011. p. 51-70. p. 64.

[56] Art. 444. As relações contratuais de trabalho podem ser objeto de livre estipulação das partes interessadas em tudo quanto não contravenha às disposições de proteção ao trabalho, aos contratos coletivos que lhes sejam aplicáveis e às decisões das autoridades competentes. BRASIL. *Decreto-Lei nº 5.452, de 1º de maio de*

O direito do trabalho, que um dia se desgarrou do direito civil por não encontrar, nele, o arcabouço de normas suficientemente capaz de outorgar à pessoa a imprescindível proteção em virtude da sua condição de hipossuficiente econômico e, por isso mesmo, legitimar a aplicação do clássico princípio do *pacta sunt servanda*, necessita promover o que se pode denominar de reaproximação axiológica, inspirado, tal como aquele, na sua constitucionalização.[57]

Na seara do contrato de emprego, o artigo 442 da Consolidação das Leis do Trabalho define tal pacto como sendo um acordo de vontades, tácito ou expresso, correspondente à relação de emprego. Desta definição, num primeiro momento, depreende-se que o contrato de emprego enseja uma celebração e formação baseadas na livre vontade dos contratantes.[58]

Contudo, como já delineado, o Princípio da Proteção tem, na sua essência axiológica, o condão de corrigir as desigualdades oriundas da relação de emprego, cuja gênese reside na existência do trabalho subordinado, razão pela qual acaba por determinar que a norma seja mais protetiva ao empregado, tratando-se desigualmente os desiguais. Por isso e por ser um "equalizador da assimetria de forças caracterizadoras das relações de emprego", o Princípio da proteção deve ser preservado.[59]

Por evidente consequência, tais circunstâncias acabam por influenciar a relação contratual trabalhista. Neste sentido, impõe-se uma limitação à vontade dos sujeitos da relação de emprego, motivo pelo qual o contrato de emprego, conforme ensina José Martins Catharino,[60] torna-se um "*complexo voluntário normativo*", ou seja, as normas mínimas de proteção ao trabalhador prevalecem sobre a vontade das partes. Conveniente repisar que, no Direito do Trabalho, tal regra tende a se acentuar, dado ao caráter protetivo que os princípios informadores deste Direito oferecem na informação e criação da norma tutelar. Nessa linha de análise, Supiot afirma que as partes contratantes seguem livres para querer, mas com a condição de perseguir objetivos que transpassam o interesse individual.[61]

Sendo assim, resta obrigatória a inserção de certas cláusulas no contrato de emprego, as quais restam vinculadas ao conteúdo mínimo determinado

---

*1943. Aprova a Consolidação das Leis do Trabalho. Disponível em: <http://www.planalto.gov.br/ccivil_03/decreto-lei/del5452.htm>. Acesso em: 16 abr. 2015.

[57] BRANDÃO, Cláudio. Novos rumos do Direito do Trabalho. In: TEPEDINO, Gustavo *et al*. (Coords.). *Diálogos entre o Direito do Trabalho e o Direito Civil*. São Paulo: Revista dos Tribunais, 2013. p. 37-54. p. 46.

[58] Art. 442. Contrato individual de trabalho é o acordo tácito ou expresso, correspondente à relação de emprego. Parágrafo único – Qualquer que seja o ramo de atividade da sociedade cooperativa, não existe vínculo empregatício entre ela e seus associados, nem entre estes e os tomadores de serviços daquela. Art. 442-A. Para fins de contratação, o empregador não exigirá do candidato a emprego comprovação de experiência prévia por tempo superior a 6 (seis) meses no mesmo tipo de atividade. BRASIL, op. cit.

[59] PAGLIARINI, Alexandre Coutinho; STEPHAN, Cláudia Coutinho. A ordem constitucional brasileira e a aplicação direta do inciso i do artigo 7º; o Direito Internacional, e a proibição das dispensas coletivas. *Direitos Fundamentais & Justiça*, Revista do Programa de Pós-Graduação, Mestrado e Doutorado da Pontifícia Universidade Católica do Rio Grande do Sul, Porto Alegre, ano 5, n. 15, abr./jun. 2011. p. 144.

60 CATHARINO, José Martins. *Compêndio de Direito do Trabalho*. São Paulo: Jurídica Universitária, 1981. v. 2. p. 4.

[61] SUPIOT, Alain. *Homo juridicus*: ensaio sobre a função antropológica do Direito. Tradução de Maria Ermantina de Almeida Prado Galvão. São Paulo: Martins Fontes, 2007. p. 208.

pela Constituição Federal. Não é demais destacar que, com a promulgação da Carta Federal de 1988, o Estado deixou de ser mero espectador das relações sociais e passou a intervir, especificamente, nas relações de emprego, por força da previsão de garantias mínimas do trabalhador insculpidas no artigo 7º da Norma Constitucional, espelhando seu caráter dirigente frente às relações jurídicas de emprego. Luiz Edson Fachin e Marcos Alberto Rocha Gonçalves destacam os efeitos dessa característica:

> O caráter dirigente da Constituição Federal de 1988 permite, igualmente, a instrumentalização da normatividade e incentiva a busca por sua efetividade progressiva, de acordo com a evolução do contexto social, político e histórico da sociedade para a qual se destina. Desse modo, abre-se caminho para que as normas constitucionais, sejam elas regras ou princípios, transbordem a função interpretativa, e, em especial, quando se trata da dignidade da pessoa humana, projetem eficácia concretizadora.[62]

Sobre essa fase, em âmbito mundial, leciona Alain Supiot que:

> Em vez de ser somente encarregado dos governos dos homens, de encarnar um poder que os domina, o Estado se fez servidor do próprio bem-estar deles. Isso a que se chamou "Welfare state" o "Sozialstaat" ou o "Estado providência" conferiu aos homens novos direitos e liberdades, que acrescentaram à ideia de cidadania política a ideia de cidadania social.[63]

Portanto, resta consolidada a atuação do Princípio da Proteção na relação contratual de emprego, seja na formação-elaboração da norma, seja na função de compensar lacunas legais, seja na interpretação dos fatos que decorrem da relação de emprego e que demandam tutela, seja como portal de aproximação dos princípios e normas fundamentais constitucionais. Em matéria de nanotecnologias, o contexto que será construído posteriormente mostrará que o Princípio da Proteção exercerá papel importante na mentalidade de valorização do trabalhador das novas tecnologias e da preservação de sua saúde e segurança. Além disso, o Princípio da Proteção assumirá uma tarefa de harmonização dos instrumentos que serão propostos para se alcançar um "acontecer concreto" e se oferecer a pretendida e necessária proteção.

2.1.2. Dignidade da pessoa humana e valor social do trabalho: perspectivas contemporâneas carregadas de historicidade

De outra parte, consoante argumentos acima declinados, não restam dúvidas de que o Direito do Trabalho e o Direito Constitucional, em especial, os princípios e direitos fundamentais, possuem estreita e harmônica vinculação, seja porque seus "fios condutores" se apegam ao elemento *dignidade da pessoa humana*, seja porque os fundamentos da Constituição pátria servem de baliza para a interpretação das normas inerentes a todos os ramos do Direito, até

---

[62] FACHIN, Luis Edson; GONÇALVES, Marcos Alberto Rocha. Normas trabalhistas na legalidade constitucional: princípios da dignidade da pessoa humana, da solidariedade e da isonomia substancial. In: TEPEDINO, Gustavo *et al.* (Coords.). *Diálogos entre o Direito do Trabalho e o Direito Civil*. São Paulo: Revista dos Tribunais, 2013. p. 23-36. p. 29.

[63] SUPIOT, Alain. *Homo juridicus*: ensaio sobre a função antropológica do Direito. Tradução de Maria Ermantina de Almeida Prado Galvão. São Paulo: Martins Fontes, 2007. p. 190.

mesmo porque o Direito do Trabalho enseja e realiza a existência formalizada do direito ao trabalho digno, "verdadeira essência do homem".[64] Aliás, Magda Barros Biavaschi destaca essa sintonia, lecionando que

> tendo na dignidade humana o ponto de partida e a condição humana do trabalhador como tema central de seus fundamentos, o direito do trabalho marcou diferença ao unir o elemento humano, pessoal, ao social, coletivo, na contramão de um liberalismo que não dava conta da questão social.[65]

A preocupação com o trabalho humano ligado às nanotecnologias e a ausência de regulação destas condições fazem surgir a necessidade de se buscar formas de se atender às respectivas demandas envoltas num panorama de *riscos desconhecidos e futuros*, seja para garantir a dignidade do trabalhador, seja para lhe resgatar tal condição.

Diante disso, antes de se tentar propor alternativas que vão ao encontro desta necessidade, resta imperioso examinar alguns aspectos atinentes aos *princípios* e *direitos fundamentais*, sobretudo quanto a sua aplicação no mundo laboral, pois o ordenamento jurídico pátrio dá sinais de que sua atual estrutura normativa não é suficiente, em muitas situações, para tutelar matérias que sofrem o reflexo da evolução e da modernidade.[66] Essa constatação representa um elo de ligação com a temática nanotecnologias-trabalho humano.

E é nesse cenário que se inserem os princípios e direitos fundamentais, os quais representam não só um vetor interpretativo, mas, também, fundamentos que dão estofo para uma releitura normativa a partir de um contexto constitucional que, por si só, já eleva a dignidade da pessoa humana a um *status* de valor supremo. Aliás, essa característica da dignidade da pessoa humana de expressão máxima dos direitos fundamentais decorre efetivamente do aspecto

---

[64] DELGADO, Gabriela Neves. *Direito fundamental ao trabalho digno*. São Paulo: LTr, 2006. p. 26.

[65] BIAVASCHI, Magda Barros. O princípio da socialidade na perspectiva das relações trabalhistas. In: TEPEDINO, Gustavo et al. (Coords.). *Diálogos entre o Direito do Trabalho e o Direito Civil*. São Paulo: Revista dos Tribunais, 2013. p. 81-96. p. 92.

[66] Posteriormente, neste estudo, terá mais ênfase o conceito dos princípios e direitos fundamentais, mormente, em relação ao seu caráter de direito humano na legislação em concreto. Todavia, a despeito de anteriormente já ter sido declinada uma noção sobre princípios, esclarece-se que princípios fundamentais, na égide da Constituição Federal de 1988, são fundamentos que antecedem e informam a elaboração da norma jurídica constitucional, inclusive as normas de direitos fundamentais, tendo por eixo central a dignidade da pessoa humana. Wilson Engelmann leciona que "embora não seja uma ideia unânime, pelo menos em todos os tempos, tudo indica que as regras positivas trazem consigo, de forma latente, um princípio fundamental". ENGELMANN, Wilson. *Crítica ao positivismo jurídico*: princípios, regras e conceito de Direito. Porto Alegre: Sérgio Antônio Fabris, 2001. p. 103. Já em relação a direitos fundamentais, conforme José Afonso da Silva, tem-se esses como "situações jurídicas sem as quais a pessoa humana não se realiza, não convive, às vezes, nem mesmo sobrevive; fundamentais *do* homem no sentido de que todos, por igual, deve ser, não apenas formalmente reconhecidos, mas concreta e materialmente efetivados". SILVA, José Afonso da. *Curso de Direito Constitucional Positivo*. 21. ed. rev. e atual. São Paulo: Malheiros, 2002. p. 182. Cláudio Brandão sedimenta esse raciocínio, inclusive em relação ao fator trabalho: "A Constituição Federal de 1988 apontou um novo rumo ao encimar os princípios fundamentais no portal de suas disposições, seguindo a trilha deixada pelas constituições de países como Itália, que reconhece o trabalho como um dos seus fundamentos, assegura o dever de torna-lo efetivo e proclama a sua função social (arts. 1º e 4º) como salientado". BRANDÃO, Cláudio. Novos rumos do Direito do Trabalho. In: TEPEDINO, Gustavo et al. (Coords.). *Diálogos entre o Direito do Trabalho e o Direito Civil*. São Paulo: Revista dos Tribunais, 2013. p. 37-54. p. 39.

conceitual de que os direitos fundamentais representam a positivação e reconhecimento dos direitos humanos no ordenamento jurídico pátrio.[67]

Aliás, importante assinalar que essa característica dos princípios fundamentais estarem enraizados na preocupação da proteção humana representa um traço inquestionável da historicidade de outra característica indelével: a Constituição constitui-se como "norma jurídica suprema". Para Paolo Grossi:

> La novedad de las Constituciones de este segundo momento radica em el intento de ler objetivamente um determinado orden histórico y, junto a ello, de traducir este orden em uma norma jurídica suprema. Son objeto y contenido de ella los valores, interesses, necessidades presnetes em realidade históricamente concreta de um Pueblo que vive em determinadas coordenadas espacio-temporales: la Constitución de Weimar intenta oferecer la expresión jurídica essencial de la sociedade alemana de 1919; em la italiana se halla presente la dimensión jurídica essencial de la sociedade italiana de los años 1946-1948, tras las malversasiones del facismo, de la monarquia sabauda, y del quínquenio bélico.[68]

Tem-se, neste sentido, que os princípios fundamentais preconizados pelo artigo 1º da Carta Política de 1988, mormente o da dignidade da pessoa humana e o do valor social do trabalho (incisos III e IV) não só "contaminam" os artigos 6º e 7º da mesma Carta, como também, de forma direta, servem de balizador para uma interpretação constitucional dos casos em que as relações laborais ofertam na práxis, seja quando a legislação se omite, seja quando para

---

[67] Oportuno pontuar que, conceitualmente, direitos fundamentais são aqueles direitos mínimos do cidadão decorrentes dos princípios fundamentais da República, dentre eles, o da dignidade da pessoa humana, o qual representa a positivação e irradiação dos direitos do homem. Por isso, a exposição, em todos os seus setores, distingue nominalmente "princípios fundamentais" e "direitos fundamentais". Sérgio Pinto Martins define direitos fundamentais como sendo "os direitos do homem garantidos pela legislação do respectivo país. [...] O homem tem o direito fundamental de ser reconhecido como pessoa humana". MARTINS, Sérgio Pinto. *Direitos Fundamentais Trabalhistas*. São Paulo: Atlas, 2008. p. 45;27. Ainda, segundo Sarlet, os direitos fundamentais estão contidos nos direitos humanos, porém a recíproca não é verdadeira em virtude da magnitude conceitual e de conteúdo destes em relação aqueles. A distinção mais comum é a feitas no sentido de que os direitos humanos são todos os direitos previstos na ordem internacional "por referir-se àquelas posições jurídicas que se reconhecem ao ser humano como tal, independente de sua vinculação com determinada ordem constitucional", enquanto os direitos fundamentais são vistos como aqueles positivados na ordem constitucional de determinada sociedade. SARLET, Ingo Wolfgang. *A eficácia dos direitos fundamentais*. 8. ed. rev. atual. Porto Alegre: Livraria do Advogado, 2007. p. 35. Segundo Gregorio Robles, os direitos fundamentais devem ser vistos como bondade moral, pois sua implantação torna melhores os homens e faz a sociedade mais justa. Nesse sentido, sendo os direitos fundamentais direitos humanos positivados, isto é, concretizados e protegidos especialmente por normas de nível mais elevado, esta positivação tem tal transcendência que modifica o caráter dos direitos humanos pré-positivados, a ponto de ensejar a transformação de critérios morais em autênticos direitos subjetivos dotados de maior proteção que os direitos subjetivos não fundamentados. ROBLES, Gregorio. *Os Direitos Fundamentais e a ética na sociedade atual*. Tradução de Roberto Barbosa Alves. Barueri: Manole, 2005. p. 2-8. Por derradeiro, Canotilho leciona que a positivação jurídico-constitucional dos direitos fundamentais não "dissolve" nem "consome", quer o momento de *jusnaturalização*, quer as *raízes fundamentantes* dos direitos fundamentais (dignidade humana, fraternidade, igualdade, liberdade). CANOTILHO, José Joaquim Gomes. *Direito Constitucional e Teoria da Constituição*. 7. ed. Coimbra: Almedina, 2003. p. 348.

[68] GROSSI, Paolo. Lectio doctoralis la legalidade constitucional em la historia de la legalidade moderna y pós-moderna. In: MARTINS-COSTA, Judith; VARELA, Laura Beck (Orgs.). *Código dimensão história e desafio contemporâneo*: estudos em homenagem ao professor Paolo Grossi. Porto Alegre: Sérgio Fabris, 2013. p. 31-49. p. 42.

servir de limitador da autonomia da vontade individual, ainda que, pelo artigo 444 da CLT, na relação de emprego, já haja um limitador para tanto.[69]

---

[69] Art. 1º. A República Federativa do Brasil, formada pela união indissolúvel dos Estados e Municípios e do Distrito Federal, constitui-se em Estado Democrático de Direito e tem como fundamentos: I – a soberania; II – a cidadania; III – a dignidade da pessoa humana; IV – os valores sociais do trabalho e da livre iniciativa; V – o pluralismo político. Parágrafo único. Todo o poder emana do povo, que o exerce por meio de representantes eleitos ou diretamente, nos termos desta Constituição. [...]. Art. 6º. São direitos sociais a educação, a saúde, a alimentação, o trabalho, a moradia, o lazer, a segurança, a previdência social, a proteção à maternidade e à infância, a assistência aos desamparados, na forma desta Constituição. Art. 7º. São direitos dos trabalhadores urbanos e rurais, além de outros que visem à melhoria de sua condição social: I – relação de emprego protegida contra despedida arbitrária ou sem justa causa, nos termos de lei complementar, que preverá indenização compensatória, dentre outros direitos; II – seguro-desemprego, em caso de desemprego involuntário; III – fundo de garantia do tempo de serviço; IV – salário mínimo, fixado em lei, nacionalmente unificado, capaz de atender a suas necessidades vitais básicas e às de sua família com moradia, alimentação, educação, saúde, lazer, vestuário, higiene, transporte e previdência social, com reajustes periódicos que lhe preservem o poder aquisitivo, sendo vedada sua vinculação para qualquer fim; V – piso salarial proporcional à extensão e à complexidade do trabalho; VI – irredutibilidade do salário, salvo o disposto em convenção ou acordo coletivo; VII – garantia de salário, nunca inferior ao mínimo, para os que percebem remuneração variável; VIII – décimo terceiro salário com base na remuneração integral ou no valor da aposentadoria; IX – remuneração do trabalho noturno superior à do diurno; X – proteção do salário na forma da lei, constituindo crime sua retenção dolosa; XI – participação nos lucros, ou resultados, desvinculada da remuneração, e, excepcionalmente, participação na gestão da empresa, conforme definido em lei; XII – salário-família pago em razão do dependente do trabalhador de baixa renda nos termos da lei; XIII – duração do trabalho normal não superior a oito horas diárias e quarenta e quatro semanais, facultada a compensação de horários e a redução da jornada, mediante acordo ou convenção coletiva de trabalho; XIV – jornada de seis horas para o trabalho realizado em turnos ininterruptos de revezamento, salvo negociação coletiva; XV – repouso semanal remunerado, preferencialmente aos domingos; XVI – remuneração do serviço extraordinário superior, no mínimo, em cinqüenta por cento à do normal; XVII – gozo de férias anuais remuneradas com, pelo menos, um terço a mais do que o salário normal; XVIII – licença à gestante, sem prejuízo do emprego e do salário, com a duração de cento e vinte dias; XIX – licença-paternidade, nos termos fixados em lei; XX – proteção do mercado de trabalho da mulher, mediante incentivos específicos, nos termos da lei; XXI – aviso prévio proporcional ao tempo de serviço, sendo no mínimo de trinta dias, nos termos da lei; XXII – redução dos riscos inerentes ao trabalho, por meio de normas de saúde, higiene e segurança; XXIII – adicional de remuneração para as atividades penosas, insalubres ou perigosas, na forma da lei; XXIV – aposentadoria; XXV – assistência gratuita aos filhos e dependentes desde o nascimento até 5 (cinco) anos de idade em creches e pré-escolas; XXVI – reconhecimento das convenções e acordos coletivos de trabalho; XXVII – proteção em face da automação, na forma da lei; XXVIII – seguro contra acidentes de trabalho, a cargo do empregador, sem excluir a indenização a que este está obrigado, quando incorrer em dolo ou culpa; XXIX – ação, quanto aos créditos resultantes das relações de trabalho, com prazo prescricional de cinco anos para os trabalhadores urbanos e rurais, até o limite de dois anos após a extinção do contrato de trabalho; a) (Revogada). b) (Revogada). XXX – proibição de diferença de salários, de exercício de funções e de critério de admissão por motivo de sexo, idade, cor ou estado civil; XXXI – proibição de qualquer discriminação no tocante a salário e critérios de admissão do trabalhador portador de deficiência; XXXII – proibição de distinção entre trabalho manual, técnico e intelectual ou entre os profissionais respectivos; XXXIII – proibição de trabalho noturno, perigoso ou insalubre a menores de dezoito e de qualquer trabalho a menores de dezesseis anos, salvo na condição de aprendiz, a partir de quatorze anos; XXXIV – igualdade de direitos entre o trabalhador com vínculo empregatício permanente e o trabalhador avulso. Parágrafo único. São assegurados à categoria dos trabalhadores domésticos os direitos previstos nos incisos IV, VI, VII, VIII, X, XIII, XV, XVI, XVII, XVIII, XIX, XXI, XXII, XXIV, XXVI, XXX, XXXI e XXXIII e, atendidas as condições estabelecidas em lei e observada a simplificação do cumprimento das obrigações tributárias, principais e acessórias, decorrentes da relação de trabalho e suas peculiaridades, os previstos nos incisos I, II, III, IX, XII, XXV e XXVIII, bem como a sua integração à previdência social. Art. 8º. É livre a associação profissional ou sindical, observado o seguinte: I – a lei não poderá exigir autorização do Estado para a fundação de sindicato, ressalvado o registro no órgão competente, vedadas ao Poder Público a interferência e a intervenção na organização sindical; II – é vedada a criação de mais de uma organização sindical, em qualquer grau, representativa de categoria profissional ou econômica, na mesma base territorial, que será definida pelos trabalhadores ou empregadores interessados, não podendo ser inferior à área de um Município; III – ao

Sobre isso, Arion Sayão Romita refere que como sujeito de uma relação de emprego, o empregado goza de diversos direitos fundamentais, qualquer que seja a "família" de direitos. O trabalhador é o titular de todos os direitos agrupados em cada uma das seis famílias de direitos fundamentais. Por essa razão, na constância do contrato de emprego, o empregado conserva sua qualidade de "homem livre", muito embora esteja subordinado ao poder diretivo do empregador.[70]

Nesse aspecto, importante fazer uma distinção entre as duas formas de atuação dos princípios e direitos fundamentais em todo o contexto abrangido pelo Direito do Trabalho.

No Direito do Trabalho, à primeira vista, os princípios e os direitos fundamentais penetram pelo artigo 7º da Constituição Federal, onde as normas trabalhistas mínimas nele instituídas restam irradiadas dos princípios do artigo constitucional 1º, sobremaneira, pela dignidade da pessoa humana e pelo valor social do trabalho. Com isso, as normas positivadas do artigo 7º carregam conteúdo de direito fundamental e, por decorrerem do direito social ao trabalho, dão origem aos *direitos fundamentais sociais*. Isto é, a Constituição Federal possui normas de Direito do Trabalho que representam direitos fundamentais.[71]

Por outro lado, os princípios e direitos fundamentais incidem no Direito do Trabalho no campo interpretativo, seja nas situações que possuem preceito

---

sindicato cabe a defesa dos direitos e interesses coletivos ou individuais da categoria, inclusive em questões judiciais ou administrativas; IV – a assembléia geral fixará a contribuição que, em se tratando de categoria profissional, será descontada em folha, para custeio do sistema confederativo da representação sindical respectiva, independentemente da contribuição prevista em lei; V – ninguém será obrigado a filiar-se ou a manter-se filiado a sindicato; VI – é obrigatória a participação dos sindicatos nas negociações coletivas de trabalho; VII – o aposentado filiado tem direito a votar e ser votado nas organizações sindicais; VIII – é vedada a dispensa do empregado sindicalizado a partir do registro da candidatura a cargo de direção ou representação sindical e, se eleito, ainda que suplente, até um ano após o final do mandato, salvo se cometer falta grave nos termos da lei. Parágrafo único. As disposições deste artigo aplicam-se à organização de sindicatos rurais e de colônias de pescadores, atendidas as condições que a lei estabelecer. Art. 9º. É assegurado o direito de greve, competindo aos trabalhadores decidir sobre a oportunidade de exercê-lo e sobre os interesses que devam por meio dele defender. § 1º. A lei definirá os serviços ou atividades essenciais e disporá sobre o atendimento das necessidades inadiáveis da comunidade. § 2º. Os abusos cometidos sujeitam os responsáveis às penas da lei. Art. 10. É assegurada a participação dos trabalhadores e empregadores nos colegiados dos órgãos públicos em que seus interesses profissionais ou previdenciários sejam objeto de discussão e deliberação. Art. 11. Nas empresas de mais de duzentos empregados, é assegurada a eleição de um representante destes com a finalidade exclusiva de promover-lhes o entendimento direto com os empregadores. BRASIL. Constituição (1988). *Constituição da República Federativa do Brasil de 1988*. Disponível em: <http://www.planalto.gov.br/ccivil_03/constituicao/constitui%C3%A7ao.htm>. Acesso em: 05 abr. 2014. Art. 444. As relações contratuais de trabalho podem ser objeto de livre estipulação das partes interessadas em tudo quanto não contravenha às disposições de proteção ao trabalho, aos contratos coletivos que lhes sejam aplicáveis e às decisões das autoridades competentes. BRASIL. *Decreto-Lei nº 5.452, de 1º de maio de 1943*. Aprova a Consolidação das Leis do Trabalho. Disponível em: <http://www.planalto.gov.br/ccivil_03/decreto-lei/del5452.htm>. Acesso em: 16 abr. 2015.

[70] ROMITA, Arion Sayão. *Direitos fundamentais nas relações de trabalho*. 2. ed. rev. e aum. São Paulo: LTr, 2007. p. 312.

[71] Sérgio Pinto Martins destaca que o direito social fundamental é o direito ao trabalho. O direito ao trabalho compreende o direito à existência, cujo objetivo é proporcionar sobrevivência e velar pela dignidade da pessoa. O trabalho mantém a mente da pessoa ocupada e proporciona utilidade à pessoa. MARTINS, Sérgio Pinto. *Direitos Fundamentais Trabalhistas*. São Paulo: Atlas, 2008. p. 65.

celetista ou em lei esparsa, seja nas situações em que impera a lacuna da lei. Nesse sentido, tem-se que:

> O valor da dignidade da pessoa humana impõe-se como núcleo básico e informador de todo o ordenamento jurídico, como critério e parâmetro de valoração a orientar a interpretação e compreensão do sistema constitucional.[72]

Portanto, os princípios fundamentais, sobretudo o princípio da dignidade da pessoa humana e do valor social do trabalho, representam o fiador para toda e qualquer hermenêutica tendente à preservação, satisfação e efetividade do Direito do Trabalho. É a aplicação direta do princípio constitucional na efetivação do exercício hermenêutico. No entanto, no que pertine às nanotecnologias, essa tendência hermenêutica se acentuará e necessário será uma hermenêutica *do ser* e *para o ser*, o que será trabalhado com mais ênfase em tópicos próprios.

2.1.2.1. Dignidade da Pessoa Humana

O princípio da *dignidade da pessoa humana*, antes de figurar como fundamento da República pátria, representa o fundamento para a justiça, para a liberdade e para a paz no mundo, de acordo com os preceitos da Declaração Universal dos Direitos Humanos.[73]

---

[72] PIOVESAN, Flávia. *Direitos Humanos e o Direito Constitucional Internacional*. São Paulo: Max Limonad, 1996. p. 59.

[73] Declaração Universal dos Direitos Humanos. Adotada e proclamada pela resolução 217 a (III) da Assembleia Geral das Nações Unidas em 10 de dezembro de 1948. "Considerando que o reconhecimento da dignidade inerente a todos os membros da família humana e de seus direitos iguais e inalienáveis é o fundamento da liberdade, da justiça e da paz no mundo, [...]". COMITÊ DA CULTURA DE PAZ. *Declaração Universal dos Direitos Humanos*. Disponível em: <www.comitepaz.org.br>. Acesso em: 16 abr. 2015. Os aspectos conceituais e paradigmáticos acerca dos direitos humanos terão maior ênfase quando do capítulo 3. Entretanto, em se tratando de dignidade da pessoa humana, resta pertinente estabelecer alguns contornos acerca do seu inexorável vínculo com os direitos humanos, sobretudo acerca do seu aspecto conceitual. Sérgio Pinto Martins define: "Direitos do homem seriam decorrentes do direito natural. São direitos inerentes à condição humana que ainda não foram positivados. São direitos anteriores ao reconhecimento no direito positivo do Estado ou no Direito Internacional. Direitos humanos e direitos fundamentais não são, assim, sinônimos". MARTINS, Sérgio Pinto. *Direitos Fundamentais Trabalhistas*. São Paulo: Atlas, 2008. p. 48. Para Melina Girardi Fachin: "Em geral, a doutrina distingue os direitos humanos dos direitos fundamentais, tendo em consideração o alcance geográfico destes. Ou seja, a expressão *direitos humanos* é geralmente inserida no plano internacional, e *direitos fundamentais* é terminologia predileta no plano constitucional interno". FACHIN, Melina Girardi. O desenvolvimento das relações trabalhistas e a eficácia dos direitos humanos. In: TEPEDINO, Gustavo et al. (Coords.). *Diálogos entre o Direito do Trabalho e o Direito Civil*. São Paulo: Revista dos Tribunais, 2013. p. 113-129. p. 114. Sobre a conexão direito natural – direitos humanos, Wilson Engelmann leciona que: "A dignidade do ser humano que o Direito Natural procura resgatar e proteger com todas as suas forças: esse é objetivo daqui para frente. E, como se verá, a proposta de John Finnis busca fazê-lo com detalhes e especificidades. Tendo tal aspecto como objetivo, torna-se praticamente irrelevante a disputa histórica entre o Direito Positivo e o Direito Natural". ENGELMANN, Wilson. *Direito natural, ética e hermenêutica*. Porto Alegre: Livraria do Advogado, 2007. p. 140. Para Fábio Konder Comparato: "A compreensão da realidade axiológica transformou, como não poderia deixar de ser, toda a teoria jurídica. Os direitos humanos foram identificados com os valores mais importantes da convivência humana, aqueles sem os quais as sociedades acabam perecendo, fatalmente, por um processo irreversível de desagregação". COMPARATO, Fábio Konder. *A afirmação histórica dos Direitos Humanos*. 5. ed. São Paulo: Saraiva, 2007. p. 26. Segundo Carlos Nino: "No hay duda de que en muchos contextos, por ejemplo em referencias históricas, cuando se habla de derechos humanos se hace mención a estos

Nessa senda, a dignidade da pessoa humana representa o núcleo da base normativa da Constituição. Sendo a dignidade um fundamento, todas as ações públicas e privadas devem pautar-se pela dignidade humana, elemento este que sustenta todo o Estado Nacional.[74] A dignidade também pode ser conceituado como "valor síntese que reúne todas as esferas de desenvolvimento e realização da pessoa humana".[75] Para Maurício Godinho Delgado e Gabriela Neves Delgado, "em relação ao paradigma do Estado Democrático de Direito, é a dignidade a sua diretriz norteadora, à medida que sustenta a concepção de que o ser humano é tido como o centro convergente de direitos".[76] Na linha de consolidação do Estado Democrático de Direito, leciona Flávia Piovesan:

> Dentre os fundamentos que alicerçam o Estado Democrático de Direito brasileiro, destacam-se a cidadania e a dignidade da pessoa humana (art. 1º, incisos II e III). Vê-se aqui o encontro do princípio do Estado Democrático de Direito e dos direitos fundamentais, fazendo-se claro que os direitos fundamentais são um elemento básico para a realização do princípio democrático, tendo em vista que exercem uma função democratizadora. [...] Infere-se desses dispositivos quão acentuada é a preocupação da Constituição em assegurar os valores da dignidade e do bem-estar da pessoa humana, como um imperativo de justiça social.[77]

De outro modo, a Constituição brasileira optou por incluir o fundamento da dignidade da pessoa humana, logo após o preâmbulo, estabelecendo uma espécie de *cláusula de advertência*. Ou seja, "o que mais importa, em suma, é colocar a serviço do ser humano tudo o que é realizado pelo Estado".[78]

---

derechos jurídicos. Pero en los contextos em que la alusión a derechos humanos adquiere una importancia radical para cuestionar leys, instituciones, medidas o acciones, esos derechos no se identifican con los que surgem de normas del derecho positivo sino que, em todo caso, se entiende que los derechos jurídicos así creados constituyem sólo una consagración, reconocimiento o médio de implementación de aquellos derechos que son lógicamente independientes de esta recepción jurídica. Se reclama el respeto de los derechos humanos aun frente a sistemas jurídicos que no los reconecen *y precisamente porque no los reconecem*". NINO, Carlos Santiago. *Ética y Derechos Humanos*: un ensayo de fundamentación. Barcelona: Ariel, 1989. p. 15. Ainda, pertinente citar: "Sobre a terminologia direitos humanos, encontramos pelo menos dois usos diferentes: um, quando se refere a uma pretensão moral forte, que deve ser atendida para fazer possível uma vida humana digna; por outro lado, usa-se o termo para identificar um sistema de direito positivo, um ordenamento jurídico determinado, como quando se diz que são direitos contemplados na Constituição e estão protegidos". CULETTON, Alfredo; BRAGATO, Fernanda Frizzo; FAJARDO, Sinara Porto. *Curso de Direitos Humanos*. São Leopoldo: Unisinos, 2009. p. 16. Encerrando-se esse momento de contextualização, Luciane Cardoso Barzotto conceitua direitos humanos como sendo "[...] o reconhecimento de direitos à pessoa enquanto pessoa, derivados da dignidade própria da condição humana. Direitos humanos dos trabalhadores, por conseqüência, são os fundados na dignidade da pessoa humana nas suas dimensões jurídica, política e econômica". BARZOTTO, Luciane Cardoso. *Direitos Humanos dos trabalhadores*: atividade normativa da Organização Internacional do Trabalho e os limites do Direito Internacional do Trabalho. Porto Alegre: Livraria do Advogado, 2007. p. 21.

[74] MARQUES, Rafael da Silva. *Valor social do trabalho na ordem econômica, na Constituição Brasileira de 1988*. São Paulo: LTr, 2007.

[75] SCHREIBER, Anderson. *Direitos da personalidade*. São Paulo: Atlas, 2001. p. 8.

[76] DELGADO, Maurício Godinho; DELGADO, Gabriela Neves. Constituição da República e Estado Democrático de Direito: imperativos constitucionais convergentes sobre o Direito Civil e o Direito do Trabalho. In: TEPEDINO, Gustavo et al. (Coords.). *Diálogos entre o Direito do Trabalho e o Direito Civil*. São Paulo: Revista dos Tribunais, 2013. p. 55-79. p. 63.

[77] PIOVESAN, Flávia. *Direitos Humanos e o Direito Constitucional Internacional*. São Paulo: Max Limonad, 1996. p. 58-59.

[78] SILVA NETO, Manoel Jorge e. *Direitos Fundamentais e o contrato de trabalho*. São Paulo: LTr, 2005. p. 22.

Ingo Sarlet destaca que o Estado existe em função da pessoa humana, e não o contrário, já que o homem constitui a finalidade principal e não meio da atividade estatal.[79] Aliás, José Felipe Ledur apresenta uma justificativa histórica para essa opção:

> A dignidade humana foi reconhecida como valor fundamental pelas constituições, no passado recente. Isso ocorreu no contexto da revolução industrial e das duas grandes guerras deste século, que submeteram o gênero humano ao desprezo e a mais degradante condição. A idéia de proteger a dignidade humana nasceu, pois, da violação de direitos de primeira geração, especialmente a igualdade. [...].
> Dentre as constituições européias que contemplam o princípio da dignidade da pessoa humana em seus textos destacam-se as da Alemanha, Portugal e Espanha.[80]

De outra parte, Paulo Ferreira da Cunha define dignidade da pessoa humana como um *princípio* e não um valor, pois baseia suas convicções no fato de que, na Constituição portuguesa, os valores de liberdade, igualdade e justiça são valores políticos fundantes "com plena dignidade".[81]

Também é possível associar o significado de dignidade ao significado de liberdade, eis que:

> No plano puramente semântico a palavra "dignidade" induz a significação plural, pois expressa um modo de proceder e ao mesmo tempo, a qualidade daqueles que assim procedem. Em outro sentido, a dignidade não deriva da conduta, mas de uma qualidade inerente ao homem. Portanto, revela-se como uma qualificação comum a todos os seres humanos, independentemente do seu proceder, gerando um conceito de dignidade associado à igualdade, já que todos são igualmente dignos.[82]

Salienta-se que a dignidade da pessoa humana é um verdadeiro *topoi*, até porque trata-se de "um dado preexistente a toda a experiência especulativa, tal como a própria pessoa humana".[83] A dignidade não se dá nem se retira, "de tal sorte que não se pode cogitar na possibilidade de determinada pessoa ser titular de uma pretensão a que lhe seja concedida a dignidade".[84] O conceito de dignidade da pessoa humana calca-se no substrato axiológico e no conteúdo normativo, sendo que propõe um desdobramento da dignidade em quatro

---

[79] SARLET, Ingo Wolfgang. *Dimensões da dignidade*: ensaios de filosofia do direito e direito constitucional. Porto Alegre: Livraria do Advogado, 2005. p. 112-113.

[80] LEDUR, José Felipe. *A realização do Direito ao Trabalho*. Porto Alegre: Sérgio Antonio Fabris, 1998. p. 83-84.

[81] CUNHA, Paulo Ferreira da. *A Constituição viva*: cidadania e Direitos Humanos. Porto Alegre: Livraria do Advogado, 2007. p. 42.

[82] PESSOA, Flávia Moreira Guimarães. *Curso de Direito Constitucional do Trabalho*. Salvador: Jus Podium, 2009. p. 29.

[83] SILVA NETO, Manoel Jorge e. *Direitos Fundamentais e o contrato de trabalho*. São Paulo: LTr, 2005. p. 22. Deve-se atentar, ainda, para a lição de Sarlet: "Apenas a dignidade de determinada [...] pessoa é passível de ser desrespeitada, inexistindo atentados contra a dignidade da pessoa em abstrato. Vinculada a esta idéia, que já transparecia no pensamento kantiano, encontra-se a concepção de que a dignidade constitui atributo da pessoa humana individualmente considerada, e não de um ser ideal ou abstrato, não sendo lícito confundir as noções de dignidade da pessoa humana e dignidade humana". SARLET, Ingo Wolfgang. *Dimensões da dignidade*: ensaios de filosofia do direito e direito constitucional. Porto Alegre: Livraria do Advogado, 2005. p. 118.

[84] SARLET, Ingo Wolfgang. *Dimensões da dignidade*: ensaios de filosofia do direito e direito constitucional. Porto Alegre: Livraria do Advogado, 2005. p. 116.

princípios, quais sejam o da igualdade, o da integridade física e moral, o da liberdade e o da solidariedade.[85]

Para Luciane Cardoso Barzotto:

> A dignidade humana está intrinsecamente vinculada ao respeito à liberdade e à igualdade do homem. O valor da liberdade manifesta a dignidade humana como um mínimo inviolável de direitos da pessoa, dos quais esta não pode se privar, no exercício de sua autodeterminação e expressão de sua personalidade. [...] A dignidade humana é um pressuposto da determinação do direito, como é também o seu limite, visto que introduz no ordenamento jurídico o respeito recíproco, que restringe a esfera de ação de cada indivíduo. O direito é produzido pelo homem e para o homem.[86]

Para Fábio Konder Comparato:

> Ora, a dignidade da pessoa não consiste apenas no fato de ser ela, diferentemente das coisas, um ser considerado e tratado, em si mesmo, como um fim em si e nunca como um meio para a consecução de determinado resultado. Ela resulta também do fato de que, pela sua vontade racional, só a pessoa vive em condições de autonomia, isto é, como ser capaz de guiar-se pelas leis que ele próprio edita.[87]

Nessa esteira de entendimento, mister se faz enfatizar o postulado de Immanuel Kant acerca da dignidade e seu caráter evidente de *imperativo categórico*. Isso porque, a valorização da dignidade por Kant, sem margem de dúvidas, representa fonte fundante e justificadora do conceito de dignidade adotado pela própria Declaração dos Direitos Humanos e, por conseguinte, para a dignidade almejada pela Constituição pátria.

A ideia de Kant da dignidade "acima de tudo", incorporada no sentido constitucional brasileiro, se extrai da sua premissa que:

> No reino dos fins tudo tem ou um preço ou uma dignidade. Quando uma coisa tem um preço, pode-se pôr em vez dela qualquer outra como *equivalente*; mas quando uma coisa está acima de todo o preço, e, portanto não permite equivalente, então tem ela dignidade.[88]

Oportuno, neste ponto, ressaltar, também, o conceito kantiano de dignidade e o seu postulado, na visão de Herbert James Paton:[89] "Age de tal maneira que uses a humanidade, tanto na tua pessoa como na pessoa de qualquer outro, sempre e simultaneamente como fim e nunca simplesmente como meio". Seguindo o pensamento kantiano, como assinala Eugênio Hainzenreder Júnior:[90]

---

[85] SARLET, op. cit., p. 123.
[86] BARZOTTO, Luciane Cardoso. Direitos Humanos dos trabalhadores: atividade normativa da Organização Internacional do Trabalho e os limites do Direito Internacional do Trabalho. Porto Alegre: Livraria do Advogado, 2007. p. 19-20.
[87] COMPARATO, Fábio Konder. A afirmação histórica dos Direitos Humanos. 5. ed. São Paulo: Saraiva, 2007. p. 22.
[88] KANT, Immanuel. Fundamentação da metafísica dos costumes. Textos Filosóficos. Lisboa: Ed. 70, 2007.
[89] Conforme Paton: "Act in such a way that you always treat humanity, whether in your own person or in the person of any other, never simply as a means, but always at the same time as an end". PATON, H. J. The moral law. London: Hutchinson University Library, 1976. p. 32.
[90] HAINZENREDER JÚNIOR, Eugênio. Direito à Privacidade e Poder Diretivo do Empregador: o uso do e-mail no trabalho. São Paulo: Atlas, 2009. p. 7.

[...] o fundamento da dignidade é a autonomia ética do ser humano, o qual existe como um fim em si mesmo. [...], quando uma coisa tem um preço, pode pôr-se em vez dela qualquer outra coisa como equivalente; mas quando uma coisa está acima de todo o preço e, portanto, não permite equivalente, ela então tem dignidade. Assim, entendia o autor que no mundo social existem duas categorias de valores, quais sejam, o preço e a dignidade: esta representa um valor interior (moral), sendo de interesse geral; aquele representa um valor exterior (de mercado), manifestando interesses particulares. As coisas têm preço; as pessoas, dignidade.

Nesse contexto argumentativo, Karine da Silva Cordeiro sustenta que é da formulação desse imperativo categórico que se extrai o "valor absoluto da pessoa humana", ao que se chama de dignidade.[91]

Pertinente destacar, ainda, que Sarlet, acerca do caráter da dignidade, pontua que o ordenamento protege a identidade do indivíduo, tanto no seu aspecto psíquico como intelectual, além de garantir a todos contra indevidas "ingerências na sua esfera pessoal".[92]

Por derradeiro, resta evidente o fato de que quaisquer direitos conferidos ao homem tem por espelho, inspiração ou até mesmo fonte, a dignidade da pessoa humana. E, nesse sentido, a dignidade passa a ser uma "premissa" para os demais direitos fundamentais:

> A maioria dos Direitos fundamentais individualmente considerados é marcada por uma diferenciada amplitude e intensidade no que diz com sua conexão com a Dignidade humana. Os Direitos fundamentais (individualmente considerados) subseqüentes, assim como os objetivos estatais e as variantes das formas estatais, têm a Dignidade como premissa e encontram-se a seu serviço.[93]
>
> Há um direito fundamental para o homem, base e condição de todos os outros: o direito de ser reconhecido sempre como pessoa humana.[94]

Resta consolidado que a dignidade da pessoa humana incorpora uma perspectiva de valorização do ser humano acima de qualquer outro interesse, servindo como paradigma incólume para qualquer ordenamento jurídico, seja como fonte que subsidia a criação da norma, seja para representar parâmetro inafastável na tarefa hermenêutica, sendo este último escopo um dos aspectos afeitos às pretensões do presente trabalho.[95]

---

[91] CORDEIRO, Karine da Silva. *Direitos Fundamentais Sociais*: dignidade da pessoa humana e mínimo existencial, o papel do poder judiciário. Porto Alegre: Livraria do Advogado, 2012. p. 67.

[92] SARLET, Ingo Wolfgang. *Dimensões da dignidade*: ensaios de filosofia do direito e direito constitucional. Porto Alegre: Livraria do Advogado, 2005. p. 122.

[93] HÄBERLE, Peter. A dignidade humana como fundamento da comunidade estatal. In: SARLET, Ingo Wolfgang (Org.). *Dimensões da dignidade*: ensaios de Filosofia do Direito e Direito Constitucional. Porto Alegre: Livraria do Advogado, 2005. p. 129.

[94] CAUPERS, João. *Os Direitos Fundamentais dos trabalhadores e a Constituição*. Coimbra: Almedina, 1985. p. 16.

[95] Pertinente citar trecho do voto do Ministro Marco Aurélio, no julgamento da ADPF 58, em que concretiza a ideia de inafastabilidade do princípio da dignidade da pessoa humana e o destaque desse fundamento na tarefa hermenêutica: "A incolumidade física do feto anencéfalo, que, se sobreviver ao parto, o será por poucas horas ou dias, não pode ser preservada a qualquer custo, em detrimento dos direitos básicos da mulher. No caso, ainda que se conceba o direito à vida do feto anencéfalo – o que, na minha óptica, é inadmissível, consoante enfatizado –, tal direito cederia, em juízo de ponderação, em prol dos direitos à dignidade da pessoa humana, à liberdade no campo sexual, à autonomia, à privacidade, à integridade física, psicológica e moral e à saúde, previstos, respectivamente, nos artigos 1º, inciso III, 5º, cabeça e incisos II, III e X, e 6º, cabeça, da Carta da República. Os tempos atuais, realço, requerem empatia, aceitação, humanidade e solidariedade para com essas mulheres. Pelo que ouvimos ou lemos nos depoimentos prestados na audiência pública, somente

Ainda, conforme será abordado quando do exame da eficácia dos princípios e direitos fundamentais nas relações de emprego, a dignidade humana deve ser o principal fundamento para uma leitura dos fatos decorrentes das relações sociais de emprego, bem como um instrumento para se buscar a efetividade dos direitos, sempre conservando o papel da pessoa do trabalhador como a prioridade e como expressão de um direito humano.

2.1.2.2. Valor social do trabalho

No mesmo espectro fundamental, destaca-se a atuação do princípio do *valor social do trabalho*. Diferentemente do princípio da dignidade da pessoa humana, o valor social do trabalho não surge, de forma expressa, na Declaração Universal dos Direitos Humanos, como fundamento para a liberdade, para a justiça e para a paz mundial. Entretanto, implicitamente, se depreende o princípio do valor social do trabalho quando o artigo 23 da referida Carta, em 4 (quatro) postulados, fixa a mínima proteção do livre trabalho, da igualdade de condições entre trabalhadores, da capacidade de organização sindical e, sobretudo, o respeito ao trabalho humano por decorrência da dignidade da pessoa humana.[96]

Em se tratando da Constituição Brasileira, o valor social do trabalho figura como um fundamento positivado da República,[97] ao lado do princípio da livre iniciativa, no inciso IV, do artigo 1°, da Carta. Na sequencia normativa, no artigo 170, a Constituição Federal fixa os princípios gerais da atividade econômica, fixando como fundamento para a valorização do trabalho e a livre iniciativa, cuja finalidade é assegurar a todos a "existência digna".[98]

---

aquela que vive tamanha situação de angústia é capaz de mensurar o sofrimento a que se submete. Atuar com sapiência e justiça, calcados na Constituição da República e desprovidos de qualquer dogma ou paradigma moral e religioso, obriga-nos a garantir, sim, o direito da mulher de manifestar-se livremente, sem o temor de tornar-se ré em eventual ação por crime de aborto". BRASIL. Supremo Tribunal Federal. *ADPF n° 58*. Julgado em: 12 abr. 2012. Disponível em: <http://www.stf.jus.br/portal/jurisprudencia/listarJurisprudencia.asp?s1=%28ADPF+58%29&base=baseAcordaos&url=http://tinyurl.com/m7mth43>. Acesso em: 16 abr. 2015.

[96] Declaração Universal dos Direitos Humanos. Adotada e proclamada pela resolução 217 a (III) da Assembleia Geral das Nações Unidas em 10 de dezembro de 1948. Artigo 23°: 1. Toda a pessoa tem direito ao trabalho, à livre escolha do trabalho, a condições equitativas e satisfatórias de trabalho e à proteção contra o desemprego. 2. Todos têm direito, sem discriminação alguma, a salário igual por trabalho igual. 3. Quem trabalha tem direito a uma remuneração equitativa e satisfatória, que lhe permita e à sua família uma existência conforme com a dignidade humana, e completada, se possível, por todos os outros meios de proteção social. 4. Toda a pessoa tem o direito de fundar com outras pessoas sindicatos e de se filiar em sindicatos para defesa dos seus interesses. COMITÊ DA CULTURA DE PAZ. *Declaração Universal dos Direitos Humanos*. Disponível em: <www.comitepaz.org.br>. Acesso em: 16 abr. 2015.

[97] Relevante tecer comentário sobre o vocábulo "valor" e sua positivação. Para Gabriela Neves Delgado: "O uso técnico da palavra valor foi atribuído, num primeiro momento, à economia política, que destacou nos bens materiais a qualidade econômica correspondente a um valor de uso ou de troca. [...] O valor expresso em uma norma jurídica reflete o ato de vontade regulamentado de que aquele significado axiológico participe da realidade da vida, de onde curiosamente vem sua gênese". DELGADO, Gabriela Neves. *Direito fundamental ao trabalho digno*. São Paulo: LTr, 2006. p. 85;88.

[98] Art. 170. A ordem econômica, fundada na valorização do trabalho humano e na livre iniciativa, tem por fim assegurar a todos existência digna, conforme os ditames da justiça social, observados os seguintes princípios:

Nota-se, assim, que o artigo 170 da Carta Federal refere a expressão valorização do trabalho, porém, por força do inciso IV, do artigo 1º, do mesmo diploma, a ordem econômica tem por imposição máxima a observância do valor *"social"* do trabalho. Essa ideia é reforçada pelo artigo 193 da Constituição, onde o trabalho é apontado como primado da ordem social.[99]

Isto é, o desenvolvimento da ordem econômica resta intimamente ligado com a forma de tratamento do Estado para com o trabalho dos seus cidadãos, bem como com o reflexo que o trabalho gera em todo o sistema. É uma via de mão dupla: protege-se o trabalho, pois este produz reflexos sociais que, por sua vez, influenciam no desenvolvimento da economia estatal. Magda Barros Biavaschi assevera sobre isso que,

> [...] é cada vez mais atual a reflexão no campo de várias esferas do conhecimento sobre o princípio do valor social do trabalho que a Constituição Federal brasileira de 1988, ao lado do princípio da dignidade da pessoa humana, inscreveu como fundamentos do Estado Democrático de Direito (art. 1º, III e IV). Princípios que, junto com o da igualdade substantiva (art. 5º, *caput*), são amálgamas tanta da Ordem Social como da Ordem Econômica pátria.[100]

Em sendo assim, é possível afirmar que, no contexto constitucional, não apenas o principio da dignidade humana representa uma fundamento da República, mas também o valor social do trabalho, já que todo sistema jurídico tem por base o modo de produção a que se está inserido.[101] Oportuno referir, quanto ao particular, a observação de Eros Grau:

> [...] a dignidade humana não é apenas o fundamento da República, mas também o fim ao qual se deve voltar a ordem econômica. Esse princípio compromete todo o exercício da atividade econômica, sujeitando os agentes econômicos, sobretudo as empresas, a se pautarem dentro dos limites impostos pelos direitos humanos. Qualquer atividade econômica que for desenvolvida no nosso país deverá se enquadrar no princípio mencionado.[102]

Necessário ressaltar que o conceito de valor social do trabalho, não só o materializado na Constituição Federal, mas aquele a ser considerado nos tempos atuais, encontra gênese numa justificação histórica acerca desse "valor". Não restam dúvidas de que o trabalho "pensado" pela Constituição Federal

---

I – soberania nacional; II – propriedade privada; III – função social da propriedade; IV – livre concorrência; V – defesa do consumidor; VI – defesa do meio ambiente, inclusive mediante tratamento diferenciado conforme o impacto ambiental dos produtos e serviços e de seus processos de elaboração e prestação; VII – redução das desigualdades regionais e sociais; VIII – busca do pleno emprego; IX – tratamento favorecido para as empresas de pequeno porte constituídas sob as leis brasileiras e que tenham sua sede e administração no País. Parágrafo único. É assegurado a todos o livre exercício de qualquer atividade econômica, independentemente de autorização de órgãos públicos, salvo nos casos previstos em lei. BRASIL. Constituição (1988). *Constituição da República Federativa do Brasil de 1988*. Disponível em: <http://www.planalto.gov.br/ccivil_03/constituicao/constitui%C3%A7ao.htm>. Acesso em: 16 abr. 2015.

[99] Art. 193. A ordem social tem como base o primado do trabalho, e como objetivo o bem-estar e a justiça sociais. Ibid.

[100] BIAVASCHI, Magda Barros. O princípio da socialidade na perspectiva das relações trabalhistas. In: TEPEDINO, Gustavo *et al.* (Coords.). *Diálogos entre o Direito do Trabalho e o Direito Civil*. São Paulo: Revista dos Tribunais, 2013. p. 81-96. p. 93.

[101] MARQUES, Rafael da Silva. *Valor social do trabalho na ordem econômica, na Constituição Brasileira de 1988*. São Paulo: LTr, 2007. p. 67.

[102] GRAU, Eros Roberto. *A ordem econômica na Constituição de 1988*. 5. ed. São Paulo: Malheiros, 2000. p. 221.

de 1988, no âmbito da ordem econômica, levou em consideração (e leva em consideração, para uma leitura da relação de emprego nos dias atuais), o fato de que o trabalho exerce papel fundamental na cadeia produtiva e no desenvolvimento social projetado. E isso encontra influência na evolução histórica do pensamento acerca do papel do trabalho no contexto social e econômico da sociedade. Ou seja, a perspectiva contemporânea do valor social do trabalho tem raízes num historicidade justificadora, a qual encontra plenas condições de adaptação no cenário atual. O antigo torna-se útil para o novo, em matéria, sobretudo, de valor social do trabalho.

Pela Teoria de Adam Smith, de 1776, sedimenta-se que o trabalho exerce um papel de relevância na sociedade que transcende a simples necessidade de normatização, mas, também, a necessidade de observância da representatividade do trabalho como riqueza desse contexto social:

> O preço real de cada coisa – ou seja, o que ela custa à pessoa que deseja adquiri-la – é o trabalho e o incômodo que custa a sua aquisição. O valor real de cada coisa, para a pessoa que a adquiriu e deseja vendê-la ou trocá-la por qualquer outra coisa, é o trabalho e o incômodo que a pessoa pode poupar a si mesma e pode impor a outros. O que é comprado com dinheiro ou com bens, é adquirido pelo trabalho, tanto quanto aquilo que adquirimos com o nosso próprio trabalho. Aquele dinheiro ou aqueles bens na realidade nos poupam este trabalho. Eles contêm o valor de uma certa quantidade de trabalho que permutamos por aquilo que, na ocasião, supomos conter o valor de uma quantidade igual. O trabalho foi o primeiro preço, o dinheiro de compra original que foi pago por todas as coisas. Não foi por ouro ou por prata, mas pelo trabalho, que foi originalmente comprada toda a riqueza do mundo; e o valor dessa riqueza, para aqueles que a possuem, e desejam trocá-la por novos produtos, é exatamente igual à quantidade de trabalho que essa riqueza lhes dá condições de comprar ou comandar.[103]

Outro paradigma histórico acerca do valor social irradiado *do* e *pelo* trabalho é o Manifesto Comunista de 1848, no qual Karl Marx e Friedrich Engels, os quais já revelavam a "repercussão social do trabalho", o que serviu como um das gêneses para o surgimento de um Direito do Trabalho como ciência jurídica:

> A burguesia só pode existir com a condição de revolucionar incessantemente os instrumentos de produção, por conseguinte, as relações de produção e, como isso, todas as relações sociais. A conservação inalterada do antigo modo de produção constituía, pelo contrário, a primeira condição de existência de todas as classes industriais anteriores. Essa revolução contínua da produção, esse abalo constante de todo o sistema social, essa agitação permanente e essa falta de segurança distinguem a época burguesa de todas as precedentes. Dissolvem-se todas as relações sociais antigas e cristalizadas, com seu cortejo de concepções e de idéias secularmente veneradas; as relações que as substituem tornam-se antiquadas antes de se ossificar. Tudo que era sólido e estável se esfuma, tudo o que era sagrado é profanado, e os homens são obrigados finalmente a encarar com serenidade suas condições de existência e suas relações recíprocas.[104]

---

[103] SMITH, Adam. *A riqueza das nações*: investigação sobre sua natureza e suas causas. Tradução de Luiz João Baraúna. São Paulo: Nova Cultural, 1996. p. 87.

[104] MARX, Karl; ENGELS, Friedrich. *Manifesto do Partido Comunista*. Escrito em: dez. 1847 / jan. 1848. Publicado pela primeira vez em: Londres, fev. 1848. Disponível em: <http://www.histedbr.fae.unicamp.br>. Acesso em: 16 abr. 2015. p. 3.

No seio da doutrina marxista, o capitalismo foi o sistema responsável pela demanda crítica acerca da regra da mais valia e da alienação causada pelo sistema, ofertando indícios, já àquela época, do reflexo social do trabalho:

> Mas em lugar do homem despedido pela máquina a fábrica emprega talvez três crianças e uma mulher! E o salário do homem não tinha de chegar para as três crianças e uma mulher? Não tinha o mínimo de salário de chegar para manter e multiplicar a raça? Que prova, portanto, esta apreciada expressão burguesa? Nada mais do que agora são consumidas quatro vezes mais vidas operárias do que anteriormente para ganhar o sustento de uma família operária. Resumamos: quanto mais cresce o capital produtivo, tanto mais se expandem a divisão do trabalho e o emprego da maquinaria. Quanto mais se expandem a divisão do trabalho e o emprego da maquinaria, tanto mais se expande a concorrência entre os operários, tanto mais se contrai o seu salário.[105]

Depreende-se, pois, ainda que de um postulado de 1849, que o trabalho humano, sobretudo no contexto brasileiro, reveste-se da formatação de um estado de sujeição – ainda que mínimo –, entre trabalhador e patrão, cujos efeitos são produzidos entre os contratantes, mas, também, num contexto macroinserido na ordem de desenvolvimento econômico.

Mesmo significado paradigmático tem os apontamentos de Émile Durkheim, de 1893, que, frente ao fenômeno da divisão do trabalho, propõe uma valorização do trabalho humano a partir de "horizonte social", cuja ideia deve partir, também, dos próprios trabalhadores:

> A divisão do trabalho supõe que o trabalhador, longe de permanecer debruçado sobre sua tarefa, não perca de vista seus colaboradores, aja sobre eles e sofra sua ação. Ele não é, pois, uma máquina que repete movimentos cuja direção não percebe, mas sabe que tendem a algum lugar, a uma finalidade que ele concebe mais ou menos distintamente. Ele sente servir a algo. Para tanto, não é necessário que abarque vastas proporções do horizonte social, mas basta que perceba o suficiente dele para compreender que suas ações têm uma finalidade fora de si mesmas.[106]

Na Constituição de Weimar de 1919, sobremaneira nos artigos 162 e 163, também encontra-se um pilar de valor social do trabalho, não só como fonte de subsistência do trabalhador, mas também como instrumento de gerar o bem para toda a comunidade.[107]

Num contexto mais contemporâneo, mas não menos importante, acerca do valor social do trabalho, cabível ressaltar a constatação de Richard Sennet, no sentido de que o trabalho e o pleno emprego também sofrem ameaças do mundo globalizado, o que, sem dúvidas, merece atenção, já que é um fato social mundial que influencia na preservação deste fundamento constitucional:

---

[105] MARX, Karl. Trabalho Assalariado e Capital. Escrito em: abr. 1849. Publicado na Neue Rheinische Zeitung. Disponível em: <www.intersindical.inf.br>. Acesso em: 16 abr. 2015. p. 24.

[106] DURKHEIM, Émile. Da divisão do trabalho social. Tradução de Eduardo Brandão. 2. ed. São Paulo: Martins Fontes, 1999. p. 390.

[107] Art. 162. O Estado Central toma a iniciativa de propor uma regulação internacional das relações jurídicas de trabalho, tendente a criar um padrão mínimo geral de direitos sociais. Art. 163. Sem prejuízo de sua liberdade pessoal, todos os alemães tem o dever moral de utilizar suas forças físicas e espirituais para o bem da comunidade. A todo alemão dá-se a possibilidade de prover à sua subsistência pelo seu trabalho. Enquanto não se lhe puder proporcionar uma oportunidade de trabalho, cuidar-se-á de suas necessidades de subsistência. As particularidades locais serão atendidas mediante leis especiais do Estado central (besondere Reichsgesetze). CONSTITUIÇÃO de Weimar de 1919 *apud* COMPARATO, Fábio Konder. A afirmação histórica dos Direitos Humanos. 5. ed. São Paulo: Saraiva, 2007. p. 199.

Mas a habilidade não basta para protegê-los. No mercado globalizado de hoje, os trabalhadores qualificados de nível médio arriscam-se a perder o emprego para um concorrente da Índia ou China que tem a mesma qualificação mas trabalha por um salário mais baixo; a perda do emprego não é mais um problema exclusivo da classe operária.[108]

Ademais, num espectro mais universal, Otfried Höffe exalta o papel atual do trabalho e da formação profissional para as sociedades, onde ocorre um *continuum* em que os extremos se encontram, quais sejam, "a pura sobrevivência e a boa vida em todos os sentidos: a vida sem dificuldades, agradável e bela". Além disso, para o autor, a formação profissional é uma decorrência do direito ao trabalho e pode ser galgada a uma posição de direito humano:

> De acordo com o mencionado anteriormente, em determinadas relações sociais, um direito à instrução e à formação profissional pode assumir uma posição de direito humano. E naqueles casos em que se deve trabalhar para obter os meios de subsistência, e em que o trabalho, além disso, decide acerca de auto-estima e estima por outrem, contribuindo, ainda, para o desenvolvimento da personalidade, também faz sentido falar de um direito humano ao trabalho.[109]

Ainda, é crível entender que o valor social do trabalho é um princípio que visa, no espectro de uma ordem econômica, a evitar que o trabalho seja considerado uma coisa, um mero meio de produção. Segundo Supiot:

> Evidentemente, o trabalho, a terra e a moeda não são produtos, mas condições da atividade econômica. Tratá-los como produtos se baseia, portanto, em ficções. Essas ficções são artefatos jurídicos, pois é o Direito que autoriza, por exemplo, fazer como se o trabalho fosse uma mercadoria separável da pessoa do trabalhador, organizando um estatuto social que limita essa mercantilização e proíbe tratar o trabalhador como uma coisa.[110]

O mesmo autor faz um alerta quanto às transformações nos paradigmas de pensamento de consideração ao trabalho, sob o aspecto do seu valor social frente à ordem econômica:

> Assim, são questionadas as construções jurídicas que, sob a égide dos Estados, reuniam dimensões "econômica" e "social" do trabalho. A desregulamentação do Direito do Trabalho, de um lado, e a generalização dos mínimos sociais, do outro, mostram-se, assim, como duas faces de uma mesma moeda onde o trabalho figuraria como coisa desembaraçada da pessoa, livre para a compra e para a venda, e onde a pessoa só apareceria em caso de "necessidades" bastante gritantes para não poderem ser ignorados pela coletividade.[111]

Na mesma linha de influência contemporânea, se destaca também o postulado nº 9, da Encíclica *Laborem Exercens*, do Papa João Paulo II, em alusão ao 90º (nonagésimo) aniversário da Encíclica *Rerum Novarum*, no ano de 1981, em que resta assinalado o trabalho como uma "virtude" da ordem social:

> Tudo isto depõe a favor da obrigação moral de unir a laboriosidade como virtude com a ordem social do trabalho, o que há de permitir ao homem « tornar-se mais homem » no trabalho, e não já degradar-se por causa do trabalho, desgastando não apenas as forças físicas (o que, pelo menos

---

[108] SENNETT, Richard. O artífice. Tradução de Clóvis Marques. 3. ed. Rio de Janeiro: Record, 2012. p. 46.
[109] HÖFFE, Otfried. A democracia no mundo de hoje. Tradução de Tito Lívio Cruz Romão. São Paulo: Martins Fontes, 2005. p. 82-83.
[110] SUPIOT, Alain. Homo juridicus: ensaio sobre a função antropológica do Direito. Tradução de Maria Ermantina de Almeida Prado Galvão. São Paulo: Martins Fontes, 2007. p. 117.
[111] Ibid., p. 125-126.

até certo ponto, é inevitável), mas sobretudo menoscabando a dignidade e subjectividade que lhe são próprias.[112]

Assim, resta bem definido que o valor social do trabalho possui duas facetas: a primeira, relativa a sua tarefa de exigir que o trabalho seja sempre considerado a partir de um conceito de dignidade; a segunda, referente ao papel do trabalho no contexto da sociedade e necessidade de sua proteção por parte do Estado, com vistas a conservar o seu caráter de dignidade. Nesse contexto não se poder considerar o trabalho como mera atividade, mas sim, um efetivo dispêndio de mão de obra a favor de outrem, configurando-se como "socialmente útil".[113]

Seguindo essa linha de raciocínio, Luciane Cardoso Barzotto traz a ideia de "valor-trabalho", elucidando que:

> O ponto de partida da teoria do valor-trabalho é que o processo de produção pode ser reduzido a uma série de esforços humanos. O trabalho, porém, é o primeiro preço, o dinheiro da compra inicial de todas as coisas.[114]

Nesse viés, é de grande valia concluir com base na lição de Felice Battaglia:

> A conclusão da indagação surge em tais termos. O trabalho diz respeito à ordem moral e ética, é lei prática humana. O homem torna-se sujeito moral num empenho criador de si mesmo e do mundo, responsável e livre no trabalho. Portanto, o trabalho é dever, é dever absoluto – repetimos – no plano terreno; e é-o de tal maneira, que com base nêle o homem se valoriza. Não há estima que dele se possa fazer mundanamente que não se traduza na pergunta de como êle cumpre o seu dever de trabalho. Outra não saberíamos encontrar.[115]

Finalmente, após o exame de relevâncias acerca dos princípios e direitos fundamentais, passa-se, no item a seguir, à analise dos principais aspectos quanto a sua eficácia e sua atuação na relação jurídica protegida pelo Direito do Trabalho, pois é nesse âmbito do ordenamento jurídico que a vulnerabilidade do trabalhador nanotecnológico ganha relevo e acaba por reclamar por uma resposta concretamente protetiva.

2.2. A incidência dos princípios fundamentais e dos direitos fundamentais nas relações jurídicas de emprego: o *círculo hermenêutico* como instrumento para romper o paradigma conceitual e para ensejar uma interpretação que contribua para uma verdadeira eficácia destes princípios

Conforme anunciado no item anterior, os princípios fundamentais e os direitos fundamentais penetram nas relações tuteladas pelo Direito do Trabalho

---

[112] CARTA Encíclica *Laborem Exercens* do sumo pontífice João Paulo II aos veneráveis irmãos no episcopado aos sacerdotes às famílias eligiosas aos filhos e filhas da igreja e a todos os homens de boa vontade sobre o trabalho humano no 90º Aniversário da Rerum Novarum. Disponível em: <http://www.vatican.va/holy_father/john_paul_ii/encyclicals/documents/hf_jp-ii_enc_14091981_laborem-exercens_po.html>. Acesso em: 16 abr. 2015.

[113] FABRIZ, Daury César. A crise do Direito Fundamental ao trabalho no início do século XXI. *Revista de Direitos e Garantias Fundamentais*, Vitória, n. 1, 2006. p. 32.

[114] BARZOTTO, Luciane Cardoso. *Direitos Humanos dos trabalhadores*: atividade normativa da Organização Internacional do Trabalho e os limites do Direito Internacional do Trabalho. Porto Alegre: Livraria do Advogado, 2007. p. 158.

[115] BATTAGLIA, Felice. *Filosofia do trabalho*. Tradução por Luís Washington Vita e Antônio D'Elia. São Paulo: Saraiva, 1958. p. 299.

sob duas formas: pelas disposições já positivadas no artigo 7° da Constituição Federal de 1988 e pelas ferramentas hermenêuticas que propiciam uma interpretação à luz das disposições constitucionais mínimas vinculadas à dignidade da pessoa humana e ao valor social do trabalho, quando do desdobramento horizontal das relações de emprego.

A seguir, portanto, far-se-á uma análise acerca dessa penetração dos princípios e garantias fundamentais nas relações de emprego, mormente dos seus efeitos no campo do trabalho no âmbito pátrio.

Entretanto, uma advertência se faz pertinente nessa fase da argumentação: o objetivo precípuo do item em questão é o de identificar a simbiose existente entre os princípios e direitos fundamentais e o Direito do Trabalho, e, sobretudo, destacar a necessidade de aplicação destes nas relações de emprego, sendo que, para tanto, buscar-se-á, por meio da concepção do *círculo hermenêutico*, estabelecer a ponte concreta para se alcançar a plena eficácia destes postulados fundamentais, sobremaneira quanto às normas de meio ambiente de trabalho, o que, de forma derradeira, servirá de base para a construção do exame acerca do trabalho *com* e *em* exposição a nanotecnologias.

2.2.1. Os direitos fundamentais sociais dos trabalhadores: a atuação positivada dos princípios fundamentais nos direitos trabalhistas

Neste momento a exposição pretende abordar os direitos fundamentais sociais dos trabalhadores, impingindo-lhes o caráter de verdadeiros reflexos da incidência dos princípios fundamentais nos direitos dos trabalhadores. Essa incidência, por sua vez, representa a atuação positivada dos princípios da dignidade da pessoa humana e do valor social do trabalho no ordenamento jurídico pátrio. Relevante ressaltar que a construção do presente trabalho busca justamente se apartar da tradição arraigada pelo positivismo. Esse modelo jurídico não se adapta à realidade das novas tecnologias, sobretudo das nanotecnologias. Entretanto, no título do item ora declinado utiliza-se a expressão "Positivada", pois busca-se tão somente apresentar a *influência* dos princípios fundamentais pertencentes à Constituição *nos* dispositivos trabalhistas previstos *pela própria* Constituição.

Os direitos fundamentais podem ser classificados em 5 (cinco) grupos: direitos individuais, direitos coletivos, direitos sociais, direito à nacionalidade e direitos políticos.[116] Por sua vez, pelo imperativo dos artigos 6° a 11 da Constituição Federal, os direitos sociais são agrupados em 5 (cinco) classes: direitos sociais relativos aos trabalhadores; direitos sociais relativos à seguridade social; direitos sociais relativos à educação e à cultura; direitos sociais relativos à família, criança, adolescente e idoso; e direitos sociais relativos ao meio ambiente.

---

[116] SILVA, José Afonso da. *Curso de Direito Constitucional Positivo*. 21. ed. rev. e atual. São Paulo: Malheiros, 2002. p. 290.

Em relação aos direitos sociais dos trabalhadores, não se deve fazer distinção entre direitos dos trabalhadores e direitos sociais. Não se descartaria a possibilidade de se identificar uma distinção entre direitos sociais e direitos dos trabalhadores, sendo que os direitos sociais se constituíram como direitos de assistência à velhice, à pobreza, à infância, aos desempregados, enquanto os direitos dos trabalhadores referir-se-iam apenas aos detentores de relação de emprego. Assim, opta-se por não se adotar tal distinção, seja porque o artigo 6º da Carta Política de 1988 elenca o trabalho como direito social e, disso depreende-se os direitos trabalhistas, seja porque não se pode ignorar o valor social do trabalho, o qual se constitui como fundamento básico do Estado Democrático de Direito, como preceitua o artigo 1º, inciso IV, da Carta Federal.[117] Além disso, salienta-se que o direito *ao* trabalho e *do* trabalho são direitos sociais relacionados com o fundamento do valor social do trabalho, da dignidade da pessoa humana e da livre iniciativa.[118]

Neste contexto, sendo o trabalho um direito social que resta atrelado aos preceitos fundamentais do Estado, é evidente que os direitos dos trabalhadores elencados nos artigos 7º a 11 da Carta Federal assumem o papel de direitos fundamentais próprios dos trabalhadores. E, assim, é possível afirmar que tais direitos estão agregados a uma *"Constituição Material"*, pois, no entendimento de Hermano Queiroz Junior,

> [...] definimos como direitos fundamentais sociais dos trabalhadores como todas aquelas posições jurídicas concernentes a esta classe de pessoas e reconduzíveis, mediata ou imediatamente, à sua dignidade de pessoa humana, que, do ponto de vista do Direito Constitucional positivo, foram, por seu conteúdo e importância (fundamentalidade em sentido material), integradas ao texto da Constituição e, portanto, retiradas da esfera da disponibilidade dos poderes constituídos (fundamentalidade formal), bem como as que, por seu conteúdo e significado, lhes possam ser equiparadas, agregando-se à Constituição material, tendo, ou não, assento na Constituição Formal.[119]

Não obstante inexistir diferença conceitual entre direitos sociais e direitos dos trabalhadores, destaca-se que os direitos sociais dos trabalhadores distinguem-se dos direitos sociais em geral, vez que a primeira categoria impõe proteção aos trabalhadores. Por essa razão, os direitos fundamentais dos trabalhadores não gozam do "apanágio da universalidade", eis que passíveis de fruição apenas pelos trabalhadores. Queiroz Junior reforça que:

> Enquanto o *caput* do artigo 5º da Carta Federal de 1988 refere genericamente seu alcance a brasileiros e residentes no Brasil, como titulares dos direitos fundamentais que arrola e a redação da cabeça do art. 6º da Constituição encerra uma conotação implícita de universalidade, o artigo 7º, *caput*, restringe a titularização dos direitos que assegura aos trabalhadores urbanos e rurais, bem assim aos avulsos.[120]

Assim, tendo como consolidada a condição de direito fundamental social dos direitos dos trabalhadores garantidos na esfera constitucional, importante

---

[117] DEPOIMENTOS. *Revista de Direito das Faculdades de Vitória*, n. 9, jan./dez., 2005. p. 53.
[118] MARQUES, Rafael da Silva. *Valor social do trabalho na ordem econômica*, na Constituição Brasileira de 1988. São Paulo: LTr, 2007. p. 69.
[119] QUEIROZ JUNIOR, Hermano. *Os Direitos Fundamentais dos trabalhadores na Constituição de 1988*. São Paulo: LTr, 2006. p. 86.
[120] Ibid., p. 87.

classificar tais direitos, a fim de que vislumbre de forma mais concreta a sistematização desses direitos no contexto das relações de emprego.

Num primeiro momento, de acordo com Ingo Sarlet, vislumbra-se que os direitos fundamentais sociais possuem uma dupla dimensão, qual seja, uma dimensão *prestacional* – prestações sociais estatais aos trabalhadores –, e uma de *defesa* – a qual se materializa pela garantia da isonomia e da proibição de discriminações:

> Especificamente no que concerne aos direitos fundamentais sociais na Constituição de 1988, impõe-se aqui ao menos uma breve referência ao fato de que o conceito de direitos fundamentais no direito constitucional pátrio é um conceito amplo, incluindo tanto posições jurídicas tipicamente prestacionais (direito à saúde, educação, assistência social, etc.), quanto uma gama de diversa de direitos de defesa.[121]

O mesmo autor, num sentido amplo, propõe buscar uma classificação dos direitos fundamentais sob o ângulo funcional, apresentando o seguinte critério:

a) direitos fundamentais como direito de defesa;
b) direitos fundamentais como direitos a prestações;
  b1) direitos a prestações em sentido amplo;
    b1.1) direitos à proteção;
    b1.2) direitos à participação na organização e procedimento;
  b2) direitos a prestação em sentido estrito.[122]

De outra parte, especialmente pelo elenco de direitos dos artigos 7º, 8º, 9º, 10º e 11º da Carta Política de 1988, é possível declinar que os direitos fundamentais sociais se classificam como sendo de *defesa*, de *proteção*, de *prestações materiais* e de *participação* dos trabalhadores.[123]

---

[121] SARLET, Ingo Wolfgang. *A eficácia dos direitos fundamentais*. 8. ed. rev. atual. Porto Alegre: Livraria do Advogado, 2007. p. 204-231.

[122] Ibid., p. 196.

[123] Pertinente citar exemplos dessas espécies de direitos fundamentais sociais e suas respectivas características, com base nos próprios dispositivos: a) *direitos fundamentais de defesa dos trabalhadores*: servem como reação contra as investidas do poder público e das entidades privadas, impondo a estes um dever de abstenção e não intromissão. Além do *caput* do artigo 7º que iguala trabalhadores e rurais, tem-se como exemplo os incisos IX, XIII e XIV que versam sobre jornada de trabalho, o inciso XV sobre o repouso semanal remunerado, o inciso XXIV que equipara o empregado ao trabalhador avulso, e, os incisos XXX e XXXI que proíbem a discriminação de salário. b) *direitos fundamentais dos trabalhadores à proteção*: são direitos que representam o exercício das liberdades individuais, obrigando o Estado a promover prestações normativas ou fáticas que protejam os trabalhador de ingerência externa ou de agressões vinda de terceiros, tais como a proteção contra a dispensa arbitrária prevista no inciso I, a proteção à mulher no mercado de trabalho, prevista no inciso XX, a proteção em decorrência da automação no inciso XXVII, além da proteção contra a despedida arbitrária do dirigente sindical, conforme inciso VIII do artigo 8º da Norma Constitucional. c) *direitos fundamentais a prestações materiais*: são todos os direitos que se encerram nas disposições do artigo 7º com o escopo de garantir ao trabalhador a percepção de uma prestação material, exemplificando, os incisos III e IV que garante salário mínimo; o inciso V que alude o piso salarial; o inciso VI que garante a irredutibilidade salarial, salvo negociação coletiva; o inciso VIII que garante o décimo terceiro salário; o inciso XI que prevê a participação nos lucros ou resultados; o inciso XII referente ao salário família para o trabalhador de baixa renda; o inciso XV que prevê o repouso semanal remunerado; o inciso XVI que garante adicional de no mínimo 50% para a jornada acima de 44 horas semanais; o inciso XVII sobre remuneração de férias acrescidas de 1/3; o inciso XVIII que prevê licença à gestante de no mínimo 120 dias; o inciso XIX que concede o direito à licença paternidade; o inciso

Pertinente referir, ademais, que, além dos direitos dos trabalhadores que estão previstos nos artigos 7º, 8º, 9º e 10º da Carta Federal de 1988, os quais se

---

XXI que garante aviso prévio proporcional ao tempo de serviço, sendo de, no mínimo, 30 dias; e adicional de remuneração para adimplir as atividades insalubres, perigosas e penosas, consoante o inciso XXIII. d) *direitos fundamentais dos trabalhadores à participação*: são direitos que garantem a participação do trabalhador nos procedimentos e em estruturas organizacionais já existentes, atuando efetivamente na vida política do país. Nesse caso, os direitos decorrem do artigo 10 da Carta Federal, mas suas hipóteses são previstas fora do catálogo de direitos do artigo 7º, tais como a participação no Conselho Nacional da Previdência Social (artigo 3º da Lei 8.213/91) e no Conselho Curador do FGTS (artigo 3º da Lei 8.036/90). Art. 3º. Fica instituído o Conselho Nacional de Previdência Social–CNPS, órgão superior de deliberação colegiada, que terá como membros: I – seis representantes do Governo Federal; II – nove representantes da sociedade civil, sendo: a) três representantes dos aposentados e pensionistas; b) três representantes dos trabalhadores em atividade; c) três representantes dos empregadores. § 1º Os membros do CNPS e seus respectivos suplentes serão nomeados pelo Presidente da República, tendo os representantes titulares da sociedade civil mandato de 2 (dois) anos, podendo ser reconduzidos, de imediato, uma única vez. § 2º. Os representantes dos trabalhadores em atividade, dos aposentados, dos empregadores e seus respectivos suplentes serão indicados pelas centrais sindicais e confederações nacionais. § 3º. O CNPS reunir-se-á, ordinariamente, uma vez por mês, por convocação de seu Presidente, não podendo ser adiada a reunião por mais de 15 (quinze) dias se houver requerimento nesse sentido da maioria dos conselheiros. § 4º. Poderá ser convocada reunião extraordinária por seu Presidente ou a requerimento de um terço de seus membros, conforme dispuser o regimento interno do CNPS. § 6º. As ausências ao trabalho dos representantes dos trabalhadores em atividade, decorrentes das atividades do Conselho, serão abonadas, computando-se como jornada efetivamente trabalhada para todos os fins e efeitos legais. § 7º. Aos membros do CNPS, enquanto representantes dos trabalhadores em atividade, titulares e suplentes, é assegurada a estabilidade no emprego, da nomeação até um ano após o término do mandato de representação, somente podendo ser demitidos por motivo de falta grave, regularmente comprovada através de processo judicial. § 8º. Competirá ao Ministério do Trabalho e da Previdência Social proporcionar ao CNPS os meios necessários ao exercício de suas competências, para o que contará com uma Secretaria-Executiva do Conselho Nacional de Previdência Social. § 9º. O CNPS deverá se instalar no prazo de 30 (trinta) dias a contar da publicação desta Lei. BRASIL. *Lei nº 8.213, de 24 de julho de 1991.* Dispõe sobre os Planos de Benefícios da Previdência Social e dá outras providências. Disponível em: <http://www.planalto.gov.br/ccivil_03/leis/l8213cons.htm>. Acesso em: 16 abr. 2015. Art. 3º. O FGTS será regido por normas e diretrizes estabelecidas por um Conselho Curador, composto por representação de trabalhadores, empregadores e órgãos e entidades governamentais, na forma estabelecida pelo Poder Executivo. I – Ministério do Trabalho; II – Ministério do Planejamento e Orçamento; III – Ministério da Fazenda; IV – Ministério da Indústria, do Comércio e do Turismo; V – Caixa Econômica Federal; VI – Banco Central do Brasil. § 1º. A Presidência do Conselho Curador será exercida pelo representante do Ministério do Trabalho e da Previdência Social. § 3º. Os representantes dos trabalhadores e dos empregadores e seus respectivos suplentes serão indicados pelas respectivas centrais sindicais e confederações nacionais e nomeados pelo Ministro do Trabalho e da Previdência Social, e terão mandato de 2 (dois) anos, podendo ser reconduzidos uma única vez. § 4º. O Conselho Curador reunir-se-á ordinariamente, a cada bimestre, por convocação de seu Presidente. Esgotado esse período, não tendo ocorrido convocação, qualquer de seus membros poderá fazê-la, no prazo de 15 (quinze) dias. Havendo necessidade, qualquer membro poderá convocar reunião extraordinária, na forma que vier a ser regulamentada pelo Conselho Curador. § 5º. As decisões do Conselho serão tomadas com a presença da maioria simples de seus membros, tendo o Presidente voto de qualidade. § 6º. As despesas porventura exigidas para o comparecimento às reuniões do Conselho constituirão ônus das respectivas entidades representadas. § 7º. As ausências ao trabalho dos representantes dos trabalhadores no Conselho Curador, decorrentes das atividades desse órgão, serão abonadas, computando-se como jornada efetivamente trabalhada para todos os fins e efeitos legais. § 8º. Competirá ao Ministério do Trabalho e da Previdência Social proporcionar ao Conselho Curador os meios necessários ao exercício de sua competência, para o que contará com uma Secretaria Executiva do Conselho Curador do FGTS. § 9º. Aos membros do Conselho Curador, enquanto representantes dos trabalhadores, efetivos e suplentes, é assegurada a estabilidade no emprego, da nomeação até um ano após o término do mandato de representação, somente podendo ser demitidos por motivo de falta grave, regularmente comprovada através de processo sindical. BRASIL. *Lei nº 8.036, de 11 de maio de 1990.* Dispõe sobre o Fundo de Garantia do Tempo de Serviço, e dá outras providências. Disponível em: <http://www.planalto.gov.br/ccivil_03/leis/l8036consol.htm>. Acesso em: 16 abr. 2015. QUEIROZ JUNIOR, Hermano. *Os Direitos Fundamentais dos trabalhadores na Constituição de 1988.* São Paulo: LTr, 2006. p. 106-113.

configuram como direitos fundamentais, importante sedimentar a ideia de que tais direitos também podem (na perspectiva constitucional, *devem*) ser considerados "cláusulas pétreas",[124] na forma do § 4º do artigo 60[125] do mesmo diploma, premissa essa, sem dúvida, aplicável ao presente exame.[126]

Não obstante a classificação acima apontada tem-se por certo que os direitos sociais, antes de tudo, configuram-se como direitos fundamentais dos trabalhadores e que devem ser prestados positivamente pelo Estado, direta ou indiretamente, segundo a consolidação de dispositivos legais que ensejem uma melhoria na sua condição de vida, bem como proporcionem a garantia de uma dignidade mínima e a correção das desigualdades eventualmente existentes nas relações laborais.

Relevante tecer, ainda, alguns comentários sobre a representatividade que os direitos fundamentais sociais dos trabalhadores, sobretudo aqueles insculpidos nos artigos 7º e 8º da Carta Federal de 1988, exerceram (na elaboração) e exercem (na interpretação, caso a caso) sobre o arcabouço normativo do Direito do Trabalho.

Não se nega a importância da historicidade constitucional, a qual, em muito, justifica o presente em termos de normas trabalhistas. A Constituição de 1934, nos seus artigos 115 e 121, foi a primeira a dispor sobre trabalho e atividade econômica, sendo que no artigo 121 foram assegurados vários direitos aos trabalhadores, embora não houvesse referência a uma carta de princípios. Já na Constituição de 1946, o trabalho era qualificado como "obrigação social", mas referia expressamente a justiça social como princípio que fundamentava a ordem econômica, conforme seu artigo 145. Nesse diapasão, a Constituição de 1967 (artigo 157) e a Emenda Constitucional de 1969 (artigo 160), consolidaram o princípio da valorização social do trabalho como condição da dignidade humana e a justiça social como objetivo da ordem econômica.[127]

No entanto, não se pode olvidar que, dentre todas as Constituições outorgadas no Brasil, foi a de 1988 que mais garantiu e avançou no campo social, mormente, no campo do trabalho, muito em razão do anúncio preambular, no seu artigo 1º, IV, de que um dos fundamentos da República é o valor social

---

[124] O próprio artigo 60, § 4º, da Carta Federal de 1988 deixa claro o conceito de cláusula pétrea, no sentido de que resta vedada a tentativa ou medida tendente a abolir direitos fundamentais. Tal característica resta ressaltada por José Afonso da Silva na forma de inalienabilidade: "São direitos intransferíveis, inegociáveis, porque não são de conteúdo econômico patrimonial. Se a ordem constitucional os confere a todos, deles não se pode desfazer, porque são indisponíveis". SILVA, José Afonso da. *Direito Constitucional Positivo*. 16. ed. São Paulo: Malheiros, 1999. p. 185.

[125] Art. 60. A Constituição poderá ser emendada mediante proposta: [...] § 4º. Não será objeto de deliberação a proposta de emenda tendente a abolir: I – a forma federativa de Estado; II – o voto direto, secreto, universal e periódico; III – a separação dos Poderes; IV – os direitos e garantias individuais. BRASIL. Constituição (1988). *Constituição da República Federativa do Brasil de 1988*. Disponível em: <http://www.planalto.gov.br/ccivil_03/constituicao/constitui%C3%A7ao.htm>. Acesso em: 16 abr. 2015.

[126] VECCHI, Ipojucan Demétrius. *Noções de Direito do Trabalho*: um enfoque constitucional. 2. ed. Passo Fundo: UPF, 2007. v. 1. p. 149.

[127] BRANDÃO, Cláudio. Direito e Democracia. In: FREITAS, Juarez; TEIXEIRA, Anderson V. (Orgs.). *Ensaios transdisciplinares*. São Paulo: Conceito, 2011. (Capítulo 7: A proteção ao trabalho em uma perspectiva democrática da Constituição de 1988). p. 140.

do trabalho, o qual merece direta conexão com o artigo 170 do diploma constitucional[128] que preconiza a valorização do trabalho humano como princípio geral da atividade econômica. Destaca-se, também, que a Constituição de 1988 garantiu o livre exercício de qualquer trabalho, ofício e profissão, atendidas as qualificações profissionais estabelecidas em lei, e também teve o mérito de conferir *status* constitucional aos direitos mínimos dos trabalhadores, antes previstos apenas em normas infraconstitucionais.

Especificamente quanto ao Direito do Trabalho, mesmo antes da Constituição Federal de 1988, desde a criação das primeiras normas trabalhistas nas Constituições pátrias e com o advento da Consolidação das Leis do Trabalho em 1943, o Estado já se ocupava da tarefa de intervir nas relações individuais e coletivas de trabalho, com o escopo de propiciar a proteção necessária à classe trabalhadora. Entretanto, a Carta Federal de 1988, especialmente seu artigo 7º, representou e representa a efetiva intervenção estatal nas relações de emprego,[129] não obstante a existência da atuação estatal pré-existente, em decorrência do sistema (ou "espírito") democrático em que os direitos dos trabalhadores se desenvolveram ao longo dos artigos 7º e 8º e da expressa inclusão desses direitos como direitos fundamentais sociais.[130]

Em se tratando de direitos trabalhistas individuais, mediante previsão no artigo 7º da Constituição de 1988, os direitos mínimos foram dispostos em 34 (trinta e quatro) incisos e um único parágrafo, o qual se destina aos empregados domésticos.[131] O *caput* do artigo 7º da referida Carta consigna a expressão

---

[128] Art. 193. A ordem social tem como base o primado do trabalho, e como objetivo o bem-estar e a justiça sociais. BRASIL. Constituição (1988). *Constituição da República Federativa do Brasil de 1988*. Disponível em: <http://www.planalto.gov.br/ccivil_03/constituicao/constitui%C3%A7ao.htm>. Acesso em: 16 abr. 2015.

[129] Essa intervenção se dá para propiciar a "concretização da normatividade", como defendem Luiz Edson Fachin e Marcos Alberto Rocha Gonçalves: "O trabalho de concretização da normatividade é, dessa maneira e, sobretudo, uma atividade construtiva; o texto da Constituição é representado como continente de um núcleo do enunciado normativo. Esse elemento, define-se, então, como modelo de ordem estruturada e concretamente determinada". FACHIN, Luis Edson; GONÇALVES, Marcos Alberto Rocha. Normas trabalhistas na legalidade constitucional: princípios da dignidade da pessoa humana, da solidariedade e da isonomia substancial. In: TEPEDINO, Gustavo et al. (Coords.). *Diálogos entre o Direito do Trabalho e o Direito Civil*. São Paulo: Revista dos Tribunais, 2013. p. 23-36. p. 30.

[130] Com relação às modificações expressivas de normas específicas de Direito do Trabalho preconizadas pela Carta Federal de 1988, é possível destacar, em relação a *direitos trabalhistas individuais*, dentre outras, a redução da jornada semanal de trabalho de 48 para 44 horas semanais; a generalização do regime do Fundo de Garantia com a consequente supressão da estabilidade absoluta decenal; a criação de uma indenização compensatória prevista para os casos de dispensa arbitrária (multa compensatória de 40% sobre os depósitos de FGTS); a elevação do adicional de horas extras para o mínimo de 50%; o aumento de 1/3 de remuneração das férias; a ampliação da licença de gestante para 120 (cento e vinte) dias; a criação da licença-paternidade de 5 dias; a elevação da idade mínima de admissão de 16 anos para empregados e de 14 anos para aprendizes (modificação esta decorrente da Emenda Constitucional nº 20, de 15 de dezembro de 1998, que alterou o artigo 7º, inciso XXXIII); a proibição de diferença de salários, de exercício de funções e de critério de admissão, agora para abranger sexo, idade, cor ou estado civil.

[131] A Emenda Constitucional 72/2013 alterou o parágrafo único do artigo 7º da Constituição Federal, ampliando os direitos que já eram conferidos aos domésticos e garantidos outros direitos previstos, até então, apenas aos trabalhadores urbanos e rurais. No entanto, salienta-se que não houve uma equiparação do empregado doméstico aos trabalhadores urbanos e rurais, em termos de direitos, pois, se assim fosse, seria alterado o caput do artigo 7º para incluir tal classe trabalhadora como destinatária de todos os direitos elencados no rol constitucional. Na verdade, a única alteração vigente é a limitação da jornada de trabalho a 44

"*além de outros que visem à melhoria de sua condição social*", dando conta de que o aludido dispositivo elenca direitos mínimos, sem, contudo, impedir construção legal infraconstitucional ou normativa autocompositiva (normas coletivas decorrentes de negociação coletiva) que venha a criar outros direitos ou até mesmo direitos mais benéficos que aqueles arrolados pelo catálogo constitucional.[132] Ademais, dentre os direitos individuais trabalhistas prescritos constitucionalmente, dá-se relevo ao direito fundamental social dos trabalhadores previsto no inciso XXII da Carta Federal de 1988, o qual possui destacada importância para o presente trabalho e que se vincula ao tema dos reflexos das nanotecnologias no trabalho humano. Esse inciso constitucional, como garantia ao trabalhador, impõe ao Estado (tarefa legislativa) e ao empregador (no campo factual) a obrigação de reduzir os riscos ambientais inerentes ao trabalho e promover medidas no campo do meio ambiente de trabalho, sobretudo quanto às normas de saúde, segurança e higiene do trabalho, o que será tratado de forma mais detida no item 2.3. adiante delineado.

Em se tratando de direitos trabalhistas coletivos, destaca-se que Constituição da República vigente contém significativos avanços relacionados à liberdade sindical (artigo 8°) e ao direito de greve (artigo 9°). Com o advento do aludido artigo 8°, houve o redimensionamento das relações entre os sindicatos e o Estado, mediante a adoção de dois princípios básicos, quais sejam, o da auto-organização sindical e o da autonomia de administração dos sindicatos, permitindo, por consequência, a livre criação dos sindicatos, sem a necessidade de prévia autorização do Estado e assegurando aos sindicatos liberdade para que possam praticar segundo suas próprias decisões, os atos de interesse interno com liberdade de administração, transferindo para os estatutos as questões que não podem mais sofrer a interferência estatal, como a divisão e atribuição dos órgãos da sua direção, as deliberações de assembleia e as suas eleições.[133]

(quarenta e quatro) horas semanais, na forma do inciso XIII do referido artigo constitucional, sendo que os demais direitos dependem de regulamentação. "Artigo único. O parágrafo único do art. 7º da Constituição Federal passa a vigorar com a seguinte redação: Parágrafo único. São assegurados à categoria dos trabalhadores domésticos os direitos previstos nos incisos IV, VI, VII, VIII, X, XIII, XV, XVI, XVII, XVIII, XIX, XXI, XXII, XXIV, XXVI, XXX, XXXI e XXXIII e, atendidas as condições estabelecidas em lei e observada a simplificação do cumprimento das obrigações tributárias, principais e acessórias, decorrentes da relação de trabalho e suas peculiaridades, os previstos nos incisos I, II, III, IX, XII, XXV e XXVIII, bem como a sua integração à previdência social".

[132] Do *caput* do artigo 7º da Constituição Federal de 1988 é possível extrair o *princípio do não retrocesso social*, ou seja, tudo que fora alcançado ao trabalhador além da norma mínimo positivada, seja por lei, seja por instrumentos coletivos, não pode afetar a condição favorável já existente e garantida, tampouco pode retrair ou reduzir tais conquistas. Leciona José Afonso da Silva que: "As condições dignas de trabalho constituem objetivos dos direitos dos trabalhadores. Por meio delas é que eles alcançam a melhoria de sua condição social (art. 7º, *caput*), configurando, tudo, o conteúdo das relações de trabalho, que são dois tipos: *individuais ou coletivas*. Até agora, a relação de trabalho, entre nós, tem-se fundado quase só no chamado *contrato individual de trabalho*, que põe confronto duas partes desiguais: o patrão forte e o trabalhador necessitado". SILVA, José Afonso da. *Direito Constitucional Positivo*. 16. ed. São Paulo: Malheiros, 1999. p. 295.

[133] Sobre a questão sindical, importante ressaltar as observações de Gilberto Stürmer: "A Constituição Federal de 1988, portanto, trouxe grandes avanços para o Direito do Trabalho Brasileiro. Um dos mais importantes foi o fato de que, segundo revela Gilberto Stürmer, pela primeira vez na história o direito dos trabalhadores e as regras sindicais foram incluídas no capítulo dos Direitos Sociais passando a fazer parte dos Direitos e Garantias Fundamentais". STÜRMER, Gilberto. *A Liberdade sindical na constituição da república federativa do*

Por fim, crível concluir que os princípios constitucionais da dignidade da pessoa humana e do valor social do trabalho possuem papel fundamental na realização dos direitos trabalhistas, seja porque influenciaram sua configuração e lhe impõem caráter de direitos que se tornam *cláusulas pétreas*, seja porque o intérprete, no plano da prestação jurisdicional em concreto, ao interpretar a demanda que tenha por objeto tais direito, deverá fazê-lo a partir de uma integridade também vinculada aos princípios fundamentais. Trata-se do fechamento de um ciclo: em abstrato, se parte dos princípios fundamentais; em concreto, para a realização do direito, se retorna ou se reencontra os princípios fundamentais. Esse raciocínio se aproxima da eficácia das normas constitucionais, o que merecerá comentários a seguir.

2.2.2. A eficácia dos princípios e direitos fundamentais nas relações de emprego no contexto do círculo hermenêutico: a projeção da dignidade da pessoa humana no mundo laboral

O ponto primordial de análise do item ora desenvolvido é como se dá o desdobramento da incidência dos princípios fundamentais, sobretudo da dignidade da pessoa humana, na relação de emprego hodierna, e o papel da hermenêutica[134] como forma de se alcançar a plena eficácia das normas que emanam desse princípio de dignidade. Insere-se nesta relação de emprego hodierna a relação trabalho-nanotecnologias. E, em sendo direitos fundamentais sociais dos trabalhadores a redução de riscos ambientais e a preservação de sua saúde no contexto laboral, é de suma importância a análise de sua eficácia para a questão que envolve as nanotecnologias e o trabalho humano que terá tratamento mais detido posteriormente.

Conforme já anunciado, a Constituição Federal, no plano abstrato, prevê a eficácia imediata ou direta das normas de direitos fundamentais às relações jurídicas. O § 1º do artigo 5º da Carta Federal prevê que "*as normas definidoras*

Brasil de 1988 e sua relação com a convenção 87 da Organização Internacional do Trabalho. Porto Alegre: Livraria do Advogado, 2007. p. 79. Ainda, o mesmo autor destaca a função primordial do sindicato que se extrai da norma constitucional. Para ele, a função negocial, trata-se da "verdadeira razão de existir" do sindicato, cuja gênese encontra-se na Constituição Federal, em seus artigos 7º, inciso XXVI, 8º, inciso VI e 114, § 2º, e na CLT, no artigo 611, *caput* e §§ 1º e 2º e artigo 616. STÜRMER, Gilberto. *A Liberdade sindical na constituição da república federativa do Brasil de 1988 e sua relação com a convenção 87 da Organização Internacional do Trabalho*. Porto Alegre: Livraria do Advogado, 2007. p. 79.

[134] A fundamentação teórica da presente exposição demanda que se decline um conceito moderno de hermenêutica. Para tanto, serve-se da doutrina de Lenio Streck. A palavra hermenêutica deriva do grego *hermeneueim*, da qual se extraiu vários significados. Pela hermenêutica busca-se traduzir para o acessível aquilo que não é compreensível (não se sabe os deuses disseram a Hermes – mensageiro dos deuses –, mas apenas o que Hermes disse sobre o que os deuses disseram). Hermenêutica significa, tradicionalmente, teoria ou arte da interpretação e compreensão de textos, cujo objetivo precípuo consiste em descrever como se dá o processo interpretativo-compreensivo. As reflexões hermenêuticas sempre se desenvolvem numa dupla perspectiva: há uma perspectiva teórica, que procura descrever como o processo de interpretação e compreensão acontece; há uma perspectiva prática que visa um resultado e que procura estabelecer regras e métodos que conformem de tal modo o processo de interpretação e compreensão que torne possível reduzir os erros e mal entendidos que possam surgir da leitura dos textos. STRECK, Lênio Luiz. *Hermenêutica jurídica e(m) crise*: uma exploração hermenêutica da construção do Direito. 10. ed. Porto Alegre: Livraria do Advogado, 2011. p. 234-235.

dos direitos e garantias fundamentais têm aplicação imediata". Sobre o tema, Canotilho afirma:

> Em geral, as normas consagradoras de direitos, liberdades e garantias recortam, logo a nível constitucional, uma *pretensão jurídica individual* (direito subjectivo) a favor de determinados titulares com o correspondente dever jurídico por parte dos destinatários passivos. Esse traço explica a insistência da doutrina na ideia de *aplicabilidade directa* dessas normas.[135]

Diante dessa imposição téorico-normativa, *a priori*, não se questionaria a incidência direta dos princípios e garantias fundamentais às relações jurídicas de emprego.

Todavia, no plano fático concreto, é possível identificar uma problemática inerente ao tema representada pela indagação: os princípios e direitos fundamentais tem eficácia direta na relação de emprego em qualquer hipótese, ou seja, mesmo quando a norma constitucional depender de regulamentação infraconstitucional ou quando esboçar uma limitação à autonomia privada?

O presente trabalho opta por adotar a resposta positiva, de que sim, de que os princípios e direitos fundamentais incidem diretamente nesta relação, seja qual for a hipótese. Para tanto, propõem-se duas dimensões de exame da eficácia constitucional: a *dimensão objetiva*, quanto aos direitos fundamentais sociais; e a *dimensão subjetiva*, relativa àquelas situações que transcendem o rol de direitos do artigo 7º da Carta Federal de 1988 e se desdobram com mais vigor no cotidiano das relações de emprego, sendo a hermenêutica o portal de entrada para se permitir a penetração dos princípios fundamentais e que se alcance um objetivo com dois vieses: que os princípios fundamentais sirvam para garantir a dignidade humana do trabalhador frente a determinados atos praticados pelo empregador, ou, que sirvam para permitir que os princípios fundamentais ofereçam outra forma ou outras formas de interpretação do Direito do Trabalho e de suas normas. Nesse sentido, Luiz Guilherme Marinoni enfatiza que:

> Além da incidência das normas, como valores objetivos, sobre as relações entre particulares, um particular pode afirmar o seu direito em relação a outro, consideradas as particularidades da situação concreta e eventual colisão de direitos.[136]

Numa *dimensão objetiva*, em se tratando de direitos fundamentais sociais dos trabalhadores, a dificuldade seria diminuta quanto à eficácia. Sendo os direitos trabalhistas elencados no rol do artigo 7º constitucional, direitos fundamentais, a princípio, não haveria o que se cogitar de uma discussão acerca da eficácia de tais normas, presumindo, por conseguinte, sua absorção imediata no plano concreto de desenvolvimento das relações de emprego. No campo específico dos direitos dos trabalhadores, não há dúvidas de que a proteção consagrada no artigo 5º, § 1º, da Constituição Federal é reconhecida.[137]

---

[135] CANOTILHO, José Joaquim Gomes. *Direito Constitucional*. 6. ed. rev. Coimbra: Almedina, 1993. p. 525.

[136] MARINONI, Luiz Guilherme. *Técnica processual e tutela dos Direitos*. São Paulo: Revista dos Tribunais, 2004. p. 170-171.

[137] GÓES, Maurício de Carvalho. *A equiparação salarial como instrumento garantidor da isonomia dos contratos de emprego*. Porto Alegre: Verbo Jurídico, 2009. p. 114; QUEIROZ JUNIOR, Hermano. *Os Direitos Fundamentais dos trabalhadores na Constituição de 1988*. São Paulo: LTr, 2006. p. 118-119.

De plano, rechaça-se a teoria defendida por Claus-Wilhelm Canaris de que apenas os entes de direito público se sujeitam diretamente aos direitos fundamentais, excluindo, destarte, os entes privados, sendo que a eficácia dos direitos fundamentais nas relações particulares seria mediata ou indireta.[138]

Wilson Steinmetz defende a eficácia imediata dos direitos fundamentais sociais, ressalvando aqueles cujo destinatário é o Estado:

> Ao contrário, os direitos fundamentais sociais dos trabalhadores urbanos e rurais (CF, art. 7º), exceto aqueles cujo sujeito destinatário exclusivo é o Estado (*e.g.*, incisos II e XXIV, do art. 7º), vinculam os particulares. Como argumenta-se *supra*, uma análise estrutural simples das normas que atribuem esse direitos revela, de imediato que, na maioria dessa normas – especialmente, naquelas de eficácia plena –, os particulares figuram como sujeitos destinatários imediatos. Tais normas operam, portanto, eficácia imediata ou direta.[139]

Embora a lição de Steinmetz venha ao encontro da tese que se propugna da eficácia imediata, duas objeções fazem-se necessárias a parte dessa tese. A primeira é de que não há por que se falar em eficácia imediata especialmente das normas de eficácia plena, mas também daquelas que aparentemente tem eficácia contida, como será abordado a seguir. A segunda objeção reside no fato de que mesmo em se tratando de direitos fundamentais sociais em que o Estado seja destinatário, como o caso do seguro desemprego citado exemplificativamente, a sua implementação também depende de ato do empregador que decorre da relação de emprego, no caso, a obrigação de fornecimento ao empregado das guias do seguro desemprego para encaminhamento de tal benefício, quando do momento da extinção contratual. Ou seja, não se deve distinguir os direitos fundamentais sociais quanto a sua capacidade de eficácia. Ingo Sarlet destaca que não obstante a inafastável dimensão programática dos direitos fundamentais, tais direitos não restam destituídos de eficácia e aplicabilidade diretas. É possível afirmar, assim, que os direitos fundamentais sociais não se configuram como mero capricho de um constitucionalismo dirigente, mas sim como uma efetiva "necessidade", razão pela qual a sua desconsideração e ausência de implementação atentam contra os valores da vida e da dignidade da pessoa humana. O princípio da aplicação imediata, nesse sentido, acaba por envolver não só os direitos fundamentais de defesa como os direitos fundamentais a prestações, na forma do artigo 5º, § 1º, da CF.[140]

Contudo, não obstante os argumentos acima traçados, o fato do artigo 7º, para fins de interpretação, andar de mãos dadas com o artigo 5º, § 1º, da Constituição, por si só, não evitou que surgissem contradições entre os próprios textos e, com isso, um entrave na aplicação de imediato da eficácia da norma constitucional. Como exemplo dessa contradição citam-se os incisos I e XXXI,[141]

---

[138] CANARIS, Claus-Wilhelm. *Direitos Fundamentais e Direito Privado*. Coimbra: Almedina, 2003. p. 55.
[139] STEINMETZ, Wilson. *A vinculação dos particulares a Direitos Fundamentais*. São Paulo: Malheiros, 2004. p. 277-278.
[140] SARLET, Ingo Wolfgang. *A eficácia dos direitos fundamentais*. 8. ed. rev. atual. Porto Alegre: Livraria do Advogado, 2007. p. 386-388.
[141] Art. 7º. São direitos dos trabalhadores urbanos e rurais, além de outros que visem à melhoria de sua condição social: I – relação de emprego protegida contra despedida arbitrária ou sem justa causa, nos termos de lei complementar, que preverá indenização compensatória, dentre outros direitos; [...]. XXXI – proibição

os quais, respectivamente, preveem o direito dos trabalhadores à relação de emprego protegida contra a despedida arbitrária ou sem justa causa e ao aviso--prévio proporcional por tempo de serviço, garantias essas dependentes de lei complementar e de lei reguladora. Em relação ao inciso I, a lei complementar até hoje não fora sequer criada; no tocante ao aviso-prévio proporcional ao tempo de serviço, a lei "regulamentadora" foi promulgada apenas em 2011, por força da Lei 12.506.[142]

Por certo, não se olvida da teoria defendida acerca da *eficácia contida* de determinadas normas, a qual restaria prevista pela própria Constituição Federal.[143] No entanto, para o caso em tela, trata-se da própria norma afirmando categoricamente sua aplicação imediata.

Para Melina Girardi Fachin:

A diferença de objeto impõe altercação de tratamento jurídico na eficácia dos direitos de defesa e dos direitos sociais. Em que pese o reconhecimento dessa diversa tipicidade, a premissa da qual

---

de qualquer discriminação no tocante a salário e critérios de admissão do trabalhador portador de deficiência; [...]. BRASIL. Constituição (1988). *Constituição da República Federativa do Brasil de 1988*. Disponível em: <http://www.planalto.gov.br/ccivil_03/constituicao/constitui%C3%A7ao.htm>. Acesso em: 16 abr. 2015.

[142] Art. 1º. O aviso prévio, de que trata o Capítulo VI do Título IV da Consolidação das Leis do Trabalho – CLT, aprovada pelo Decreto-Lei nº 5.452, de 1º de maio de 1943, será concedido na proporção de 30 (trinta) dias aos empregados que contem até 1 (um) ano de serviço na mesma empresa. Parágrafo único. Ao aviso prévio previsto neste artigo serão acrescidos 3 (três) dias por ano de serviço prestado na mesma empresa, até o máximo de 60 (sessenta) dias, perfazendo um total de até 90 (noventa) dias.

[143] A teoria da eficácia contida de algumas normas constitucionais não pode ser desprezada, muito embora o raciocínio empregado na presente pesquisa não comunga com tal premissa. No entanto, em relação ao inciso XXI do artigo 7º da Constituição Federal, por muito tempo e até a edição da Lei 12.506/2011, a jurisprudência do Tribunal Superior do Trabalho respaldava a tese de eficácia contida, no que tange à necessidade que havia de ser promulgada lei para fixar os critérios de proporcionalidade de tempo de serviço do aviso prévio garantido ao trabalhador, conforme entendia a Orientação Jurisprudencial 84 da Seção de Dissídios Individuais nº I: *"84. AVISO PRÉVIO. PROPORCIONALIDADE (cancelada) – Res. 186/2012, DEJT divulgado em 25, 26 e 27.09.2012. A proporcionalidade do aviso prévio, com base no tempo de serviço, depende da legislação regulamentadora, visto que o art. 7º, inc. XXI, da CF/1988 não é auto-aplicável"*. BRASIL. Tribunal Superior do Trabalho. *Seção de Dissídios Individuais I – SDI I*. Disponível em: <http://www.tst.jus.br/ojs/-/asset_publisher/1N7k/content/secao-de-dissidios-individuais-i-sdi-i>. Acesso em 11 abr. 2014. Ainda, em relação ao inciso I, do mesmo artigo constitucional, a teoria da eficácia contida ganha voz na doutrina de muitos juristas. Maurício Godinho Delgado entende que "[...] o preceito contido no inciso I do art. 7º em análise pode ser tido como regra de eficácia contida, produzindo, pelo menos, certo efeito jurídico básico, que seria o de invalidar dispensas fundadas no simples exercício potestativo da vontade empresarial, sem um mínimo de justificativa socioeconômica ou técnica ou até mesmo pessoal em face do trabalhador envolvido". DELGADO, Maurício Godinho. *Curso de Direito do Trabalho*. 12. ed. São Paulo: LTtr, 2013. p. 1.282-1.283. Gilberto Stürmer e Amélia Elisabeth Baldoino da Silva Stürmer lecionam: "Ainda que a proteção contra a despedida arbitrária, inserida no artigo sétimo da Constituição Federal, faça parte dos direitos e garantias fundamentais da Constituição Federal de 1988, entende-se que a sua aplicabilidade não é imediata, já que a própria Constituição determinou que a regulamentação da matéria se dê por Lei complementar". STÜRMER, Gilberto (Org.). *Direito do Trabalho e outros estudos*. Porto Alegre: Livraria do Advogado, 2006-2007. p. 83. Jorge Luiz Souto Maior argumenta contrariamente à tese de eficácia contida: "Ora, da previsão constitucional não se pode entender que a proibição de dispensa arbitrária ou sem justa causa depende de Lei Complementar para ter eficácia jurídica, pois que o preceito não suscita qualquer dúvida de que a proteção contra dispensa arbitrária ou sem justa causa trata-se de uma garantia constitucional dos trabalhadores. Está-se diante, inegavelmente, de uma norma de eficácia plena. A complementação necessária a esta norma diz respeito aos efeitos do descumprimento da garantia constitucional". MAIOR, Jorge Luiz Souto. *Proteção contra a despedida arbitrária e aplicação da Convenção 158 da OIT*. 2004. Disponível em: <http://www.calvo.pro.br/media/file/colaboradores/jorge_luiz_souto_maior/jorge_luiz_souto_maior_protecao_contra_dispensa.pdf>. Acesso em: 16 abr. 2015.

se parte é que tanto os direitos de defesa quanto aqueles prestacionais, são verdadeiros direitos fundamentais que estão sujeitos, à luz do § 1º. do artigo art. 5º, a uma aplicabilidade imediata mínima. Ainda, tal princípio impõe o ônus de justificação razoável e suficiente em caso de não realização desses direitos. Interpretar de modo diverso, significaria negar a postura fundamental dos direitos sociais – o que conflita com o texto constitucional vigente.[144]

A mesma autora complementa a questão do caráter indisponível do direito fundamental:

A existência de ato inferior que reforce o texto constitucional, apenas reforça sua eficácia nas relações particulares, contudo, sua ausência não pode obstar a realização da Constituição, pois um direito que dependa da atuação do legislador ordinário não pode ser considerado fundamental, haja vista que indisponível.[145]

Porém, verifica-se aqui a desnecessidade de se invocar o uso da hermenêutica num corte mais apurado, como é o caso do *círculo hermenêutico* que será visto adiante, pois, nesta situação, trata-se de posições jurídicas definidas em incisos constitucionais, cujo mandamento respectivamente positivado determina a aplicação imediata de tais direitos. Nesse espectro, é certo que se prescinde o uso de uma interpretação arraigada nos princípios constitucionais, já que esses informam a norma que é autoaplicável, por força do que determina o artigo 5º, § 1º, da Constituição Federal. Rafael da Silva Marques atenta para o fato de que conferir aos direitos sociais status de meras normas de caráter programático "seria ferir de morte os fundamentos e princípios do Estado Democrático de Direito, relegando o princípio ou fundamento da dignidade da pessoa humana à condição de mera abstração".[146]

Destarte, na verdade, no caso em questão, o princípio da dignidade da pessoa humana deve servir como instrumento realizador da concretização do direito. A realização imediata já resta permitida constitucionalmente e os direitos fundamentais sociais são direitos diretamente influenciados pelos princípios fundamentais da dignidade da pessoa humana e pelo valor social do trabalho. Por isso são direitos fundamentais. *Basta construir a(s) possibilidade(s) de realização*. Aliás, em sendo essa construção no âmbito do Direito do Trabalho, o indigitado artigo 8º da CLT permite, dentre outras ferramentas subsidiárias, que se utilize dos princípios constitucionais, dos princípios gerais de Direito, dos princípios de Direito do Trabalho, de normas internacionais e da analogia, denotando, assim, que a dignidade humana seria o fundamento para se construir uma situação jurídica que aplique o direito arrolado e previsto como mínimo.[147]

---

[144] FACHIN, Melina Girardi. O desenvolvimento das relações trabalhistas e a eficácia dos direitos humanos. In: TEPEDINO, Gustavo et al. (Coords.). *Diálogos entre o Direito do Trabalho e o Direito Civil*. São Paulo: Revista dos Tribunais, 2013. p. 113-129. p. 119.

[145] Ibid., p. 113-129. p. 122.

[146] MARQUES, Rafael da Silva. *Valor social do trabalho na ordem econômica, na Constituição Brasileira de 1988*. São Paulo: LTr, 2007. p. 74.

[147] Na construção hermenêutica para fins de aplicação imediata dos direitos fundamentais sociais que, na dicção constitucional, dependem de lei para terem eficácia, traz-se duas hipóteses baseadas no relevo da dignidade humana como o grande vetor interpretativo, conjugados com elementos secundários ou auxiliares, mas de grande importância para o contexto, como o Princípio da Proteção, a analogia e a aplicação de normas internacionais, possibilidades previstas pelo artigo 8º da CLT. Em relação ao inciso I do artigo 7º da Constituição Federal, até hoje não fora criada a lei que teria por tarefa a fixação de um sistema de estabilidade absoluta que

De outra parte, retorna-se à indagação formulada inicialmente (*os princípios e direitos fundamentais tem eficácia direta na relação de emprego em qualquer hipótese, ou seja, mesmo quando a norma constitucional depender de regulamentação infraconstitucional ou quando esboçar uma limitação à autonomia privada?*) e à proposta de respondê-la, agora, pelo exame de uma dimensão subjetiva da eficácia dos princípios e direitos fundamentais.

---

protegesse o trabalhador da despedida arbitrária ou sem justa causa. Por sua vez, a Convenção 158 da Organização Internacional do Trabalho – OIT – prevê a obrigação patronal de justificar ou motivar a dispensa individual ou coletiva. No entanto, mesmo não ratificada pelo Brasil, considerando que tal Convenção se coaduna perfeitamente com a ideia de preservação da dignidade do trabalhador e com a valorização social do trabalho, na linha de eficácia imediata do artigo 5º, § 1º, da Carta Política de 1988, seria crível admitir sua aplicação, tudo por força de uma hermenêutica constitucional. Essa tendência resta provada pela 1ª Jornada de Direito Material e Processual do Trabalho promovida pelo Tribunal superior do Trabalho, pela Associação Nacional dos Magistrados Trabalhistas – ANAMATRA – e pela Escola Nacional de Formação e Aperfeiçoamento dos Magistrados do Trabalho, ocorrida de 21 a 23 de novembro de 2007, ocorrida no TST, em Brasília, no Distrito Federal. De tal encontro resultaram 79 Enunciados que servem como paradigmas interpretativos, cujos números 1, 2 e 3 confortam a hipótese ora defendida: *1. DIREITOS FUNDAMENTAIS. INTERPRETAÇÃO E APLICAÇÃO.* Os direitos fundamentais devem ser interpretados e aplicados de maneira a preservar a integridade sistêmica da Constituição, a estabilizar as relações sociais e, acima de tudo, a oferecer a devida tutela ao titular do direito fundamental. No Direito do Trabalho, deve prevalecer o princípio da dignidade da pessoa humana. *2. DIREITOS FUNDAMENTAIS – FORÇA NORMATIVA.* I – ART. 7º, INC. I, DA CONSTITUIÇÃO DA REPÚBLICA. EFICÁCIA PLENA. FORÇA NORMATIVA DA CONSTITUIÇÃO. DIMENSÃO OBJETIVA DOS DIREITOS FUNDAMENTAIS E DEVER DE PROTEÇÃO. A omissão legislativa impõe a atuação do Poder Judiciário na efetivação da norma constitucional, garantindo aos trabalhadores a efetiva proteção contra a dispensa arbitrária. II – DISPENSA ABUSIVA DO EMPREGADO. VEDAÇÃO CONSTITUCIONAL. NULIDADE. Ainda que o empregado não seja estável, deve ser declarada abusiva e, portanto, nula a sua dispensa quando implique a violação de algum direito fundamental, devendo ser assegurada prioritariamente a reintegração do trabalhador. III – LESÃO A DIREITOS FUNDAMENTAIS. ÔNUS DA PROVA. Quando há alegação de que ato ou prática empresarial disfarça uma conduta lesiva a direitos fundamentais ou a princípios constitucionais, incumbe ao empregador o ônus de provar que agiu sob motivação lícita. *3. FONTES DO DIREITO – NORMAS INTERNACIONAIS.* I – FONTES DO DIREITO DO TRABALHO. DIREITO COMPARADO. CONVENÇÕES DA OIT NÃO RATIFICADAS PELO BRASIL. O Direito Comparado, segundo o art. 8º da Consolidação das Leis do Trabalho, é fonte subsidiária do Direito do Trabalho. Assim, as Convenções da Organização Internacional do Trabalho não ratificadas pelo Brasil podem ser aplicadas como fontes do direito do trabalho, caso não haja norma de direito interno pátrio regulando a matéria. II – FONTES DO DIREITO DO TRABALHO. DIREITO COMPARADO. CONVENÇÕES E RECOMENDAÇÕES DA OIT. O uso das normas internacionais, emanadas da Organização Internacional do Trabalho, constitui-se em importante ferramenta de efetivação do Direito Social e não se restringe à aplicação direta das Convenções ratificadas pelo país. As demais normas da OIT, como as Convenções não ratificadas e as Recomendações, assim como os relatórios dos seus peritos, devem servir como fonte de interpretação da lei nacional e como referência a reforçar decisões judiciais baseadas na legislação doméstica. GÓES, Maurício de Carvalho. *A equiparação salarial como instrumento garantidor da isonomia dos contratos de emprego.* Porto Alegre: Verbo Jurídico, 2009. p. 103-104. Em relação ao inciso XXI, do artigo 7º, da Constituição Federal, à exceção das normas coletivas que poderiam ensejar um critério de proporcionalidade a ser criado, a Orientação Jurisprudencial 84 da Seção de Dissídios Individuais nº I, do Tribunal Superior do Trabalho, prevaleceu como entendimento até a edição da Lei 12.506/2011 – conforme nota anterior –, no sentido de que o aviso prévio proporcional não era norma autoaplicável e dependia de lei complementar então inexistente. Nesse período, seria possível se utilizar do critério de analogia, como, por exemplo, a criação de uma proporcionalidade com base no cancelado Precedente Normativo 13 do Tribunal Regional do Trabalho da 4ª Região que, aliás, é muito próximo do critério fixado pela Lei de 2011: "*P13 – AVISO PRÉVIO PROPORCIONAL (ADAPTADO PARA LIMITAR A 60 (SESSENTA) DIAS O PRAZO MÁXIMO DO AVISO – D.J. DE 14.08.95.) CANCELADO D.J. DE 21/11/2002.* Fica assegurado aos integrantes da categoria profissional um aviso prévio de 30 (trinta) dias acrescido de mais 5 (cinco) dias por ano ou fração igual ou superior a seis meses de serviço na mesma empresa, limitado ao máximo de 60 (sessenta) dias". BRASIL. Tribunal Regional do Trabalho (4. Região). *Precedentes do TRT da 4ª Região.* Disponível em: <http://www.trt4.gov.br/portal/portal/trt4/consultas/jurisprudencia/precedentes>. Acesso em: 16 abr. 2015.

Já fora mostrado há pouco que não é pacífica a tese de que, em se tratando de uma relação entre particulares, a eficácia literalmente emanada do dispositivo constitucional incida diretamente, embora, para fins do presente estudo, entende-se superada essa discussão. Repisa-se que, para juristas como Claus-Wilhelm Canaris, o Estado e seus órgãos são os destinatários de direitos fundamentais. *"Nesta ordem de idéias, a protecção constitucional dos direitos, liberdades e garantias não teria projecção, pelo menos imediata, nas relações interprivadas"*.[148] O problema toma maiores proporções quando em pauta entra a discussão acerca da possível ameaça que uma eficácia direta geraria no princípio da autonomia da vontade privada.

Por isso optou-se por tratar essa perspectiva de análise de uma *dimensão subjetiva* acerca da eficácia, isto é, como conceber tal questão da eficácia quando, no plano concreto, relações se desenvolvem, no caso, à de emprego, e os princípios fundamentais incidiriam para limitar um ato de vontade de uma das partes ou de todas, *a priori*, legítimo, em nome do valor maior e absoluto de resgatar ou preservar a dignidade do trabalhador.

Como afirmado anteriormente, é com mais tranquilidade que se consegue justificar que os direitos arrolados expressamente no artigo 7º da Constituição Federal, por representarem um conteúdo mínimo que deve ser observado nos contratos de emprego, incidam imediatamente nas relações laborais (*dimensão objetiva* de exame da eficácia). Aliás, na prática, efetivamente isso ocorre. Nenhum empregador questiona, por exemplo, por que deveria pagar o terço constitucional de férias se já está pagando a remuneração de férias e concedendo o período de descanso do empregado. Está previsto na Constituição. Remunera-se e pronto.

No entanto, conforme já asseverado, a problemática exsurge quando em situações do cotidiano inerentes a uma relação tipicamente contratual, como é a de emprego, que reclama por uma interpretação onde, de um lado se invoca a dignidade do trabalhador e, do outro lado, a autonomia de vontade do empregador que eiva a prática de determinado ato (*dimensão subjetiva* de exame da eficácia). Cada vez mais os Tribunais Trabalhistas se deparam em julgar reclamações trabalhistas em que se questiona o uso (ou mau uso) de correio eletrônico e da internet por partes dos empregados, os exageros das revistas nos pertences dos empregados, as cobranças abusivas de metas pelos superiores hierárquicos, a filmagem do cotidiano e do ambiente de trabalho, as gravações de conversas e ligações entre os empregados e com os clientes, o controle eletrônico de localização dos empregados, dentre outros vários casos em que se examina a dicotomia poder de direção do empregador e direitos de personalidade do empregado. E a dificuldade se acentua diante da situação que tais fatos, geralmente, não encontram previsão normativa, nem no artigo 7º da Carta Federal, tampouco na legislação infraconstitucional. Nesse sentido, Cláudio Brandão destaca:

> Nesse contexto, não encontram guarida no texto constitucional práticas que importem em invasão do direito fundamental de proteção à intimidade e vida privada, assegurado no art. 5º, X, da Cons-

---
[148] CANARIS, Claus-Wilhelm. *Direitos Fundamentais e Direito Privado*. Coimbra: Almedina, 2003. p. 55.

tituição Federal, no qual se inclui a vedação de revistas íntima e pessoal ou controle individual de características semelhantes, em que pese destacada doutrina em sentido contrário. Tais condutas importam, ao fim e ao cabo, violação ao que se pode denominar de *dignidade constitucional*, representativa dos atributos inerentes à personalidade humana, reconhecida a todos, independentemente do que sejam ou do que fazem. (Grifo do original).[149]

Nesse caso ocorreria a situação pontuada por João Caupers, em que se discute *"o equilíbrio entre a autonomia negocial e o respeito pelos direitos, liberdades e garantias constitucionalmente consagrados"*. (Grifo do original).[150]

Por isso, agora, falar-se-á em eficácia dos princípios constitucionais nas relações privadas de emprego. Ora, mas, afinal, efetivamente, admitir uma eficácia direta dos princípios constitucionais às relações privadas de emprego ou uma vinculação dos particulares a esses princípios fundamentais[151] representa uma ameaça à autonomia privada? É certo que não, ainda mais em se tratando de contrato de emprego.

O tema da limitação da autonomia da vontade das partes já fora abordada no item 2.1 deste capítulo, de modo a propiciar derradeiros subsídios para se entender que o contrato de emprego firma sua estrutura numa relação desigual. Reforça-se essa tese, com o entendimento de Nipperdey:

> O reconhecimento do efeito absoluto de direitos fundamentais não significa, por isso, de modo nenhum, que o particular, no fundo, não possa contrair nenhumas vinculações de sua liberdade, para, por meio disso, conservar-se a liberdade para atuação, mas ele atualiza somente os direitos fundamentais também no tráfego do direito privado sob plena consideração da decisão fundamental da lei fundamental para a liberdade.[152]

Com efeito, a limitação da autonomia, no caso da relação de emprego, por conseguinte, se confunde com a própria razão do nascer e de ser do Direito do Trabalho.

Por esse argumento da desigualdade material característica da relação de emprego, por si só, se justifica que a autonomia da vontade individual sofra reflexos de uma eficácia constitucional imediata. Segundo Caupers, a vinculação dos particulares deve prevalecer,

---

[149] BRANDÃO, Cláudio. Novos rumos do Direito do Trabalho. In: TEPEDINO, Gustavo *et al.* (Coords.). *Diálogos entre o Direito do Trabalho e o Direito Civil*. São Paulo: Revista dos Tribunais, 2013. p. 37-54. p. 47.

[150] CAUPERS, João. *Os Direitos Fundamentais dos trabalhadores e a Constituição*. Coimbra: Almedina, 1985. p. 158.

[151] Em se tratando de eficácia dos princípios e direitos fundamentais nas relações particulares, sobretudo na relação de emprego, o mais adequado é falar em vinculação dos particulares a direitos fundamentais. Wilson Steinmetz examina especificamente a matéria e ele a dignidade da pessoa humana como a grande justificativa para se entender que os direitos fundamentais vinculam os particulares: "Ademais, a dignidade da pessoa, além da dimensão individual, tem uma dimensão social, intersubjetiva. Há casos em que a lesão da dignidade de uma ou mais pessoas se projeta também sobre a dignidade ou sobre o sentimento de dignidade das demais pessoas integrantes da comunidade humana. [...] Em suma, a otimização do respeito à e da promoção da dignidade da pessoa em todos os âmbitos da vida social exige a vinculação dos particulares a direitos fundamentais; direitos que, repita-se, são a expressão, em nível menos abstrato, da dignidade da pessoa". STEINMETZ, Wilson. *A vinculação dos particulares a Direitos Fundamentais*. São Paulo: Malheiros, 2004. p. 116-117.

[152] NIPPERDEY, Hans Carl. Livre desenvolvimento da personalidade. Tradução de Waldir Alves. In: DÜRIG, Günter; NIPPERDEY, Hans Carl; SCHWABE, Jürgen. *Direitos Fundamentais e Direito Privado*: textos clássicos. Organização e revisão de Luís Afonso Heck. Porto Alegre: Sergio Antonio Fabris, 2011. p. 71-90. p. 89.

[...] não por que se não considere tal autonomia reconhecida e protegida pela lei fundamental, mas porque ela não deve prevalecer sobre os direitos, liberdades e garantias e direitos fundamentais de natureza análoga quando a relação em que se insere a oposição entre uma e outros é uma relação assente na desigualdade de facto, como sucede, em geral, nos contratos individuais de trabalho.[153]

Nesse sentido, os princípios e direitos fundamentais incidem em todo ordenamento jurídico, como salienta Perez Luño:

Esta eficacia ante terceros o eficacia horizontal (*Horizontalwirkung*), como también ha sido designada, se basa en la necesidad de mantener la plena vigencia de los valores incorporados en los derechos fundamentales en todas las esferas del ordenamiento jurídico.[154]

Outra justificativa para a vinculação da relação de emprego aos princípios fundamentais é o apelo às cláusulas gerais, onde se aplicam os direitos fundamentais na interpretação dos conceitos indeterminados em cada caso particular. Gilmar Ferreira Mendes defende que as cláusulas gerais poderiam servir como "porta de entrada" dos direitos fundamentais no Direito Privado.[155]

Pertinente mencionar, ainda, a Teoria Integradora de Alexy, a qual, ante a ausência de uma construção dogmática unitária para a eficácia de direitos fundamentais nas relações entre particulares, propõe um modelo de três níveis que integra as três teorias básicas: teoria da eficácia mediata, teoria da eficácia imediata e teoria da imputação de Schwabe. Alexy propõe um modelo de três níveis: o dos deveres do Estado, o dos direitos ante o Estado e o das relações jurídicas entre particulares. A teoria da eficácia mediata situa-se no nível dos deveres do Estado. Os direitos fundamentais obrigam o Estado a levá-los em conta na legislação e na jurisdição. Os direitos ante o Estado (Teoria de Schwabe) situam-se no segundo nível. O particular em meio a um conflito com outro particular possui o direito fundamental a que o juiz ou tribunal, em suas decisões, tomem em consideração os princípios jusfundamentais que apoiam a sua pretensão (direito fundamental ante a jurisdição). No terceiro nível, situa-se a eficácia de direitos fundamentais nas relações jurídicas entre particulares (teoria da eficácia imediata). Conforme o modelo de Alexy, existem três níveis, cada um fundado em uma das teorias expostas. Em última análise, ao que se pode concluir as três construções chegam a um mesmo resultado: de todas elas resultam uma eficácia imediata.[156]

Desta feita, a relação de emprego se configura como um cenário ideal para a eficácia direta dos princípios e direitos fundamentais ou para a vinculação dos seus sujeitos à relação de emprego. Com o passar do tempo, denota-se a estagnação fático-jurídica da CLT e uma transformação nas relações que exigem, no caso concreto uma interpretação que resolva o conflito entre o direito potestativo do empregador e valores comezinhos do trabalhador vinculados a

---

[153] CAUPERS, João. *Os Direitos Fundamentais dos trabalhadores e a Constituição*. Coimbra: Almedina, 1985. p. 173-174.

[154] PÉREZ LUÑO, Antonio Enrique. *Los Derechos Fundamentales*. 7. ed. Madrid: Tecnos, 1998. p. 22-23.

[155] MENDES, Gilmar Ferreira. *Direitos Fundamentais e controle de constitucionalidade*. São Paulo: Celso Bastos, 1998. p. 38.

[156] ALEXY, Robert. *Teoria de los Derechos Fundamentales*. Tradução de Ernesto Garzón Valdéz. Madrid: Centro de Estúdios Constitucionales, 1993. p. 467-470.

sua condição de cidadão, e não só de empregado. Aqui, justifica-se a incidência das normas fundamentais. Considerando que o valor essencial da dignidade da pessoa humana rege todas as manifestações do ordenamento jurídico brasileiro, Arion Sayão Romita cita como decorrências da incidência do princípio da dignidade da pessoa humana nas relações de emprego,

> [...] a proibição de trabalho escravo ou trabalho forçado; o respeito à intimidade do obreiro; o respeito à vida privada do trabalhador; o respeito à honra do trabalhador; o respeito à imagem do empregado; o direito à livre manifestação do pensamento, à liberdade de consciência e de crença e à liberdade de expressão e informação dos trabalhadores; direito ao sigilo de correspondência do empregado; e o direito à igualdade e proibição de discriminação entre trabalhadores.[157]

Para Manoel Jorge e Silva Neto, os direitos fundamentais podem penetrar nas relações de emprego

> [...] pelo princípio da não-discriminação; pela lei de proteção às vítimas da violência (Lei 9.807/99); pela liberdade religiosa dos trabalhadores; pela dignidade do trabalhador; pela proteção contra o assédio moral; pela proteção à imagem do empregado; pela proteção à intimidade do trabalhador; pela proteção da vida privada do empregado; pelo combate ao assédio sexual; pela garantia de habeas data na Justiça do Trabalho; e no setor público, pelo direito do empregado à dispensa motivada e a estabilidade.[158]

Portanto, é certo concluir, parcialmente, que os princípios fundamentais, sobretudo, a dignidade da pessoa humana, não só vinculam os particulares como não eliminam a autonomia da vontade individual ou negocial inerente a uma relação, ainda mais em se tratando de relação de emprego. Na verdade, a vinculação contratual aos princípios fundamentais reduz necessariamente o espaço de autonomia, fazendo prevalecer uma perspectiva axiológica decorrente da própria matriz de desiquilíbrio material da relação de emprego. Em assim sendo, seja como norma-princípio constitucional fundamental autônoma, seja como conteúdo que se concretiza nos direitos fundamentais, seja em sua dimensão individual, seja em sua dimensão social, a dignidade da pessoa vincula os poderes públicos e também os particulares.[159]

Ademais, do ponto de vista teórico-interpretativo, diante de uma situação fática sem previsão legal específica ou num caso de conflito entre o direito potestativo do empregador e os direitos de personalidade do empregado, resta consolidado que a interpretação em vistas a solucionar a lide deverá se pautar pela incidência direta do princípio da dignidade da pessoa humana. E, nesse aspecto, merece destaque o fato de a jurisprudência trabalhista brasileira vem, ainda que lentamente, adotando uma postura interpretativa de perspectiva constitucional e promovendo uma abertura no tradicional fechamento positivista de se aplicar o Direito.[160]

---

[157] ROMITA, Arion Sayão. *Direitos fundamentais nas relações de trabalho*. 2. ed. rev. e aum. São Paulo: LTr, 2007. p. 267-337.

[158] SILVA NETO, Manoel Jorge e. *Direitos Fundamentais e o contrato de trabalho*. São Paulo: LTr, 2005. p. 46-117.

[159] STEINMETZ, Wilson. *A vinculação dos particulares a Direitos Fundamentais*. São Paulo: Malheiros, 2004. p. 116.

[160] Da jurisprudência trabalhista brasileira se extrai a vagarosa tendência de concretização de uma interpretação guiada pelos princípios e direitos fundamentais.

Porém, isso é pouco, e a problemática não se encerra com essa conclusão parcial. O que se tem ainda é insuficiente frente à necessidade de realização dos direitos.

É comum, ainda, na situações em concreto que, em muitos casos, a conclusão de uma eficácia direta ou imediata seja considerada mera premissa de interpretação, sem apresentar elementos que permitam dar verdadeira concretude aos princípios fundamentais, mormente ao princípio da dignidade da pessoa humana. Não basta se ter viva a ideia de que a eficácia constitucional é imediata. A necessidade de se exaltar a dignidade do trabalhador, muitas vezes, torna-se não mais que um discurso, mas que, no plano do mundo dos fatos, acaba não sendo aplicado. Esse quadro lança uma provocação: Qual o caminho definitivo a seguir para se alcançar uma interpretação que propicie a efetiva eficácia dos princípios e direitos fundamentais? Como transformar uma *eficácia teórica* numa *eficácia concreta*?

DANO EXISTENCIAL. JORNADA EXTRA EXCEDENTE DO LIMITE LEGAL DE TOLERÂNCIA. DIREITOS FUNDAMENTAIS. O dano existencial é uma espécie de dano imaterial, mediante o qual, no caso das relações de trabalho, o trabalhador sofre danos/limitações em relação à sua vida fora do ambiente de trabalho em razão de condutas ilícitas praticadas pelo tomador do trabalho. Havendo a prestação habitual de trabalho em jornadas extras excedentes do limite legal relativo à quantidade de horas extras, resta configurado dano à existência, dada a violação de direitos fundamentais do trabalho que traduzem decisão jurídico-objetiva de valor de nossa Constituição. Do princípio fundamental da dignidade da pessoa humana decorre o direito ao livre desenvolvimento da personalidade do trabalhador, do qual constitui projeção o direito ao desenvolvimento profissional, situação que exige condições dignas de trabalho e observância dos direitos fundamentais também pelos empregadores (eficácia horizontal dos direitos fundamentais). Recurso provido. BRASIL. Tribunal Regional do Trabalho (4. Região). 13ª Vara do Trabalho de Porto Alegre. 1. Turma. *Acórdão nº 0001137-93.2010.5.04.0013 (RO)*. Participam: Iris Lima de Moraes e José Cesário Figueiredo Teixeira. Redator: José Felipe Ledur. Porto Alegre, 16 de maio de 2012. Disponível em: <http://gsa3.trt4.jus.br/search?q=cache:FX_yXxgmpnwJ:iframe.trt4.jus.br/gsa/gsa.jurisp_sdcpssp.baixar%3Fc%3D41991603+0001137-93.2010.5.04.0013+inmeta:DATA_DOCUMENTO:2010-05-19..2014-05-19++&client=jurisp&site=jurisp_sp&output=xml_no_dtd&proxystylesheet=jurisp&ie=UTF-8&lr=lang_pt&proxyreload=1&access=p&oe=UTF-8>. Acesso em: 16 abr. 2015.

DOENÇA OCUPACIONAL. SÍNDROME DE BURNOUT. CONCAUSA. Comprovada a existência da moléstia, o trabalho como concausa da patologia, e detectada, ainda, a culpa da ré, que foi considerada revel e fictamente confessa quanto à matéria de fato, correta a sentença que deferiu ao reclamante o pagamento de indenização por danos morais. Recurso da reclamada a que se dá parcial provimento apenas para reduzir o quantum arbitrado em primeiro grau. BRASIL. Tribunal Regional do Trabalho (4. Região). 2ª Vara do Trabalho de Rio Grande. 8. Turma. *Acórdão nº 0000417-90.2010.5.04.0122 (RO)*. Participam: Juraci Galvão Júnior e Angela Rosi Almeida Chapper. Redator: Francisco Rossal de Araújo. Porto Alegre, 16 de agosto de 2012. Disponível em: <http://gsa3.trt4.jus.br/search?q=cache:p4_TtFdqXLIJ:iframe.trt4.jus.br/gsa/gsa.jurisp_sdcpssp.baixar%3Fc%3D43095052+0000417-90.2010.5.04.0122+inmeta:DATA_DOCUMENTO:2009-07-31..2014-07-31++&client=jurisp&site=jurisp_sp&output=xml_no_dtd&proxystylesheet=jurisp&ie=UTF-8&lr=lang_pt&proxyreload=1&access=p&oe=UTF-8>. Acesso em: 16 abr. 2015.

INDENIZAÇÃO POR DANO MORAL. TRABALHO EM CONDIÇÕES ANÁLOGAS ÀS DE ESCRAVO. Gera dano moral indenizável submeter o trabalhador a condições degradantes, sem acomodação, alimentação e higiene adequados, bem como ao cumprimento de jornadas de trabalho exaustivas e ao *truck system*. Recurso adesivo do reclamante provido para majorar o valor da indenização deferida na sentença. BRASIL. Tribunal Regional do Trabalho (4. Região). 1ª Vara do Trabalho de Alegrete. 10. Turma. *Acórdão nº 0000311-68.2010.5.04.0821 (RO)*. Participam: Emílio Papaléo Zin e Denise Pacheco. Redator: Wilson Carvalho Dias. Porto Alegre, 29 de março de 2012. Disponível em: <http://gsa3.trt4.jus.br/search?q=cache:9wF45Rz6T1gJ:iframe.trt4.jus.br/gsa/gsa.jurisp_sdcpssp.baixar%3Fc%3D41442071+0000311-68.2010.5.04.0821+inmeta:DATA_DOCUMENTO:2010-05-19..2014-05-19++&client=jurisp&site=jurisp_sp&output=xml_no_dtd&proxystylesheet=jurisp&ie=UTF-8&lr=lang_pt&proxyreload=1&access=p&oe=UTF-8>. Acesso em: 16 abr. 2015.

Em relação à inquietude lançada acima, a resposta está no *círculo hermenêutico* e na superação da subsunção para que, efetivamente, se alcance a eficácia constitucional até então propalada e defendida. Propõe-se uma efetiva compreensão, a partir de uma a atribuição de sentidos que decorre do trabalho do intérprete e que se dá num *círculo hermenêutico*,[161] espaço em que se interpreta num movimento que, por sua vez, considera que uma compreensão sempre vem precedida de uma pré-compreensão.[162]

No Direito do Trabalho hodierno, a problemática da hermenêutica é de fácil constatação e abre espaço para a incursão oportuna do *círculo hermenêutico*. A questão que hoje se invoca, no Direito do Trabalho, assim como noutros ramos do Direito, é a crítica atinente à adoção de uma hermenêutica mecânica, em que há uma mera reprodução de sentido previamente preceituado pelo texto de lei. Essa forma de interpretação vem perdendo (deveria perder) espaço no Direito do Trabalho e não terá espaço – do ponto de vista de *"o Direito conseguir dar respostas"* –, em se tratando de nanotecnologias e meio ambiente de trabalho saudável e seguro.

Parte-se, então, para a construção de um exemplo, cujo caso hipotético demonstra essa ideia de transpasse de uma hermenêutica tradicional e mecânica para uma hermenêutica que busca a produção de sentido com a valorização do ser, pela concepção do *círculo hermenêutico*. O exercício em questão pode (deve) ser reproduzido para o *fato laboral nanotecnológico*, conforme o segundo capítulo assim afirmará e comprovará.

Toma-se como exemplo um empregado que trabalhou há mais de 5 (cinco) anos para determinado empregador. A cada período a que fazia jus ao gozo de férias anuais, seu empregador adimplia a remuneração de férias, mas o empregado não gozava do efetivo período de descanso, na forma do artigo 7º, XVII, da Constituição Federal de 1988, e do artigo 134 da CLT.[163] Após o término do contrato de emprego, o empregado ajuíza reclamação trabalhista vindicando o pagamento das férias em dobro acrescidas do terço constitucional,

---

[161] Sobre o conceito específico de *círculo hermenêutico*, apropria-se da lição de Ernildo Stein: "[...] estuda-se aquele ente que tem por tarefa compreender o ser e, contudo, para estudar esse ente que compreende o ser, já é preciso ter compreendido o ser. o ente homem não se compreender a si mesmo sem compreender o ser, e não compreender o ser sem compreender-se a si mesmo; isso numa esfera antepredicativa que seria o objeto da exploração fenomenológica – dai vem a ideia de *círculo hermenêutico*, no sentido mais profundo". STEIN, Ernildo. *Racionalidade e existência*. Porto Alegre: L&PM, 1988. p. 79-80.

[162] ENGELMANN, Wilson. *Direito natural, ética e hermenêutica*. Porto Alegre: Livraria do Advogado, 2007. p. 238.

[163] Art. 7º. São direitos dos trabalhadores urbanos e rurais, além de outros que visem à melhoria de sua condição social: [...]XVII – gozo de férias anuais remuneradas com, pelo menos, um terço a mais do que o salário normal; [...]. BRASIL. Constituição (1988). *Constituição da República Federativa do Brasil de 1988*. Disponível em: <http://www.planalto.gov.br/ccivil_03/constituicao/constitui%C3%A7ao.htm>. Acesso em: 16 abr. 2015. Art. 134. As férias serão concedidas por ato do empregador, em um só período, nos 12 (doze) meses subseqüentes à data em que o empregado tiver adquirido o direito. § 1º. Somente em casos excepcionais serão as férias concedidas em 2 (dois) períodos, um dos quais não poderá ser inferior a 10 (dez) dias corridos. § 2º. Aos menores de 18 (dezoito) anos e aos maiores de 50 (cinquenta) anos de idade, as férias serão sempre concedidas de uma só vez. BRASIL. *Decreto-Lei nº 5.452, de 1º de maio de 1943*. Aprova a Consolidação das Leis do Trabalho. Disponível em: <http://www.planalto.gov.br/ccivil_03/decreto-lei/del5452.htm>. Acesso em: 16 abr. 2015.

tendo em vista a não concessão do período de descanso, nos termos do artigo 137 da CLT.[164] Na mesma reclamação, o empregado postula o pagamento de uma indenização por danos morais, em razão de que a prática do empregador de não conceder o descanso anual previsto ofendeu seu direito fundamental ao lazer, nos termos do artigo 6º da Constituição Federal de 1988.[165] Parte maior da jurisprudência tem entendido pelo indeferimento do pedido de pagamento de indenização por danos morais, nesse caso, com base nos fundamentos de que o prejuízo sofrido pelo não gozo de férias fora reparado pelo pagamento em dobro previsto e deferido, bem como de que deve haver prova do prejuízo que o não gozo das férias tenha provocado à vida privada e social do empregado.[166]

Ora, o último raciocínio declinado é objetificante e represente tarefa meramente subsuntiva, a qual se mostra ineficaz, ainda mais em tempos atuais, para fins de realização dos direitos. Interpretação como esta vai na contramão da eficácia direta dos princípios e direitos fundamentais que se tem por garan-

---

[164] Art. 137. Sempre que as férias forem concedidas após o prazo de que trata o art. 134, o empregador pagará em dobro a respectiva remuneração. § 1º. Vencido o mencionado prazo sem que o empregador tenha concedido as férias, o empregado poderá ajuizar reclamação pedindo a fixação, por sentença, da época de gozo das mesmas. § 2º. A sentença dominará pena diária de 5% (cinco por cento) do salário mínimo da região, devida ao empregado até que seja cumprida. § 3º. Cópia da decisão judicial transitada em julgado será remetida ao órgão local do Ministério do Trabalho, para fins de aplicação da multa de caráter administrativo. BRASIL. *Decreto-Lei nº 5.452, de 1º de maio de 1943*, op. cit.

[165] Art. 6º. São direitos sociais a educação, a saúde, a alimentação, o trabalho, a moradia, o lazer, a segurança, a previdência social, a proteção à maternidade e à infância, a assistência aos desamparados, na forma desta Constituição. BRASIL. Constituição (1988). *Constituição da República Federativa do Brasil de 1988*. Disponível em: <http://www.planalto.gov.br/ccivil_03/constituicao/constitui%C3%A7ao.htm>. Acesso em: 16 abr. 2015.

[166] A matéria relativa ao direito fundamental ao lazer, mormente em relação à possibilidade de postulação judicial de pagamento de indenização por danos morais é examinada, atualmente, numa perspectiva patrimonial e não humana. Os trechos de um acórdão e de uma sentença respectivamente, em processos distintos, comprovam a tendência hodierna da interpretação, no particular. "[...] 2. *INDENIZAÇÃO POR DANOS MORAIS*. A reclamante pretende o pagamento de indenização por danos morais, argumentando que o pagamento atrasado das férias gerou uma série de transtornos a ela e sua família. Diz que ficou tolhida de usufruir as férias de forma adequada e plena. Invoca o art. 5º, incisos V e X da CF que assegura a todo e qualquer cidadão o direito à reparação dos danos morais sofridos. Todavia, não há como prosperar o pleito de indenização por danos morais decorrente do pagamento extemporâneo da remuneração das férias gozadas pela reclamante, porquanto se trata de prejuízo de cunho patrimonial já reparado pela própria condenação de férias em dobro. [...]". BRASIL. Tribunal Regional do Trabalho (4. Região). 2ª Vara do Trabalho de Sapucaia do Sul. 10. Turma. *Acórdão nº 0000761-41.2013.5.04.0292 (RO)*. Participam: Rosane Serafini Casa Nova e Iris Lima de Moraes. Redator: Marçal Henri dos Santos Figueiredo. Porto Alegre, 09 de abril de 2012. Disponível em: <http://gsa3.trt4.jus.br/search?q=cache:D0PJovrlNUMJ:iframe.trt4.jus.br/gsa/gsa.jurisp_sdcpssp.baixar%3Fc%3D49409862+00 00761-41.2013.5.04.0292+inmeta:DATA_DOCUMENTO:2010-05-19..2014-05-19++&client=jurisp&site=ju risp_sp&output=xml_no_dtd&proxystylesheet=jurisp&ie=UTF-8&lr=lang_pt&proxyreload=1&access= p&oe=UTF-8>. Acesso em: 16 abr. 2015. "[...] Por outro lado, o reconhecimento da prestação de trabalho nos períodos destinados às férias pelo autor conta com consequência jurídica estabelecida em lei, ou seja, o pagamento do período de férias em dobro, nos termos da fundamentação acima, não ensejando, igualmente, o pagamento de indenização por danos morais, uma vez que esses não restaram comprovados nos autos, a despeito de reconhecer este Juízo os malefícios decorrentes da frustração do direito ao gozo de férias pelo obreiro – todavia não a ponto de abalar a esfera ética e moral do empregado. [...]". BRASIL. Tribunal Regional do Trabalho (4. Região). 1ª Vara do Trabalho de Canoas. *Sentença proferida no processo nº 0000141-16.2010.5.04.0201 (RO)*. Disponível em: <http://www.trt4.jus.br/portal/portal/trt4/consultas/consulta_rapida/ConsultaProcessualWindow?svc=consultaBean&nroprocesso=0000141-16.2010.5.04.0201& operation=doProcesso&action=2&intervalo=90>. Acesso em: 16 abr. 2015.

tir a todos, quando dos desdobramentos reais das relações de emprego. Essa dissonância também será notada em matéria de novas tecnologias, como as nanotecnologias. Tal situação se encaixa no exame crítico de Engelmann:

> Tais aspectos demonstram a incapacidade da perspectiva subsuntiva que a interpretação toma dentro do positivismo jurídico. [...] A teoria da subsunção parte da existência de universais, no caso a lei, que seria colocada na premissa maior, onde a premissa menor é o fato, deduzindo-se, daí – com caráter meramente lógico – uma solução – com traços particulares. A lei estaria capacitada para resolver qualquer situação apresentada pela vida. O sistema jurídico, ao adotar o modelo subsuntivo, acredita na ausência de lacunas.[167]

E, são casos como esse que se invoca a utilização do *círculo hermenêutico* para possibilitar a eficácia direta do princípio da dignidade da pessoa humana e de todos os direitos que dele decorrem.

Interpretar que o prejuízo sofrido pelo não gozo de férias resta reparado pelo pagamento da dobra legal representa uma forma de interpretação equivocada geradora de uma consequência ainda mais equivocada: por esta mera subsunção do artigo 137 da CLT, permite-se ao empregador continuar praticando atos que violem a Constituição Federal, como, no caso, de que se torne comum que o empregado, para aquele empregador, trabalhe sem gozar do seu descanso fundamentalmente garantido. Essa forma de interpretação é uma barreira para a eficácia direta dos princípios e normas fundamentais, e a permissão de sua perenidade a torna cada vez mais intransponível.

No mesmo sentido do exemplo acima citado, desenvolve-se a problemática que será suscitada mais adiante em relação às nanotecnologias. Mesmo que o trabalho com estas novas tecnologias venha a ensejar riscos e, por isso, inquestionável o enquadramento do *fato laboral nanotecnológico* nas disposições de direitos fundamentais sociais, os desdobramentos deste direito fundamental no ordenamento incumbido de tratar das questões de saúde e segurança do trabalho não são suficientes para prestar as respostas que a realidade das nanotecnologias exige e necessita.

Mas, então, nesse contexto de análise, qual o papel do *círculo hermenêutico*? Eis a questão crucial que obviamente não esgota o estudo, mas promove o ensaio para as conclusões a serem formuladas no item ora delineado.

O *círculo hermenêutico* surge como um caminho (filosófico) para a superação do raciocínio subsuntivo, para uma atribuição de sentidos e, portanto, para ensejar a eficácia imediata dos princípios e normas constitucionais. O aludido exemplo das férias e da ofensa ao direito fundamental ao lazer demonstra que o tempo atual não mais comporta uma forma de interpretação baseada na simples relação sujeito-objeto, mas, sim, na compreensão a partir do *ser*.[168]

Com efeito, o que se pretende nesse ponto e o que vem sendo anunciado desde o início é justificar a eficácia imediata dos princípios e direitos fundamentais, mas, mais do que isso, numa perspectiva contemporânea, propor uma

---

[167] ENGELMANN, Wilson. *Direito natural, ética e hermenêutica*. Porto Alegre: Livraria do Advogado, 2007. p. 203-204.

[168] STRECK, Lenio Luiz. *Verdade e consenso*: constituição, hermenêutica e teorias discursivas. 4. ed. São Paulo: Saraiva, 2011. p. 283.

forma de interpretação dos fatos inerentes às relações de emprego, permitindo que ocorra uma verdadeira concretude desses postulados baseada na projeção da dignidade do homem trabalhador. Essa justificativa servirá de estofo para a proposição de marcos regulatórios que alcancem a proteção do trabalhador nanotecnológico, exame este que mais adiante será desenvolvido. Para tanto, o *círculo hermenêutico* oportuniza que toda a interpretação se desenvolva a partir de um modelo que insira no contexto hermenêutico o elemento antropológico a ser considerado. A noção de *círculo hermenêutico* que se busca implementar se baseia na estrutura circular de movimento do pensamento de Martin Heidegger, qual seja, o intérprete vai compreender o *ser*,[169] na medida em que se compreende em sua *faticidade*. Não se fica vinculado à interpretação do texto, mas, sim, à compreensão da *faticidade* e à *existência* do *ser-aí*,[170] na medida em que se busca saber pelos *entes* em seu *ser* (*diferença ontológica*). Toda a compreensão, seja ela de um texto ou da própria história, se encontra já fundamentada em uma compreensão que o ser humano tem de si mesmo, enquanto ser histórico dotado de *existência*.[171]

Ademais, nessa linha, Engelmann destaca que a hermenêutica heideggeriana desenvolveu uma hermenêutica da *faticidade*, sendo que sua tarefa está voltada às relações cotidianas do ente homem, "jogado no seu existir, mostrando claramente a sua relação com a finitude do seu tempo".[172] Seguindo esse raciocínio, Lenio Streck destaca três premissas: 1) do uso restrito a textos, a hermenêutica passa a se referir às estruturas fundamentais do ser humano; 2) se compreende para interpretar; 3) desaparece o ideal de transparência da hermenêutica tradicional, sendo que, na visão heideggeriana, não há transparência possível de ser alcançada, já que a *faticidade* humana sempre deixa escapar algo.[173] Destarte, Heidegger desenvolveu hermenêutica no nível ontológico, trabalhando a premissa de que a compreensão que se tem de algo se dá pelo horizonte de sentido. A compreensão possui uma estrutura que antecipa

---

[169] Para fins de filosofia hermenêutica, relevante trazer o conceito de "*ser*" de Martins Heidegger, na perspectiva da diferença ontológica: "O 'ser' é um conceito evidente por si mesmo. Em todo o conhecimento, proposição ou comportamento com o ente e em todo relacionamento consigo mesmo, faz-se uso do 'ser' e, nesse uso, compreende-se a palavra 'sem mais'. [...] Esse fato de vivermos sempre uma compreensão do ser e do sentido do se estar, ao mesmo tempo, envolto em obscuridades demonstra a necessidade de princípio de se repetir a questão sobre o sentido do 'ser'". HEIDEGGER, Martin. *Ser e tempo*. Tradução de Márcia Sá Cavalcante Schuback. 12. ed. Petrópolis: Vozes. 2002. parte I. p. 29.

[170] Importante esclarecer que a *existência* ou *existência* e o *ser-aí* correspondem ao termo alemão *Dasein*. Lênio Streck, sobre o tema, destaca: "Esse conceito que, Heidegger oporá à toda a tradição filosófica anterior (Metafísica), é o conceito de *Dasein* (ser-aí). *Dasein*, portanto, será o termo a partir do qual o filósofo designará – *filosoficamente* – o ser humano, a partir do qual serão analisadas as estruturas fáticas da existência humana. Na descrição realizada pelo filósofo, *Dasein* é um tipo de ente que, em seu modo de ser, possui como possibilidade a *compreensão do seu ser e do ser dos demais entes intramundanos*. O *Dasein* é, portanto, o ente que compreender o ser e, nesta compreensão tem implícita uma compreensão de seu próprio ser". STRECK, Lenio Luiz. *Hermenêutica jurídica e(m) crise*: uma exploração hermenêutica da construção do Direito. 10. ed. Porto Alegre: Livraria do Advogado, 2011. p. 235.

[171] Ibid., p. 240.

[172] ENGELMANN, Wilson. *Direito natural, ética e hermenêutica*. Porto Alegre: Livraria do Advogado, 2007. p. 214.

[173] STRECK, op. cit., p. 236.

o sentido, composta de aquisição prévia, visão prévia e antecipação, o que gera a *situação hermenêutica*.[174]

De outra parte, retorna-se ao exemplo proposto. Entender que o fato "férias não fruídas" teve a reparação do seu prejuízo esgotada pela remuneração dobrada prevista em lei afasta qualquer possibilidade de consideração do caráter ontológico envolvido no fato. O empregado, *sujeito*, recebeu a dobra pelas férias não fruídas, *objeto*. O intérprete, assim, deixa de indagar ou investigar os reflexos que o *ser* trabalhador efetivamente sofrera em virtude da não concessão do período anual de descanso constitucionalmente garantido. Aqui, o sentido decorre da tarefa de pré-compreensão acerca do também sentido da norma trabalhista acerca da necessidade de ocorra efetivamente o descanso anual, não bastando o pagamento dessa abstenção de fruição por um critério quase que puramente matemático. Por esse raciocínio, estar-se-ia diante de uma mera reprodução do sentido do texto legal. Aliás, Engelmann considera que a distinção em texto e norma é um dos primeiros passos para a superação da subsunção, considerando que a norma é "algo mais do que enunciado de linguagem que está no papel".[175]

Não é demasia se insistir: o intérprete deve se compreender para compreender e promover o exercício na própria vida concreta dos fatos, sempre considerando o mundo contextual em se vive. Ora, no caso das férias não gozadas, a projeção do intérprete se vincula ao descanso que todo o trabalhador necessita, inclusive o próprio intérprete, não porque a lei assim determina que seja, mas porque o trabalho envolve um *ser* que precisa descansar para dar seguimento ao seu ofício. Antes da reparação remuneratória, sua existência como *ser*, antes de ser um *ser trabalhador*, restou debilitada pela não concessão do descanso anual. Essa noção de *existências* (do próprio intérprete e do sujeito do caso) cria condições de possibilidade para uma efetiva incidência da norma constitucional nos desdobramentos relacionais que o emprego motiva. Da pretensão heideggeriana destaca-se que a existência precisa ficar vigilante à própria existência "para não esquecer do seu exercício constante na vida prática".[176] Invoca-se, especialmente, em relação ao exemplo que vem sendo trabalhado, a questão da *faticidade*. Ao se decidir pelo indeferimento do pedido de pagamento de indenização por danos morais, os intérpretes afastaram a perspectiva da vida do homem trabalhador, do ponto de vista dos direitos de personalidade, sobretudo quanto aos reflexos sociais (convívio familiar e social) e pessoais-laborais propriamente ditos, pois pode estar em jogo o comprometimento do próprio futuro do trabalhador, já que em risco, também, sua saúde (física e psíquica) e sua segurança ante a ausência do descanso necessário. Engelmann alerta que a *hermenêutica da faticidade* "pretende trabalhar com o possível e o

---

[174] STRECK, op. cit., p. 246.
[175] ENGELMANN, Wilson. *Direito natural, ética e hermenêutica*. Porto Alegre: Livraria do Advogado, 2007. p. 205.
[176] Ibid., p. 216.

realizável pelos humanos, que, no fundo, é a concretização da vida, ou seja dos chamados bens básicos".[177]

Por outro lado, o *círculo hermenêutico* a que se propõe nesse trabalho não se limita a um *horizonte de sentido*, mas, também, a uma *fusão de horizontes*.

Em razão disso, em complemento à filosofia hermenêutica de Heidegger, relevante dar relevo à hermenêutica filosófica de Hans-Georg Gadamer, cuja teoria contribui para a consolidação do *círculo hermenêutico*. Como já visto, para Heidegger, a compreensão é a fonte do horizonte de sentido. Já para Gadamer, o *ser* a ser compreendido é a *linguagem*. Este é o caso do *ser*. A linguagem é horizonte aberto e estruturado.[178] Gadamer traz para a ideia de *círculo hermenêutico* a condição de possibilidade do sentido pela linguagem, a qual aponta para totalidade do mundo onde ocorre a experiência da tradição. A linguagem surge como condição de possibilidade para toda a experiência hermenêutica.[179] Da mesma forma, para Gadamer, a compreensão é um dos efeitos da história da vivência do homem e sua experiência. O que se busca compreender são as situações que envolvem o humano. O exame da experiência humana no mundo, segundo sua teoria, pode vir a auxiliar nas ciências do espírito.[180] Deste modo, a hermenêutica filosófica de Gadamer adiciona à filosofia hermenêutica de Heidegger um elemento importante na estruturação do *círculo hermenêutico*: o elemento da linguagem que aposta no caráter produtivo e criativo da interpretação. Engelman ressalta:

> O processamento do círculo hermenêutico – onde a compreensão vem antecedida pela pré-compreensão, enlaçando-se na interpretação e na aplicação – é permeado e possibilitado pela linguagem. Onde fica claro que somente poderemos conceber o ser do ente homem a partir das possibilidade projetadas pela linguagem.[181]

Por derradeiro, Gadamer constrói a ideia de que tanto o intérprete como o texto possui seu próprio horizonte, sendo que a compreensão representa a fusão desses horizontes.[182] Isso representa a *fusão de horizontes* ora referida como resultado do ingresso do intérprete no *círculo hermenêutico*, quando da tarefa de interpretação dos fatos postos à apreciação de um caso no plano da concretude.

Finalmente, não se pode deixar de concluir, nesta fase, que seja qual for a dimensão proposta para exame da eficácia dos princípios e direitos fundamentais às relações particulares de emprego, incólume e indissociável é a premissa de que sua incidência é imediata e direta. Nesse ponto, vislumbra-se que a questão é hermenêutica, o que se faz necessário, no cenário contempo-

---

[177] ENGELMANN, Wilson. *Direito natural, ética e hermenêutica*. Porto Alegre: Livraria do Advogado, 2007. p. 215.
[178] STRECK, Lenio Luiz. *Hermenêutica jurídica e(m) crise*: uma exploração hermenêutica da construção do Direito. 10. ed. Porto Alegre: Livraria do Advogado, 2011. p. 246.
[179] ENGELMANN, op. cit., p. 240.
[180] GADAMER, Hans-Georg. *Verdade e método*: traços fundamentais de uma hermenêutica filosófica. Tradução de Flávio Paulo Meurer. 4. ed. Petrópolis: Vozes, 2002. v. I. p. 34.
[181] ENGELMANN, op. cit., p. 240.
[182] Ibid., p. 241.

râneo, a utilização de instrumentos capazes de promoverem a desvinculação da relação sujeito-objeto e permitam que o alcançar da norma valorize o *ser* e o humano, pois se entende ser este o grande fim cunhado pelo ordenamento jurídico representado pela indelével ordem constitucional. É aqui que se funda a proposta do *círculo hermenêutico*. O próprio objeto central do presente estudo (nanotecnologias e trabalho humano) dá sinais – que serão identificados posteriormente –, que o contexto da modernidade não oferece mais espaço para uma forma tradicional de interpretação vinculada a um método reprodutivo. Faz-se necessária a inclusão do elemento antropológico. É preciso coroar a dignidade da pessoa humana no exercício da interpretação, seja quanto ao trabalho numa visão geral do Direito do Trabalho, seja quanto ao trabalho numa visão que merece um olhar mais específico como é o caso das nanotecnologias. Não restam dúvidas, portanto, que a *conditio sine qua non* para a eficácia concreta dos princípios e direitos fundamentais nas relações de emprego reside num "acontecer" hermenêutico carregado dos elementos ora expostos, com vistas ao exercício na concretude (vida prática ou da concretude dos fatos) do *compreender* para *interpretar*. Em suma, o mesmo *círculo hermenêutico* que fundamenta a eficácia imediata dos princípios e direitos fundamentais na relação de emprego é o mesmo que justifica a construção de marcos regulatórios que protejam e preservem a saúde e segurança do trabalhador em contato ou exposto às nanotecnologias e, como isso se dará numa relação de emprego, o *círculo* se completa, mas não se fecha: o ser humano trabalhador deve ter preservada sua dignidade – inclusive, sua saúde e segurança – em qualquer espécie de trabalho; por isso, o trabalhador nanotecnológico, por ser *trabalhador*, já conta com o direito fundamental a um meio ambiente de trabalho saudável e seguro, cuja eficácia imediata é proporcionada também pela interpretação derivada do *círculo hermenêutico*; mas, por ser um trabalhador nanotecnológico e estar no centro do "mundo novo" e exposto a *riscos desconhecidos*, o *círculo hermenêutico* deve continuar em movimento, buscando uma proteção potencializada, conforme será defendido no segundo capítulo da exposição.

2.3. Meio ambiente de trabalho seguro: as normas vigentes de proteção ao trabalhador e a proposta hermenêutica para o seu "acontecer" de fato

A partir de agora, o trabalho se dedica a identificar a preocupação normativa com o meio ambiente, sobretudo com o meio ambiente de trabalho em termos de ordenamento jurídico brasileiro, bem como a definição de horizontes de interpretação das normas deste ordenamento dentro do *círculo hermenêutico*, o qual fora também objeto do item anterior. Neste ponto reside um aspecto de fundamental importância para a análise que se propõe acerca das nanotecnologias e o mundo do trabalho: é no meio ambiente de trabalho em que nasce o *fato laboral nanotecnológico*. A preocupação vinculada ao objeto da tese ora desenvolvida gravita pelo raio de riscos (*desconhecidos*) produzidos pelas nanotecnologias aos trabalhadores envolvidos na produção, manipulação e utilização das nanotecnologias.

Com efeito, a partir deste momento, anuncia-se uma fase de *transformação hermenêutica* da linha argumentativa do presente trabalho. Até agora, o trabalho traz argumentos construídos na necessidade de se alcançar uma *eficácia concreta* dos princípios fundamentais e dos direitos fundamentais, sobretudo os relativos ao meio ambiente de trabalho. Entretanto, com a utilização do "filtro" do *círculo hermenêutico*, passa-se, agora, a tratar a *eficácia concreta* da normas como um *"acontecer concreto das normas"*.

É aqui que se expressa as ideias heideggeriana e gadameriana de efetivamente se utilizar o *círculo hermenêutico* como instrumento de transformação da interpretação: ocorre a expulsão da técnica de reprodução e, assim, se adota a compreensão precedida de uma pré-compreensão, renovando-se a interpretação a cada contexto.[183]

O "acontecer" representa uma eficácia normativa carregada de elementos filosóficos em que resta prestigiada, em nível máximo, a dignidade do ser humano trabalhador no meio ambiente de trabalho. Essa ideia (ou mentalidade) prevalecerá em todo exame delineado a partir de então, até alcançar a análise das nanotecnologias no segundo capítulo.

Assim, de acordo com o que será declinado até o final deste item, tem-se como premissa básica: o *"acontecer concreto das normas"* existentes em matéria de proteção à saúde e à segurança do trabalhador significa promover uma interpretação na concepção do *círculo hermenêutico – olhar para a norma existente, olhar para o trabalhador como ser, olhar em volta, olhar para a sociedade, olhar para outras normas, olhar novamente para a norma.*

Observa-se, desde já, que, num sentido universal, é possível classificar como recente a preocupação com o meio ambiente. A Declaração Universal dos Direitos Humanos nada refere quanto à necessidade de respeito e preservação do meio ambiente, embora seja possível, ainda que implicitamente, se interpretar que, se é direito do ser humano a vida digna e segura, por lógica, é seu direito viver em harmonia com um meio ambiente equilibrado.[184] Por isso, nesse aspecto, correta é a expressão "direito humano ambiental", pois, embora não positivado esse direito, trata-se de uma "construção consuetudinária" necessária à preservação da vida humana e que representa ou deve representar uma preocupação de todos os países.[185]

---

[183] ENGELMANN, Wilson. *Direito natural, ética e hermenêutica*. Porto Alegre: Livraria do Advogado, 2007. p. 238-239.

[184] Declaração Universal dos Direitos Humanos. Adotada e proclamada pela resolução 217 a (III) da Assembleia Geral das Nações Unidas em 10 de dezembro de 1948. "[...] Considerando que o reconhecimento da dignidade inerente a todos os membros da família humana e de seus direitos iguais e inalienáveis é o fundamento da liberdade, da justiça e da paz no mundo, [...]. Artigo 3°. Todo indivíduo tem direito à vida, à liberdade e à segurança pessoal. [...]". COMITÊ DA CULTURA DE PAZ. *Declaração Universal dos Direitos Humanos*. Disponível em: <www.comitepaz.org.br>. Acesso em: 16 abr. 2015.

[185] CARDOSO, Tatiana de Almeida Freitas. As origens dos Direitos Humanos Ambientais. *Direitos Fundamentais & Justiça*, Revista do Programa de Pós-Graduação, Mestrado e Doutorado da Pontifícia Universidade Católica do Rio Grande do Sul, Porto Alegre, ano 7, n. 23, abr./jun. 2013. p. 144.

A manifestação internacional de maior expressão que exerceu significativa influência na produção jurídica dos ordenamentos de várias nações foi a Declaração de Estocolmo formulada na Conferência das Nações Unidas – ONU – em evento realizado nos dias 5 e 6 de junho de 1972, na cidade de Estocolmo, na Suécia, onde foram proclamados 26 princípios vinculados à ideia de inspiração e conscientização quanto à preservação e melhoria do meio ambiente humano.[186]

Em âmbito nacional, a Constituição Federal de 1988 consolidou a influência da mentalidade de defesa do meio ambiente pregada pela Organização das Nações Unidas. Em seu artigo 6º, a Carta Federal fixa o direito à saúde, como um direito social, impingindo um caráter de direito à vida saudável em termos gerais, ou seja, em todos os aspectos e relações da vida civil, o que, logicamente, ainda que de forma implícita, abrange o meio ambiente.[187] No seu artigo 170, inciso VI, ao disciplinar a ordem econômica e financeira, a Carta Política arrola como princípio geral da atividade econômica, a defesa do meio ambiente.[188] No artigo 200, VIII, a Constituição atribui ao Sistema Único de Saúde – SUS –, a tarefa de colaborar na proteção do meio ambiente, inclusive, no do trabalho.[189] Finalmente, ao tratar da ordem social, a Constituição Federal estabelece, no *caput* do seu artigo 225, o direito de todos os cidadãos ao *"meio ambiente ecologicamente equilibrado"*, adotando o caráter humanístico de preservação do meio ambiente existente, seja para os tempos atuais, seja para as gerações futuras, originária na mentalidade defendida pela ONU, como acima apontado.[190] De

---

[186] UNITED NATIONS ENVIRONMENT PROGRAMME – UNEP. *Declaration of the United Nations Conference on the Human Environment*. 16 June 1972. Disponível em: <http://www.unep.org/Documents.Multilingual/Default.asp?DocumentID=97&ArticleID=1503&l=en>. Acesso em: 15 abr. 2015.

[187] Art. 6º. São direitos sociais a educação, a saúde, a alimentação, o trabalho, a moradia, o lazer, a segurança, a previdência social, a proteção à maternidade e à infância, a assistência aos desamparados, na forma desta Constituição. BRASIL. Constituição (1988). *Constituição da República Federativa do Brasil de 1988*. Disponível em: <http://www.planalto.gov.br/ccivil_03/constituicao/constitui%C3%A7ao.htm>. Acesso em: 16 abr. 2015.

[188] Art. 193. A ordem social tem como base o primado do trabalho, e como objetivo o bem-estar e a justiça sociais. Ibid.

[189] Art. 200. Ao sistema único de saúde compete, além de outras atribuições, nos termos da lei: I – controlar e fiscalizar procedimentos, produtos e substâncias de interesse para a saúde e participar da produção de medicamentos, equipamentos, imunobiológicos, hemoderivados e outros insumos; II – executar as ações de vigilância sanitária e epidemiológica, bem como as de saúde do trabalhador; III – ordenar a formação de recursos humanos na área de saúde; IV – participar da formulação da política e da execução das ações de saneamento básico; V – incrementar em sua área de atuação o desenvolvimento científico e tecnológico; VI – fiscalizar e inspecionar alimentos, compreendido o controle de seu teor nutricional, bem como bebidas e águas para consumo humano; VII – participar do controle e fiscalização da produção, transporte, guarda e utilização de substâncias e produtos psicoativos, tóxicos e radioativos; VIII – colaborar na proteção do meio ambiente, nele compreendido o do trabalho. Ibid.

[190] Art. 225. Todos têm direito ao meio ambiente ecologicamente equilibrado, bem de uso comum do povo e essencial à sadia qualidade de vida, impondo-se ao Poder Público e à coletividade o dever de defendê-lo e preservá-lo para as presentes e futuras gerações. § 1º. Para assegurar a efetividade desse direito, incumbe ao Poder Público: I – preservar e restaurar os processos ecológicos essenciais e prover o manejo ecológico das espécies e ecossistemas; (Regulamento) II – preservar a diversidade e a integridade do patrimônio genético do País e fiscalizar as entidades dedicadas à pesquisa e manipulação de material genético; (Regulamento) (Regulamento) III – definir, em todas as unidades da Federação, espaços territoriais e seus componentes a serem especialmente protegidos, sendo a alteração e a supressão permitidas somente através de lei, vedada qualquer utilização que comprometa a integridade dos atributos que justifiquem sua proteção; (Regulamento)

outra parte, no âmbito infraconstitucional, a Lei 6.938 de 1981 instituiu a Política Nacional de Meio Ambiente, cuja disposição vigente do *caput* do artigo 2º vincula a preocupação com o meio ambiente à proteção da "dignidade da vida humana".[191]

Deste modo, o certo é que as ideias internacional e constitucional de preservação do meio ambiente se ramificam para o ambiente de trabalho. A saúde e segurança do trabalhador são matérias intimamente vinculadas ao meio ambiente, razão pela qual, ao mundo do trabalho, se aplicam as preocupações e disposições acima delineadas.

Mormente a respeito de meio ambiente de trabalho, a norma internacional de expressão surgiu com a Convenção 155 da Organização Internacional do Trabalho, lançada em 22 de junho de 1981, a qual veio a ser promulgada pela legislação brasileira pelo Decreto nº 1.254, de 29 de setembro de 1994. Contudo, em período anterior ao Decreto nº 1254, de 1994, como já asseverado, a Constituição Federal de 1988, no seu artigo 225, conferiu o direito ao cidadão do meio ambiente ecologicamente equilibrado, mas sem especificar o meio ambiente laboral. Compensando a falta de uma expressa previsão quanto à preocupação com o meio ambiente de trabalho, a Carta Política, no artigo 7º,

---

IV – exigir, na forma da lei, para instalação de obra ou atividade potencialmente causadora de significativa degradação do meio ambiente, estudo prévio de impacto ambiental, a que se dará publicidade; (Regulamento) V – controlar a produção, a comercialização e o emprego de técnicas, métodos e substâncias que comportem risco para a vida, a qualidade de vida e o meio ambiente; (Regulamento) VI – promover a educação ambiental em todos os níveis de ensino e a conscientização pública para a preservação do meio ambiente; VII – proteger a fauna e a flora, vedadas, na forma da lei, as práticas que coloquem em risco sua função ecológica, provoquem a extinção de espécies ou submetam os animais a crueldade. (Regulamento) § 2º. Aquele que explorar recursos minerais fica obrigado a recuperar o meio ambiente degradado, de acordo com solução técnica exigida pelo órgão público competente, na forma da lei. § 3º. As condutas e atividades consideradas lesivas ao meio ambiente sujeitarão os infratores, pessoas físicas ou jurídicas, a sanções penais e administrativas, independentemente da obrigação de reparar os danos causados. § 4º. A Floresta Amazônica brasileira, a Mata Atlântica, a Serra do Mar, o Pantanal Mato-Grossense e a Zona Costeira são patrimônio nacional, e sua utilização far-se-á, na forma da lei, dentro de condições que assegurem a preservação do meio ambiente, inclusive quanto ao uso dos recursos naturais. § 5º. São indisponíveis as terras devolutas ou arrecadadas pelos Estados, por ações discriminatórias, necessárias à proteção dos ecossistemas naturais. § 6º. As usinas que operem com reator nuclear deverão ter sua localização definida em lei federal, sem o que não poderão ser instaladas. BRASIL. Constituição (1988). *Constituição da República Federativa do Brasil de 1988*. Disponível em: <http://www.planalto.gov.br/ccivil_03/constituicao/constitui%C3%A7ao.htm>. Acesso em: 15 abr. 2015.

[191] Art. 2º. A Política Nacional do Meio Ambiente tem por objetivo a preservação, melhoria e recuperação da qualidade ambiental propícia à vida, visando assegurar, no País, condições ao desenvolvimento sócio-econômico, aos interesses da segurança nacional e à proteção da dignidade da vida humana, atendidos os seguintes princípios: I – ação governamental na manutenção do equilíbrio ecológico, considerando o meio ambiente como um patrimônio público a ser necessariamente assegurado e protegido, tendo em vista o uso coletivo; II – racionalização do uso do solo, do subsolo, da água e do ar; III – planejamento e fiscalização do uso dos recursos ambientais; IV – proteção dos ecossistemas, com a preservação de áreas representativas; V – controle e zoneamento das atividades potencial ou efetivamente poluidoras; VI – incentivos ao estudo e à pesquisa de tecnologias orientadas para o uso racional e a proteção dos recursos ambientais; VII – acompanhamento do estado da qualidade ambiental; VIII – recuperação de áreas degradadas; (Regulamento) IX – proteção de áreas ameaçadas de degradação; X – educação ambiental a todos os níveis de ensino, inclusive a educação da comunidade, objetivando capacitá-la para participação ativa na defesa do meio ambiente. BRASIL. *Lei nº 6.938, de 31 de agosto de 1981*. Dispõe sobre a Política Nacional do Meio Ambiente, seus fins e mecanismos de formulação e aplicação, e dá outras providências. Disponível em: <http://www.planalto.gov.br/ccivil_03/leis/l6938.htm>. Acesso em: 15 abr. 2015.

inciso XXII, determinou, como direito fundamental social dos trabalhadores, o direito à *"redução dos riscos inerentes ao trabalho, por meio de normas de saúde, higiene e segurança"*. Além disso, o mesmo dispositivo, no inciso XXIII, garantiu o direito à percepção de *"adicional de remuneração para as atividades penosas, insalubres ou perigosas, na forma da lei"*. E, também, no inciso XXVIII, previu "seguro contra acidentes de trabalho, a cargo do empregador, sem excluir indenização a que este está obrigado, quando incorrer em dolo ou culpa".[192]

Com isso, já nesta fase de análise, é crível concluir que o trabalhador brasileiro goza de um direito fundamental a ter um meio ambiente de labor equilibrado, fundado em condições efetivas de saúde, higiene e segurança.

Destarte, a seguir, passar-se-á à abordagem da positivação de normas de proteção do meio ambiente de trabalho no Brasil e de uma alternativa de interpretação destas normas para concretizar a efetiva preocupação com o ser humano no mundo laboral, e de impor verdadeira eficácia às normas de proteção existentes, a partir de um horizonte delineado pelo já comentado *círculo hermenêutico*.

2.3.1. Saúde, higiene e segurança do trabalho: o tratamento jurídico preventivo de proteção ao trabalhador no meio ambiente de trabalho

Declina-se, a partir de então, a previsão legal brasileira acerca das normas de meio ambiente laboral e a forma como a legislação trata a matéria de saúde e segurança do trabalhador. Antes, porém, uma advertência se faz importante: a presente pesquisa não pretende enaltecer o positivismo, inclusive quando se tratar de meio ambiente de trabalho. Não apega-se, aqui, à máxima valorização da norma positivada. A notícia e o exame do que existe em termos de normas restam necessárias para contextualizar o plano em que incidirão as críticas ao tratamento meramente legalista dos fatos ("novos") jurídicos que urgem por proteção. A abordagem proposta quanto às nanotecnologias pretende exatamente um corte (transformador) desta visão. O raciocínio que prevalece é o de identificar como é o tratamento legal, promover o contraste com o "novo" conceito de fato jurídico (*fato laboral nanotecnológico*, por exemplo) e propor alternativas para que o Direito – não só a lei –, dê respostas para o "novo" e seus efeitos.

De acordo com os aspectos salientados quanto à previsão constitucional acerca do meio ambiente de trabalho, é possível entender que tal preocupação se materializa pela legislação infraconstitucional por meio de um sistema de

---

[192] Art. 7º. São direitos dos trabalhadores urbanos e rurais, além de outros que visem à melhoria de sua condição social: [...] XXII – redução dos riscos inerentes ao trabalho, por meio de normas de saúde, higiene e segurança; XXIII – adicional de remuneração para as atividades penosas, insalubres ou perigosas, na forma da lei; [...] XXVIII – seguro contra acidentes de trabalho, a cargo do empregador, sem excluir a indenização a que este está obrigado, quando incorrer em dolo ou culpa; [...]. BRASIL. Constituição (1988). *Constituição da República Federativa do Brasil de 1988*. Disponível em: <http://www.planalto.gov.br/ccivil_03/constituicao/constitui%C3%A7ao.htm>. Acesso em: 15 abr. 2015.

proteção à saúde, à higiene e à segurança do trabalho, o que, na verdade, já ocorria antes mesmo da Constituição Federal de 1988, mas sem a incorporação de um caráter de direito fundamental social enraizado na dignidade da pessoa humana.

De uma forma geral, as normas infraconstitucionais brasileiras acerca do meio ambiente de trabalho se direcionam para um objetivo especifico: a *prevenção*.

A Consolidação das Leis do Trabalho, Decreto-Lei n° 5.452, de 1° de maio de 1943, do artigo 154 ao artigo 201, estabelece normas de evidente natureza de ordem pública, atinentes à Segurança e à Medicina do Trabalho, impondo ao Poder Público obrigações relativas a medidas especiais de proteção (basicamente, tudo voltado à prevenção),[193] à fiscalização e à punição dos empregadores pela não observância das normas voltadas para o caráter ambiental do trabalho. Da mesma forma, tais dispositivos, na seara do contrato de emprego, determinam aos empregados e empregadores as obrigações pertinentes à segurança, saúde e medicina do trabalho, fazendo com que tais normas sejam inerentes à relação laboral e que sejam necessariamente observadas. Os artigos 155 e 156 da CLT impõem as políticas e medidas que incumbem ao Pode Executivo, mormente ao Ministério do Trabalho e Emprego – MTbE –, em âmbito nacional, e às Delegacias Regionais do Trabalho, em âmbito regional (hoje, sob o nome de Superintendências Regionais do Trabalho), destacando-se a possibilidade de tais órgãos administrativos elaborarem normas que integram os contratos de emprego,[194] a fiscalização do cumprimento de tais normas e até

---

[193] Os dispositivos legais de proteção ao meio ambiente laboral vinculam-se, quase que exclusivamente, à *prevenção* de danos que possam decorrer de acidentes de trabalho e de doenças ocupacionais (*vide* nota explicativa 202 quanto à definição desses eventos). A CLT, por diversas oportunidades, utiliza a ideia de *prevenção*, materializada na expressão de mesmo nome. Como exemplos: *Art. 163. Será obrigatória a constituição de Comissão Interna de Prevenção de Acidentes (CIPA) [...]; SEÇÃO V Das medidas Preventivas de Medicina do Trabalho [...]; SEÇÃO XIV Da prevenção da Fadiga [...]. Art. 200. Cabe ao Ministério do Trabalho estabelecer disposições complementares às normas de que trata este Capítulo, tendo em vista as peculiaridades de cada atividade ou setor de trabalho, especialmente sobre: I – medidas de prevenção [...]*. Outra expressão celetista que denota a preocupação preventiva são os intervalos especiais, além dos convencionais previstos para repouso e alimentação, os quais dizem respeito a determinadas atividades que expõe o trabalhador a um risco à saúde ou que podem causar doenças ocupacionais por esforço repetitivo (L.E.R. / D.O.R.T). Cita-se como exemplo os artigos 72 e 253 da CLT: "Art. 72. Nos serviços permanentes de mecanografia (datilografia, escrituração ou cálculo), a cada período de 90 (noventa) minutos de trabalho consecutivo corresponderá um repouso de 10 (dez) minutos não deduzidos da duração normal de trabalho. [...] Art. 253. Para os empregados que trabalham no interior das câmaras frigoríficas e para os que movimentam mercadorias do ambiente quente ou normal para o frio e vice-versa, depois de 1 (uma) hora e 40 (quarenta) minutos de trabalho contínuo, será assegurado um período de 20 (vinte) minutos de repouso, computado esse intervalo como de trabalho efetivo. Parágrafo único – Considera-se artificialmente frio, para os fins do presente artigo, o que for inferior, nas primeira, segunda e terceira zonas climáticas do mapa oficial do Ministério do Trabalho, Industria e Comercio, a 15° (quinze graus), na quarta zona a 12° (doze graus), e nas quinta, sexta e sétima zonas a 10° (dez graus)". Os reflexos hodiernos da adaptação dessas normas será abordado no segundo capítulo. É exemplo também o artigo 8°, § 1°, da Lei 3.999/61: [...] "Art. 8°. A duração normal do trabalho, salvo acordo escrito que não fira de modo algum o disposto no artigo 12, será: [...] § 1°. Para cada noventa minutos de trabalho gozará o médico de um repouso de dez minutos. [...]". Posterior e especificamente, será examinado o "confronto" da *prevenção* e da *precaução*, sobretudo em relação ao trabalho com nanotecnologias.

[194] Mais adiante, mas ainda nesse item, restará abordada a aplicação das Portarias Ministeriais, as quais, por força da CLT, são fontes de Direito do Trabalho, em matéria de segurança, higiene e medicina do trabalho,

mesmo a imposição de penalidades pelo seu descumprimento.[195] Representando normas que incidem nos contratos de emprego, as disposições dos artigos 157 e 158 da CLT[196] impõem, respectivamente, obrigações aos empregadores e empregados, quanto à segurança, saúde, higiene e medicina do trabalho. Nesse ponto reside a importância que está por de trás da cogência destas normas, qual seja, a preocupação do Estado de que os empregadores e os empregados cumpram as normas de ordem pública afetas ao meio ambiente laboral, de maneira que se promova a *prevenção* aos acidentes do trabalho e doenças ocupacionais[197] capazes de submeter o empregado a riscos sociais e comprometer,

---

cujas disposições integram os contratos de emprego e, portanto, devem ser obrigatoriamente observadas pelas partes. Salienta-se que, afora as obrigações arroladas nos artigos 157 e 158 da CLT aos sujeitos da relação empregatícia, tudo mais que envolvem o meio ambiente do trabalho está, basicamente, "legislado" pela Portaria 3.214/1978 do MTbE, fonte de Direito essa expressamente prevista como supletiva ou subsidiária, pelo artigo 8º da CLT já citado anteriormente no item 2.1 do presente capítulo.

[195] Art. 155. Incumbe ao órgão de âmbito nacional competente em matéria de segurança e medicina do trabalho: I – estabelecer, nos limites de sua competência, normas sobre a aplicação dos preceitos deste Capítulo, especialmente os referidos no art. 200; II – coordenar, orientar, controlar e supervisionar a fiscalização e as demais atividades relacionadas com a segurança e a medicina do trabalho em todo o território nacional, inclusive a Campanha Nacional de Prevenção de Acidentes do Trabalho; III – conhecer, em última instância, dos recursos, voluntários ou de ofício, das decisões proferidas pelos Delegados Regionais do Trabalho, em matéria de segurança e medicina do trabalho. Art. 156. Compete especialmente às Delegacias Regionais do Trabalho, nos limites de sua jurisdição: I – promover a fiscalização do cumprimento das normas de segurança e medicina do trabalho; II – adotar as medidas que se tornem exigíveis, em virtude das disposições deste Capítulo, determinando as obras e reparos que, em qualquer local de trabalho, se façam necessárias; III – impor as penalidades cabíveis por descumprimento das normas constantes deste Capítulo, nos termos do art. 201. BRASIL. *Decreto-Lei nº 5.452, de 1º de maio de 1943*. Aprova a Consolidação das Leis do Trabalho. Disponível em: <http://www.planalto.gov.br/ccivil_03/decreto-lei/del5452.htm>. Acesso em: 16 abr. 2015.

[196] Art. 157. Cabe às empresas: I – cumprir e fazer cumprir as normas de segurança e medicina do trabalho; II – instruir os empregados, através de ordens de serviço, quanto às precauções a tomar no sentido de evitar acidentes do trabalho ou doenças ocupacionais; III – adotar as medidas que lhes sejam determinadas pelo órgão regional competente; IV – facilitar o exercício da fiscalização pela autoridade competente. Art. 158. Cabe aos empregados: I – observar as normas de segurança e medicina do trabalho, inclusive as instruções de que trata o item II do artigo anterior; II – colaborar com a empresa na aplicação dos dispositivos deste Capítulo. Parágrafo único – Constitui ato faltoso do empregado a recusa injustificada: a) à observância das instruções expedidas pelo empregador na forma do item II do artigo anterior; b) ao uso dos equipamentos de proteção individual fornecidos pela empresa. Ibid.

[197] Por força da Lei Previdenciária de Benefícios, 8.213/1991, o acidente de trabalho e a doença ocupacional se equiparam, para fins legais, sendo, obviamente, o primeiro, o infortúnio de ordem física decorrente do desenvolvimento laboral, enquanto que o segundo se vincula a uma enfermidade ou patologia com origem no trabalho desenvolvido. Os artigos 19, 20, 21 e 22 da referida Lei assim estabelecem: [...] Art. 19. Acidente do trabalho é o que ocorre pelo exercício do trabalho a serviço da empresa ou pelo exercício do trabalho dos segurados referidos no inciso VII do art. 11 desta Lei, provocando lesão corporal ou perturbação funcional que cause a morte ou a perda ou redução, permanente ou temporária, da capacidade para o trabalho. § 1º. A empresa é responsável pela adoção e uso das medidas coletivas e individuais de proteção e segurança da saúde do trabalhador. § 2º. Constitui contravenção penal, punível com multa, deixar a empresa de cumprir as normas de segurança e higiene do trabalho. § 3º. É dever da empresa prestar informações pormenorizadas sobre os riscos da operação a executar e do produto a manipular. § 4º. O Ministério do Trabalho e da Previdência Social fiscalizará e os sindicatos e entidades representativas de classe acompanharão o fiel cumprimento do disposto nos parágrafos anteriores, conforme dispuser o Regulamento. Art. 20. Consideram-se acidente do trabalho, nos termos do artigo anterior, as seguintes entidades mórbidas: I – doença profissional, assim entendida a produzida ou desencadeada pelo exercício do trabalho peculiar a determinada atividade e constante da respectiva relação elaborada pelo Ministério do Trabalho e da Previdência Social; II – doença do trabalho, assim entendida a adquirida ou desencadeada em função de condições especiais em que o tra-

assim, sua própria subsistência. A prova disso está no fato de que a própria CLT, no artigo 158, parágrafo único, letras *a* e *b*, configura como ato faltoso do empregado o ato de recusa à submissão de regras instituídas para fins de *prevenção* ambiental, bem como a recusa injustificada ao uso de equipamentos de proteção individual, fatos esses que podem vir a ensejar a resolução do contrato de emprego, ou seja, o rompimento por justo motivo, nos termos do artigo 482, *h*, da CLT (indisciplina ou insubordinação).[198] Nesse escopo de relevância, por outro lado, a CLT, no seu artigo 483, alíneas *a*, *c* e *d*, ainda que por interpretação, enseja que a não observância patronal das normas de segurança do trabalho pode configurar um ato passível de justa causa cometido pelo

---

balho é realizado e com ele se relacione diretamente, constante da relação mencionada no inciso I. § 1º. Não são consideradas como doença do trabalho: a) a doença degenerativa; b) a inerente a grupo etário; c) a que não produza incapacidade laborativa; d) a doença endêmica adquirida por segurado habitante de região em que ela se desenvolva, salvo comprovação de que é resultante de exposição ou contato direto determinado pela natureza do trabalho. § 2º. Em caso excepcional, constatando-se que a doença não incluída na relação prevista nos incisos I e II deste artigo resultou das condições especiais em que o trabalho é executado e com ele se relaciona diretamente, a Previdência Social deve considerá-la acidente do trabalho. Art. 21. Equiparam--se também ao acidente do trabalho, para efeitos desta Lei: I – o acidente ligado ao trabalho que, embora não tenha sido a causa única, haja contribuído diretamente para a morte do segurado, para redução ou perda da sua capacidade para o trabalho, ou produzido lesão que exija atenção médica para a sua recuperação; II – o acidente sofrido pelo segurado no local e no horário do trabalho, em consequência de: a) ato de agressão, sabotagem ou terrorismo praticado por terceiro ou companheiro de trabalho; b) ofensa física intencional, inclusive de terceiro, por motivo de disputa relacionada ao trabalho; c) ato de imprudência, de negligência ou de imperícia de terceiro ou de companheiro de trabalho; d) ato de pessoa privada do uso da razão; e) desabamento, inundação, incêndio e outros casos fortuitos ou decorrentes de força maior; III – a doença proveniente de contaminação acidental do empregado no exercício de sua atividade; IV – o acidente sofrido pelo segurado ainda que fora do local e horário de trabalho: a) na execução de ordem ou na realização de serviço sob a autoridade da empresa; b) na prestação espontânea de qualquer serviço à empresa para lhe evitar prejuízo ou proporcionar proveito; c) em viagem a serviço da empresa, inclusive para estudo quando financiada por esta dentro de seus planos para melhor capacitação da mão-de-obra, independentemente do meio de locomoção utilizado, inclusive veículo de propriedade do segurado; d) no percurso da residência para o local de trabalho ou deste para aquela, qualquer que seja o meio de locomoção, inclusive veículo de propriedade do segurado. § 1º. Nos períodos destinados a refeição ou descanso, ou por ocasião da satisfação de outras necessidades fisiológicas, no local do trabalho ou durante este, o empregado é considerado no exercício do trabalho. § 2º. Não é considerada agravação ou complicação de acidente do trabalho a lesão que, resultante de acidente de outra origem, se associe ou se superponha às consequências do anterior. [...].

[198] Art. 158. Cabe aos empregados: I – observar as normas de segurança e medicina do trabalho, inclusive as instruções de que trata o item II do artigo anterior; II – colaborar com a empresa na aplicação dos dispositivos deste Capítulo. Parágrafo único – Constitui ato faltoso do empregado a recusa injustificada: a) à observância das instruções expedidas pelo empregador na forma do item II do artigo anterior; b) ao uso dos equipamentos de proteção individual fornecidos pela empresa. [...]Art. 482. Constituem justa causa para rescisão do contrato de trabalho pelo empregador: a) ato de improbidade; b) incontinência de conduta ou mau procedimento; c) negociação habitual por conta própria ou alheia sem permissão do empregador, e quando constituir ato de concorrência à empresa para a qual trabalha o empregado, ou for prejudicial ao serviço; d) condenação criminal do empregado, passada em julgado, caso não tenha havido suspensão da execução da pena; e) desídia no desempenho das respectivas funções; f) embriaguez habitual ou em serviço; g) violação de segredo da empresa; h) ato de indisciplina ou de insubordinação; i) abandono de emprego; j) ato lesivo da honra ou da boa fama praticado no serviço contra qualquer pessoa, ou ofensas físicas, nas mesmas condições, salvo em caso de legítima defesa, própria ou de outrem; k) ato lesivo da honra ou da boa fama ou ofensas físicas praticadas contra o empregador e superiores hierárquicos, salvo em caso de legítima defesa, própria ou de outrem; l) prática constante de jogos de azar. Parágrafo único – Constitui igualmente justa causa para dispensa de empregado a prática, devidamente comprovada em inquérito administrativo, de atos atentatórios à segurança nacional. BRASIL. *Decreto-Lei nº 5.452, de 1º de maio de 1943*. Aprova a Consolidação das Leis do Trabalho. Disponível em: <http://www.planalto.gov.br/ccivil_03/decreto-lei/del5452.htm>. Acesso em: 16 abr. 2015.

empregador e impor, portanto, a resolução do contrato de emprego, por meio da "rescisão indireta" do contrato, nos termos do § 3º do mesmo artigo.[199]

Além da regra geral de *prevenção* aos riscos ambientais inerentes ao trabalho concentrados nas consequências do acidente de trabalho e da doença profissional, a CLT, em consonância com o caráter fundamental social do artigo 7º, XXIII, da Carta Política de 1988 (mesmo que muitos antes a Norma Consolidada já previsse o trabalho em exposição de risco), fixou formas de "remuneração compensatória" ao trabalhador, quando da sua exposição a riscos ambientais à saúde e à sua vida.[200] Os artigos 189 e 193 da CLT definem, respectivamente, o trabalho em condições insalubres e perigosas (ou periculosas, denominação essa decorrente do título legal que leva o adicional correspondente).[201] O artigo 189 da CLT define como insalubres as atividades que expõem a saúde do trabalha-

---

[199] Art. 483. O empregado poderá considerar rescindido o contrato e pleitear a devida indenização quando: a) forem exigidos serviços superiores às suas forças, defesos por lei, contrários aos bons costumes, ou alheios ao contrato; b) for tratado pelo empregador ou por seus superiores hierárquicos com rigor excessivo; c) correr perigo manifesto de mal considerável; d) não cumprir o empregador as obrigações do contrato; e) praticar o empregador ou seus prepostos, contra ele ou pessoas de sua família, ato lesivo da honra e boa fama; f) o empregador ou seus prepostos ofenderem-no fisicamente, salvo em caso de legítima defesa, própria ou de outrem; g) o empregador reduzir o seu trabalho, sendo este por peça ou tarefa, de forma a afetar sensivelmente a importância dos salários. § 1º. O empregado poderá suspender a prestação dos serviços ou rescindir o contrato, quando tiver de desempenhar obrigações legais, incompatíveis com a continuação do serviço. § 2º. No caso de morte do empregador constituído em empresa individual, é facultado ao empregado rescindir o contrato de trabalho. § 3º. Nas hipóteses das letras "d" e "g", poderá o empregado pleitear a rescisão de seu contrato de trabalho e o pagamento das respectivas indenizações, permanecendo ou não no serviço até final decisão do processo. BRASIL. *Decreto-Lei nº 5.452, de 1º de maio de 1943*. Aprova a Consolidação das Leis do Trabalho. Disponível em: <http://www.planalto.gov.br/ccivil_03/decreto-lei/del5452.htm>. Acesso em: 16 abr. 2015.

[200] Muito embora a CLT preveja o pagamento dos adicionais de insalubridade e de periculosidade como forma de compensar a exposição do trabalhador a tais agentes morbígenos – quando expostos a tais condições –, nota-se evidente predileção do legislador trabalhista, tanto na CLT como na Portaria 3.214/1978 do Ministério do Trabalho e Emprego pela eliminação dos riscos. "Art. 194. O direito do empregado ao adicional de insalubridade ou de periculosidade cessará com a eliminação do risco à sua saúde ou integridade física, nos termos desta Seção e das normas expedidas pelo Ministério do Trabalho". Essa tendência resta consolidada no entendimento que se depreende do enunciado da Súmula 289 do Tribunal Superior do Trabalho: "Súmula nº 289 – Mantida – Res. 121/2003, DJ 19, 20 e 21.11.2003. Fornecimento do Aparelho de Proteção do Trabalho – Adicional de Insalubridade. O simples fornecimento do aparelho de proteção pelo empregador não o exime do pagamento do adicional de insalubridade, cabendo-lhe tomar as medidas que conduzam à diminuição ou *eliminação da nocividade, dentre as quais as relativas ao uso efetivo do equipamento pelo empregado*". BRASIL. Tribunal Superior do Trabalho. *Súmula nº 289*. Fornecimento do Aparelho de Proteção do Trabalho – Adicional de Insalubridade. Disponível em: <http://www.dji.com.br/normas_inferiores/enunciado_tst/tst_0289.htm>. Acesso em: 16 abr. 2015.

[201] Art. 189. Serão consideradas atividades ou operações insalubres aquelas que, por sua natureza, condições ou métodos de trabalho, exponham os empregados a agentes nocivos à saúde, acima dos limites de tolerância fixados em razão da natureza e da intensidade do agente e do tempo de exposição aos seus efeitos. [...] Art. 193. São consideradas atividades ou operações perigosas, na forma da regulamentação aprovada pelo Ministério do Trabalho e Emprego, aquelas que, por sua natureza ou métodos de trabalho, impliquem risco acentuado em virtude de exposição permanente do trabalhador a: I – inflamáveis, explosivos ou energia elétrica; II – roubos ou outras espécies de violência física nas atividades profissionais de segurança pessoal ou patrimonial. § 1º. O trabalho em condições de periculosidade assegura ao empregado um adicional de 30% (trinta por cento) sobre o salário sem os acréscimos resultantes de gratificações, prêmios ou participações nos lucros da empresa. § 2º. O empregado poderá optar pelo adicional de insalubridade que porventura lhe seja devido. § 3º. Serão descontados ou compensados do adicional outros da mesma natureza eventualmente já concedidos ao vigilante por meio de acordo coletivo. BRASIL. *Decreto-Lei nº 5.452, de 1º de maio de 1943*. Apro-

dor a riscos decorrentes de trabalho em contato com agentes nocivos, tais como físicos, químicos e biológicos. No entanto, a Norma Consolidada não define quais são os agentes nocivos que configuram as atividades como insalubres, não fixa os limites de tolerância a sua exposição, tampouco determina quais são as medidas e os equipamentos individuais ou coletivos de proteção que podem elidir a incidência dos agentes morbígenos, delegando tal atribuição ao Ministério do Trabalho e Emprego, que o fez pela Portaria 3.214, de 1978, a qual instaurou as Normas Regulamentadoras, sendo que a de nº 15 (NR 15) é a que abrange a matéria de insalubridade. No tocante às atividades perigosas ou periculosas, a CLT, no seu artigo 193, lança parcial previsão de tais riscos e cita o trabalho em exposição a inflamáveis, explosivos, energia elétrica e a roubos ou outras formas de violência física ocorridas nas atividades de segurança pessoal ou patrimonial. Apartada da CLT, a atividade em exposição ou contato com radiações ionizantes encontra previsão como atividade periculosa na Portaria 3.393, de 1987, do Ministério do Trabalho e Emprego. Ademais, os limites de tolerância e as medidas e os equipamentos de proteção relativos às atividades periculosas estão disciplinados pela Norma Regulamentadora nº 16 da Portaria 3.214, de 1978, do já referido Órgão Ministerial. Conforme dito alhures, a CLT traz um sistema de "remuneração compensatória" para a exposição do trabalhador a agentes insalubres e periculosos, caráter esse reforçado pelo artigo 7º, XXIII, da Constituição Federal de 1988. Nesse sentido, o artigo 192 da CLT[202] prevê o pagamento de adicional de insalubridade em três níveis, quais sejam, mínimo (10%), médio (20%) e máximo (40%), sobre o salário mínimo vigente, cujo enquadramento das atividades em tais gradações compete à Norma Regulamentadora número 15 da Portaria 3.214/78 do Ministério do Trabalho e Emprego. Em relação às atividades periculosas, o artigo 193 da CLT[203] prevê o pagamento de 30% sobre o salário básico percebido pelo empregado.[204]

---

va a Consolidação das Leis do Trabalho. Disponível em: <http://www.planalto.gov.br/ccivil_03/decreto-lei/del5452.htm>. Acesso em: 16 abr. 2015.

202 Art. 192. O exercício de trabalho em condições insalubres, acima dos limites de tolerância estabelecidos pelo Ministério do Trabalho, assegura a percepção de adicional respectivamente de 40% (quarenta por cento), 20% (vinte por cento) e 10% (dez por cento) do salário-mínimo da região, segundo se classifiquem nos graus máximo, médio e mínimo. BRASIL. *Decreto-Lei nº 5.452, de 1º de maio de 1943*. Aprova a Consolidação das Leis do Trabalho. Disponível em: <http://www.planalto.gov.br/ccivil_03/decreto-lei/del5452.htm>. Acesso em: 16 abr. 2015.

203 Art. 193. São consideradas atividades ou operações perigosas, na forma da regulamentação aprovada pelo Ministério do Trabalho e Emprego, aquelas que, por sua natureza ou métodos de trabalho, impliquem risco acentuado em virtude de exposição permanente do trabalhador a: I – inflamáveis, explosivos ou energia elétrica; II – roubos ou outras espécies de violência física nas atividades profissionais de segurança pessoal ou patrimonial. § 1º. O trabalho em condições de periculosidade assegura ao empregado um adicional de 30% (trinta por cento) sobre o salário sem os acréscimos resultantes de gratificações, prêmios ou participações nos lucros da empresa. § 2º. O empregado poderá optar pelo adicional de insalubridade que porventura lhe seja devido. § 3º. Serão descontados ou compensados do adicional outros da mesma natureza eventualmente já concedidos ao vigilante por meio de acordo coletivo. BRASIL. *Decreto-Lei nº 5.452, de 1º de maio de 1943*. Aprova a Consolidação das Leis do Trabalho. Disponível em: <http://www.planalto.gov.br/ccivil_03/decreto-lei/del5452.htm>. Acesso em: 16 abr. 2015.

204 Sobre a possibilidade de cumulação dos adicionais de insalubridade e periculosidade, como expressão de uma nova hermenêutica (humana e constitucional) em Direito do Trabalho, e ainda que contrária à previsão

Acompanhando e complementando a tarefa normativa da Consolidação das Leis do Trabalho em matéria ambiental, existem as Leis 6.514/1977 (trata de insalubridade e periculosidade), 7.369/1085 (trata do adicional de 30% de periculosidade), 7.410/1985 (engenharia e segurança do trabalho) e 11.934/2009 (versa sobre a exposição humana a campos elétricos). Também atuam no campo normativo os Decretos 92.530/1986 (engenharia de segurança do trabalho), 93.412/1986 (salário adicional para a periculosidade), 4.552/2002 (inspeção do trabalho), 6.481/2008 (trata das piores formas de trabalho infantil) e a Lei 7.602/2011 (institui a Política Nacional de Segurança e Saúde do Trabalho – PNSST).

De outra parte, considerando que a própria CLT determina que incumbe ao Ministério do Trabalho e Emprego a adoção de normas "adicionais" sobre proteção e medidas de segurança, tem-se como tal as Instruções Normativas do Órgão Ministerial n°s 1/1994 (equipamentos de proteção respiratória), 1/1995 (avaliação de concentrações de benzeno), 2/1995 (exposição ocupacional ao benzeno), 98/2003 (norma técnica dobre LER e DORT) e 76/2009 (inspeção do trabalho rural).

Outra expressão positivada da preocupação com o meio ambiente do trabalho que merece relevo, como já referido em linhas anteriores, são as Portarias do Ministério do Trabalho e Emprego, as quais versam sobre diversas matérias relativas ao meio ambiente de trabalho, e cujas disposições, por força do artigo 444 da CLT,[205] acabam por integrar o contrato de emprego e sua dinâmica.[206] A primeira das Portarias Ministeriais e, sem dúvida a mais importante,

---

legal específica, *vide* GÓES, Maurício de Carvalho; ROJAS, Ana Paula Freire. A possibilidade de cumulação de adicionais de insalubridade. *Justiça do Trabalho*, Porto Alegre, n. 360, p. 42-59, 2013.

[205] Art. 444. As relações contratuais de trabalho podem ser objeto de livre estipulação das partes interessadas em tudo quanto não contravenha às disposições de proteção ao trabalho, aos contratos coletivos que lhes sejam aplicáveis e às decisões das autoridades competentes. BRASIL. *Decreto-Lei n° 5.452, de 1° de maio de 1943*. Aprova a Consolidação das Leis do Trabalho. Disponível em: <http://www.planalto.gov.br/ccivil_03/decreto-lei/del5452.htm>. Acesso em: 16 abr. 2015.

[206] Fora salientado que a Portaria 3.214/1978 destaca-se como a Portaria de maior relevância, tendo em vista a abrangência de suas disposições e sua capacidade de normatização específica quanto ao meio ambiente de trabalho. Entretanto, como também já fora ressaltado, existem outras Portarias do mesmo Ministério que se dedicam a cuidar de matérias relativas ao meio ambiente laboral. A Portaria 3.275/1989 versa sobre o técnico de segurança do trabalho; Portaria 9/1992, trata do "negro de fumo"; Portaria 25/1994 institui o mapa de riscos; Portaria 26/1994, trata dos cremes protetores para EPI; Portaria 14/1995, versa sobre o benzeno; Portarias 24 e 25 de 1999, regulam a CIPA; Portaria 56/2003, regula o transporte, movimentação, armazenagem e manuseio de materiais; Portaria 776/2004, trata da vigilância à saúde dos trabalhadores expostos ao benzeno; Portaria 86/2005, abrange a matéria relativa ao trabalho em agricultura, pecuária, silvicultura, exploração florestal e aquicultura; Portaria 485/2005, trata do trabalho em serviços de saúde; Portaria 191/2006, versa sobre o colete à prova de balas; Portaria 262/2008 trata, novamente, do técnico de segurança do trabalho; Portaria 32/2009, versa sobre a avaliação de conformidade do EPI; Portaria 121/2009, trata de normas técnicas de ensaios e requisitos obrigatórios de EPI; Portaria 125/2009, fixa o processo administrativo de suspensão e cancelamentos do certificado de aprovação do EPI; Portaria 126/2009, normatiza o cadastro de empresas e emissão ou renovação do certificado de aprovação do EPI; Portaria 546/2010, trata da inspeção de trabalho; Portaria 183/2010, versa sobre as plataformas e instalações de apoio; Portaria 184/2010, novamente trata dos requisitos obrigatórios quanto ao EPI; Portaria 189/2010, estabelece normas técnicas quanto ao EPI; Portaria 197/2010 dispõe sobre máquinas e equipamentos; Portaria 40/2011 versa sobre embargos e interdições; Portaria 209/2011; trata do prazo de validade do certificado de aprovação do EPI; Portaria 293/2011, dispõe sobre máquinas e equipamentos. Portaria 326/2012, trata da prorrogação do prazo de validade de Certificado

é a Portaria 3.214/78 do Ministério do Trabalho e Emprego, à qual compete a instituição de Normas Regulamentadoras. Atualmente, a Portaria Ministerial 3214/78 possui 34 (trinta e quatro) Normas Regulamentadoras,[207] sendo que esse número reúne normas de caráter geral e de caráter específico acerca do meio ambiente laboral. Dentre as mais repercutidas e utilizadas estão as Normas Regulamentadoras n°s 5 (trata da Comissão Interna de Prevenção de Acidentes do Trabalho – CIPA), 6 (versa sobre equipamento de proteção individual – EPI), 7 (cuida da Programa de Saúde Médico Ocupacional – PCMSO), 9 (trata do Programa de Prevenção de Riscos Ambientais – PPRA), 15 (elenca e aprofunda as atividades e operações insalubres) e a Norma Regulamentadora 16 (determina os aspectos atinentes às atividades e operações perigosas). Ainda, as normas de meio ambiente de trabalho se ramificam por Portarias Interministeriais consolidadas entre os Ministérios da Saúde e do Trabalho e Emprego, por meio das Portarias números 482/1999 (versa sobre os riscos do gás óxido de etileno), 10/2003 (a qual trata da atuação da CIPA em relação ao uso de drogas e álcool pelos trabalhadores) e 775/2004 (trata de questões ligadas ao manuseio de Benzeno).

Por fim, ressalta-se que 22 (vinte e duas) Convenções e 4 (quatro) Recomendações da Organização Internacional do Trabalho – OIT –[208] foram incorpo-

---

de Aprovação de Equipamentos de Proteção Individual – EPI e dá outras providências; Portaria 308/2012 que trata de inflamáveis e combustíveis; Portaria 1.056/2012, versa sobre a avaliação de conformidade de máquinas e componentes; Portaria 555/2013, versa sobre abate e processamento de carnes e derivados; Portaria 2.027/2013, disicplina normas de constituição de Grupos Especiais de Fiscalização Móvel – GEFM, no âmbito da Secretaria de Inspeção do Trabalho; Portaria 392/2013, trata do regulamento técnico para luvas de segurança utilizadas na atividade de corte manual de cana-de-açúcar; Portaria 415/2014, institui o Grupo Móvel de Auditoria de Condições de Trabalho em Obras de Infraestrutura – GMAI. CURIA, Luiz Roberto; CÉSPEDES, Livia; NICOLETTI, Juliana (Cols.). *Segurança e medicina do trabalho*. 13. ed. atual. São Paulo: Saraiva, 2014.

[207] As Normas Regulamentadoras fixam diversas disposições de observância obrigatória quanto à segurança, saúde e medicina do trabalho. NR – 1 – Disposições Gerais. NR – 2 – Inspeção Prévia. NR – 3 – Embargo e Interdição. NR – 4 – Serviço Especializado em Segurança e Medicina do Trabalho – SESMT. NR – 5 – Comissão Interna de Prevenção de Acidentes – CIPA NR – 6 – Equipamento de Proteção Individual – EPI. NR – 7 – Exames Médicos. NR – 8 – Edificações. NR – 9 – Riscos Ambientais. NR – 10 – Instalações e Serviços de Eletricidade. NR – 11 – Transporte, Movimentação, Armazenagem e Manuseio de Materiais. NR – 12 – Máquinas e Equipamentos. NR – 13 – Vasos Sob Pressão. NR – 14 – Fornos. NR – 15 – Atividades e Operações Insalubres. NR – 16 – Atividades e Operações Perigosas. NR – 17 – Ergonomia. NR – 18 – Obras de Construção, Demolição, e Reparos. NR – 19 – Explosivos. NR – 20 – Combustíveis Líquidos e Inflamáveis. NR – 21 – Trabalhos a Céu Aberto. NR – 22- Trabalhos Subterrâneos. NR – 23 – Proteção Contra Incêndios. NR – 24 – Condições Sanitárias dos Locais de Trabalho. NR – 25 – Resíduos Industriais. NR – 26 – Sinalização de Segurança. NR – 27 – Registro de Profissionais. NR – 28 – Fiscalização e Penalidades. NR – 29 – Trabalho Portuário. NR – 30 – Trabalho Aquaviário. NR – 31 – Trabalho na agricultura, pecuária, silvicultura, exploração florestal e aquicultura. NR – 32 – Trabalho em serviços de saúde. NR – 33 – Trabalhos em espaços confinados. NR – 34 – Indústria Naval. NR 35 – Trabalho em altura. NR 36 – Abate e Processamento de Carnes e Derivados. BRASIL. *Portaria nº 3.214, de 08 junho de 1978*. Disponível em: <http://portal.mte.gov.br/legislacao/portaria-n-3-214-de-08-06-1978-1.htm>. Acesso em: 16 abr. 2015; CURIA, Luiz Roberto; CÉSPEDES, Livia; NICOLETTI, Juliana (Cols.). *Segurança e medicina do trabalho*. 9. ed. atual. São Paulo: Saraiva, 2012.

[208] Várias convenções da OIT foram incorporadas ao ordenamento jurídico trabalhista, no tocante ao meio ambiente de trabalho. Além da Convenção 155, foram tornadas "leis" as seguintes Convenções: Decreto 1.361/1937 – Convenção 42 – indenização por moléstias profissionais; Decreto 62.151/1968 – Convenção 115 – proteção contra radiações ionizantes; Decreto 66.498/1970 – Convenção 120 – higiene no comércio e nos escritórios; Decreto 67.339/1970 – Convenção 127 – peso máximo das cargas que podem ser transportadas por

radas ao ordenamento jurídico brasileiro e ratificadas com o intuito de ampliar a gama de proteção ao meio ambiente de trabalho. Destaca-se entre as aludidas Convenções, a de nº 155, formulada em junho de 1981, que trata sobre Segurança e Saúde dos Trabalhadores e o Meio Ambiente de Trabalho, e inserida, no contexto legal brasileiro, pelo Decreto 1.254/1994. A referida Norma adota proposições para serem aplicadas em todas as áreas de atividade econômica, com o objetivo de implementar princípios de uma política nacional em matéria de meio ambiente de trabalho, tanto em ação em nível de Estado, como em nível das empresas.

Portanto, após terem sido identificadas as normas que atuam diretamente na proteção do meio ambiente de trabalho, segue-se, no próximo item, o estudo da saúde e segurança do trabalhador, mas, agora, sob uma perspectiva alinhada com uma "nova" perspectiva hermenêutica.

2.3.2. O princípio de solidariedade e o meio ambiente de trabalho: o caminho para uma nova hermenêutica da prevenção

Não fosse a advertência inicial feita no item antecedente, um jurista estrangeiro (imagina-se), por exemplo, ao conhecer o panorama normativo descrito neste trabalho, poderia facilmente concluir que o ordenamento jurídico pátrio é suficientemente aparelhado para dar conta das demandas oriundas da saúde e da segurança do trabalhador, sobremaneira quanto à *prevenção* de infortúnios ou moléstias laborais. Sob este ângulo de visão seria correto entender que a legislação brasileira é deveras exitosa, do ponto de vista normativo, em abranger diversas situações atinentes ao meio ambiente de trabalho, inclusive, havendo aparato para atender as situações decorrentes do progresso tecnológico, do "novo", como é o caso das nanotecnologias. Entretanto, do ponto de vista do "acontecer" já explicitado, se está diante de uma conclusão falaciosa.

---

um só trabalhador; Decreto 93.413/ 1986 – Convenção 148 – proteção contra riscos profissionais decorrentes da contaminação do ar, ruído e às vibrações no local do trabalho; Decreto 99.534/1990 – Convenção 152 – segurança e higiene nos trabalhos portuários; Decreto 127/1991 – Convenção 151 – serviços de saúde do trabalho; Decreto 129/1991 – Convenção 159 – reabilitação profissional e emprego de pessoas deficientes; Decreto 157/1991 – Convenção 139 – prevenção e controle de riscos profissionais causados pelas substâncias ou agentes cancerígenos; Decreto 1.253/1994 – Convenção 136 – proteção contra os riscos de intoxicação provocados pelo benzeno; Decreto 1.255/1994 – Convenção 119 – proteção das máquinas; Decreto 2.657/1998 – Convenção 170 – segurança na utilização de produtos químicos; Decreto 2.669/1998 – Convenção 163 – bem-estar dos trabalhadores no mar e no porto; Decreto 2.671/1998 – Convenção 164 – proteção da saúde e assistência médica aos trabalhadores marítimos; Decreto 3.251/1999 – Convenção 134 – prevenção de acidentes de trabalho dos marítimos; Decreto 3.597/2000 – Convenção 182 e Recomendação 190 – proibição e medidas de eliminação das piores formas de trabalho infantil; Decreto 4.085/2002 – Convenção 174 e Recomendação 181 – prevenção de acidentes industriais menores; Decreto 5.005/2004 – Convenção 171 – condições do trabalho noturno; Decreto 6.270/2007 – Convenção 176 e Recomendação 183 – segurança e saúde nas minas; Decreto 6.271/2007 – Convenção 167 e Recomendação 175 – segurança e saúde na construção; Decreto 6.766/2009 – Convenção 178 – inspeção das condições de vida e de trabalho dos marítimos. CURIA, Luiz Roberto; CÉSPEDES, Livia; NICOLETTI, Juliana (Cols.). *Segurança e medicina do trabalho*. 9. ed. atual. São Paulo: Saraiva, 2012.

Não se pode olvidar que a preocupação normativa (meramente teórica) com a matéria ambiental trabalhista resta positivada com eficiência e abrangência satisfatórias (a eficiência e abrangência se referem à capacidade de mera "positivação" das normas), sobretudo quanto ao caráter de direito fundamental da higiene, saúde e segurança do trabalho e no tocante às especificidades fáticas e técnicas das atividades laborais. Outro aspecto de relevo é o de que todas as disposições de proteção têm um escopo final bem definido: a *prevenção* contra acidentes e doenças decorrentes do trabalho.

Essa tendência e confirmação de atuação positiva da legislação brasileira quanto ao meio ambiente laboral possui raiz histórica (tradicional) vinculada ao próprio surgimento do Direito do Trabalho, ciência esta fadada a, dentre tantas outras "tarefas", resgatar e preservar a dignidade do trabalhador. Nesse sentido, Supiot destaca que:

> [...] Num segundo tempo, perfeitamente analisado por Marx, o maquinismo industrial gerou condições de trabalho perigosas e desumanas. O maquinismo, reduzindo a necessidade de força muscular, tornou possível a exploração do trabalho das mulheres e das crianças; ignorando o cansaço e o ciclo circadiano, os cavalos-vapor permitiram um prolongamento indefinido da jornada de trabalho; sede de um exército industrial, a fábrica foi organizada a partir do modelo militar, com seus superiores, suas tropas e sua disciplina de caserna. Num terceiro tempo, o desenvolvimento do Direito do Trabalho serviu em todos os países industriais pra limitar a sujeição do ser humano. Com a proteção física dos trabalhadores, com a limitação da duração do trabalho, com a introdução da responsabilidade do fato das coisas e com o reconhecimento das primeiras liberdades coletivas, o Direito do Trabalho reduziu a carga mortífera e liberticida do maquinismo industrial e contribuiu para fazer dele um instrumento de "bem estar". [...].[209]

Todavia, ao se promover uma análise da realidade concreta do meio ambiente de trabalho (a norma "acontecendo" na *faticidade*), vislumbra-se um cenário de contradição e contraste significativo entre o que preveem os preceitos normativos e o que ocorre no mundo dos fatos. Nem a garantia fundamental do artigo 7º, inciso XXII, de "*redução dos riscos inerentes ao trabalho, por meio de normas de saúde, higiene e segurança*" assegura a *prevenção* dos acidentes de trabalho e as doenças profissionais, como forma de preservação, por conseguinte, da dignidade do trabalhador.

Não obstante a cadeia normativa já pontuada, os dados estatísticos extraídos do Ministério da Previdência Social dão conta de que o sistema preventivo, exaustiva e constantemente positivado, não é capaz de evitar a perene ocorrência dos acidentes e moléstias ocupacionais. Com base nos dados estatísticos dos anos de 2008 e 2009 e de 2011 e 2012,[210] verifica-se que, neste espaço de tempo,

---

[209] SUPIOT, Alain. *Homo juridicus*: ensaio sobre a função antropológica do Direito. Tradução de Maria Ermantina de Almeida Prado Galvão. São Paulo: Martins Fontes, 2007. p. 143.

[210] As estatísticas extraídas dos Poder Executivo mostram que os acidentes e doenças ocupacionais, por uma amostragem do anos de 2008 e 2009, e dos anos de 2011 e 2012, sofreram diminuição. No entanto, num panorama geral, a redução é pequena e os números de ocorrências são ainda muito alarmantes, o que revela uma incapacidade do sistema normativo existente em contemplar efetivamente a *prevenção* almejada. Primeiramente, relevante citar as informações trazidas pelo Ministério da Previdência Social acerca das variações ocorridas no número de acidentes do trabalho e doenças ocupacionais ocorridos, com base, sobretudo, nos benefícios previdenciários concedidos entre os anos de 2008 e 2009: "Durante o ano de 2009, foram registrados no INSS cerca de 723,5 mil acidentes do trabalho. Comparado com 2008, o número de acidentes de trabalho

teve queda de 4,3%. O total de acidentes registrados com CAT diminuiu em 4,1% de 2008 para 2009. Do total de acidentes registrados com CAT, os acidentes típicos representaram 79,7%; os de trajeto 16,9% e as doenças do trabalho 3,3%. As pessoas do sexo masculino participaram com 77,1% e as pessoas do sexo feminino 22,9% nos acidentes típicos; 65,3% e 34,7% nos de trajeto; e 58,4% e 41,6% nas doenças do trabalho. Nos acidentes típicos e nos de trajeto, a faixa etária decenal com maior incidência de acidentes foi a constituída por pessoas de 20 a 29 anos com, respectivamente, 34,7% e 37,8% do total de acidentes registrados. Nas doenças de trabalho a faixa de maior incidência foi a de 30 a 39 anos, com 33,9% do total de acidentes registrados. Em 2009, o subgrupo da CBO com maior número de acidentes típicos foi o 'Trabalhadores de funções transversais', com 14,0%. No caso dos acidentes de trajeto o maior número ocorreu no subgrupo 'Trabalhadores dos serviços', com 18,6%, e nas doenças do trabalho foi o subgrupo 'Escriturários', com 13,4%. Na distribuição por setor de atividade econômica, o setor 'Agropecuária' participou com 4,4% do total de acidentes registrados com CAT, o setor ''Indústria' com 48,0% e o setor 'Serviços' com 47,6%, excluídos os dados de atividade 'ignorada'. Nos acidentes típicos, os subsetores com maior participação nos acidentes foram 'Comércio e reparação de veículos automotores', com 12,3% e 'Produtos alimentícios e bebidas', com 11,3% do total. Nos acidentes de trajeto, as maiores participações foram 'Comércio e reparação de veículos automotores' e 'Serviços prestados principalmente a empresa' com, respectivamente, 19,2% e 14,3%, do total. Nas doenças de trabalho, foram os subsetores 'Atividades financeiras', com participação de 11,6% e 'Comércio e reparação de veículos automotores', com 11,0%. No ano de 2009, dentre os 50 códigos de CID com maior incidência nos acidentes de trabalho, os de maior participação foram ferimento do punho e da mão (S61), fratura ao nível do punho ou da mão (S62) e dorsalgia (M54) com, respectivamente, 10,6%, 6,5% e 6,4% do total. Nas doenças do trabalho os CID mais incidentes foram lesões no ombro (M75), sinovite e tenossinovite (M65) e dorsalgia (M54), com 19,7%, 17,2% e 7,6%, do total. As partes do corpo com maior incidência de acidentes de motivo típico foram o dedo, a mão (exceto punho ou dedos) e o pé (exceto artelhos) com, respectivamente, 30,7%, 8,8% e 7,3%. Nos acidentes de trajeto, as partes do corpo foram Partes Múltiplas, Joelho e Pé (exceto artelhos) com, respectivamente, 11,3%, 8,6% e 8,4%. Nas doenças do trabalho, as partes do corpo mais incidentes foram o ombro, o dorso (inclusive músculos dorsais, coluna e medula espinhal) e os membros superiores (não informado), com 19,3%, 13,1% e 9,5%, respectivamente. Em 2009, o número de acidentes de trabalho liquidados atingiu 740,7 mil acidentes, o que correspondeu a uma queda de 4,4% em relação a 2008. A assistência médica, a incapacidade temporária, a incapacidade permanente e os óbitos decresceram, respectivamente, 3,0%, 4,6%, 0,4% e 11,4%. As principais conseqüências dos acidentes de trabalho liquidados foram as incapacidades temporárias com mais de 15 dias e com menos de 15 dias, cujas participações atingiram 43,3% e 40,9% respectivamente. Durante o ano de 2012, foram registrados no INSS cerca de 705,2 mil acidentes do trabalho. Comparado com 2011, o número de acidentes de trabalho teve decréscimo de 2,14%. O total de acidentes registrados com CAT diminuiu em 0,48% de 2011 para 2012. Do total de acidentes registrados com CAT, os acidentes típicos representaram 78,32%; os de trajeto 18,92% e as doenças do trabalho 2,76%. As pessoas do sexo masculino participaram com 74,25% e as pessoas do sexo feminino 25,74% nos acidentes típicos; 62,82% e 37,18% nos de trajeto; e 60,36% e 39,64% nas doenças do trabalho. Nos acidentes típicos e nos de trajeto, a faixa etária decenal com maior incidência de acidentes foi a constituída por pessoas de 20 a 29 anos com, respectivamente, 35,1% e 38,2% do total de acidentes registrados. Nas doenças de trabalho a faixa de maior incidência foi a de 40 a 49 anos, com 32,5% do total de acidentes registrados. Em 2012, os subgrupos da CBO com maior número de acidentes típicos foram os de 'Trabalhadores de funções transversais' e 'Trabalhadores dos serviços', com 14,4% e 14,9% respectivamente. No caso dos acidentes de trajeto o maior número ocorreu no subgrupo 'Trabalhadores dos serviços', com 18,8%, e nas doenças do trabalho foi o subgrupo 'Escriturários', com 14,3%. Na distribuição por setor de atividade econômica, o setor 'Agropecuária' participou com 4% do total de acidentes registrados com CAT, o setor 'Indústria' com 46% e o setor 'Serviços' com 50%, excluídos os dados de atividade 'ignorada'. Nos acidentes típicos, os subsetores com maior participação nos acidentes foram 'Comércio e reparação de veículos automotores', com 12,1% e 'Saúde e serviços sociais', com 11,6% do total. Nos acidentes de trajeto, as maiores participações foram dos subsetores 'Comércio e reparação de veículos automotores' e 'Serviços prestados principalmente a empresa' com, respectivamente, 18,4% e 14,0%, do total. Nas doenças de trabalho, foram os subsetores 'Atividades financeiras', com participação de 17,9% e 'Fabricação de veículos e equipamentos de transporte', com 12,6%. No ano de 2012, dentre os 50 códigos de CID com maior incidência nos acidentes de trabalho, os de maior participação foram ferimento do punho e da mão (S61), fratura ao nível do punho ou da mão (S62) e dorsalgia (M54) com, respectivamente, 9,84% 6,99% e 5,02% do total. Nas doenças do trabalho os CID mais incidentes foram lesões no ombro (M75), sinovite e tenossinovite (M65) e dorsalgia (M54), com 21,08%, 13,85% e 6,93%, do total. As partes do corpo com maior incidência de acidentes de motivo típico foram o dedo, a mão (exceto punho ou dedos) e o pé (exceto artelhos) com, respectivamente, 30,05%, embora tenha havido uma redução nos acidentes e doenças ocupacionais, as ocorrências não fogem da casa de 700.000 (setecentos mil) por ano, o que revela uma distância ainda muito grande entre a realidade e o trabalho seguro que o sistema normativo, em tese, tem capacidade positivada de prevenir. O gráfico abaixo apresentado resume os aludidos dados (aproximados) disponibilizados pelo Ministério da Previdência Social (*vide* dados completos na nota 215):

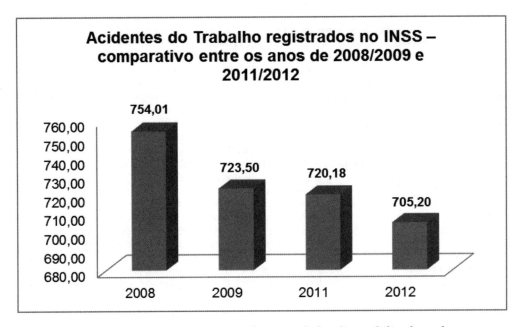

Fonte: Elaborado pelo autor com base nos dados disponibilizados pelo Ministério da Previdência Social

Ao mapear o perfil do trabalho decente no Brasil, a Organização Internacional do Trabalho – OIT também traz dados do ano de 2012, dignos de alerta e preocupação, inclusive quanto aos custos que os acidentes de trabalho geram à economia do país.[211] Nesse sentido, emergem duas indagações bem definidas:

8,62% e 7,68%. Nos acidentes de trajeto, as partes do corpo mais atingidas foram Partes Múltiplas, Joelho e Pé (exceto artelhos) com, respectivamente, 11,45%, 8,56% e 8,53%. Nas doenças do trabalho, as partes do corpo mais incidentes foram o ombro, o dorso (inclusive músculos dorsais, coluna e medula espinhal) e Membros superiores, Não informado, com 18,16%, 11,91% e 10,98%, respectivamente. Em 2012, o número de acidentes de trabalho liquidados atingiu 724,2 mil acidentes, o que correspondeu a um decréscimo de 2,30% em relação a 2011. A assistência médica aumentou 6,15% e os óbitos diminuíram 7,05% em relação a 2011. As incapacidades temporárias e permanentes decresceram, respectivamente, 3,42% e 11,42%. As principais conseqüências dos acidentes de trabalho liquidados foram as incapacidades temporárias com menos de 15 dias e com mais de 15 dias, cujas participações atingiram 43,5% e 39,1% do total, respectivamente". BRASIL. Ministério da Previdência Social. *Estatísticas*. Disponível em: <http://www.previdencia.gov.br/estatisticas/>. Acesso em: 16 abr. 2015.

[211] Pelos dados estatísticos da Organização Internacional do Trabalho também se depreende uma oscilação cronológica dos acidentes de trabalho, mas com a manutenção de dados preocupantes, os quais demonstram a dissonância da preocupação normativa de *prevenção* com a realidade. Aliás, o mesmo levantamento aponta que o custo dos acidentes do trabalho no Brasil atingiu o expressivo montante de R$ 56,8 bilhões no ano de 2009, valor que supera a soma do Produto Interno Bruto (PIB) de cincos estados brasileiros, quais sejam,

Por que a extensa gama de normas preventivas de proteção ao trabalho não logram êxito em evitar os infortúnios laborais ou, no mínimo, em provocar uma redução significativa das ocorrências? O que falta para que as normas preventivas "aconteçam" concretamente no âmbito laboral e no seu meio ambiente?[212]

Acre, Roraima, Amapá, Tocantins e Piauí. "Os indicadores de acidentes do trabalho são importantes para mensurar a exposição dos trabalhadores aos níveis de risco inerentes à atividade econômica, permitindo o acompanhamento das flutuações e tendências históricas dos acidentes e seus impactos nas empresas e na vida dos trabalhadores. Além disso, fornecem subsídios para o aprofundamento de estudos sobre o tema e permitem o planejamento de ações nas áreas de segurança e saúde do trabalhador. A Taxa de Incidência de Acidentes do Trabalho que era de aproximadamente 23,0 por 1.000 vínculos empregatícios formais no ano de 2008, declinou para 19,1 em 2010. Entre as unidades da federação assumia grande variabilidade, variando de 9,3 em Roraima até 30,2 em Alagoas. A Taxa de Mortalidade por Acidentes do Trabalho caiu sistematicamente ao longo da década de 2000: de 13,0 óbitos por 100.000 vínculos empregatícios em 2002, para 8,6 em 2008 e posteriormente para 7,4 em 2010. O número de acidentes fatais reduziu 3,7% ao declinar de 2.817 para 2.712 entre 2008 e 2010. Segundo estimativas elaboradas pelo Instituto Nacional do Seguro Social (INSS), o custo dos acidentes do trabalho no Brasil atingiu o expressivo montante de R$ 56,8 bilhões no ano de 2009 montante superior ao somatório do Produto Interno Bruto (PIB) de cincos estados brasileiros neste mesmo ano: Acre, Roraima, Amapá, Tocantins e Piauí. Entre 2004 e 2009 a população trabalhadora cresceu num ritmo superior ao do número de inspetores. Como consequência, declinou de 0,35 para 0,32 o número de inspetores por 10.000 trabalhadores. Os estados do Maranhão (0,18), Bahia (0,20), Amazonas (0,21) e Rondônia (0,24) possuíam as menores médias do país de inspectores por 10.000 trabalhadores. Esses indicadores causam inquietação, uma vez que esses estados se caracterizavam por apresentar elevados níveis de informalidade no mercado de trabalho e de incidência de trabalho infantil, além da recorrência de trabalhadores resgatados em condições análogas à escravidão. Ademais, nos casos do Amazonas e de Rondônia, também se observavam elevados níveis de incidência de acidentes do trabalho e de mortalidade por acidentes laborais". GUIMARÃES, José Ribeiro Soares. *Perfil do trabalho decente no Brasil*: um olhar sobre as Unidades da Federação durante a segunda metade da década de 2000. Brasília: OIT, 2012. Disponível em: <http://www.oitbrasil.org.br/sites/default/files/topic/gender/pub/indicadorestdnovo_880.pdf>. Acesso em: 16 abr. 2015.

[212] O Tribunal Regional do Trabalho da 4ª Região, Rio Grande do Sul, em notícia veiculada em seu sítio, na internet, no dia 28.04.2014, evidencia a problemática do número que envolve os acidentes e doenças decorrentes do labor. "A cada dia, sete pessoas, em média, perdem a vida em acidentes de trabalho no Brasil. De acordo com o último levantamento do Ministério da Previdência Social, em 2012 foram registrados 705.239 acidentes, que resultaram em 2.731 mortes. No Rio Grande do Sul, ocorreram 55.013 casos, com 166 óbitos. Apesar da redução dos números em relação a 2011 (ver quadro abaixo), as estatísticas ainda são alarmantes na opinião do desembargador Raul Zoratto Sanvicente, coordenador do Programa Trabalho Seguro no Tribunal Regional do Trabalho da 4ª Região (RS). O programa é uma iniciativa nacional da Justiça do Trabalho, que visa, por meio de ações e projetos, promover a cultura da *prevenção* de acidentes e doenças laborais. 'A realidade é ainda mais grave, pois a Previdência consegue registrar apenas os casos de trabalhadores com carteira assinada, que representam 50% da população economicamente ativa. O que acontece no mercado informal, ou até mesmo com autônomos, não é contabilizado. Nas relações precarizadas de trabalho, o índice de acidentes deve ser ainda maior', alerta o magistrado. Além da Previdência, que desembolsa cerca de R$ 16 bilhões ao ano para prover afastamentos e aposentadorias relacionadas a acidentes ou doenças do trabalho, o quadro também impacta o Judiciário. A Justiça Trabalhista gaúcha, por exemplo, recebeu em 2013 mais de 4,2 mil processos envolvendo acidentes e doenças ocupacionais. Devido à demanda e as particularidades do julgamento da matéria, duas cidades contam com uma Vara do Trabalho específica para ações deste tipo: Porto Alegre (30ª VT) e Caxias do Sul (6ª VT). Um anteprojeto de lei elaborado pelo TRT-RS em fevereiro ainda propõe a criação de mais duas unidades desta especialidade na Capital. Para o desembargador Raul, é preciso acabar com o hábito de atribuir os acidentes à fatalidade ou ao infortúnio. 'O Brasil carece de uma cultura forte de *prevenção* por parte das empresas e dos empregados. As entidades de classe, como sindicatos e federações, devem investir nisso. Ambas as partes precisam fazer uma análise dos riscos da sua atividade e criar um plano preventivo contra eles. Dos acidentes já ocorridos, é possível encontrar um padrão, algo que se repete, e começar a *prevenção* por ali', explica o desembargador. O magistrado cita que, em muitos processos, as empresas atribuem a culpa do acidente ao empregado. Nesses casos, segundo Raul, deve-se averiguar as circunstâncias do fato. 'Até pode ser que o trabalhador cometa um erro, mas quantas horas ele trabalhava por dia? Ele recebeu treinamento e equipamentos de segurança adequados? Tudo isso precisa ser

Além destas interrogações, nasce um quadro de insegurança em relação aos acidentes de trabalho e doenças laborais, não só para a conjuntura atual do trabalho no Brasil em questão, mas também para as novas tecnologias e para o futuro do mundo do trabalho humano. A preocupação derivada do cenário estatisticamente subsidiado se potencializa quando se projeta os *riscos desconhecidos* oriundos de uma tecnologia de *efeitos desconhecidos*, como é o caso das nanotecnologias. Há a certeza da produção de *efeitos nocivos*, mas a incerteza quanto à gênese determinada desses efeitos estabelece um quadro de temor e alerta.

Neste ponto de indagações e insegurança se inaugura um novo caminho. É exatamente neste momento que ocorre (se propõe que ocorra) uma ruptura do Direito com o modelo de positivismo tradicional, com o modelo legalista exacerbado e com a interpretação subsuntiva clássica. Para que se venha a propor um modelo hermenêutico capaz de atender a necessidade de preservação da dignidade do trabalhador no mundo ("novo") nanotecnológico, primeiramente, deve se buscar um novo caminho hermenêutico para a interpretação das normas protetivas que já existem. Urge-se, então, por uma *nova hermenêutica da prevenção*. Somente após esta cisão e a adoção de um novo modelo hermenêutico é que será possível estabelecer uma ponte (filosófica) entre o caminho da *nova hermenêutica da prevenção* no meio ambiente de trabalho e o caminho dos marcos regulatórios que atenderão os riscos (*desconhecidos e futuros*) das nanotecnologias neste mesmo meio ambiente de trabalho. Neste linha, cabível citar a ideia de "superação da hermenêutica clássica" de Lenio Streck:

> A superação da hermenêutica clássica – ou daquilo que tem sido denominado de hermenêutica jurídica como técnica no seio da doutrina e da jurisprudências praticadas cotidianamente – implica admitir que há uma diferença entre o texto jurídico e o sentido desse texto, isto é, que o texto não

---

analisado', afirma. As doenças ocupacionais também são alvo de preocupação. Conforme o desembargador, enquanto os acidentes típicos representam a face visível do problema, o adoecimento físico e psíquico do trabalhador é um processo silencioso, que prejudica a vida de muitas pessoas e onera a Previdência. 'Os empregadores também devem ter uma cultura preventiva nesses casos. É importante identificar as doenças que mais acometem os empregados, investigar as causas e adotar medidas que evitem danos à saúde', recomenda. *Penalidades* De acordo com o desembargador, os empregadores estão sujeitos, nas ações judiciais envolvendo acidentes e doenças do trabalho, a indenizar as vítimas por danos morais e materiais (gastos médicos, por exemplo). A fiscalização do Ministério do Trabalho e Emprego e do Ministério Público do Trabalho ainda pode aplicar multas a empresas que expõem seus empregados a riscos. *Os mais vulneráveis* O setor de Serviços, que responde por mais de 72% das contratações formais no país, é o que mais registra acidentes de trabalho, posto que até 2009 pertencia à Indústria. Em 2012, houve 345.474 casos nessa área. Só a atividade de Comércio e Reparação de Veículos Automotores, que integra o segmento, registrou 95.659 acidentes. Na sequência vêm o setor de Saúde e Serviços Sociais, com 66.302 casos, e o da construção civil, com 62.874. A Indústria, que absorve cerca de 25% da mão de obra brasileira, teve 308.060 acidentados em 2012. Porém, a incidência de acidentes por 100 mil trabalhadores é alta (2.641), superando as dos setores Agropecuário (1.724) e de Serviços (1.006). Os membros superiores são a parte do corpo mais afetada nos acidentes de trabalho. Lesões em mão e punho, por exemplo, estão presentes em 35% dos casos. Ferimentos nos membros inferiores aparecem em 15% dos registros. As vítimas de acidentes de trabalho são predominantemente do sexo masculino (70% dos casos), na faixa etária de 25 a 29 anos de idade". BRASIL. Tribunal Regional do Trabalho (4. Região). *Número de acidentes de trabalho ainda é alarmante no Brasil e no Estado*. 28 abr. 2014. Disponível em: <http://www.trt4.gov.br/portal/portal/trt4/comunicacao/noticia/info/Noticia Window?cod=882571&action=2&destaque=false&filtros=>. Acesso em: 16 abr. 2015.

"carrega", de forma reificada, o seu sentido (a sua norma). Trata-se de entender que entre texto e norma não há uma equivalência e tampouco uma total autonomização (cisão).[213]

A partir de então, o que se pretende é ofertar proposições capazes, não apenas de responderem as inquietações acima manifestadas, mas, também, capazes de formular alternativas concretas, baseadas no *princípio de solidariedade*, se utilizando, para tanto, de exemplos práticos de situações existentes no cenário brasileiro que podem materializar esse princípio ou decorrências dele, e, portanto, contribuir para um novo pensar e um novo "acontecer" das normas existentes em matéria de meio ambiente laboral, tudo a partir de uma interpretação realizada dentro do já abordado *círculo hermenêutico*.

Em suma, o "acontecer" das normas protetivas de saúde e segurança do trabalhador decorrem de um novo pensar (*nova hermenêutica da prevenção*) e este novo pensar somente se dá, se inserido no *círculo hermenêutico*.

Assim, para o alicerce de construção desta *nova hermenêutica da prevenção* se utilizará o conjunto *círculo hermenêutico=princípio de solidariedade=consciência coletiva*, cuja aplicação tentar-se-á demonstrar mais adiante, ainda neste tópico.

A palavra solidariedade possui vários significados, sendo todos eles apegados a uma ideia de que um indivíduo pode (ou deve) responder juntamente com outros indivíduos por determinadas demandas (sociais e jurídicas).[214] Todavia, para fins do presente estudo, buscar-se-á a conotação de solidariedade vinculada a uma *consciência coletiva*, mormente, acerca do meio ambiente laboral e vinculado, pelos menos nesse momento do exame, ao sistema de *prevenção* que resta positivado naquilo que existe de normas sobre a matéria.

Contudo, antes de se consolidar um conceito de solidariedade a fim de seja aplicado em matéria de meio ambiente laboral, importante identificar a sua expressão material, seja como princípio expressa ou implicitamente positivado nas normas dos Estados, bem como as raízes tradicionais acerca da solidariedade, para, por fim, desaguar numa premissa de *consciência coletiva*.

A despeito dos conceitos jurídicos de solidariedade existentes – citados na nota 219 –, salienta-se que a solidariedade não resta positivada na Declaração dos Direitos Humanos, nem como princípio, nem como direito, embora seja possível, implicitamente, pressupor sua influência ou tendência de aplicabilidade

---

[213] STRECK, Lenio Luiz. Hermenêutica e possibilidades críticas do direito: ainda a questão da discricionariedade positiva. *Boletim da Faculdade de Direito*, Coimbra, v. LXXXIV, [Separata], 2008. p. 559-589. p. 566.

[214] O Código Civil Brasileiro e a Consolidação das Leis do Trabalho trazem definições jurídicas de solidariedade, afetas a uma obrigação de assunção de dívida por codevedores, cujos dispositivos restam transcritos, respectivamente: *"Art. 264. Há solidariedade, quando na mesma obrigação concorre mais de um credor, ou mais de um devedor, cada um com direito, ou obrigado, à dívida toda. Art. 265. A solidariedade não se presume; resulta da lei ou da vontade das partes. Art. 266. A obrigação solidária pode ser pura e simples para um dos co-credores ou co-devedores, e condicional, ou a prazo, ou pagável em lugar diferente, para o outro. [...] Art. 2º. Considera-se empregador a empresa, individual ou coletiva, que, assumindo os riscos da atividade econômica, admite, assalaria e dirige a prestação pessoal de serviço. § 1º. Equiparam-se ao empregador, para os efeitos exclusivos da relação de emprego, os profissionais liberais, as instituições de beneficência, as associações recreativas ou outras instituições sem fins lucrativos, que admitirem trabalhadores como empregados. § 2º. Sempre que uma ou mais empresas, tendo, embora, cada uma delas, personalidade jurídica própria, estiverem sob a direção, controle ou administração de outra, constituindo grupo industrial, comercial ou de qualquer outra atividade econômica, serão, para os efeitos da relação de emprego, solidariamente responsáveis a empresa principal e cada uma das subordinadas".*

quando refere como sendo um dos seus princípios *"o reconhecimento da dignidade inerente a todos os membros da família humana"*.[215]

Por sua vez, a Carta da Organização dos Estados Americanos – OEA –, assinada e ratificada pelo Brasil, no seu artigo 1º, consagra a solidariedade como princípio ao determinar que

> Os Estados americanos consagram nessa carta a organização internacional que vem desenvolvendo para conseguir uma ordem de paz e de justiça, para promover sua solidariedade, intensificar sua colaboração e defender sua soberania, sua integridade territorial e independência.[216]

Na Convenção Americana de Direitos Humanos, documento promulgado pelo Brasil pelo Decreto 678/92, embora não expresso, o princípio de solidariedade resta plenamente presumível:

> Artigo 32. Correlação entre deveres e direitos. 1. Toda pessoa tem deveres para com a família, a comunidade e a humanidade. 2. Os direitos de cada pessoa são limitados pelos direitos dos demais, pela segurança de todos e pelas justas exigências do bem comum, em uma sociedade democrática.[217]

Aliás, como exemplo de aplicação desta mentalidade principiologicamente solidária em relação à valorização do ser humano trabalhador, no ano de 2013, a Corte Interamericana de Direitos Humanos, ao apreciar o caso 11.289/03, obteve uma "solução amistosa" no caso José Pereira, em que o Governo brasileiro admitiu responsabilidade pelos prejuízos causados ao cidadão em virtude do trabalho em condições de escravidão a que fora submetido, numa fazenda, no sul do Estado do Pará. O cidadão fora indenizado e o Brasil comprometeu-se a implementar políticas públicas para erradicar e prevenir o trabalho escravo ou em condições análogas.[218]

Ainda, tem-se na Carta Africana dos Direitos Humanos uma positivação do princípio da solidariedade. Na Carta Africana, o item 1 do artigo 23º (vigésimo terceiro), determina que

> Os povos têm direito à paz e à segurança, tanto no plano nacional como no plano internacional. O princípio da solidariedade e das relações amistosas implicitamente afirmado na Carta da Organização das Nações Unidas e reafirmando na Carta da Unidade Africana deve dirigir as relações ente os Estados.[219]

---

[215] Declaração Universal dos Direitos Humanos. Adotada e proclamada pela resolução 217 a (III) da Assembleia Geral das Nações Unidas em 10 de dezembro de 1948. "[...] Considerando que o reconhecimento da dignidade inerente a todos os membros da família humana e de seus direitos iguais e inalienáveis é o fundamento da liberdade, da justiça e da paz no mundo, [...]. Artigo 3º. Todo indivíduo tem direito à vida, à liberdade e à segurança pessoal. [...]". COMITÊ DA CULTURA DE PAZ. *Declaração Universal dos Direitos Humanos*. Disponível em: <www.comitepaz.org.br>. Acesso em: 16 abr. 2015.

[216] ORGANIZACIÓN DE LOS ESTADOS AMERICANOS. *Carta de la Organización de los Estados Americanos (A-41)*. Disponível em: <http://www.oas.org/dil/esp/tratados_A-41_Carta_de_la_Organizacion_de_los_Estados_Americanos.htm>. Acesso em: 16 abr. 2015.

[217] PROCURADORIA GERAL DO ESTADO DE SÃO PAULO (PGE). *Convenção Americana de Direitos Humanos (1969)*: Pacto de San José da Costa Rica. Disponível em: <http://www.pge.sp.gov.br/centrodeestudos/bibliotecavirtual/instrumentos/sanjose.htm>. Acesso em: 16 abr. 2015.

[218] COMISIÓN INTERAMERICANA DE DERECHOS HUMANOS (CIDH). *Relatório nº 95/03*. 24 out. 2003. Disponível em: <http://cidh.oas.org/annualrep/2003port/Brasil.11289.htm>. Acesso em: 16 abr. 2015.

[219] DHnet – Rede de Direitos Humanos & Cultura. *Carta Africana dos Direitos Humanos e dos Povos*: Carta de Banjul. Disponível em: <http://www.dhnet.org.br/direitos/sip/africa/banjul.htm>. Acesso em: 16 abr. 2015.

Já na Carta Europeia de Direitos Fundamentais, verifica-se o princípio da solidariedade incidindo de forma explícita como direito, eis que intitula o Capítulo IV ("SOLIDARIEDADE"), cujos prolongamentos se estabelecem do artigo 27º (vigésimo sétimo) ao 38º (trigésimo oitavo) e tomando forma pela tendência de observância do Direito Comunitário. Aliás, no artigo 31º (trigésimo primeiro), item 1, o direito "as condições de trabalho saudáveis" representam um desses direitos de solidariedade.[220]

Deste modo, ainda que, no âmbito internacional não se encontre uma definição acerca da solidariedade nos diplomas que tendem a determinar a observância dos direitos humanos mínimos e da dignidade da pessoa humana, nota-se que a solidariedade é contemplada como princípio norteador, implícita ou explicitamente, nas respectivas normas.

Não obstante a existência de uma percepção universal da solidariedade como princípio, é na teoria de Émile Durkheim que residem as raízes conceituais da solidariedade que podem vir a oferecer novos contornos hermenêuticos baseados numa ideia de *consciência coletiva*, sobremaneira acerca do tema ora suscitado.

Ao examinar e criticar o fenômeno de divisão do trabalho, Durkheim traz a *solidariedade social* como fonte ideal para a organização e sobrevivência dos indivíduos em sociedade.[221] Ele identifica que a *solidariedade social* possui duas espécies de prolongamento bem definidas, quais sejam, a *solidariedade mecânica* e a *solidariedade orgânica*. A primeira surgiu no espírito de uma sociedade baseada nos preceitos de coerção e repressão, onde, em razão disso, aparecia com força a *consciência coletiva*.[222] A segunda surgiu como decorrência da divisão do trabalho e gerou um novo vínculo social, o qual resta afiançado por um sistema legislativo e uma ciência – no caso, o Direito –, capazes de promoverem a justiça e a igualdade. Contudo, é na *solidariedade orgânica* que há uma aproximação mais significativa com a ideia de *solidariedade social*, sendo esta vinculada a um postulado de maior valorização do trabalho humano.[223] Sem dúvidas, na *solidariedade orgânica*, a consciência coletiva diminui, no entanto, isso não afasta a condição da divisão do trabalho de representar uma fonte de solidariedade.[224] Na medida em que o trabalhador, atrelado, agora, a suas funções e as suas especializações, adquire mais contato e mais consciência da vida do trabalho – ainda que numa visão individual –, contribui para que se possa construir um "horizonte social", a partir de um senso comum entre todos os indivíduos nas mesmas condições de trabalhador. Deste modo, para o exame que se apresenta, por óbvio, não se usará o modelo original e integral da

---

[220] [...] Art. 31º. 1. Todos os trabalhadores têm direito a condições de trabalho saudáveis, seguras e dignas. [...]. CARTA dos Direitos Fundamentais da União Europeia: 2000/C 364/01. *Jornal Oficial das Comunidades Europeias*, 18 dez. 2000. Disponível em: <http://www.europarl.europa.eu/charter/pdf/text_pt.pdf>. Acesso em: 16 abr. 2015.

[221] DURKHEIM, Émile. *Da divisão do trabalho social*. Tradução de Eduardo Brandão. 2. ed. São Paulo: Martins Fontes, 1999. p. 39.

[222] Ibid., p. 50.

[223] Ibid., p. 156.

[224] Ibid., p. 380.

consciência coletiva na teoria de Durkheim.²²⁵ Logicamente, não se olvida que a solidariedade possui raiz histórica nessas teorias. Entretanto, o fato social trabalho da atualidade tem vínculo histórico com a divisão do trabalho, como visto em item anterior, razão pela qual, de muita valia para a ideia de consciência coletiva que se quer aqui defender é o exame de Durkheim, sobretudo sua tese de "horizonte social".

Nesse ponto, possível alcançar um conceito de solidariedade (ou princípio de) na doutrina de Luiz Edson Fachin e Marcos Alberto Rocha Gonçalves, não se pode mais fazer uso de uma interpretação que não considere a existência de outro ou outros sujeitos, sendo que:

> Essa racionalidade da coexistência se indica pela dicção do princípio da solidariedade, categoria ética e moral com projeção para o mundo jurídico [...].
>
> [...] Mencionado princípio presta-se a impulsionar os sujeitos à observação ativa dos deveres de cooperação, guiando as relações jurídicas segundo necessário respeito aos espaços nos quais cada ser individualmente considerado é apenas um ponto indistinto e destacável de um todo social.
>
> [...] Referido norte é traduzido nas relações de direito privado por meio de valores a serem observados e deveres exigíveis que transbordam a vontade individual. O *ser* e *alter*, mesmo rumando em sentidos opostos, se complementam na concreção dos interesses superpostos e iluminados pela dignidade.²²⁶

Destarte, segundo os autores, é um parâmetro ético de superação do individualismo que tem por fim maior a projeção da proteção jurídica aos indivíduos, levando em consideração os interesses comuns da coletividade. É a valorização da coexistência; é o galgar da coexistência ao topo da pirâmide de interesses que permeiam as relações jurídicas.²²⁷

Mas, afinal, por que e como o princípio de solidariedade, enraizado na solidariedade social de Durkheim e tratado como ferramenta do Direito Internacional e Comunitário para a cooperação *dos* e *entre* os povos, pode servir para a adoção de uma *consciência coletiva* que, por sua vez, colabore concretamente no "acontecer" das normas de meio ambiente de trabalho no Brasil?

À primeira vista, a tarefa de responder a este questionamento seria dificultosa, em razão da ausência conceitual de solidariedade no Direito brasileiro.

É sabido que a Carta Federal de 1988 não contempla o princípio da solidariedade como tal. No artigo 3º, inciso I, resta sedimentada que um dos objetivos da República é a construção de uma "sociedade livre, justa e solidária".²²⁸ Assim, entende-se que *objetivo* não é *princípio* capaz de servir de paradigma para

---

²²⁵ Ibid., p. 390.
²²⁶ FACHIN, Luis Edson; GONÇALVES, Marcos Alberto Rocha. Normas trabalhistas na legalidade constitucional: princípios da dignidade da pessoa humana, da solidariedade e da isonomia substancial. In: TEPEDINO, Gustavo et al. (Coords.). *Diálogos entre o Direito do Trabalho e o Direito Civil*. São Paulo: Revista dos Tribunais, 2013. p. 23-36. p. 26-27.
²²⁷ Ibid., p. 26-27.
²²⁸ Art. 3º. Constituem objetivos fundamentais da República Federativa do Brasil: I – construir uma sociedade livre, justa e solidária; II – garantir o desenvolvimento nacional; III – erradicar a pobreza e a marginalização e reduzir as desigualdades sociais e regionais; IV – promover o bem de todos, sem preconceitos de origem, raça, sexo, cor, idade e quaisquer outras formas de discriminação. BRASIL. Constituição (1988).

a forma de interpretação que se pretende propor ao longo de toda exposição. Além disso, em termos de relações internacionais, se pressupõe sua adoção ou, no mínimo, sua consideração, quando, no seu artigo 4°, inciso IX, prevê o princípio da "cooperação entre os povos para o progresso da humanidade".[229]

Ingo Sarlet trata a solidariedade como um desdobramento do princípio da dignidade da pessoa humana. Para o autor, o conceito de dignidade da pessoa humana é calcado no substrato axiológico e conteúdo normativo, sendo que propõe um desdobramento da dignidade em quatro princípios já citados anteriormente, quais sejam o da igualdade, o da integridade física e moral, o da liberdade e o da solidariedade.[230] Por essa razão entende-se como equivocada a tese de Wilson Steinmetz[231] de que a solidariedade é princípio expresso no artigo 3° da Constituição Federal de 1988. Ao invés disso, na verdade, o correto é considerar que o princípio de solidariedade decorre do princípio da dignidade da pessoa humana, como corolário, não representando princípio expresso.

No entanto, na verdade, a resposta à indagação lançada inicialmente reside no fato de que as demandas contemporâneas das nações (inclusive, as demandas sociais), sofreram e sofrem o efeito da globalização e da mundialização da economia. As "aberturas das fronteiras" geraram e geram uma desestruturação na "coluna vertebral da sociedade", muito pelo sistema de "trocas" no cenário econômico mundial e, por isso, resta crível que se utilize de uma interpretação, também, a partir de um "novo regime jurídico das trocas do mundo". Diante desse contexto, é possível que a solidariedade possa ser considerada como princípio interno de um ordenamento jurídico, ainda que com gênese num modelo internacional.[232]

Constituição da República Federativa do Brasil de 1988. Disponível em: <http://www.planalto.gov.br/ccivil_03/constituicao/constitui%C3%A7ao.htm>. Acesso em: 16 abr. 2015.

[229] Art. 4°. A República Federativa do Brasil rege-se nas suas relações internacionais pelos seguintes princípios: I – independência nacional; II – prevalência dos direitos humanos; III – autodeterminação dos povos; IV – não-intervenção; V – igualdade entre os Estados; VI – defesa da paz; VII – solução pacífica dos conflitos; VIII – repúdio ao terrorismo e ao racismo; IX – cooperação entre os povos para o progresso da humanidade; X – concessão de asilo político. Parágrafo único. A República Federativa do Brasil buscará a integração econômica, política, social e cultural dos povos da América Latina, visando à formação de uma comunidade latino-americana de nações. Ibid.

[230] SARLET, Ingo Wolfgang. *Dimensões da dignidade*: ensaios de filosofia do direito e direito constitucional. Porto Alegre: Livraria do Advogado, 2005. p. 123.

[231] STEINMETZ, Wilson. *A vinculação dos particulares a Direitos Fundamentais*. São Paulo: Malheiros, 2004. p. 118.

[232] Supiot ressalta os reflexos da modernidade, sobretudo econômica no contexto jurídico de proteção do ser humano, bem como a necessidade de uma releitura no princípio de solidariedade: "[...] Podemos, para nos convencer, deter-nos um instante no princípio de solidariedade. Princípio de grande atualidade, já que, como a globalização é uma fonte de interdependência em face de riscos capitais (tecnológicos, ambientais, políticos, sanitários) dos quais nenhum país pode dizer-se a salvo, a organização da solidariedade diante desses riscos adquire uma importância vital em escala planetária. [...] Essa passagem de uma solidariedade pessoal para uma solidariedade institucional é, mesmo no Ocidente, um fenômeno recente. [...] Por todas essas razões, os sistemas de solidariedade desenvolvidos no âmbito dos Estados providência atravessam hoje uma crise profunda. [...] A resposta a essa dificuldades não se encontra no mito de uma sociedade mundial composta por indivíduos auto-suficentes e libertos de qualquer vínculo de solidariedade. Tampouco se encontra no fechamento em si mesmos dos sistemas nacionais de solidariedade que formam a coluna vertebral das so-

Ademais, Supiot completa que o pilar de sustentação conceitual da solidariedade reside num princípio anônimo de organização de instituições:

> [...] Mas a solidariedade mudou ao passar assim do direito civil para o direito social. Em vez de designar um vínculo de direito unindo diretamente credores e devedores, ela foi o princípio da organização de instituições de um tipo novo. [...].
> [...] Assim entendida, a solidariedade é anônima, o que faz sua força, mas também sua fraqueza. Sua força, porque liberta os indivíduos dos seus vínculos de sujeição pessoal e autoriza a mobilização de recursos consideráveis e uma imensa mutuação dos riscos. Sua fraqueza, porque esse anonimato fomenta o individualismo ao fazer desparecer qualquer laço direito entre as pessoas solidárias em proveito de uma face-a-face individual com um organismo impessoal. [...].[233]

Desse modo, entende-se que a forma como a solidariedade é tratada a nível mundial auxilia na busca de uma resposta concreta às indagações antes suscitadas. E, importante referir que, por si só, o novo pensar que aqui se defende é suficiente para justificar a aplicação dos princípios de normas internacionais ao cenário jurídico pátrio, embora o artigo 8º da CLT autorize essa possibilidade, ainda que de forma supletiva[234] (no segundo capítulo do presente trabalho tratar-se-á desse assunto, inclusive, da questão atinente ao "diálogo das fontes" vinculada às nanotecnologias).

Porém, uma advertência, nesse momento, é cabível de ser feita: a ideia de *consciência coletiva* que ora se busca defender não enseja a aplicação de normas internacionais em detrimento das normas pátrias acerca do meio ambiente de trabalho. O que se pretende, de fato, é se alcançar essa repaginação da consciência para uma *consciência coletiva*, servindo-se do princípio de solidariedade como portal ou instrumento para um novo pensar e interpretar acerca da matéria em questão. No caso, a *consciência coletiva* derivada de um princípio

---

ciedades e são, portanto, realmente obrigados a mover-se com elas. [...] Os direitos econômicos e sociais já consagrados bastam, pois, para dar armas jurídicas para obrigar os operadores e econômicos a contribuir de forma significativa para a sua satisfação nos países onde operam. Conviria, de outro lado, tirar do princípio de solidariedade efeitos novos e fazer a interpretação dos direitos econômicos e sociais evoluir num sentido que leve em conta o novo regime jurídico das trocas no mundo. Essa interpretação deve abrir-se para a maneira pela qual os países do Sul entendem e praticam a solidariedade se se quer reduzir a fratura social internacional e os conflitos de interesse hoje mantidos entre trabalhadores do Norte e do Sul. [...] Assim definida, a solidariedade poderia servir para conter de duas maneiras os efeitos de desestruturação social ligados à mundialização. De um lado, ela leva a reconhecer àqueles cujas condições de vida e de trabalho são atingidas pela liberalização das trocas mundiais o direito de se organizarem, de agirem e de negociarem num plano internacional. A solidariedade aqui é considerada um modo não mais somente de proteger os homens contra os riscos da existência, mas também de lhes dar os meios concretos de exercer certas liberdades [...]". SUPIOT, Alain. *Homo juridicus*: ensaio sobre a função antropológica do Direito. Tradução de Maria Ermantina de Almeida Prado Galvão. São Paulo: Martins Fontes, 2007. p. 260-265.

[233] SUPIOT, Alain. *Homo juridicus*: ensaio sobre a função antropológica do Direito. Tradução de Maria Ermantina de Almeida Prado Galvão. São Paulo: Martins Fontes, 2007. p. 261;263.

[234] Art. 8º. As autoridades administrativas e a Justiça do Trabalho, na falta de disposições legais ou contratuais, decidirão, conforme o caso, pela jurisprudência, por analogia, por eqüidade e outros princípios e normas gerais de direito, principalmente do direito do trabalho, e, ainda, de acordo com os usos e costumes, o direito comparado, mas sempre de maneira que nenhum interesse de classe ou particular prevaleça sobre o interesse público. Parágrafo único – O direito comum será fonte subsidiária do direito do trabalho, naquilo em que não for incompatível com os princípios fundamentais deste. BRASIL. *Decreto-Lei nº 5.452, de 1º de maio de 1943*. Aprova a Consolidação das Leis do Trabalho. Disponível em: <http://www.planalto.gov.br/ccivil_03/decreto-lei/del5452.htm>. Acesso em: 16 abr. 2015.

de solidariedade nada mais é que uma prévia estruturação para um novo interpretar. Segundo Luiz Edson Fachin e Marcos Alberto Rocha Gonçalves, "a solidariedade cresce de importância, na medida em que permite a tomada de consciência da interpendência social".[235]

Neste ponto argumentativo, vislumbra-se o início do estabelecimento das ligações entre os elos dos elementos do conjunto *círculo hermenêutico=princípio de solidariedade=consciência coletiva*.

Como já visto, o sistema normativo existente quanto às disposições de saúde, segurança, higiene e medicina do trabalho não são capazes, por si só, de modificar o quadro grave de ocorrências de acidentes e doenças laborais, exatamente pelo fato de que não se tem uma *consciência coletiva e humana* acerca de tais situações. Isto mostra que a forma tradicional de se interpretar as normas de segurança e saúde do trabalho é meramente *normativa*, mas não enseja uma verdadeira atribuição de sentido. Neste caso, a atribuição de sentido da norma baseada num *círculo hermenêutico* é clara: prevenir a ocorrência dos acidentes de trabalho e das doenças laborais, pois, neste caso, a *prevenção* – antes de uma indenização compensatória ou reparatória –, é a forma ideal de preservar a vida do ser humano trabalhador.

O fato de que, num espaço de 5 (cinco) anos, os índices de acidentes e doenças ocupacionais não baixam de 700 (setecentos) mil por ano, revela uma leniência geral com tais fatos (repisa-se os dados estatísticos referidos na nota 215). Nota-se que, de regra, tanto o Poder Público (leia-se, União, Estados e Municípios), como os empregados e os empregadores, e as entidades de classe, assistem acomodada e conformadamente a estabilidade do número de ocorrências laborais, fazendo com que a extensa gama de normas de saúde e segurança do trabalho se torne um conjunto de meros conceitos politicamente satisfatórios, mas sem a eficácia verdadeiramente necessária e almejada.[236] A conformidade de todos os partícipes desse quadro reside, também, num "contentamento contraditório" de que, caso a *prevenção* não seja exitosa, posteriormente, se busque formas de compensar e indenizar os danos causados ao trabalhador que a própria legislação oferece.[237] Esta ideia compensatória

---

[235] FACHIN, Luis Edson; GONÇALVES, Marcos Alberto Rocha. Normas trabalhistas na legalidade constitucional: princípios da dignidade da pessoa humana, da solidariedade e da isonomia substancial. In: TEPEDINO, Gustavo *et al.* (Coords.). *Diálogos entre o Direito do Trabalho e o Direito Civil*. São Paulo: Revista dos Tribunais, 2013. p. 23-36. p. 26.

[236] Para Pierre Bourdieu, citado por Bauman, a acomodação ou conformidade referidas podem também representar estreita relação entre "o colapso da confiança e o enfraquecimento da vontade de engajamento político e ação coletiva: a capacidade de fazer projeções para o futuro, sugere, é a *conditio sine qua non* de todo o pensamento 'transformador' e de todo o esforço de reexaminar e reformar o estado presente das coisas – mas projeções sobre o futuro raramente ocorrerão a pessoas que não tem o pé firme no presente". BOURDIEU, Pierre apud BAUMAN, Zygmunt. *Modernidade líquida*. Tradução de Plínio Dentzien. Rio de Janeiro: Zahar, 2001. p. 190.

[237] O ordenamento pátrio não só possui um sistema de *prevenção* quanto aos acidentes de trabalho e às doenças ocupacionais, como também conta com um sistema "compensatório", no caso dessas ocorrências. A legislação previdenciária brasileira atual prevê que o empregado que sofrer acidente de trabalho ou tenha sido acometido de doença ocupacional, após o 15º (décimo quinto) dia de afastamento, poderá perceber os benefícios de auxílio-doença-acidentário e auxílio-acidente, conforme artigos 59 e 86 da Lei 8.231/1991, respectivamente. Além disso, por força do artigo 188 da mesma Lei, o empregado, do retorno do INSS, nos casos

ou reparatória – que conforma e acomoda – não combina com a proposta de uma *nova hermenêutica da prevenção*.

Aliás, aqui, é possível constatar uma possível contribuição da própria Norma Constitucional brasileira para esse "acomodar" quanto à ineficácia da *prevenção* em matéria de infortúnios laborais. Embora a Constituição de 1988, como já fora dito, imprimiu e imprime um caráter fundamental à saúde e segurança do trabalhador, direito esse evidentemente penetrado pela dignidade da pessoa humana, não se há uma menção expressa da Constituição de que o direito do trabalhador é o de ter concretamente realizada uma política de *prevenção* que evite a ocorrência dos acidentes e doenças ocupacionais. Cláudio Brandão ressalta que há um "[...] *viés preventivo na defesa da saúde do trabalhador*, como consequência do direito à eliminação dos riscos presentes no meio ambiente do trabalho (art. 7º, XXI, da CF) [...]".[238] Ou seja, a *prevenção* é consequência, e não imposição expressa. Nesse quesito em específico, um comparativo, por exemplo, entre as Constituições brasileiras de 1934, de 1937 e de 1988, mostra que não se evoluiu significativamente em termos de normatização constitucional acerca do meio ambiente de trabalho, sobretudo quanto a uma expressão do objetivo de *prevenção*.

A ideia de redução de riscos e de uma política de "seguro" demonstra certa passividade diante dos fatos verdadeiramente desdobrados. E, ainda, uma comparação dessas Constituições com a Constituição Mexicana de 1917, também como exemplo, em matéria de meio ambiente de trabalho, mostra que a medida contra essa "mentalidade passiva" é a elaboração de um novo pensar quanto à matéria. Não restam dúvidas que merece ser festejada a vinculação do artigo 7º da Constituição Federal com a dignidade da pessoa humana, entretanto, a impressão que se tem é que, em quase 100 (cem) anos, pouco se pensou em termos de *"constitucionalização da prevenção"*, mesmo com o crescimento das mortes, lesões e doenças decorrentes do trabalho. Por isso que, diante desse quadro, os princípios fundamentais constitucionais positivados em 1988 servirão também para permitir a atuação princípio de solidariedade e se alcançar uma nova mentalidade ensejadora de transformações no campo interpretativo. Ou seja, de tudo isso se conclui que, mesmo tendo uma gama de normas infraconstitucionais com vistas à *prevenção*, o ideal seria uma *prevenção* constitucional expressa. No entanto, não se tem isso, mas, em contrapartida, sem tem a possibilidade de interpretar segundo à carga humana e fundamental da própria Constituição.[239]

---

em questão, gozará de garantia de emprego de 12 (doze) meses. Não obstante os direitos previdenciários, o empregado poderá postular, perante a Justiça do Trabalho, o pagamento de indenizações por danos materiais e extrapatrimoniais decorrentes de acidente ou doença laborais, nos termos dos artigos 7º, XXVIII, e 114, VI, da Constituição Federal, e com base nos artigos 186 e 927 do Código Civil Brasileiro (nesse casos, a discussão girará em torno da responsabilidade civil do empregador).

[238] BRANDÃO, Cláudio. Novos rumos do Direito do Trabalho. In: TEPEDINO, Gustavo *et al.* (Coords.). *Diálogos entre o Direito do Trabalho e o Direito Civil*. São Paulo: Revista dos Tribunais, 2013. p. 37-54. p. 47.

[239] Na Constituição Federal de 1934, o artigo 121, letra h e parágrafo 8º previam, respectivamente, direito do empregado à assistência médica, sanitária e no caso de acidente do trabalho, e direito a indenização por acidentes de trabalho em obras públicas, respectivamente. Transcreve-se tais dispositivos com base na publicação original: "Art. 121. A lei promoverá o amparo da produção e estabelecerá as condições do trabalho,

De outra parte, a acomodação referida revela uma evidente crise do pensar e do interpretar. Não basta a mera tarefa subsuntiva anteriormente mencionada: *ocorrera o fato, a norma preceitua e o intérprete aplica o que resta previsto; e isso, acaba sendo a tarefa interpretar-aplicar o Direito*. Tal raciocínio está ultrapassado e é contraditório com a ideia de *prevenção*. O intérprete realiza sua atividade limitada ao que está preceituado, considerando a norma um objeto. É "criatividade sem criação".[240]

Nesta linha, tem-se que prevenir é anterior à ocorrência do acidente de trabalho ou da doença ocupacional; prevenir é o pensar coletivo das normas existentes em matéria de meio ambiente laboral, de forma a despertar em todos os envolvidos (e responsáveis) com o fato social, um pensar e um interpretar capazes de aplicar, no mundo vivo dos fatos, o Direito existente e materializar, verdadeiramente, a ideia de uma *prevenção* contra os infortúnios e moléstias

---

na cidade e nos campos, tendo em vista a protecção social do trabalhador e os interesses econômicos do paiz. [...] h) assistencia medica e sanitaria ao trabalhador e á gestante, assegurado a esta descanso antes e depois do parto, sem prejuizo do salario e do emprego, e instituição de previdencia, mediante contribuição igual da União, do empregador e do empregado, a favor da velhice, da invalidez, da maternidade e nos casos de accidentes de trabalho ou de morte; [...] § 8º. Nos accidentes do trabalho em obras publicas da União, dos Estados e dos Municipios, a indemnização será feita pela folha de pagamento, dentro de quinze dias depois da sentença, da qual não se admitirá recurso *ex ofício*". BRASIL. Câmara dos Deputados. *Legislação informatizada*: Constituição de 1934: publicação original. Disponível em: <http://www2.camara.leg.br/legin/fed/consti/1930-1939/constituicao-1934-16-julho-1934-365196-publicacaooriginal-1-pl.html>. Acesso em: 16 abr. 2015. Já na Constituição de 1967, a ideia de meio ambiente do trabalho aparece um pouco mais pontuada: "Art. 158. A Constituição assegura aos trabalhadores os seguintes direitos, além de outros que, nos termos da lei, visem à melhoria, de sua condição social: [...] IX – higiene e segurança do trabalho; [...] XVII – seguro obrigatório pelo empregador contra acidentes do trabalho; [...]". BRASIL. Constituição (1967). Constituição da República Federativa do Brasil de 1967. Disponível em: <http://www.planalto.gov.br/ccivil_03/constituicao/constituicao67.htm>. Acesso em: 14 mar. 2014. A Constituição de 1988, no seu artigo 7º, prevê, em matéria de meio ambiente laboral: "Art. 7º. São direitos dos trabalhadores urbanos e rurais, além de outros que visem à melhoria de sua condição social: [...] XXII – redução dos riscos inerentes ao trabalho, por meio de normas de saúde, higiene e segurança; [...] XXIII – adicional de remuneração para as atividades penosas, insalubres ou perigosas, na forma da lei; [...] XXVIII – seguro contra acidentes de trabalho, a cargo do empregador, sem excluir a indenização a que este está obrigado, quando incorrer em dolo ou culpa; [...]".Nota-se, assim, por um comparativo singelo, que a Constituição Federal foi o diploma que garantiu *status* fundamental a tais questões atinentes ao meio ambiente de trabalho. Todavia, se trazidos à exame os dispositivos da Constituição Mexicana de 1917, concluir-se-á que a *prevenção* não fora positivada constitucionalmente de uma forma imperativa, capaz de ensejar uma correspondente mentalidade capaz de influenciar a interpretação dos fatos, quando necessário. Fábio Konder Comparato cita o artigo 123 da Constituição Mexicana de 1917, o qual, no seu inciso XV preceitua expressa carga preventiva: "Art. 123. O congresso da União e as legislaturas dos Estados deverão editar leis sobre o trabalho, fundadas nas necessidades de cada região, sem contrariar as seguintes bases, que regerão o trabalho dos operários, diaristas, empregados, domésticos e artesãos e, de maneira geral, todo contrato de trabalho. [...] XV – O patrão será obrigado a observar, na instalação de seu estabelecimento, os preceitos legais sobre higiene e saúde, e adotar as medidas adequadas para prevenir acidentes no uso das máquinas, dos instrumentos e do material de trabalho, assim como organizar este de tal forma que resulte para a saúde e a vida dos trabalhadores a maior garantia compatível com a natureza do estabelecimento, sob as penas para o caso as leis determinarem. [...]". COMPARATO, Fábio Konder. *A afirmação histórica dos Direitos Humanos*. 5. ed. São Paulo: Saraiva, 2007. p. 183-185. Por isso, o comparativo ora demonstrado serve para comprovar que, em tempos atuais, imprescindível se faz a adoção de uma forma de interpretar mais humana e tendente a buscar a verdadeira *prevenção*, sendo que o princípio de solidariedade oferece instrumental para isso.

[240] ENGELMANN, Wilson. *Direito natural, ética e hermenêutica*. Porto Alegre: Livraria do Advogado, 2007. p. 202.

que tenham gênese na atividade laboral. Esse permanente fechamento interpretativo pode, como defende Lenio Streck, produzir "obstáculos" na realização do Direito na sociedade.[241]

É neste viés hermenêutico – com inserção no *círculo hermenêutico* –, portanto, que atua o princípio de solidariedade no meio ambiente de trabalho e que se materializa na adoção de uma *consciência coletiva*. Com base nisto e nos argumentos mais conceituais fixados no item 2.2.2 já apresentado, propõe-se um raciocínio sobre a temática, neste modelo interpretativo, eivado de elementos da hermenêutica heideggeriana *da faticidade, da pré-estrutrura da compreensão e do privilégio da existência humana*,[242] e da hermenêutica gadameriana da compreensão decorrente *do modo de ser do homem*.[243] Eis o raciocínio do *círculo hermenêutico*: a) existem diversas normas de proteção ao meio ambiente de trabalho de cunho preventivo; b) as normas existentes não evitam os alarmantes números de ocorrências de acidentes e doenças laborais sofridas pelos trabalhadores e que geram consequências para toda a sociedade; c) todas as normas trabalhistas brasileiras foram construídas, historicamente, com influência do Princípio da Proteção do trabalho e do trabalhador; d) historicamente, também, o Direito do Trabalho sempre buscou resgatar e preservar a dignidade do trabalhador perante a relação de subordinação para com seu empregador; e) antes de ser sujeito da relação de emprego o trabalhador é um ser humano que deve, em qualquer relação, ter sua integridade preservada e protegida; f) logo, previnir não é só ver as normas de saúde e segurança cumpridas, mas, sim, ver o ser humano considerado; g) considerar o ser humano no trabalho é sair da simples leitura do que a norma determina, projetar-se até o Princípio da Proteção que influenciou o próprio surgimento do Direito do Trabalho, elevar a dignidade da pessoa humana e a valorização do trabalho que a Constituição Federal impõe como positivação dos direitos humanos, levar em conta a solidariedade que a comunidade internacional e os vários movimentos nacionais e internacionais pregam e implementam e, assim, retornar à interpretação das normas de saúde e segurança do trabalho e estabelecer uma consciência de todos os envolvidos, empregadores, empregados, Poder Público e sindicatos: *a ordem de prevenção contida nos preceitos normativos vigentes deve ser cumprida com o intuito de que não ocorra acidentes e doenças laborais, pois tais normas não existem para servir de fundamento para uma responsabilidade do empregador quando de uma*

---

[241] Lenio Streck define esse fechamento hermenêutico como a "fetichização do discurso jurídico" e aponta como consequência a "obstaculização à realização dos direitos". Nesse sentido, leciona que: "É neste contexto – crise de paradigma do Direito e da dogmática jurídica – que devemos permear a discussão acerca dos obstáculos que impede a realização dos direitos em nossa sociedade. [...] Se é verdade a afirmação de Clève de que a dogmática jurídica é constituinte do saber jurídico instrumental e auxiliar da solução de conflitos, individuais e coletivos, de interesses e que não há direito sem doutrina e, portanto, sem dogmática, então é também razoável afirmar que o discurso jurídico-dogmático, instrumentalizador do Direito, é importante fator impeditivo/obstaculizante do Estado Democrático de Direito em nosso país – e portanto, da realização da função social do Direito –, traduzindo-se em uma espécie de censura negativa. [...]". STRECK, Lenio Luiz. *Hermenêutica jurídica e(m) crise*: uma exploração hermenêutica da construção do Direito. 10. ed. Porto Alegre: Livraria do Advogado, 2011. p. 111.

[242] ENGELMANN, op. cit., p. 214-220.

[243] Ibid., p. 230.

demanda judicial de pedido de pagamento de indenização pelo evento danoso ocorrido. Os riscos existem para ser combatidos, vez que a ideia a prevalecer é a proteção do ser humano envolvido na relação interpretada. Assim, o *círculo hermenêutico* deve funcionar na seguinte dinâmica: partir, transitar, retornar e completar, mas nunca fechar, pois a atualidade do contexto a se examinar pode sempre trazer elementos novos capazes de subsidiar a tarefa interpretativa talhada a valorizar o ser humano que ocupa o centro da questão examinada.

Destarte, o Poder Público (não só quanto à divisão como federação, mas, também, do ponto de vista funcional, no Executivo, Legislativo e Judiciário), os empregados e os empregadores (nesse ponto, ressalta-se também o papel constitucional dos sindicatos),[244] devem assumir uma postura de *consciência coletiva* acerca do caráter não só social, mas também, fundamental, das normas que protegem e visam prevenir os acidentes de trabalho e as doenças ocupacionais. Maria Celina Bodin de Moraes oferece raciocínio que se enquadra perfeitamente no sobre o conjunto *círculo hermenêutico=princípio da solidariedade=consciência coletiva*:

> A proteção da pessoa humana, em substituição à tutela da liberdade individual (*rectius*, autonomia privada), é o postulado a partir do qual se pode demonstrar toda a gama de transformações ocorridas no interior da ordem civil, na aplicação da lei pelos juízes e, principalmente, na consciência moral da sociedade.[245]

No mesmo compasso, a tese de Felice Battaglia de "atuação transcendental da consciência" se mostra plenamente atual e passível de resgate:

> É um processo inderrogável e necessário, que, fundando o fato da sociedade, substancia-se numa atuação transcendental da consciência, que, verdadeiramente ética, é sociabilidade.
> [...] No trabalho o homem é personalidade desdobrada, articula-se em todas as relações sociais que são, enfim, a concreta sociabilidade.[246]

Neste sentido, a solidariedade é um instrumento, não só "para proteger os homens contra o risco da existência, mas, também, para lhes alcançar meios de exercer certas liberdades".[247]

A tese de *consciência coletiva* ganha reforço no entendimento de Ulrich Beck sobre a "consciência do risco":

---

[244] O Direito do Trabalho, embasado no que dispõe o artigo 8º da Carta Federal de 1988, possui na negociação coletiva, mais uma fonte de Direito, sendo que a autocomposição pode (ou deve) servir de origem para a criação de normas de saúde e segurança do trabalho, além das normas já existentes. Aliás, essa é uma das tarefas – senão, a primordial, dos sindicatos. Nesse sentido, leciona Gilberto Stürmer, de cuja lição se conclui que "para negociar, o sindicato deve representar". Tanto em questões individuais como em questões coletivas, o sindicato possui a prerrogativa de defender os interesses da categoria, seja através da representação de categorias profissionais ou econômicas ou por meio da substituição processual, tendo sido esta a intenção do Constituinte ao criar o inciso III, art. 8º da Lei Maior. STÜRMER, Gilberto. *A Liberdade sindical na constituição da república federativa do Brasil de 1988 e sua relação com a convenção 87 da Organização Internacional do Trabalho.* Porto Alegre: Livraria do Advogado, 2007. p. 88.

[245] MORAES, Maria Celina Bodin de. *Danos à pessoa humana*: uma leitura civil-constitucional dos danos morais. Rio de Janeiro: Renovar, 2003. p. 73.

[246] BATTAGLIA, Felice. *Filosofia do trabalho*. Tradução por Luís Washington Vita e Antônio D'Elia. São Paulo: Saraiva, 1958. p. 297-298.

[247] SUPIOT, Alain. *Homo juridicus*: ensaio sobre a função antropológica do Direito. Tradução de Maria Ermantina de Almeida Prado Galvão. São Paulo: Martins Fontes, 2007. p. 265.

> [...] Esse traço teórico fundamental da consciência do risco tem um significado *antropológico*: as ameaças da civilização fazem surgir uma espécie de novo "reino das trevas", comparável com os deuses e demônios da Antiguidade, que se ocultavam por trás do mundo visível e ameaçavam a vida humana no planeta. [...].
>
> [...] Assim, com a consciência do riscos, crítica em relação à civilização, sobe ao palco da história mundial uma consciência teoricamente definida da realidade que incide em todos os âmbitos do cotidiano. [...].[248]

Numa perspectiva mais voltada à promoção da *justiça*, Otfried Höffe insere a ideia de solidariedade – de forma, não expressa –, num contexto de *"cooperação negativa"*, o que também contribui para a tese que ora se defende:

> [...] A justiça primariamente relevante na legitimação política não é a justiça distributiva, mas a justiça comutativa. E no seu âmbito, trata-se, em primeira linha, de uma troca negativa de renúncias à liberdade, e não de uma troca positiva de bens e prestação de serviços. Se quiséssemos considerar essa troca como uma cooperação, deveríamos falar de uma cooperação negativa em vez de uma cooperação positiva. [...].
>
> [...] Pela falta de um consenso universal, se poderia enfraquecer o critério de legitimação, querer dar por suficientes as regras de liberdade, com o bem-estar coletivo em lugar do distributivo, e afirmar que, já que a maioria dos seres humanos prefere a vida a tudo o mais, se poderia justificar a proibição de matar, em nome do benefício social geral. [...].[249]

De outra parte, resta cabível conceber que o princípio de solidariedade pode ser aplicado às relações de emprego e em matéria de meio ambiente de trabalho como forma ensejadora de uma interpretação mais próxima do cunho humanístico e da dignidade do trabalhador, buscando, assim, um "acontecer" das normas existentes, que é o que se pretende defender, ou seja, pensar e interpretar as normas de meio ambiente de trabalho a partir de uma concepção calcada em reflexos definitivos de direitos humanos e da preservação da dignidade da pessoa humana. Nesta linha, a saúde e a segurança do trabalhador estão inseridos na construção feita por Maria Celina Bodin de Moraes:

> [...] na esfera cível, no entanto, a integridade psicofísica vem servindo a garantir numerosos direitos de personalidade (vida, nom, imagem, honra, privacidade, corpo, identidade pessoal), instituindo, hoje, o que se poderia entender com um amplíssimo "direito à saúde", compreendida esta como completo bem-estar físico e social.[250]

Ainda, pertinente acrescentar que essa ideia se aproxima da construção feita por Supiot de que "[...] essa definição do princípio da solidariedade pode servir de base para regras que limitem a mercantilização dos homens e das coisas".[251]

---

[248] BECK, Ulrich. *Sociedade de risco*: rumo à outra modernidade. Tradução de Sebastião Nascimento. São Paulo: Ed. 34., 2010. p. 87;89.
[249] HÖFFE, Otfried. *Justiça política*: fundamentação de uma filosofia crítica do direito e do Estado. Tradução de Ernildo Stein. São Paulo: Martins Fontes, 2006. p. 344-346.
[250] MORAES, Maria Celina Bodin de. *Danos à pessoa humana*: uma leitura civil-constitucional dos danos morais. Rio de Janeiro: Renovar, 2003. p. 94.
[251] SUPIOT, Alain. *Homo juridicus*: ensaio sobre a função antropológica do Direito. Tradução de Maria Ermantina de Almeida Prado Galvão. São Paulo: Martins Fontes, 2007. p. 265.

Zygmunt Bauman, no campo do trabalho, sugere um caráter positivo da solidariedade no período anterior à modernidade, ideia de historicidade essa que contribui para o resgate do respectivo princípio. No seu entendimento,

> [...] o ambiente social em que as pessoas (raramente por sua própria escolha) conduzem os afazeres da vida, mudou radicalmente desde o tempo em que os trabalhadores que se amontoavam nas fábricas de produção em larga escala se uniam para lutar por termos mais humanos e compensadores de venda de seu trabalho, e os teóricos e práticos dos movimento dos trabalhadores sentiam na solidariedade destes o desejo, informe e ainda não articulado (mas inato e a longo prazo avassalador), de uma "boa sociedade" que efetivaria os princípios universais da justiça.[252]

Ou seja, estranhamente (ou não), o caminho para se buscar um novo interpretar das normas existentes, tendo como base o princípio de solidariedade e como seu fio condutor a dignidade humana, seria o de "retorno" à ideia primordial de consciência que culminou com o surgimento de um Direito "novo" capaz de resgatar a dignidade do homem trabalhador.[253]

---

[252] BAUMAN, Zygmunt. *Modernidade líquida*. Tradução de Plínio Dentzien. Rio de Janeiro: Zahar, 2001. p. 191-192.

[253] O postulado número 8, da Encíclica *Laborem Exercens* do Papa João Paulo II, em alusão ao 90º (nonagésimo) aniversário da Encíclica *Rerum Novarum* traz uma abordagem relevante quanto à solidariedade no trabalho, sobretudo da sua origem e da necessidade de sua utilização para o estabelecimento de uma visão do sujeito do trabalho, o trabalhador, o que, sem margem de dúvidas resta plenamente aplicável na contemporaneidade: "Desde então, a solidariedade dos homens do trabalho e, simultaneamente, uma tomada de consciência mais clara e mais compromissória pelo que respeita aos direitos dos trabalhadores da parte dos outros, produziu em muitos casos mundanças profundas. Foram excogitados diversos sistemas novos. Desenvolveram-se diversas formas de neo-capitalismo ou de colectivismo. E, não raro, os homens do trabalho passam a ter a possibilidade de participar e participam efectivamente na gestão e no controlo da produtividade das empresas. Por meio de associações apropriadas, eles passam a ter influência no que respeita às condições de trabalho e de remuneração, bem como quanto à legislação social. Mas, ao mesmo tempo, diversos sistemas fundados em ideologias ou no poder, como também novas relações que foram surgindo nos vários níveis da convivência humana, deixaram persistir injustiças flagrantes ou criaram outras novas. A nível mundial, o desenvolvimento da civilização e das comunicações tornou possível uma diagnose mais completa das condições de vida e de trabalho do homem no mundo inteiro, mas tornou também patentes outras formas de injustiça, bem mais amplas ainda do que aquelas que no século passado haviam estimulado a união dos homens do trabalho para uma particular solidariedade no mundo operário. E isto assim, nos países em que já se realizou um certo processo de revolução industrial; e assim igualmente nos países onde o local de trabalho a predominar continua a ser o da cultura da terra ou doutras ocupações congéneres. Movimentos de solidariedade no campo do trabalho – de uma solidariedade que não há-de nunca ser fechamento para o diálogo e para a colaboração com os demais – podem ser necessários, mesmo pelo que se refere às condições de grupos sociais que anteriormente não se achavam compreendidos entre estes movimentos, mas que vão sofrendo no meio dos sistemas sociais e das condições de vida que mudam uma efectiva « proletarização », ou mesmo que se encontram realmente já numa condição de proletariado que, embora não seja chamada ainda com este nome, de facto é tal que o merece. Podem encontrar-se nesta situação algumas categorias ou grupos da « intelligentzia » do trabalho, sobretudo quando, simultaneamente com um acesso cada vez mais ampliado à instrução e com o número sempre crescente das pessoas que alcançaram diplomas pela sua preparação cultural, se verifica uma diminuição de procura do trabalho destas pessoas. Um tal desemprego dos intelectuais sucede ou aumenta: quando a instrução acessível não está orientada para os tipos de emprego ou de serviços que são requeridos pelas verdadeiras necessidades da sociedade; ou quando o trabalho para o qual se exige a instrução, pelo menos profissional, é menos procurado e menos bem pago do que um trabalho braçal. É evidente que a instrução, em si mesma, constitui sempre um valor e um enriquecimento importante da pessoa humana; contudo, independentemente deste facto, continuam a ser possíveis certos processos de «proletarização». Assim, é necessário prosseguir a interrogar-se sobre o sujeito do trabalho e sobre as condições da sua existência. Para se realizar a justiça social nas diversas partes do mundo, nos vários países e nas relações entre eles, é preciso que haja sempre novos movimentos de solidariedade dos homens do trabalho e de solidariedade com os homens do trabalho. Uma tal solidariedade deverá fazer sentir a sua presença onde a exijam a degra-

Luiz Edson Fachin e Marcos Alberto Rocha Gonçalves destacam que:

> [...] as relações jurídicas privadas, tanto aquelas reguladas pelo direito civil quanto às abarcadas pelo direito do trabalho, possuem como escopo a interação solidária na perpetração dos objetivos éticos traçados pelo pacto social vigente.
>
> [...] O refinamento desses planos em torno da solidariedade reclama identificação mais acurada da causa do elemento que impulsiona tal convergência, identificado, a partir da arquitetura constitucional, como a dignidade da pessoa humana [...].[254]

Mesma pertinência se confere à assertiva de Felice Battaglia de que "o trabalho é um dever universal mais ainda do que uma tarefa econômica":

> [...] O trabalho é um dever universal mais ainda do que uma tarefa econômica. Em primeiro lugar, pela gênese: o trabalho, essencialmente pessoal, leva a marca da pessoa, que é sociabilidade; em segundo, pelas profundas e decisivas influências que êle exerce sôbre o bem-estar coletivo e sobre o progresso da civilização; em terceiro, pelas exigências técnicas da produção, no sentido de que não se pode ter produção sem a preestabelecida convergência de muitos esforços, vale dizer, sem divisão de trabalho e sem cooperação; e, quarto, enfim, pelo fim a que visa, que não pode ser par exclusiva vantagem do indivíduo e muito menos com dano a coletividade. [...].[255]

Maria do Rosário Palma Ramalho defende a necessidade de uma "nova concepção sobre a relação de trabalho", a qual permite que o vínculo laboral, até então reforçado por um elemento de *pessoalidade*, agora, é reforçado também por um elemento *comunitário* (somado à pessoalidade), sendo que essa concepção se desenvolveu na Alemanha a partir do final do Século XX e influenciou a maioria dos sistemas jurídicos europeus, como Portugal, por exemplo.[256] Nesse contexto, a relação de trabalho não é só pessoal, mas comunitária, e são os elementos de pessoalidade e de comunidade que justificam o dever de lealdade do empregado perante a organização do empregador e, concomitantemente, os dever de assistência e cuidado do empregador para com o trabalhador.[257]

---

dação social do homem-sujeito do trabalho, a exploração dos trabalhadores e as zonas crescentes de miséria e mesmo de fome. A Igreja acha-se vivamente empenhada nesta causa, porque a considera como sua missão, seu serviço e como uma comprovação da sua fidelidade a Cristo, para assim ser verdadeiramente a « Igreja dos pobres ». E os « pobres » aparecem sob variados aspectos; aparecem em diversos lugares e em diferentes momentos; aparecem, em muitos casos, como um resultado da violação da dignidade do trabalho humano: e isso, quer porque as possibilidades do trabalho humano são limitadas – e há a chaga do desemprego – quer porque são depreciados o valor do mesmo trabalho e os direitos que dele derivam, especialmente o direito ao justo salário e à segurança da pessoa do trabalhador e da sua família". CARTA Encíclica *Laborem Exercens* do sumo pontífice **João Paulo II** aos veneráveis irmãos no episcopado aos sacerdotes às famílias eligiosas aos filhos e filhas da igreja e a todos os homens de boa vontade sobre o trabalho humano no 90º Aniversário da Rerum Novarum. Disponível em: <http://www.vatican.va/holy_father/john_paul_ii/encyclicals/documents/hf_jp-ii_enc_14091981_laborem-exercens_po.html>. Acesso em: 16 abr. 2015.

[254] FACHIN, Luis Edson; GONÇALVES, Marcos Alberto Rocha. Normas trabalhistas na legalidade constitucional: princípios da dignidade da pessoa humana, da solidariedade e da isonomia substancial. In: TEPEDINO, Gustavo *et al.* (Coords.). *Diálogos entre o Direito do Trabalho e o Direito Civil*. São Paulo: Revista dos Tribunais, 2013. p. 23-36. p. 27.

[255] BATTAGLIA, Felice. *Filosofia do trabalho*. Tradução de Luís Washington Vita e Antônio D'Elia. São Paulo: Saraiva, 2008. p. 289-290.

[256] RAMALHO, Maria do Rosário Palma. *Direito do Trabalho*. Coimbra: Almedina, 2005. (Parte I: Dogmática Geral). p. 372.

[257] Ibid., p. 375.

Fábio Konder Comparato, por sua vez, oferta um "roteiro de humanização do mundo" e a "organização de uma humanidade solidária", sobretudo como forma de se contrapor aos efeitos do capitalismo:

> A prática capitalista representa o desenvolvimento sistemático do espírito individualista que a anima. É a lógica da exclusiva possibilidade técnica tudo o que pode ser produzido empresarialmente possui um valor absoluto e não deve ser impedido por exigências éticas. É a porfia pela concentração ilimitada de capital – isto é, de poder econômico – com base na exploração de trabalhadores e consumidores, na apropriação de bens comuns da humanidade, naturais ou culturais, e na exaustão – esta também global – do meio ambiente.
>
> Um civilização que garanta a toda a humanidade o direito de buscar uma vida mais feliz há de contrapor-se radicalmente ao capitalismo, tanto pelo seu espírito quanto pelo sistema institucional ou a prática de vida.
>
> Em oposição ao individualismo excludente, o espírito da nova civilização há de ser a irradiação da fraternidade universal, a organização de uma humanidade solidária, onde se ditem, enfim, "na paz, leis iguais, constantes, que aos grandes não dêem o dos pequenos", como sonhou Camões.[258]

Assim, conforme declinado, todo raciocínio envolvendo o princípio de solidariedade cria condições de possibilidade para um pensar e um interpretar um Direito do Trabalho que cuide da saúde e da segurança laboral, vinculado a uma mentalidade jurídica "universal", além das fronteiras do ordenamento brasileiro, bem como vinculado a uma *consciência coletiva* em que todas as entidades e pessoas nacionais se comprometam com a ideia de *prevenção* e se aliem na busca do "acontecer" desta tendência e conseguinte alteração do cenário atual. Tanto é verdade que, atualmente, do cenário brasileiro, é possível extrair alguns movimentos – ainda tímidos e claramente receosos –, de que o princípio de solidariedade, a *consciência coletiva*, e um novo pensar e interpretar das normas de meio ambiente de trabalho já são uma realidade, mas, carente de amadurecimento e consolidação. Esses exemplos mostram, inclusive, que é possível de se concretizar o que se pretende no segundo capítulo, ou seja, se utilizar do conjunto para dar estofo à ideia de criação de alternativas (marcos regulatórios) que materializem uma proteção contra os riscos oriundos do trabalho com nanotecnologias. Passa-se ao exame de alguns desses exemplos.

No ano de 2003, o Governo Federal criou a Secretaria Nacional de Economia Solidária, cujo objetivo era e é o de implantar o Programa Economia Solidária em Desenvolvimento, programa esse que atua em plena cooperação com as políticas do Ministério do Trabalho e Emprego. A ideia do referido programa é amenizar ou elidir os efeitos das mudanças estruturais ocorridas mundialmente nas últimas épocas.[259] Na verdade, esse programa confirma o

---

[258] COMPARATO, Fábio Konder. *A afirmação histórica dos Direitos Humanos*. 5. ed. São Paulo: Saraiva, 2007. p. 538;540.

[259] O Ministério do Trabalho e Emprego participa na efetivação do Programa Economia Solidária em Desenvolvimento, sendo que tem por origens recentes os seguintes postulados: "A economia solidária resgata as lutas históricas dos trabalhadores que tiveram origem no início do século XIX, sob a forma de cooperativismo, como uma das formas de resistência contra o avanço avassalador do capitalismo industrial. No Brasil, ela ressurge no final do Século XX como resposta dos trabalhadores às novas formas de exclusão e exploração no mundo do trabalho. As mudanças estruturais, de ordem econômica e social, ocorridas no mundo nas últimas décadas, fragilizaram o modelo tradicional de relação capitalista de trabalho. O aumento da informalidade e a

que fora defendido anteriormente, no sentido de que, por meio de uma política de bem-estar para si e para os demais cidadãos, se busca a criação de novos formatos de desenvolvimento do trabalho mediante uma lógica de combate à exploração da mão de obra e de respeito ao indivíduo e ao meio ambiente. Pertinente citar as características de tal Programa, as quais tem simbiose perfeita com a proposta de consciência coletiva derivada do princípio de solidariedade:

> Cooperação: existência de interesses e objetivos comuns, a união dos esforços e capacidades, a propriedade coletiva de bens, a partilha dos resultados e a responsabilidade solidária. Envolve diversos tipos de organização coletiva: empresas autogestionárias ou recuperadas (assumida por trabalhadores); associações comunitárias de produção; redes de produção, comercialização e consumo; grupos informais produtivos de segmentos específicos (mulheres, jovens, etc.); clubes de trocas, etc. Na maioria dos casos, essas organizações coletivas agregam um conjunto grande de atividades individuais e familiares.
>
> Autogestão: os/as participantes das organizações exercitam as práticas participativas de autogestão dos processos de trabalho, das definições estratégicas e cotidianas dos empreendimentos, da direção e coordenação das ações nos seus diversos graus e interesses, etc. Os apoios externos,

---

precarização das relações formais afirmaram-se como tendência em uma conjuntura de desemprego, levando trabalhadores a se sujeitar a ocupações em que seus direitos sociais são abdicados para garantir sua sobrevivência. De outro lado, o aprofundamento dessa crise abriu espaço para o surgimento e avanço de outras formas de organização do trabalho, conseqüência, em grande parte, da necessidade dos trabalhadores encontrarem alternativas de geração de renda. Experiências coletivas de trabalho e produção vêm se disseminando nos espaços rurais e urbanos, através das cooperativas de produção e consumo, das associações de produtores, redes de produção consumo comercialização, instituições financeiras voltadas para empreendimentos populares solidários, empresas de autogestão, entre outras formas de organização. No Brasil, a economia solidária se expandiu a partir de instituições e entidades que apoiavam iniciativas associativas comunitárias e pela constituição e articulação de cooperativas populares, redes de produção e comercialização, feiras de cooperativismo e economia solidária, etc. Atualmente, a economia solidária tem se articulado em vários fóruns locais e regionais, resultando na criação do Fórum Brasileiro de Economia Solidária. Hoje, além do Fórum Brasileiro, existem 27 fóruns estaduais com milhares de participantes (empreendimentos, entidades de apoio e rede de gestores públicos de economia solidária) em todo o território brasileiro. Foram fortalecidas ligas e uniões de empreendimentos econômicos solidários e foram criadas novas organizações de abrangência nacional. A economia solidária também vem recebendo, nos últimos anos, crescente apoio de governos municipais e estaduais. O número de programas de economia solidária tem aumentado, com destaque para os bancos do povo, empreendedorismo popular solidário, capacitação, centros populares de comercialização, etc. Fruto do intercâmbio dessas iniciativas, existe hoje um movimento de articulação dos gestores públicos para promover troca de experiências e o fortalecimento das políticas públicas de economia solidária. Em âmbito nacional, o Governo Federal em 2003 criou a Secretaria Nacional de Economia Solidária que está implementando o PROGRAMA ECONOMIA SOLIDÁRIA EM DESENVOLVIMENTO. Sua finalidade é promover o fortalecimento e a divulgação da economia solidária mediante políticas integradas visando o desenvolvimento por meio da geração de trabalho e renda com inclusão social". BRASIL. Ministério do Trabalho e Emprego. *As Origens recentes da Economia Solidária no Brasil*. Disponível em: <http://portal.mte.gov.br/ecosolidaria/as-origens-recentes-da-economia-solidaria-no-brasil.htm>. Acesso em: 16 abr. 2015. Ainda, em conexão com a ideia de consciência coletiva, tem por objetivo a Campanha Nacional de Divulgação e Mobilização Social da Economia Solidária: "Sensibilizar a população em geral e qualificar agentes em ES, visando promover outra economia existente e atuante, inspirada por valores que colocam o ser humano como sujeito e finalidade da atividade econômica, uma economia baseada em princípios de gestão coletiva, participação igualitária dos membros, com resultados compartilhados, autonomia, interdependência e foco no desenvolvimento da comunidade". BRASIL. Ministério do Trabalho e Emprego. *Campanha Nacional de Divulgação e Mobilização Social da Economia Solidária*. Disponível em: <http://portal.mte.gov.br/ecosolidaria/campanha-nacional-de-divulgacao-e-mobilizacao-social-da-economia-solidaria.htm>. Acesso em: 16 abr. 2015.

de assistência técnica e gerencial, de capacitação e assessoria, não devem substituir nem impedir o protagonismo dos verdadeiros sujeitos da ação. [...].[260]

Num último momento, o Programa Economia Solidária em Desenvolvimento trabalha especificamente a "dimensão econômica" e, efetivamente, demonstra a ideia de solidariedade que se busca elucidar:

> Dimensão Econômica: é uma das bases de motivação da agregação de esforços e recursos pessoais e de outras organizações para produção, beneficiamento, crédito, comercialização e consumo. Envolve o conjunto de elementos de viabilidade econômica, permeados por critérios de eficácia e efetividade, ao lado dos aspectos culturais, ambientais e sociais.
>
> Solidariedade: O caráter de solidariedade nos empreendimentos é expresso em diferentes dimensões: na justa distribuição dos resultados alcançados; nas oportunidades que levam ao desenvolvimento de capacidades e da melhoria das condições de vida dos participantes; no compromisso com um meio ambiente saudável; nas relações que se estabelecem com a comunidade local; na participação ativa nos processos de desenvolvimento sustentável de base territorial, regional e nacional; nas relações com os outros movimentos sociais e populares de caráter emancipatório; na preocupação com o bem estar dos trabalhadores e consumidores; e no respeito aos direitos dos trabalhadores e trabalhadoras. [...].[261]

Depreende-se da transcrição das características do aludido Programa que o postulado de solidariedade coaduna com os argumentos defendidos no presente item, uma vez que um dos pontos de atuação é o meio ambiente saudável para os trabalhadores e o bem-estar destes. Ou seja, o Programa ora referido possui traços evidentes de que é possível e é o que se pretende pelas políticas de Governo, implantar, entre empregados e empregadores, uma *consciência coletiva* eivada de solidariedade capaz de enseja um novo pensar acerca do meio ambiente de trabalho.

Merecedor de citação também é o Programa Trabalho Seguro – Programa Nacional de Prevenção de Acidentes de Trabalho instituído pelo Tribunal Superior do Trabalho e adotado por todos os Tribunais Regionais do Trabalho. A pretensão do aludido Programa é a de promover uma maior articulação e conscientização dos partícipes das relações de emprego – empregados, empregadores, sindicatos, associações profissionais e Poder Público – quanto à ideia de *prevenção* dos acidentes de trabalho e das doenças ocupacionais.[262]

---

[260] BRASIL. Ministério do Trabalho e Emprego. *O que é Economia Solidária?*. Disponível em: <http://portal.mte.gov.br/ecosolidaria/o-que-e-economia-solidaria.htm>. Acesso em: 16 abr. 2015.

[261] Ibid.

[262] O espírito do Programa Trabalho Seguro dos Tribunais Trabalhista conecta-se com ideia de solidariedade e consciência coletiva, no sentido de que seu desiderato principal é a conscientização: "O Programa Trabalho Seguro – Programa Nacional de Prevenção de Acidentes de Trabalho é uma iniciativa do Tribunal Superior do Trabalho e do Conselho Superior da Justiça do Trabalho, em parceria com diversas instituições públicas e privadas, visando à formulação e execução de projetos e ações nacionais voltados à *prevenção* de acidentes de trabalho e ao fortalecimento da Política Nacional de Segurança e Saúde no Trabalho. Desse modo, o principal objetivo do programa é contribuir para a diminuição do número de acidentes de trabalho registrados no Brasil nos últimos anos. O Programa volta-se a promover a articulação entre instituições públicas federais, estaduais e municipais e aproximar-se aos atores da sociedade civil, tais como empregados, empregadores, sindicatos, Comissões Internas de Prevenção de Acidentes (CIPAs), instituições de pesquisa e ensino, promovendo a conscientização da importância do tema e contribuindo para o desenvolvimento de uma cultura de *prevenção* de acidentes de trabalho. Conclama-se, assim, a permanente participação de empregados, empregadores, sindicatos, instituições públicas, associações e demais entidades da sociedade civil para tornarem-se

Essa iniciativa mostra que, mesmo o Poder Judiciário Trabalhista, que tem por competência material processar e julgar ações de indenização por acidente de trabalho ou doença profissional,[263] por possuírem capacidade de inserção entre os atores do cenário do trabalho, podem (ou devem), baseado num espírito de *consciência coletiva*, colaborarem para que se consolide uma mentalidade preventiva quanto à saúde e segurança laboral.

Por fim, com a mesma ideia que expansão de um pensar mais solidário se desenvolvem os programas instituídos pelo Ministério Público do Trabalho, como o Programa Nacional de Acompanhamento de Obras na Construção Civil Pesada, o Programa do Trabalho Decente no Setor Sucroalcooleiro, o Programa de Banimento do Amianto no Brasil e o Programa de Adequação das Condições de Trabalho nos Frigoríficos.[264]

Outra demonstração de que o Poder Judiciário tem papel relevante na busca de um novo pensar ou interpretar das normas de meio ambiente de trabalho é a tendência consolidada na 1ª Jornada de Direito Material e Processual na Justiça do Trabalho, realizada em 23 de novembro de 2007, no Tribunal Superior do Trabalho, em Brasília, cujas proposições culminaram na edição de 79 (setenta e nove) enunciados, cujo objetivo é servirem como *vetores interpretativos* ao intérprete da lei e do caso em concreto, sob a viga mestra da dignidade da pessoa humana e da proteção ao trabalhador e ao trabalho.

Não restam dúvidas, principalmente na linha de pensamento adotada pelo presente estudo, de que a ideia de *enunciados* não combina com a hermenêutica filosófica e com a filosofia hermenêutica em que estão enraizados todos os argumentos e todas as propostas de atuação do Direito frente às demandas no "mundo novo", especialmente em relação às nanotecnologias e ao trabalho humano. Isto porque, o formato "enunciativo" se aproxima de um fechamen-

---

parceiros do Programa Trabalho Seguro e unir forças com a Justiça do Trabalho para a preservação da higidez no ambiente laboral". BRASIL. Tribunal Superior do Trabalho. *Programa Trabalho Seguro*: Programa Nacional de Prevenção de Acidentes de Trabalho: apresentação. Disponível em: <http://www.tst.jus.br/web/trabalhoseguro/apresentacao>. Acesso em: 22 mar. 2014.

[263] Conforme já ressaltado na nota explicativa número 6, a Justiça do Trabalho detém competência material para apreciar e julgar as ações que versem sobre a responsabilidade civil do empregador, ou seja, as indenizações por danos materiais e extrapatrimoniais decorrentes de acidente de trabalho ou doença ocupacionais, nos termos dos artigos 7º, XXVIII, e 114, VI, da Constituição Federal, e com base nos artigos 186 e 927 do Código Civil Brasileiro. Assinala-se que as sentenças e acórdãos proferidos sempre contém carga condenatória, seja pecuniária, de cunho reparatório, seja de obrigação de fazer ou não fazer, de cunho pedagógico, como demonstra a ementa transcrita: "ACIDENTE DE TRABALHO. DANOS MORAIS E ESTÉTICOS. *QUANTUM* ARBITRADO. RECURSO DO RECLAMANTE. Caso em que os valores arbitrados a título de indenização por danos morais e estéticos (R$6.000,00 e R$2.000,00, respectivamente) *satisfazem a natureza punitiva e pedagógica da sanção, de maneira a desestimular a reincidência*, servindo também à compensação dos prejuízos extrapatrimoniais e estéticos experimentados pelo reclamante. Negado provimento". (Grifo nosso). BRASIL. Tribunal Regional do Trabalho (4. Região). 30ª Vara do Trabalho de Porto Alegre. 10. Turma. *Acórdão nº 0001339-82.2011.5.04.0030 (RO)*. Participam: João Alfredo Borges Antunes de Miranda e Carmen Gonzalez. Redator: Marçal Henri dos Santos Figueiredo. Porto Alegre, 12 de setembro de 2013. Disponível em: <http://www.trt4.jus.br/portal/portal/trt4/consultas/jurisprudencia/gsaAcordaos/ConsultaHomePortletWindow_12;jsessionid>. Acesso em: 16 abr. 2015.

[264] BRASIL. Ministério Público do Trabalho. *Projetos e ações*. Disponível em: <http://portal.mpt.gov.br/wps/portal/portal_do_mpt/area_de_atuacao/meio_ambiente_do_trabalho/meioambientedotrabalho_programasacoes/>. Acesso em: 16 abr. 2015.

to positivista-objetificante. Entretanto, em se tratando de Direito do Trabalho, ainda que se considerem tais enunciados como invólucros interpretativos hermeticamente fechados, tem-se como válido que os mesmos sejam citados para representar uma tendência (*in judicando*) do intérprete de "sair da norma" ou "julgar em dissonância com a norma positivada", em nome da valorização da dignidade do ser humano trabalhador. Isto é um passo a ser considerado.

É de se destacar que os primeiros 17 (dezessete) enunciados ensejam que a tarefa interpretativa na persuasão racional se vincule, necessariamente, a uma interpretação de mentalidade constitucional, sobremaneira em consonância com a dignidade da pessoa humana.[265] Quanto à matéria de meio ambiente de trabalho, os enunciados 37 (trinta e sete) a 39 (trinta e nove)[266] consolidam a obrigação do empregador de prevenir os acidentes de trabalho e as doenças ocupacionais, buscando estimular a preservação de um trabalho em condições dignas e saudáveis. Nessa linha de raciocínio, nota-se que a lógica de estabelecimento de uma *consciência coletiva* que contemple a ideia de *prevenção* se dá de forma inversa ou por um movimento reativo: a partir de uma interpretação nas condições acima declinadas que culmine numa decisão judicial de caráter condenatório – reparatório, busca-se, também, por meio de um caráter pedagógico, incutir a mentalidade de uma política preventiva, ou seja, mais do

---

[265] Do livro *A equiparação salarial como instrumento garantidor da isonomia nos contratos de emprego*, extrai-se breve esclarecimento acerca dos referidos enunciados: "Cabível destacar, por fim, que, atualmente, cada vez mais as relações de emprego estão recepcionando a inserção dos direitos fundamentais, situação esta que está merecendo concretização do Judiciário Trabalhista. Prova disso são os 79 (setenta e nove) enunciados editados na 1ª Jornada de Direito Material e Processual do Trabalho promovida pelo Tribunal superior do Trabalho, pela Associação Nacional dos Magistrados Trabalhistas – ANAMATRA e pela Escola Nacional de Formação e Aperfeiçoamento dos Magistrados do Trabalho, ocorrida de 21 a 23 de novembro de 2007, ocorrida no TST, em Brasília, no Distrito Federal. Tal jornada teve por escopo discutir temas e sedimentar entendimentos científicos sobre várias matérias, cujo teor pode servir de norte para os juízes, sobretudo para os magistrados ingressantes em formação. Imperioso destacar que a matéria atinente a direitos fundamentais e relações de trabalho resta disciplinada nos enunciados 1 a 17 e acabam por corroborar os argumentos até agora defendidos no presente trabalho, inclusive quanto à isonomia salarial. Para confortar a discussão momentânea, pertinente transcrever o que dispõe o Enunciado 1: *1. DIREITOS FUNDAMENTAIS. INTERPRETAÇÃO E APLICAÇÃO. Os direitos fundamentais devem ser interpretados e aplicados de maneira a preservar a integridade sistêmica da Constituição, a estabilizar as relações sociais e, acima de tudo, a oferecer a devida tutela ao titular do direito fundamental. No Direito do Trabalho, deve prevalecer o princípio da dignidade da pessoa humana.* Portanto, a notícia mais recente do TST dá conta de que, em matéria de direitos fundamentais, o operador do Direito resta vinculado à sua aplicabilidade nas relações de emprego". GÓES, Maurício de Carvalho. *A equiparação salarial como instrumento garantidor da isonomia dos contratos de emprego*. Porto Alegre: Verbo Jurídico, 2009. p. 103-104.

[266] O aludido encontro da ENAMAT fixou vários Enunciados, conforme declinado, mas três, em especial, representam uma nova tendência interpretativa quanto ao meio ambiente de trabalho: "*37. RESPONSABILIDADE CIVIL OBJETIVA NO ACIDENTE DE TRABALHO. ATIVIDADE DE RISCO. Aplica-se o art. 927, parágrafo único, do Código Civil nos acidentes do trabalho. O art. 7º, XXVIII, da Constituição da República, não constitui óbice à aplicação desse dispositivo legal, visto que seu caput garante a inclusão de outros direitos que visem à melhoria da condição social dos trabalhadores. 38. RESPONSABILIDADE CIVIL. DOENÇAS OCUPACIONAIS DECORRENTES DOS DANOS AO MEIO AMBIENTE DO TRABALHO. Nas doenças ocupacionais decorrentes dos danos ao meio ambiente do trabalho, a responsabilidade do empregador é objetiva. Interpretação sistemática dos artigos 7º, XXVIII, 200, VIII, 225, § 3º, da Constituição Federal e do art. 14, § 1º, da Lei 6.938/81. 39. MEIO AMBIENTE DE TRABALHO. SAÚDE MENTAL. DEVER DO EMPREGADOR. É dever do empregador e do tomador dos serviços zelar por um ambiente de trabalho saudável também do ponto de vista da saúde mental, coibindo práticas tendentes ou aptas a gerar danos de natureza moral ou emocional aos seus trabalhadores, passíveis de indenização*". GÓES, Maurício de Carvalho. *A equiparação salarial como instrumento garantidor da isonomia dos contratos de emprego*. Porto Alegre: Verbo Jurídico, 2009. p. 152.

que se pretenda reparar o dano causado por um acidente de trabalho ou por uma doença ocupacional, o Poder Judiciário, pela sua manifestação legítima de cumprimento da lei – a sentença ou acórdão –, deve provocar no empregador condenado o sentimento de que mais vale a *prevenção* do que o posterior ressarcimento pecuniário. E isso somente tem condições de possibilidade se os comandos judiciais tiverem a capacidade de demonstrarem aos empregadores condenados que a relação capital-trabalho deve ser relida a partir de um princípio de valorização do homem trabalhador no contexto econômico que também lhe toca, servindo assim, como mecanismo para movimentar a engrenagem da ora defendida *consciência coletiva*.[267]

Enfim, do que se abordou até agora é possível concluir que o princípio de solidariedade, em matéria de meio ambiente de trabalho, deságua numa ideia de *consciência coletiva* que somente pode ser consolidada a partir de uma nova proposta hermenêutica. A partir do *círculo hermenêutico* é possível pensar o trabalhador como um ser humano, cuja saúde e segurança são primados de todos – *princípio de solidariedade e consciência coletiva* – e cuja *prevenção* somente será alcançada se vista como uma forma de realização e garantia da dignidade do trabalhador e de um bem comum a toda sociedade em que se está inserido e que em que se irradia o fato laboral. *Olha-se para a norma, olha-se para o trabalhador na condição de ser, olha-se em volta, olha-se para a sociedade, olha-se para outras normas, olha-se novamente para a norma.* Uma *nova hermenêutica da prevenção* representa um caminho para se impor o "acontecer" dessas normas, para se alcançar o seu fim colimado, qual seja *a prevenção contra os riscos ocupacionais decorrentes do trabalho*, mas também, e, principalmente, quanto ao presente estudo, construir a ponte de ligação entre o exercício hermenêutico de criação de marcos regulatórios que incidam no mundo laboral nanotecnológico, mundo este carente de proteção e eivado de riscos.

---

[267] Como visto, as condenação derivadas de sentenças trabalhistas podem servir de instrumento de alerta ou de conscientização aos empregadores, no sentido de que a *prevenção* é, muitas vezes, a melhor forma de garantir a própria subsistência futura do empreendimento, mas, sobretudo, o fator primordial na garantia da dignidade do homem trabalhador. Nesse sentido, o impacto econômico das indenizações deferidas judicialmente dever tem um fundamento baseado na proteção e valorização do homem trabalhador. Além disso, o pensar das sentenças também acerca dos danos oriundos de acidentes de trabalho ou de doenças ocupacionais devem se desdobrar por uma interpretação voltada à efetividade dos direitos humanos e fundamentais, de maneira que a responsabilidade civil do empregador também atenda a esses valores. Exemplo disso é o item 2, do artigo 2, do Capítulo 2, do Título II, dos PRINCÍPIOS DE DIREITO EUROPEU DA RESPONSABILIDADE CIVIL: "(2) *Life, bodily or mental integrity, human dignity and liberty enjoy the most extensive protection*". EUROPEAN Group on Tort Law. *Princípios de Direito Europeu da Responsabilidade Civil*. Universidade de Girona. Disponível em: <http://civil.udg.edu/php/biblioteca/items/295/PETLPortuguese.doc>. Acesso em: 16 abr. 2015. De outra parte, Sebastião Geraldo de Oliveira, ao tratar do risco ergonômico para o risco econômico, refere: "Enquanto a norma praticamente se limitava a conclamar o sentimento humanitário dos empresários, pouco resultado foi obtido; agora, quando o peso das indenizações assusta e até intimida, muitos estão procurando cumprir a lei, adotando políticas preventivas, nem sempre por convicção, mas até mesmo por conveniência estratégica. Gostando ou não do assunto, concordando ou discordando da amplitude da proteção, o certo é que o empresário contemporâneo, com vistas à sobrevivência do seu empreendimento, terá de levar em conta as normas a respeito da saúde no ambiente de trabalho e a proteção à integridade física e mental de seus empregados. É provável que o vulto das indenizações acabe sendo o melhor e mais convincente 'argumento' para estimular os empresários descuidados a zelar pela integridade física e pela saúde de seus empregados". OLIVEIRA, Sebastião Geraldo. *Indenizações por acidente do trabalho ou doença ocupacional*. 5. ed. São Paulo: LTr, 2009. p. 236.

3. Nanotecnologias e direito do trabalho: a utilização do que já existe e a construção de alternativas normativas como forma de *regulação* do trabalho com nanotecnologias e de atender às respectivas demandas de proteção da dignidade do trabalhador

Identificar os efeitos do invisível. É isso que representa o estudo das nanotecnologias e são esses efeitos e seus desdobramentos que se pretende identificar e estudar no presente capítulo. Wilson Engelmann observa que:

> A visão humana tem limites no seu raio de visualização e, em decorrência disso, são desenvolvidos equipamentos que permitam auxiliar a visão, a fim de serem atingidos espaços existentes, mas inacessíveis ao sentido visual das pessoas. É nesse espaço que surge uma espécie de "revolução invisível", ou seja, as nanotecnologias, onde aquelas características parecem se amoldar perfeitamente e com poucos movimentos semelhantes na história da humanidade.[268]

As nanotecnologias são a expressão da transformação e progresso tecnológico. Como inovação tecnológica, as nanotecnologias encantam a humanidade pelas facilidades e potencialidades ofertadas. É o que Álvaro Viera Pinto chama de "homem maravilhado".[269] Esse encantamento também dá robustez à economia. O mesmo autor cita que o conceito de era tecnológica

> [...] encobre, ao lado de um sentido razoável e sério, outro, tipicamente ideológico, graças ao qual os interessados procuram embriagar a consciência das massas, fazendo-as crer que têm a felicidade de viver nos melhores tempos jamais desfrutados pela humanidade.[270]

Ocorre que as novas tecnologias não só produzem efeitos benéficos ao homem e reflexos na economia global, mas, também, geram efeitos nocivos direta e indiretamente na vida das pessoas. Entrementes, a tradicional fonte do Direito, sobretudo para o Brasil, a lei, não avançou na mesma proporção ou no mesmo passo que a produção tecnológica. Por isso, essa irradiação que

---

[268] ENGELMANN, Wilson. *O biopoder e as nanotecnologias*: dos direitos humanos aos direitos da personalidade no código civil de 2002. São Leopoldo: Unisinos, 2012. p. 1.
[269] PINTO, Álvaro Vieira. *O conceito de tecnologia*. Rio de Janeiro: Contraponto, 2005. v. 1. p. 35.
[270] Ibid., p. 41.

as nanotecnologias projetam na vida das pessoas constitui a preocupação do presente estudo, mormente quanto à vida do trabalhador. O capítulo anterior não só justifica essa preocupação, como traz elementos e subsídios que servem de porta de entrada para a ideia de construção de alternativas jurídicas para tutelar o fato trabalho humano e nanotecnologias.

Por essa razão, sumariamente, destaca-se que as linhas a seguir desenvolvidas se ocuparão da tarefa de conhecer as nanotecnologias, abordar seus reflexos na economia, identificar seus efeitos à vida humana (conhecidos e desconhecidos) e seus efeitos específicos com relação ao trabalho humano e, principalmente, analisar se o atual arcabouço normativo tem condições de oferecer a devida proteção a esse novo fato jurídico, e quais as alternativas possíveis para se construir outras ou novas formas de proteção, sempre com viés precípuo e fundamental da dignidade do trabalhador.

3.1. Generalidades acerca das nanotecnologias: os *reflexos* (econômicos) e os *efeitos* (à vida humana) decorrentes dessa expressão da inovação tecnológica

De início, abre-se a abordagem com a principal inquietude a ser explorada: o que são e o que representam as nanotecnologias?

A despeito do conceito científico de nanotecnologias,[271] neste momento, o imperioso é buscar entender a expressão das nanotecnologias no contexto

---

[271] Embora, já no início do capítulo 2 – *vide* nota 7 –, fora adiantado uma noção conceitual do tema, para fins de contextualização das demais abordagens, neste momento, pertinente retomar a tentativa conceitual. A expressão "nano" tem origem no termo grego *nannos* que significa "tornar menor" e corresponde a 0,0000000001, ou seja, 10^{-9} de ordem de grandeza. WEYERMÜLLER, André Rafael; ENGELMANN, Wilson; FLORES, André Stringhi. *Nanotecnologias, Marcos Regulatórios e Direito Ambiental*. Curitiba: Honoris Causa, 2010. p. 15. Repisa-se, assim, que um nanômetro corresponde à bilionésima parte de um metro. Peter Schulz exemplifica que o diâmetro de um lápis possui 0,5 centímetro, sendo que ao se dividir por 100 (cem) se terá aproximadamente a espessura de um fio de cabelo, possível de ser sentida pelo tato. Ao se dividir a espessura do fio de cabelo por 100 (cem) e, novamente, por 100 (cem), se alcançará a escala de 5 (cinco) nanômetros, o que representa aproximadamente o diâmetro de uma molécula de DNA. SCHULZ, Peter Alexander Bleinroth. *A encruzilhada da nanotecnologia*: inovação, tecnologia e riscos. Rio de Janeiro: Vieira e Lent, 2009. p. 31. Engelmann traz outro exemplo: um grão de areia de um milímetro em uma praia com mil quilômetros de extensão estaria para esta praia como um nanômetro está para o metro. E explica: "A criação de nanoestruturas pode ocorrer por duas técnicas, variando os níveis de qualidade, velocidade e custos: *bottom up* (de baixo para cima) e *top down* (de cima para baixo). A primeira oferece três métodos para a construção de estruturas átomo por átomo ou molécula por molécula: *chemical synthesis* (síntese química) – para produção de matérias-prima que utilizem nanopartículas –; *self assembly* (auto-organização) – átomos e moléculas organizam-se autonomamente por interações físicas ou químicas –; e *positional assembly* (organização determinada) – caso em que átomos e moléculas são deliberadamente manipulados. Já o método *top down* visa à reprodução de algo em uma escala inferior à original, por meio da engenharia de precisão ou da litografia, que é o caso dos microssistemas e das miniaturizações". ENGELMANN, Wilson. *Direitos bio-humano-éticos*: os humanos buscando 'direitos' para proteger-se dos avanços e riscos (desconhecidos) das nanotecnologias. [S.l.], 2010. Disponível em: <http://www.conpedi.org.br/manaus/arquivos/anais/fortaleza/3400.pdf>. Acesso em: 16 abr. 2015. Para Inácio Neutzling e Paulo Andrade A NT é a tecnologia do infinitamente pequeno, através da qual temos condições de selecionar como quisermos as quantidades de átomos e ligá-los de forma a criar o material, a estrutura e o instrumento do qual necessitamos; e que apresentam propriedades e funcionalidades totalmente novas, e

científico e econômico. Após, a pretensão é abordar seus efeitos na vida humana, sobretudo no mundo do trabalho. Por essa razão, a presente exposição vai adotar a expressão *reflexos* para as consequências econômicas geradas pelas nanotecnologias, enquanto que utilizará a expressão *efeitos* para tratar das consequências provocadas pelas nanotecnologias à vida humana.

Não é de hoje de que se busca entender o significado das nanotecnologias, ainda mais quando não se têm condições imediatas de enxergar o que origina essa tecnologia. A pretensão de se estudar o mundo em escalas pequenas vem de séculos atrás com a teoria de que todos os elementos que se conhece seriam compostos de partículas indivisíveis e invisíveis a olho nu, o que hoje se classifica como átomos de Leucipo de Mileto, do Século V, antes de Cristo.[272]

Em 1909, o cientista Jean Perrin promoveu um experimento com partículas de goma-guta, uma espécie de borracha, com diâmetros de 500 nanômetros, cuja dimensão é menor que a de 1 (um) mícron, em escala quase nano. No Século XX, muitas pesquisas foram desenvolvidas sobre o tema. John Dalton desenvolveu a teoria de que os átomos seriam como "bolas de bilhar" e que os elementos eram constituídos de átomos do mesmo tipo, originando as Leis Ponderais de Dalton.[273] Ernest Rutherford desenvolveu o modelo de átomo semelhante ao sistema solar, após descobrir que os átomos eram formados por um núcleo denso positivamente carregado e circuncidado por elétrons de carga negativa. Niels Bohr propôs o modelo de que os elétrons giravam ao redor do núcleo em órbitas circulares e que somente algumas órbitas eram permitidas.[274] Wolfgang Ostwald pesquisou e trabalhou a ciência dos coloides:

---

ainda fortemente melhoradas, em relação às originárias. NEUTZLING, Inácio; ANDRADE, Paulo Fernando Carneiro de (Org.). *Uma sociedade pós-humana*: possibilidades e limites das nanotecnologias. São Leopoldo: Unisinos, 2009. p. 29. De outra parte, importante delinear outros conceitos vinculados à nanotecnologias. *Nanopartículas* significam partículas com diâmetro de até algumas centenas de nanômetros, como por exemplo, partículas de fuligem e cinzas de erupções vulcânicas. Há poluentes que são formados de nanopartículas e alguns produtos são compostos de nanopartículas projetadas intencionalmente, como os princípios ativos de bloqueadores solares. SCHULZ, op. cit., p. 121. *Nanotubos* são arranjos de átomos em forma de tubo, como os átomos de carbono. Eduardo Valadares explica: "Os nanotubos de carbono apresentam várias propriedades inéditas, a começar pela sua resistência mecânica. Eles permitem fabricar sólidos quatro vezes mais leves e pelo menos cinco vezes mais resistentes que o aço, o que poderá gerar aplicações relevantes para indústria mecânica. Dependendo da quiralidade, os nanotubos podem ser semicondutores ou metálicos, uma característica vital para dispositivos nanoeletrônicos". VALADARES, Eduardo de Campos. *Aplicações da física quântica*: do transistor à nanotecnologia. São Paulo: Livraria da Física, 2005. p. 60. A *nanociência* é responsável pela "investigação e manipulação controlada da matéria em escala nanométrica". SCHULZ, Peter Alexander Bleinroth. *A encruzilhada da nanotecnologia*: inovação, tecnologia e riscos. Rio de Janeiro: Vieira e Lent, 2009. p. 30. A *nanotecnociência* visa, dentre outros objetivos, possibilitar a construção de objetos a partir de átomos. SCHULZ, op. cit., p. 37. Peter Schulz destaca que "[...] em geral, para ser considerado nanociência, um objeto nessa escala de tamanho tem que revelar propriedades ausentes nas outras escalas. É o que se chama de fenômenos emergentes". SCHULZ, op. cit., p. 32.

[272] GÓES, Maurício de Carvalho. As nanotecnologias e o mundo do trabalho: a preocupação com uma nova realidade à luz da dignidade do trabalhador. *Justiça do Trabalho*, Porto Alegre, v.1, p. 2, 2013.

[273] COMCIÊNCIA. *Nanotecnologia na história da ciência*. Disponível em: <http://www.comciencia.br>. Acesso em: 02 maio 2014.

[274] AGÊNCIA BRASILEIRA DE DESENVOLVIMENTO INDUSTRIAL (ABDI). *Cartilha sobre nanotecnologia*. Brasília: ABDI, 2010. Disponível em: <http://www.abdi.com.br/Estudo/Cartilha%20nanotecnologia.pdf>. Acesso em: 16 abr. 2015. p. 17.

"Coloides são misturas homogêneas, consistindo de duas fases: uma dispersa e outra contínua. A fase dispersa é constituída de pequenas partículas ou gotas misturadas na fase contínua".[275] O tamanho dessas partículas pode variar de 1 nanômetro a 1 mícron, ou seja, misturas coloidais constituem-se muitas vezes sistemas de nanopartículas.[276] Ao final da década de 1950 é que se pôde atribuir o início da nanotecnologia, por meio dos estudos do físico Richard Feynman. Segundo ele

> [...] os princípios da física não falam contra a possibilidade de se manipular as coisas átomo por átomo. Apontou, também, para o que seria, a seu ver, a principal barreira para a manipulação na escala nanométrica: a impossibilidade de vê-la.[277]

Além disso, Feynman definiu: "A miniaturização dos objetos técnicos e a produção de matérias mais resistentes são acompanhadas pela possibilidade, antes irrealizável, de organização artificial de átomos e moléculas por parte dos seres humanos".[278] A partir da década de 1980, os estudos de Eric Drexler e o desenvolvimento de novas técnicas mais apuradas no campo da microscopia possibilitaram um avanço na identificação nanotecnológica. No ano de 1982, a empresa IBM obteve a patente do microscópio de varredura de tunelamento eletrônico que possibilitou a visualização de imagens em escala nano. Posteriormente, foi desenvolvido o microscópio de microssondas eletrônicas de varredura, o qual permite a visualização e manipulação de átomos e moléculas.[279] Em 1991, foram descobertos os nanotubos, os quais são "[...] folhas de grafite que se enrolam para formar tubos com diâmetro variando entre 2 e 5nm e comprimentos que superam a escala de mícrons".[280] No Brasil, a partir das descobertas em nível mundial, o fomento à pesquisa científica ainda pode ser considerado recente. O início do desenvolvimento científico e tecnológico das nanotecnologias ocorreu no final do Século XX e ganhou força no Século XXI. Em 1987, ocorreram os primeiros investimentos do Conselho Nacional de Desenvolvimento Científico e Tecnológico – CNPQ – em equipamentos para técnicas de crescimento epitaxial de semicondutores, sendo que, desde então, políticas têm sido engendradas para incentivar e possibilitar a pesquisa nanotecnológica.[281]

---

[275] SCHULZ, Peter Alexander Bleinroth. *A encruzilhada da nanotecnologia*: inovação, tecnologia e riscos. Rio de Janeiro: Vieira e Lent, 2009. p. 37.

[276] SCHULZ, Peter Alexander Bleinroth. *A encruzilhada da nanotecnologia*: inovação, tecnologia e riscos. Rio de Janeiro: Vieira e Lent, 2009. p. 38.

[277] FEYNMAN, R. There's plenty of room at the bottom. In: ENCONTRO ANUAL DA AMERICAN PHYSICAL SOCIETY. California Institute of Technology-Caltech, 29 dez. 1959. Caltech's Engineering and Science, Pasadena, fev. 1960. Disponível: <http://www.zyvex.com/nanotech/feynman.html>. Acesso: 8 jul. 2014. p. 27-28.

[278] MARTINS, Paulo Roberto et al. (Coord.). *Impactos das nanotecnologias na cadeia de produção de soja brasileira*. São Paulo: Xamã, 2009. p. 7.

[279] Ibid., p. 28.

[280] VALADARES, Eduardo de Campos. *Aplicações da física quântica*: do transistor à nanotecnologia. São Paulo: Livraria da Física, 2005. p. 59.

[281] Importante relacionar as principais políticas do País acerca do fomento ao estudo e pesquisa com nanotecnologias. Em 2001, o edital CNPQ Nano nº 01, com um orçamento de R$ 3 milhões, previa a criação de quatro redes de pesquisa em nanotecnologias. MARTINS, Paulo Roberto (Coord.). *Nanotecnologia, sociedade*

Com efeito, a abordagem da evolução da descoberta científica e do desenvolvimento das pesquisas com nanotecnologias aponta para um panorama incontroverso: a preocupação central, tanto no mundo, como no Brasil, está em conexão com a evolução das tecnologias com vistas a facilitar a vida das pessoas. No entanto, o exponente dessa preocupação de facilitar e otimizar a vida humana acaba se voltando quase que com dedicação exclusiva para os reflexos das nanotecnologias na economia e nos seus respectivos mercados. Como ocorre com toda inovação tecnológica, as nanotecnologias, à primeira vista, restam associadas ao objetivo de obtenção de lucro. O crescente desenvolvimento global das nanotecnologias tem motivado os Governos a investimentos bilionários para os próximos anos nas áreas de produção e comercialização de produtos e equipamentos. As nanotecnologias cada vez mais surgem como uma alternativa para o aumento da produtividade e do lucro.[282]

---

e meio ambiente: em São Paulo, Minas Gerais e Distrito Federal. São Paulo: Xamã, 2007. p. 12. Em 2003 foi criada a Coordenação-Geral de Políticas e Programas em Nanotecnologias, atual Coordenação de Micro e Nanotecnologias. No mesmo ano a Portaria MCT nº 252 promoveu a criação do Grupo de Trabalho de Nanotecnologia para a elaboração do Programa Nacional Quadrienal de Nanotecnologia. BRASIL. Ministério da Ciência, Tecnologia e Inovação. *Portaria MCT nº 614, de 01 de dezembro de 2004*. Institui a Rede Brasil-Nano, como um dos elementos do Programa Desenvolvimento da Nanociência e Nanotecnologia, no âmbito da Política Industrial, Tecnológica e de Comércio Exterior. Disponível em: <http://www.mct.gov.br/index.php/content/view/11847.html>. Acesso em: 16 abr. 2015. No ano de 2004, o Edital MCT/Finep/FNDCT nº 01/2004 lançou projetos de pesquisa aplicados ao desenvolvimento de novos produtos, processos ou prestação de serviços baseados em nanotecnologias, desenvolvidos de forma cooperativa entre empresas públicas ou privadas e grupos de pesquisa atuantes na área. MARTINS, op. cit., p. 13. No mesmo ano, a Portaria MCT nº 614 institui a Rede Brasil Nano como um dos elementos do Programa Desenvolvimento da Nanociência e Nanotecnologia. BRASIL, op. cit. Também em 2004, com o objetivo de ampliar o campo de conhecimento acerca das nanotecnologias, indo além das Ciências Exatas, Biológicas e Engenharias, passando a incluir o campo das Ciências Humanas, foi criado o grupo RENANOSOMA – Rede Brasileira de Pesquisa em Nanotecnologia, Sociedade e Meio Ambiente, que realiza seminários internacionais sobre nanotecnologias. MARTINS, Paulo Roberto et al. (Coord.). *Impactos das nanotecnologias na cadeia de produção de soja brasileira*. São Paulo: Xamã, 2009. p. 141-142. Em 2005, o Edital MCT/CNPq nº 29 criou o Programa Rede Brasil Nano. Ainda no ano de 2005 foi instituído o Programa Nacional de Nanotecnologia. Em 2006 foi lançado o edital MCT/CNPq nº 42/2006 que previa o apoio a projetos apresentados por jovens pesquisadores, para financiamento de atividades de pesquisa e desenvolvimento em nanociência e nanotecnologia. Também em 2006 o edital MTC/CNPq nº 43/2006 previa o apoio de projetos de infraestrutura laboratorial em nanotecnologia. MARTINS, op. cit., p. 141-142. Em junho de 2012 foi realizado no Rio de Janeiro, junto à Conferência Rio+20, o I Encontro dos Nanoativistas das Américas, do qual resultou a decisão de criar um Observatório de Nanotecnologias das Américas, com o objetivo de congregar em um espaço virtual os trabalhos desenvolvidos pelos nanoativistas sobre os impactos das nanotecnologias e outros assuntos relacionados ao tema. KUGLER, Henrique. *Nanotecnologia em debate*. 24 jun. 2012. Disponível em: <http://www.nanotecnologiadoavesso.blogspot.com.br/>. Acesso em: 26 abr. 2014. Em julho de 2012, a Portaria Interministerial nº 510 institui o Comitê Interministerial de Nanotecnologias – CIN, com o objetivo de assessorar os Ministérios representados no Comitê na integração da gestão e na coordenação, bem como no aprimoramento das políticas, diretrizes e ações voltadas para o desenvolvimento das nanotecnologias no País. BRASIL. Ministério da Ciência, Tecnologia e Inovação. Disponível em: <http://www.mcti.gov.br/index.php/content/view/756.html>. Acesso em: 16 abr. 2015.

[282] As nanotecnologias acabam se vinculando a ideia de lucro. O mundo acaba por priorizar os efeitos econômicos dessa inovação. "Há várias previsões para o mercado global da nanotecnologia envolvendo a produção e a comercialização de produtos e equipamentos. Das mais às menos otimistas, todas convergem para o valor de mais de um trilhão de dólares, em 2015. Os mais otimistas chegam a falar em US$ 3,5 trilhões, em 2015, como é o caso de Josh Wolf, da Lux Capital (USA). Segundo a Lux, o mercado global de nanotecnologia faturou, em 2007, cerca de US$ 146,4 bilhões". AGÊNCIA BRASILEIRA DE DESENVOLVIMENTO INDUSTRIAL (ABDI). *Cartilha sobre nanotecnologia*. Brasília: ABDI, 2010. Disponível em: <http://www.abdi.

A classificação de Peter Dicken acerca da realidade das tecnologias coaduna com a realidade das nanotecnologias e seus reflexos econômicos:

> Por conseguinte, a mudança tecnológica é um *processo social e institucionalmente incorporado*. Os modos de utilização das tecnologias – até mesmo sua própria criação – são condicionados pelo respectivo contexto socioeconômico. No mundo atual, isso significa basicamente os valores e as motivações de empreendimentos comerciais capitalistas operando dentro de um sistema muito competitivo. As escolhas e utilizações das tecnologias são influenciadas pela busca de lucros, acúmulo de capital e investimento, aumento da fatia do mercado, etc.[283]

Neste sentido de valorização econômica das descobertas tecnológicas, Robert D. Cooter e Hans-Bernd Schafer trazem a ideia de inovações e lucro:

> A difusão da informação confere uma vida útil às inovações. Primeiro alguém tem uma idéia nova e consegue capital para desenvolvê-la. O inovador pode formar uma nova empresa e achar investidores externos, ou, por outro lado, uma empresa já estabelecida pode contratar o inovador e fornecer o capital. Nesse ponto, somente umas poucas pessoas do círculo mais íntimo do inovador compreendem a inovação. Uma vez que a idéia tenha êxito no mercado, a organização do inovador alcançará lucros extraordinários e expandir-se-á com mais rapidez do que seus concorrentes.[284]

No ano de 2004, os produtos que faziam parte das novas nanotecnologias totalizavam um mercado de US$ 13 bilhões, menos de 0,1% da produção global de bens manufaturados. A estimativa para o ano de 2014 é que este valor se eleve para US$ 2,6 trilhões, representando já 15% da produção global de bens manufaturados.[285] A Organização Internacional do Trabalho – OIT – estima que até o ano de 2020, 20% de todos os produtos manufaturados do mundo tenham por base o emprego de nanotecnologias.[286]

Esse novo cenário do mercado tem motivado Governos, empresas e pesquisadores a aumentarem os investimentos nessa tecnologia. Existem mais de 60 (sessenta) iniciativas voltadas para área e, segundo o Governo Americano, US$ 18 bilhões foram investidos em nanotecnologias no mundo, de 1997

---

com.br/Estudo/Cartilha%20nanotecnologia.pdf>. Acesso em: 16 abr. 2015. p. 27. Atualmente indústrias no mundo inteiro desenvolvem produtos a partir das nanotecnologias, tais como Nestlé, L'Oréal, Natura, Kraft, Henz, Unilever, Boticário, BioMedicin, Faber-Castell, Brasken, Audi, Motorola, Lancôme, Nike, Johnson & Johnson e Monsanto. MARTINS, Paulo Roberto (Coord.). *Nanotecnologia, sociedade e meio ambiente*: em São Paulo, Minas Gerais e Distrito Federal. São Paulo: Xamã, 2007. p. 24;41-50.

[283] DICKEN, Peter. *Mudança global*: mapeando as novas fronteiras da economia mundial. Tradução de Teresa Cristina Felix de Sousa. 5. ed. Porto Alegre: Bookman, 2010. (parte 2: Processos de Mudança Global. cap. 3: Mudança Tecnológica: vento de destruição criativa). p. 92.

[284] COOTER, Robert D.; SCHAFER, Hans-Bernd. O problema da desconfiança recíproca. *The Latin American and Caribean Journal of Legal Studies*, v. 1, issue 1, article 8, 2006.

[285] THE ROYAL SOCIETY AND THE ROYAL ACADEMY OF ENGINEERING. *Nanoscience and nanotechnologies*: opportunities and uncertainties. London, p. 26-27, 2004. Disponível em: <http://www.nanotec.org.uk/finalReport.htm>. Acesso em: 16 abr. 2015. p. 4.

[286] INTERNATIONAL LABOUR ORGANIZATION (ILO). *Riesgos emergentes y nuevos modelos de prevención en un mundo de trabajo en transformación*. Ginebra: Organización Internacional del Trabajo, 2010. Disponível em: <http://www.ilo.org/wcmsp5/groups/public/---ed_protect/---protrav/---safework/documents/publication/wcms_124341.pdf>. Acesso em: 16 abr. 2015. p. 9.

a 2005.[287] Também segundo o Ministério da Ciência e Tecnologia, grande parcela do mercado mundial não decorre da produção básica de nanomateriais, mas da capacidade de alguns segmentos, como os semicondutores e farmacêutico, de transformar os nanomateriais básicos em produtos de alta rentabilidade comercial. Prova disso é que, um décimo de grama de determinado nanomaterial que venha a custar US$ 0,01, por exemplo, pode ser utilizado num medicamento que custa US$ 100, a dose, o que mostra que as estimativas de valores do mercado não se baseiam somente com a incorporação das nanotecnologias nos produto finais, mas em toda a cadeia de produção, alcançando os produtos como um todo.[288]

No contexto do mercado brasileiro não é diferente quanto à tendência do mercado global.[289] Muito embora não se tenha a informação adequada e necessária acerca dos produtos que empregam nanotecnologias, produtos como tintas, secadores de cabelo, lápis, palmilhas e esterilizadores de água, estão ganhando espaço no comércio pátrio a partir do uso de nanotecnologias.[290] Salienta-se que, desde o ano de 2007, o Brasil investiu mais de R$ 38 milhões, em mais de 76 (setenta e seis) projetos divididos entre os Estados. Estes projetos indicam que as pesquisas e oportunidades de negócios em nanotecnologia ganham forte tendência no mercado de cosméticos, produtos da indústria química e petroquímica, plásticos, borrachas e ligas metálicas.[291]

Por outro lado, concomitantemente aos *reflexos* econômicos oriundos das nanotecnologias, relevante destacar seus *efeitos*, tratados aqui, conforme já adiantado, como as consequências produzidas pelo emprego e utilização das nanotecnologias num contexto humano, ou seja, os efeitos e seu alcance no cotidiano e nas relações da vida humana. Nesse sentido, os efeitos a que se refere estão intimamente ligados com os *riscos* oferecidos pelas nanotecnologias (temática esta que receberá tratamento mais adiante). Mesmo o que se sabe em termos de consequências também gravita, em muitos casos, no plano da incerteza. Esse quadro, por uma questão de lógica, em se tratando de proteção jurídica, necessariamente vai ensejar uma forma *sui generis* de tratamento do tema, a qual merecerá atenção mais adiante.

---

[287] AGÊNCIA BRASILEIRA DE DESENVOLVIMENTO INDUSTRIAL (ABDI). *Cartilha sobre nanotecnologia*. Brasília: ABDI, 2010. Disponível em: <http://www.abdi.com.br/Estudo/Cartilha%20nanotecnologia.pdf>. Acesso em: 16 abr. 2015. p. 29.

[288] AGÊNCIA BRASILEIRA DE DESENVOLVIMENTO INDUSTRIAL (ABDI). *Panorama de nanotecnologia*. Brasília: ABDI, 2010. Disponível em: <http://www.abdi.com.br/Estudo/Panorama%20de%20Nanotecnologia.pdf>. Acesso em: 16 abr. 2015. p. 31.

[289] Importante registrar que, no Brasil, ainda existem o grande número de empresas que não se utilizam das nanotecnologias, em razão, também, da pouca expressão exercida pelo país em relação ao seu portfólio de patentes, ainda mais, diante de países como Índia, China, Estados Unidos, Coreia, Inglaterra e Taiwan. As patentes de produtos nanotecnológicos estão divididas da seguinte forma: Estados Unidos com 540 patentes, Ásia com 240 patentes, Europa com 154 patentes e os demais países do mundo com 66 patentes. Ibid., p. 66.

[290] Id. *Cartilha sobre nanotecnologia*. Brasília: ABDI, 2010. Disponível em: <http://www.abdi.com.br/Estudo/Cartilha%20nanotecnologia.pdf>. Acesso em: 16 abr. 2015. p. 33.

[291] BRASIL. Ministério da Ciência e Tecnologia. *Iniciativas do MCT em nanotecnologia*: Programa Nacional de Nanotecnologia. In: WORKSHOP NANOTECNOLOGIA AEROESPACIAL, 2. São José dos Campos, 16-17 out. 2007. Disponível em: <http://www.ieav.cta.br/nanoaeroespacial2006/pdf_arquivos/1610%201130%20MCT%20-%20Nanotecnologia.pdf>. Acesso em: 16 abr. 2015.

Destarte, em que pese o quadro de incerteza, passa-se ao exame dos possíveis *efeitos benéficos* e os *efeitos nocivos* à vida humana, especialmente em relação ao meio ambiente e à saúde.

Pois bem, em relação aos efeitos benéficos, as pesquisas mostram concretamente a existência de avanços que representam contributos para o meio ambiente, para o tratamento ou pesquisa da saúde humana, para a produção de gêneros alimentícios, para a modernização industrial e para o aperfeiçoamento de sistemas de segurança, de transporte e de energia.[292] E, por óbvio, esses efeitos benéficos acabam por contribuir para os reflexos produzidos na economia.

---

[292] Alguns estudiosos afirmam categoricamente o efeitos benéficos como "pontos positivos". Para Eric Drexler as nanotecnologias tem a capacidade de serem produzidas sem poluição e podem auxiliar na despoluição. LAMPTON, Christopher. *Divertindo-se com Nanotecnologia*. Rio de Janeiro: Berkeley, 1994. p. 96. Mesma ideia é defendida por Jacobus Swart, o qual entende que as nanotecnologias poderão gerar uma "nova instrumentação". SWART apud MARTINS, Paulo Roberto; DULLEY, Richard (Org.). *Nanotecnologia, sociedade e meio ambiente*: trabalhos apresentados no Terceiro Seminário Internacional. São Paulo: Xamã, 2008. p. 68. No entendimento de Christopher Lampton, "teoricamente, os nanomedicamentos poderiam ser usados tanto para examinar a progressão da doença, controlando a evolução dos microorganismos e dos danos aos tecidos, como para interromper o processo e recuperar o corpo". MARTINS, op. cit., p. 72. A revista *Veja* veiculou matéria jornalística, anunciando que, na Espanha, pesquisadores desenvolveram um tratamento com nanopartículas que inibe 100% das metástases linfáticas em ratos, a partir de um remédio originado do emprego de nanopartículas no fármaco antitumoral edelfosina. Essas nanopartículas se acumulam nos gânglios linfáticos e destroem as células tumorais. NANOPARTÍCULAS inibem metástase de câncer em ratos: pesquisadores espanhóis combinaram nanotecnologia com remédios antitumorais. NANOPARTÍCULAS inibem metástase de câncer em ratos. *Veja*, São Paulo, 7 jul. 2012. Disponível em: <http://veja.abril.com.br/noticia/ciencia/nanoparticulas-inibem-100-de-metastases-linfaticas-em-ratos>. Acesso em: 16 abr. 2015. Outra inovação positiva decorrente das nanotecnologias se extrai da reportagem do site http://www.clicrbs.com.br/rs/: "Berço em forma de bolha utiliza nanotecnologia para efeito autolimpante. A superfície do Bubble Baby Bed, desenvolvido pela designer russa Lana Agiyan, elimina sujeiras e purifica o ar quando exposta ao sol. Além de inovar no formato, a designer russa Lana Agiyan utilizou nanotecnologia para o desenvolvimento do berço Bubble Baby Bed. Em parceria com um fabricante da Estônia, a profissional criou uma cobertura para o móvel cujo polímero líquido utilizado de base possui nanopartículas de dióxido de titânio que deterioram sujeiras e purificam o ar quando expostas ao sol. Segundo informações da designer, o polímero líquido também "preenche" os espaços criados por arranhões, evitando a proliferação de germes. O berço é feito de acrílico transparente em quatro tons diferentes. O material foi escolhido por ser facilmente limpo e, portanto, mais higiênico. [...]". BERÇO em forma de bolha utiliza nanotecnologia para efeito autolimpante. *Revista Pense Imóveis*, abr. 2013. Disponível em: <http://revista.penseimoveis.com.br/noticia/2013/04/berco-em-forma-de-bolha-utiliza-nanotecnologia-para-efeito-autolimpante-4095887.html>. Acesso em: 16 abr. 2015. Por fim, no site http://www.inovacaotecnologica.com.br, vislumbra-se uma notícia científica quanto à possibilidade da nanotecnologia aumentar em mil vezes a capacidade do ultrassom: [...] As nanoestruturas têm um formato de cruz, com braços de 35 nanômetros na horizontal e 90 nanômetros na vertical. "Para gerar as frequências acústicas de 10 GHz em nossas nanoestruturas plasmônicas nós utilizamos uma técnica conhecida como ultrassom de picossegundos," explica O'Brien. "Pulsos de sub-picossegundos de laser excitam os plásmons que dissipam sua energia na forma de calor. A nanoestrutura expande-se rapidamente e gera fônons acústicos coerentes. Este processo transduz os fótons do laser em fônons coerentes". Como a frequência dos pulsos é muitíssimo maior do que a utilizada hoje, torna-se possível gerar imagens de detalhes que passam despercebidos por pulsos de maior comprimento de onda, o que resulta em uma imagem de melhor qualidade e maior detalhamento. Além de uma resolução sem precedentes para o imageamento acústico, os fônons de 10 GHz poderão ser usados para "ver" estruturas de sub-superfície em sistemas em nanoescala que os *microscópios* ópticos e eletrônicos não conseguem detectar. [...]. NANOTECNOLOGIA torna ultrassom 1.000 vezes melhor. *Inovação Tecnológica*, 23 jun. 2014. Disponível em: <http://www.inovacaotecnologica.com.br/noticias/noticia.php?artigo=nanotecnologia-torna-ultrassom&id=010165140623&ebol=sim#.U69Brk25fIU>. Acesso em: 16 abr. 2015.

Abaixo, relacionam-se alguns desses efeitos benéficos em decorrência do uso – atual e projetado no futuro – das nanotecnologias:

a) *agricultura de precisão*: controle de irrigação, condições do solo, nutrientes, rastreamento e controle individual de animais;[293]

b) *alimentos*: controle de ponto de fermentação, de estocagem, de qualidade, origem e composição,[294] filmes de revestimento que auxiliam na conservação e preservação da fruta,[295] biossensores para detectar as bactérias *Escherichia coli* e *Salmonella*, colocados em embalagens de leite ou como alerta para produtos que não podem ser armazenados por um longo período;[296]

c) *indústria*: controle e automação de processos industriais;[297]

d) *segurança*: detectores de gases e bactérias em mãos de possíveis terroristas, sistemas de rastreamento e de identificação;[298]

e) *transporte*: controle automático de vias e trânsito de veículos;[299]

f) *energia*: sistemas de armazenamento, supercapacitadores e novas baterias;[300]

g *setor automotivo / biocombustível*: experimentos de nanopartículas de alumínio misturadas ao biocombustível tem aumentado o rendimento e reduzido a emissão de gases prejudiciais à saúde;[301]

h *materiais de revestimento*: revestimentos de limpeza automática;[302]

i) *meio ambiente*: agentes despoluentes destinados a eliminar o óxido de azoto do ar e as células fotovoltaicas de nova geração, materiais termo-isolantes, sistemas de captura de CO^2 e os nanofiltros do ar e da água,[303] utilização de partículas magnéticas extremamente porosas na remoção de petróleo em águas contaminadas por acidentes de vazamento;[304]

j) *saúde*: filtros solares, implantes dentários e produtos odontológicos;

---

[293] BRASIL. Ministério da Ciência e Tecnologia. *Desenvolvimento da nanociência e da nanotecnologia*: proposta do Grupo de Trabalho criado pela Portaria MCT nº 252 como subsídio ao Programa de Desenvolvimento da Nanociência e da Nanotecnologia do PPA 2004-2007. Brasília: Ministério da Ciência e Tecnologia, 2003. p. 7-19.
[294] Ibid., p. 7-19.
[295] MARTINS, Paulo Roberto; DULLEY, Richard (Org.). *Nanotecnologia, sociedade e meio ambiente*: trabalhos apresentados no Terceiro Seminário Internacional. São Paulo: Xamã, 2008. p. 228.
[296] ENGELMANN, Wilson. Os avanços nanotecnológicos e a (necessária) revisão da teoria do fato jurídico de Pontes de Miranda: compatibilizando "riscos" com o "direito à informação" por meio do alargamento da noção de "suporte fático". In: *Constituição, Sistemas Sociais e Hermenêutica*: Anuário do Programa de Pós-Graduação em Direito da Unisinos: mestrado e doutorado, Porto Alegre: Livraria do Advogado, 2011. p. 3.
[297] BRASIL, op. cit., p. 7-19.
[298] Ibid., p. 7-19.
[299] Ibid., p. 7-19.
[300] Ibid., p. 7-19.
[301] ENGELMANN, op. cit., p. 3.
[302] UNIÃO EUROPEIA. Comité Económico e Social Europeu. Parecer do Comité Económico e Social Europeu sobre a Comunicação da Comissão ao Parlamento Europeu, ao Conselho e ao Comité Económico e Social Europeu: aspectos regulamentares dos nanomateriais. *Jornal Oficial da União Europeia*, Bruxelas, ano 52, 25 fev. 2009a. C218, p. 23. Disponível em: <http://eur-lex.europa.eu/LexUriServ/LexUriServ.do?uri=OJ:C:2009:218:0021:0026:PT:PDF>. Acesso em: 16 abr. 2015.
[303] UNIÃO EUROPEIA. Comité Económico e Social Europeu. Parecer do Comité Económico e Social Europeu sobre a Comunicação da Comissão ao Parlamento Europeu, ao Conselho e ao Comité Económico e Social Europeu: aspectos regulamentares dos nanomateriais. *Jornal Oficial da União Europeia*, Bruxelas, ano 52, 25 fev. 2009a. C218, p. 23. Disponível em: <http://eur-lex.europa.eu/LexUriServ/LexUriServ.do?uri=OJ:C:2009:218:0021:0026:PT:PDF>. Acesso em: 16 abr. 2015.
[304] VALADARES, Eduardo de Campos. *Aplicações da física quântica*: do transistor à nanotecnologia. São Paulo: Livraria da Física, 2005. p. 69.

k) *vestuário*: tecidos resistentes a manchas;[305]

l) *tecnologia*: equipamentos eletrônicos,[306] nanomotores menores do que uma célula viva e chips de memória bilhões de vezes menores em volume daqueles feitos de silício[307] e maior velocidade de processamento de dados;[308]

m) *esporte*: artigos esportivos mais leves, rápidos e aerodinâmicos, e materiais que absorvem toda a energia do impacto;[309]

n) *química*: cosméticos que agem nas camadas mais inferiores da pele;[310]

o) *medicina*: pesquisas com nanomedicamentos para controle de progressão de doenças e evolução dos microrganismos, e para monitoramento de danos aos tecidos, interrupção do processo e recuperação do corpo,[311] máquinas de costura microscópica capazes de costurar longas cadeias de DNA sem quebrá-las; "nanobubbles" capazes de explodirem células cancerosas ou desobstruir artérias com acúmulo de gordura, nano-dispositivos capazes de regenerar tecidos mortos,[312] laboratórios cibernéticos miniaturizados ("submarinos") para investigar internamente o corpo humano, como forma de controle e *prevenção* de doenças.[313]

Por outro lado, sempre que se fala em combinação ou arranjo de átomos, deve ser ter a ideia de que é muito provável a liberação de partículas no meio ambiente. Mesmo no plano do desconhecido, resta possível afirmar que as combinações químicas poderão gerar desiquilíbrios, os quais podem fugir ao controle do homem. *Existe a incerteza quanto às consequências concretas, mas existe a certeza de que haverá consequências*. É isso que pauta a ideia da existência de *efeitos nocivos* à natureza e ao homem.

Weyermüller, Engelmann e Flores assim destacam:

> Aí reside o perigo: as possibilidades dessa escala poderão levar os pesquisadores a operar combinações que não se deixam mais controlar. [...] Nesse particular reside um dos pontos de preocupação, pois as novas possibilidades de combinação poderão liberar substâncias e produzir resíduos de difícil controle.[314]

Nesse sentido, complementa Eduardo Valadares:

> Os desdobramentos desse campo de pesquisas multifacetado e em rápida expansão são imprevisíveis. Todavia, é de se supor que a nanotecnologia afetará drasticamente o modo como vivemos e vemos o mundo. O meio ambiente, o funcionamento do nosso corpo e de outros organismos

---

[305] WEYERMÜLLER, André Rafael; ENGELMANN, Wilson; FLORES, André Stringhi. *Nanotecnologias, Marcos Regulatórios e Direito Ambiental*. Curitiba: Honoris Causa, 2010. p. 166.

[306] Ibid., p. 166.

[307] LAMPTON, Christopher. *Divertindo-se com Nanotecnologia*. Rio de Janeiro: Berkeley, 1994. p. VII.

[308] ENGELMANN, Wilson. *Direitos bio-humano-éticos*: os humanos buscando 'direitos' para proteger-se dos avanços e riscos (desconhecidos) das nanotecnologias. [S.l.], 2010. Disponível em: <http://www.conpedi.org.br/manaus/arquivos/anais/fortaleza/3400.pdf>. Acesso em: 16 abr. 2015.

[309] Ibid.

[310] Ibid.

[311] VALADARES, op. cit., p. 72.

[312] ENGELMANN, Wilson. *Direitos bio-humano-éticos*: os humanos buscando 'direitos' para proteger-se dos avanços e riscos (desconhecidos) das nanotecnologias. [S.l.], 2010. Disponível em: <http://www.conpedi.org.br/manaus/arquivos/anais/fortaleza/3400.pdf>. Acesso em: 16 abr. 2015.

[313] NEUTZLING, Inácio; ANDRADE, Paulo Fernando Carneiro de (Org.). *Uma sociedade pós-humana*: possibilidades e limites das nanotecnologias. São Leopoldo: Unisinos, 2009. p. 31.

[314] WEYERMÜLLER, André Rafael; ENGELMANN, Wilson; FLORES, André Stringhi. *Nanotecnologias, Marcos Regulatórios e Direito Ambiental*. Curitiba: Honoris Causa, 2010. p. 18-19.

vivos e a busca de uma matriz energética inédita serão alvos dos futuros, gerando grandes oportunidades e desafios.[315]

Destarte, desse novo espaço tecnológico é possível pressupor que podem ser produzidos *efeitos nocivos* à natureza e ao homem. Hodiernamente, as pesquisas lançam dados conclusivos de que as nanopartículas possuem alta mobilidade e reatividade. Ao passo que tais características impõem um potencial de avanço ilimitado, na mesma proporção aumenta a impossibilidade de se detectar os efeitos que podem ser produzidos ao meio ambiente e à saúde humana. Assevera Paulo Martins que

> [...] a exposição dos seres vivos a alguns nanomateriais, nanodispositivos ou produtos derivados das nanotecnologias pode resultar em danos sérios à saúde humana e ao meio ambiente, em função da alta reatividade, mobilidade e outras propriedades presentes na matéria em escala atômica e molecular, podendo gerar níveis de toxicidade desconhecida.[316]

Os estudos possibilitam afirmar que as nanopartículas tendem a produzir toxidades ainda desconhecidas.[317] Carl Schlyter aponta que

> [...] o fato de diferentes ensaios do mesmo nanomaterial poderem apresentar resultados diferentes em diferentes estudos toxicológicos, bem como de um mesmo nanomaterial proveniente de diferentes produtores ou de diferentes processos de fabrico poder apresentar características diferentes.[318]

Sobre a característica de mobilidade das nanopartículas, Engelmann afirma que a inalação dessas partículas enseja que

> [...] as nanopartículas menores que 40 nm entram com facilidade no núcleo celular e as menores que 30 nm atravessam a barreira hamato-encefálica (barreira esta que impede que substâncias externas alcancem o cérebro).[319]

Peter Schulz afirma que as nanopartículas podem transpor qualquer barreira natural, em razão do seu tamanho, e que funcionam como filtros especiais dentro dos organismos vivos.[320] Segundo Juan Coca, pesquisas efetuadas pela cientista Eva Oberdöster concluíram que a liberação de nanocarbono na água causou danos cerebrais e no fígado de peixes contaminados.[321] O mesmo autor refere pesquisas do ano de 1997 realizadas por cientistas das Universidades

---

[315] VALADARES, Eduardo de Campos. *Aplicações da física quântica*: do transistor à nanotecnologia. São Paulo: Livraria da Física, 2005. p. 70.

[316] MARTINS, Paulo Roberto et al. (Coord.). *Impactos das nanotecnologias na cadeia de produção de soja brasileira*. São Paulo: Xamã, 2009. p. 47.

[317] COCA, Juan R. (Coord.). *Varia biologia, filosofia, ciência e tecnologia*. León: Centro de Estudos Metodológicos e Interdisciplinares, Universidade de León, 2007. p. 51.

[318] UNIÃO EUROPEIA. Parlamento Europeu. Comissão do Ambiente, da Saúde Pública e da Segurança Alimentar. *Relatório sobre aspectos regulamentares dos nanomateriais*. Relator de parecer por Carl Schlyter. Bruxelas, 2009b. Disponível em: <http://www.europarl.europa.eu/sides/getDoc.do?pubRef=-//EP//NONSGML+REPORT+A6-2009-0255+0+DOC+PDF+V0//PT>. Acesso em: 16 abr. 2015. p. 16.

[319] ENGELMANN, Wilson. *Direitos bio-humano-éticos*: os humanos buscando 'direitos' para proteger-se dos avanços e riscos (desconhecidos) das nanotecnologias. [S.l.], 2010. Disponível em: <http://www.conpedi.org.br/manaus/arquivos/anais/fortaleza/3400.pdf>. Acesso em: 16 abr. 2015.

[320] SCHULZ, Peter Alexander Bleinroth. *A encruzilhada da nanotecnologia*: inovação, tecnologia e riscos. Rio de Janeiro: Vieira e Lent, 2009. p. 51.

[321] COCA, Juan R. (Coord.). *Varia biologia, filosofia, ciência e tecnologia*. León: Centro de Estudos Metodológicos e Interdisciplinares, Universidade de León, 2007. p. 51.

de Oxford, Reino Unido, e de Montreal, Canadá, em que foi descoberto que nanopartículas de dióxido de titânio e óxido de zinco usados em protetores de filtros solares liberavam radicais livres na pele que, por sua vez, prejudicavam o ácido desoxirribonucleico que é uma molécula presente em todas as células vivas. Em 2004, o pesquisador Vyvyan Howard descobriu que nanopartículas de ouro podem ser mover na placenta e alcançar o feto.[322] Além disso, já se tem conhecimento de pesquisas feitas pelo US Environment Protection Agency (EPA) que apontaram resíduos de nanopartículas em fígado de animais de laboratório.[323]

O quadro ora descrito dá conta de que já existe a identificação de alguns *efeitos nocivos* decorrentes das nanotecnologias, sobretudo do uso e liberação de nanopartículas, bem como de possíveis danos que podem ser causados pelas características próprias das nanotecnologias. Essa conclusão – parcial e não taxativa –, pode ser resumida pelo estudo de Engelmann a respeito:

> *Nanopartículas* – podem provocar reações de inflamação nos tecidos do corpo; *Nanopartículas de carbono* – podem penetrar no cérebro pela mucosa do nariz; *Nanopartículas de prata, de dióxido de titânio, de zinco e de óxido de zinco* – usadas em suplementos nutricionais, embalagens para alimentos e materiais que entram em contato com alimentos, apresentaram alta toxicidade para células em estudos feitos em tubos de ensaio. Testes de laboratório também mostraram que nanopartículas de óxidos de metais podem penetrar nas células e danificar o DNA; *Nanocompostos* – podem chegar à corrente sanguínea por inalação ou ingestão, e alguns podem penetrar pela pele. São capazes de atravessar membranas biológicas e atingir células, tecidos e órgãos que partículas maiores não conseguem. Podem flutuar no ar, viajando por grandes distâncias. Como na sua maioria são novos compostos, que não existem na natureza, os danos ainda não podem ser avaliados. É possível que eles se acumulem na cadeia alimentar da mesma forma que os metais pesados; *Fulerenos de carbono* – [...] interferem na coagulação do sangue em coelhos; um teste com ratos mostrou comportamento de amnésia nos animais expostos. Em testes *in vitro*, mostrou que apenas 1 hora depois, os fulerenos foram capazes de aumentar a oxidação em tecidos expostos. Por apresentarem grande área superficial, são altamente reativos e podem formar radicais livres; *Nanotubos de carbono* – são solúveis na água e, portanto, podem ser ingeridos. [Grifo do autor].[324]

Portanto, resta evidente que, diante do que *se conhece* e do que *não se conhece* quanto aos efeitos do emprego das nanotecnologias na vida humana, faz-se necessária uma mudança no foco de preocupação,[325] ou seja, relevante é a mobilização quanto à proteção jurídica dos efeitos provenientes dos fatos inerentes às nanotecnologias, em detrimento da priorização dessa nova tecnologia num contexto econômico com vistas ao aumento de produtividade, capi-

---

[322] COCA, Juan R. op. cit., p. 51-52.
[323] NEUTZLING, Inácio; ANDRADE, Paulo Fernando Carneiro de (Org.). *Uma sociedade pós-humana*: possibilidades e limites das nanotecnologias. São Leopoldo: Unisinos, 2009. p. 59.
[324] ENGELMANN, Wilson. Os avanços nanotecnológicos e a (necessária) revisão da teoria do fato jurídico de Pontes de Miranda: compatibilizando "riscos" com o "direito à informação" por meio do alargamento da noção de "suporte fático". In: *Constituição, Sistemas Sociais e Hermenêutica*: Anuário do Programa de Pós-Graduação em Direito da Unisinos: mestrado e doutorado, Porto Alegre: Livraria do Advogado, 2011. p. 4-5.
[325] Nesse aspecto, importante a seguinte premissa: "As possibilidade financeiras não deverão suplantar as preocupações com a qualidade dos resultados obtidos". WEYERMÜLLER, André Rafael; ENGELMANN, Wilson; FLORES, André Stringhi. *Nanotecnologias, Marcos Regulatórios e Direito Ambiental*. Curitiba: Honoris Causa, 2010. p. 15.

tal e lucro, temática essa que também merecerá abordagem nos itens a seguir desenvolvidos.

3.1.1. A (não) regulação do ordenamento jurídico brasileiro no tocante às nanotecnologias: possibilidade de uma regulação não tradicional

As linhas anteriores demonstraram que os estudos e pesquisas apontam de forma clara para a necessidade de que a matéria atinente às nanotecnologias seja albergada pelo Direito e para que este conceda as respostas necessárias.

Com efeito, para o contexto jurídico do tema nanotecnológico, importante definir que *regulação* é gênero que representa a forma de produção do Direito. Para tanto, é possível classificar duas espécies, a *regulação tradicional ou legal*, e a *regulação não tradicional*, a qual será objeto da argumentação que objetiva fazer com que o Direito preste as respostas (adequadas e tempestivas) aos anseios que guardam gênese no desenvolvimento das nanotecnologias, sem a necessidade de se aguardar a criação de uma lei. Por esse raciocínio, não havendo previsão ou amparo da lei para as nanotecnologias, está-se diante de uma *não regulação*.

Nesse sentido, considerando o modelo estrutural brasileiro do ordenamento jurídico, a tradição é sempre voltada para a construção do Direito derivada de uma *regulação tradicional ou legal*. Ocorre que o caráter inovatório das tecnologias nano resta inserido num cenário de *não regulação*, ainda mais no caso do Brasil que, já há algum tempo, possui um ordenamento jurídico que, em vários âmbitos, a tarefa legislativa não acompanha, na mesma velocidade, o avanço e a complexidade dos fatos sociais em constante movimento. Esse fenômeno de lentidão ou atraso na criação da tutela legal representa a *não regulação*, o que ocorre também no caso das nanotecnologias. Aliás, em linhas anteriores do primeiro capítulo, especialmente quanto ao Direito do Trabalho, fora apontada a deficiência na *regulação tradicional ou legal* dos fatos que exsurgem no contexto laboral hodierno.

Esta "despreocupação legislativa" é reforçada, em termos mundiais, pelo comentário de Supiot: "Claro, a evolução das técnicas acarreta transformações do Direito: era preciso que nascesse a informática para que se preocupasse em legislar sobre informática e as liberdades [...]".[326] Para Denise Fincato:

> O uso das tecnologias permitiu ao homem trabalhar mais e mais rápido. Permitiu-lhe, ainda, trabalhar mesmo que fora de seu local de trabalho. A quebra tempo-espaço de trabalho trouxe conflitos essenciais que desafiam as estruturados do Direito do Trabalho, enquanto normatização protetiva em sua natureza.[327]

---

[326] SUPIOT, Alain. *Homo juridicus*: ensaio sobre a função antropológica do Direito. Tradução de Maria Ermantina de Almeida Prado Galvão. São Paulo: Martins Fontes, 2007. p. 139.

[327] FINCATO, Denise. Trabalho e tecnologia: reflexões. In: FINCATO, Denise; MATTE, Maurício; GUIMARÃES, Cíntia (Orgs.). *Direito e tecnologia*. reflexões sociojurídicas. Porto Alegre: Livraria do Advogado, 2014. p. 9-17.

Assim, deve se partir de uma premissa: *não há regulação quanto às nanotecnologias e seus efeitos*. No plano internacional, é praticamente inexistente a produção legislativa acerca das nanotecnologias. Diz-se praticamente, pois, na França, em 17.02.2012, entrou em vigor o Decreto 2012-232, que incluiu no Código de Meio Ambiente a previsão de que as nanopartículas, sobretudo na área de produção de cosméticos e produtos veterinários, deverão ser incluídas na obrigação de declaração anual de substâncias para fins de informação acerca de quais produtos incluem nanopartículas em sua composição.[328]

Em relação ao âmbito nacional, é possível afirmar a inexistência de normas que tutelem especificamente o direito daqueles que sofrem, direta ou indiretamente, os efeitos das nanotecnologias. Contudo, cabível registrar que, diante desse hiato legislativo, todas as pesquisas, estudos e trabalhos doutrinários sobre o tema motivaram a criação do Projeto de Lei 5.133/13, que versa sobre a obrigatoriedade de inserir informações no rótulo de todos os produtos à base de nanotecnologias, e a formulação do Projeto de Lei 6.741/13, no qual resta estabelecida uma Política Nacional de Nanotecnologia voltada para a pesquisa, a produção, o destino de rejeitos e o uso da nanotecnologia no país.[329]

Com efeito, não restam dúvidas de que a proteção jurídica dos efeitos das nanotecnologias oriunda de uma *regulação tradicional ou legal* é inexistente. Por lógica, essa inexistência de norma (=lei) que preveja e regulamente o emprego e os efeitos das nanotecnologias é fator que gera insegurança e angústia quanto ao desconhecido em tornos dos riscos ambientais e sociais que envolvem essa nova espécie de tecnologia. Peter Schulz refere que "novas tecnologias geram anseios e também ansiedades".[330]

---

[328] Decreto publicado em JOURNAL Officiel de La République Française, texte 4, sur 44, 19 fev. 2012.

[329] O referido Projeto de Projeto de Lei 6.7412013 atualmente encontra-se em tramitação de análise na Comissão de Meio Ambiente e Desenvolvimento Sustentável (CMADS). Em suma, o Projeto de Lei sobre as nanotecnologias apresenta Definição e Princípios, Gestão da Nanotecnologia, Autorizações, Monitoramento, Notificação de Acidentes, Aplicação de Recursos Públicos, Patenteamento e Tecnologias Limitantes, Responsabilidades e Sanções. Chama-se a atenção para a justificação do projeto apresentada por Wilson Engelmann: "Especialista no tema, Wilson Engelmann, professor da Unisinos (RS) menciona que 'por meio da manipulação na escala nanométrica o ser humano conseguirá produzir objetos com características inéditas até o momento'. Engelmann cita exemplos de propriedades surgidas a partir da nanotecnologia: o carbono, macio e maleável na forma de grafite, pode ser mais resistente e seis vezes mais leve que o aço; o óxido de zinco, originalmente branco e opaco, torna-se transparente; o alumínio passa a sofrer combustão espontânea; a platina, naturalmente inerte, torna-se um potente catalisador de reações químicas". BRASIL. *Projeto de lei n. 6.741, de 2013*. Dispõe sobre a Política Nacional de Nanotecnologia, a pesquisa, a produção, o destino de rejeitos e o uso da nanotecnologia no país, e dá outras providências. Disponível em: <http://www.camara.gov.br/proposicoesWeb/prop_mostrarintegra;jsessionid=DBD94DD7C2168CDC9F0C5226D6BD13DE.proposicoesWeb1?codteor=1201083&filename=Avulso+-PL+6741/2013>. Acesso em: 16 abr. 2015. Ainda, sobre as primeiras tentativas de regulação legal (para Supiot, "regulamentação"), Engelmann, em trabalho inédito não publicado, traz um escorço histórico sobre os projetos de lei arquivados, os projetos de lei em andamento ora comentados, bem como as razões da sua formulação. ENGELMANN, Wilson. *Primeras tentativas de reglamentación de las nano en Brasil*. [S.l:s.n], 2014. No prelo.

[330] SCHULZ, Peter Alexander Bleinroth. *A encruzilhada da nanotecnologia*: inovação, tecnologia e riscos. Rio de Janeiro: Vieira e Lent, 2009. p. 71.

Ao passo que as nanotecnologias podem representar uma "nova Revolução Industrial",[331] devem ser considerados os impactos ao meio ambiente e os efeitos sociais provocados, uma vez que a natureza atômica inerente a essa manipulação de tecnologia, inevitavelmente, será fonte de produção de *efeitos nocivos*, direta ou indiretamente. Para Paulo Roberto Martins:

> Enquanto as nanotecnologias oferecem oportunidades para a sociedade, elas também podem trazer profundos riscos sociais e ambientais não apenas por ser uma tecnologia capacitadora de tecnologias para a indústria biotécnica, mas também porque ela envolve a manipulação atômica que poderá tornar possível a fusão do mundo biológico com o mecânico. Há uma necessidade urgente para se avaliar as implicações sociais de todas as nanotecnologias [...].[332]

O quadro em questão fica bem delineado nas palavras de Engelmann: "Verifica-se que, além da ausência de marcos regulatórios específicos, não há certeza científica quanto ao que deva ser considerado na expressão 'nanotecnologias'".[333]

Destarte, até aqui é possível se identificar a existência de dois cenários bem definidos: a) a existência de vários estudos e pesquisas que apontam a necessidade de se impor limites ao uso e emprego das nanotecnologias; b) a inexistência de regulação tradicional ou legal (norma típica) quanto à tecnologia e à produção baseadas em nano partículas.

Os dois cenários delineados levam a uma indagação: a inexistência de *regulação legal* representa um óbice para a criação de marcos regulatórios quanto às nanotecnologias? A resposta reside na possibilidade (necessidade) de *regulação não tradicional*. Essa possibilidade, mais adiante, será novamente suscitada para se redefinir o conceito de fontes de Direito do Trabalho, quando da proposição do "diálogo entre fontes".

Partindo-se do pressuposto de que o Direito, na sua formatação tradicional, não mais responde satisfatoriamente a todas as demandas que emergem de um quadro de avanço tecnológico e modernidade nas técnicas, depara-se com a necessidade da adoção de outros modelos paradigmáticos que, por sua vez, suscitarão revisão do conceito de norma e do modelo de regulamentação. Por evidente, alerta-se para o fato de que não se pretende aqui a *desregulação*. A construção em tela entende que se deve considerar o que já existe, questionar sua suficiência e, frente à estagnação e inércia legislativa, propor alternativas que provoquem a incidência do Direito nessa relação nanotecnologias, meio ambiente e vida humana.

Na análise de um contexto contemporâneo carente de *regulação*, mostra-se passível de crítica o conceito de norma proposto por Hans Kelsen, de que a

---

[331] A expressão "nova Revolução industrial" é utilizada por Eric Drexler para definir o impacto das nanotecnologias, do ponto de vista econômico, do mercado e de inovação industrial. DREXLER, Eric. Ciência abre campo para nova revolução industrial. *Educação em Revista*, Porto Alegre, v. 11, n. 68, p. 5-6, jun./jul. 2008. Entrevista.
[332] MARTINS, Paulo Roberto et al. (Coord.). *Impactos das nanotecnologias na cadeia de produção de soja brasileira*. São Paulo: Xamã, 2009. p. 26.
[333] ENGELMANN, Wilson. Os Direitos Humanos e as nanotecnologias: em busca de marcos regulatórios. *Cadernos IHU Ideias*, São Leopoldo, ano 7, n. 123. 2009. Disponível em: <http://www.ihu.unisinos.br/images/stories/cadernos/ideias/123cadernosihuideias.pdf>. Acesso em: 16 abr. 2015.

norma funciona como um "esquema de interpretação" e de que o fato se transforma num ato jurídico, não pela sua faticidade, mas pelo sentido jurídico da norma que se refere a tal fato.

> Ora, o conhecimento jurídico dirige-se a estas normas que possuem caráter de normas jurídicas e conferem a determinação dos fatos o caráter de atos jurídicos (ou antijurídicos). Na verdade, o Direito, que constitui o objeto deste conhecimento, é uma ordem normativa da conduta humana, ou seja, um sistema de normas que regulam o comportamento humano.[334]

É exatamente nesse aspecto que incide a ideia de novas alternativas para a criação de normas que "regulem o comportamento humano", no tocante aos efeitos das nanotecnologias.

Engelmann aponta para a necessidade de superação desse conceito:

> A estrutura e o funcionamento do Direito sempre buscavam fatos ocorridos no passado, que são juridicizados no presente, a fim de se regular o futuro. A concepção de Pontes de Miranda sobre a construção dos elementos e da mecânica do suporte fático foram desenhadas a partir destes estágios temporais. Se esta perspectiva de construção das respostas jurídicas foi adequada para a primeira parte do Século XX, a partir da segunda metade do deste século já foram percebidos sinais de insuficiência. Considerando as rápidas mudanças científicas e tecnológicas que iniciam naquele período, que foram levadas a novas fronteiras no início do Século XXI, será necessária a promoção de movimentos inovatórios no Direito.[335]

Assim, resta evidente que o modelo rígido da *regulamentação* dá espaço a um modelo de *regulação não tradicional* capaz de fazer com que o Direito acompanhe o desenvolvimento e o progresso técnico. Para Supiot, o avanço tecnológico afasta a concepção positivista e instrumental do Direito:

> [...] Compreender que o Direito e a técnica participam de uma mesma cultura e avançam num mesmo ritmo evita fechar-se na discussão que domina habitualmente a reflexão sobre os vínculos que os unem. Resumida em grandes traços, essa concepção opõe duas concepções do Direito. De um lado, uma concepção transcendental ou jusnaturalista, que vê no Direito a expressão de princípios universais e intemporais, e, do outro, uma concepção positivista e instrumental, que vê no Direito uma pura técnica, neutra em si e vazia de sentido. Para uns, o problema está em submeter as técnicas aos grandes princípios que o Direito seria como que uma carroça, capaz de transportar qualquer conteúdo normativo que seja, de sorte que tudo que é tecnicamente realizável deveria acabar sendo juridicamente permitido. [...].[336]

Mormente à questão nanotecnológica, diante dessa inexistência de normas oriundas da fonte "lei", o mais adequado a um conjunto contemporâneo de fatos é a adoção da "teoria da regulação" defendida por Supiot:

> [...] Fundamentadas na ideia de que não existe outra realidade tangível além daquela que se deixa ver por todos, as teorias da informação e da comunicação apreendem o ser humano apenas através da maneira pela qual esse se comunica com seu meio ambiente e reage aos sinais que dele recebe. [...]

---

[334] KELSEN, Hans. *Teoria pura do Direito*. Tradução de João Baptista Machado. São Paulo: Martins Fontes, 2011. p. 16-17.

[335] ENGELMANN, Wilson. O Direito frente aos desafios trazidos pelas nanotecnologias. In: Constituição, Sistemas Sociais e Hermenêutica. *Anuário do Programa de Pós-Graduação em Direito da Unisinos*: mestrado e doutorado, Porto Alegre, n. 10, p. 301-311, 2013. p. 301.

[336] SUPIOT, Alain. *Homo juridicus*: ensaio sobre a função antropológica do Direito. Tradução de Maria Ermantina de Almeida Prado Galvão. São Paulo: Martins Fontes, 2007. p. 140.

Aí situa-se o ponto inicial de uma "teoria da regulação", que engloba os homens, os animais e as máquinas e que deve conduzir num mesmo ritmo ao progresso das máquinas e ao do Direito. [...].[337]

Com isso, a *regulação não tradicional* encontra guarida na ideia de que as várias organizações da sociedade tenham a capacidade de reagir e se adaptar às modificações impostas pelas inovações tecnológicas. Nesse aspecto reside a diferença entre regulamentar e regular na análise de Supiot. Para o autor, regulamentar é

[...] ditar regras do exterior, ao passo que regular é fazer que se observem as regras necessárias ao funcionamento homeostático de uma organização. Segundo a teoria cibernética, apenas uma regulação adequada, e não uma regulamentação rígida, pode proteger a sociedade da desordem entrópica, ou seja, "tendência da natureza para deteriorar o ordenado e para destruir o compreensível".[338]

Todavia, em que pese esta diferença subsidie em muito a argumentação em tela, faz-se necessário observar que, ao contrário do Direito brasileiro, onde regulamentar é a atividade de complementação ou detalhamento daquilo que previamente possui uma previsão estrutural em lei (geralmente produzida por decreto legislativo), no Direito francês, regulamentar ou regulamentação pressupõe a atividade geral de produção legislativa. Neste sentido e para fins da presente estudo, a regulação ou a "teoria da regulação" de Supiot corresponde à *regulação não tradicional* ora propugnada.

A ideia de um paradigma que tenha por base a *regulação não tradicional* é referendada por Engelmann:

Do movimento da tradicional regulamentação, em que a participação do Estado é fundamental, se partirá para uma atividade de regulação, a partir das constantes internas especialmente a partir da valorização de outros atores em condições de produzir as respostas jurídicas esperadas. Verifica-se, portanto, uma efetiva mutação no sentido de *desregulamentação* tradicional estatal para a regulação dialogal não estatal.[339]

Ademais, Cristiane Beuren Vasconcelos salienta que

[...] a realidade já confirma que a sociedade só está disposta a absorver aquilo que, oriundo do campo científico, se demonstre vantajoso a ela, excluindo, portanto, do seu leque de interesses a assunção de quaisquer possíveis danos e prejuízos deles decorrentes.[340]

Amartya Sen, por sua vez, entende que as pretensões morais independem da produção legislativa:

Com efeito, se os direitos humanos são entendidos como pretensões morais dotadas de força, como sugere o próprio Hart ao vê-los como "direitos morais", então certamente temos razão para alguma catolicidade ao considerar diversos caminhos para promover essas pretensões morais. As

---

[337] SUPIOT, Alain., p. 154-155.

[338] SUPIOT, Alain. *Homo juridicus*: ensaio sobre a função antropológica do Direito. Tradução de Maria Ermantina de Almeida Prado Galvão. São Paulo: Martins Fontes, 2007. p. 159-160.

[339] ENGELMANN, Wilson. O Direito frente aos desafios trazidos pelas nanotecnologias. In: Constituição, Sistemas Sociais e Hermenêutica. *Anuário do Programa de Pós-Graduação em Direito da Unisinos*: mestrado e doutorado, Porto Alegre, n. 10, p. 301-311, 2013. p. 308.

[340] VASCONCELOS, Beuren Cristiane. *A proteção jurídica do ser humano in vitro na era da biotecnologia*. São Paulo: Atlas, 2006. p. 173.

vias e as maneiras de defender a ética dos direitos humanos não precisam se restringir à elaboração de novas leis (embora muitas vezes a legislação possa se mostrar o caminho correto para se proceder); [...].[341]

Nessa perspectiva de moralidade, Álvaro Vieira Pinto, ressalta que

[...] a técnica necessita revestir-se de valor moral, na verdade o valor que os grupos dirigentes e promotores do progresso desejam se adjudicar. [...] O laboratório de pesquisa, anexas à gigantesca fábrica, tem o mesmo significado ético da capelinha outrora obrigatoriamente erigida ao lado dos nossos engenhos rurais.[342]

Deste modo, o "novo" na tecnologia acarreta o "novo" no Direito. A *regulação não tradicional* aparece como forma de enfrentamento dos efeitos já identificados e daqueles que, ainda que desconhecidos, estão por vir ou já produzem suas invisíveis e silenciosas consequências. Além disso, esse modelo de *regulação* mais se afeiçoa com o "admirável mundo novo" oriundo do avanço tecnológico, como destaca Vicente de Paulo Barreto:

[...] encontra-se nesse admirável mundo novo, nascido das entranhas da sociedade tecnocientífica, especificamente, no âmbito das biociências e das biotecnologias, indagações éticas e questionamentos morais, que repercutem no sistema jurídico.[343]

De outra parte, com base na ideia de *regulação não tradicional* calcada numa "teoria da regulação" (de Supiot), é possível identificar alguns modelos já existentes de *regulação* acerca das nanotecnologias que podem contribuir para a construção de marcos regulatórios ou mesmo atuar como tal. Em que pese a sociedade testemunhar e sentir os reflexos de uma revolução tecnológica, a mesma sociedade como um todo dá sinais de uma preocupação com os efeitos decorrentes dessas mudanças e acaba por se movimentar em direção à tarefa de *regulação* nos mais variados setores (*preocupação com os efeitos = movimentos regulatórios = marcos regulatórios*).

Como visto anteriormente, tanto internacionalmente como em âmbito nacional, existem várias diretrizes e regras acerca de pesquisas e estudos sobre nanotecnologias, mas poucos sinais regulatórios. No documento intitulado *Éthique et Politique des Nanotechnologies*, a União das Nações Unidas para a Ciência, Educação e Cultura – UNESCO manifestou sua preocupação com a falta de *regulação* quanto às nanotecnologias e sustenta que existem componentes políticos e culturais vinculados a essa inexistência de *regulação tradicional ou legal*, os quais devem ser superados.[344] [345] Sobre o tema, a Experts in Monetizing Emerging Technologies – ETC GROUP LCC afirmou que:

---

[341] SEN, Amartya. *A ideia de justiça*. Tradução de Denise Bottmann e Ricardo Doninelli Mendes. São Paulo: Schwarcz, 2001. p. 285.

[342] PINTO, Álvaro Vieira. *O conceito de tecnologia*. Rio de Janeiro: Contraponto, 2005. v. 1. p. 43.

[343] BARRETTO, Vicente de Paulo. O "admirável mundo novo" e a teoria da responsabilidade. In: TEPEDINO, Gustavo; FACHIN, Luiz Edson (Coords.). *O direito e o tempo*: embates jurídicos e utopias contemporâneas: estudos em homenagem ao professor Ricardo Pereira Lira. Rio de Janeiro: Renovar, 2008. p. 995-1018.

[344] Vide Anexo C.

[345] UNESCO. *Éthique et politique des nanotechnologies*. 2007. Disponível em: <http://unesdoc.unesco.org/images/0014/001459/145951f.pdf>. Acesso em: 16 abr. 2015. p. 20-21.

O fato de não haver, atualmente, em qualquer parte do mundo, normas de regulação para avaliar novos produtos em escala nanométrica na cadeia alimentar, representa uma inaceitável e culposa negligência [...] Devem ser tomadas medidas para restaurar a confiança nos sistemas alimentares e para se ter certeza de que as tecnologias em escala nanométrica, se introduzidas, sejam feitas sob rigorosos padrões de saúde e segurança.[346]

Para fins exemplificativos, no plano internacional, têm-se algumas agências reguladoras, órgãos governamentais e órgãos não governamentais que já emitiram e continuam emitindo pareceres que demonstram um esboço de *regulação não tradicional* quanto a testes, manipulação, produção e utilização de nanotecnologias, principalmente de nanopartículas. Diz-se esboço, pois tais diretrizes funcionam muito mais como orientações e recomendações, mas, não, diretamente ou formalmente como normas (no sentido "rígido" já comentado). A Organização para a Cooperação e Desenvolvimento Econômico – OECD, publicou dois pareceres acerca das conclusões de 6 (seis) anos de pesquisa, de 2006 a 2010, sobre a segurança de nanomateriais manufaturados.[347] A Asia Nano Forum promove eventos de orientação com empresas que utilizam as tecnologias nano e com órgãos governamentais, no intuito de alertar para os riscos decorrentes dessa tecnologia.[348] Outro exemplo é o relatório acerca dos nanomateriais da Comissão de do Ambiente, da Saúde Pública e da Segurança Alimentar emitido pelo Parlamento Europeu da União Europeia.[349] Engelmann cita esses e outros exemplos de movimentação regulatória não tradicional:

> Destacam-se, sem a pretensão de exaurir a enunciação, os documentos que são elaborados e revisados pelas agências reguladoras americanas e da Comunidade Europeia, incluindo os espaços asiáticos de discussão sobre o tema, como a NIOSH, FDA, REACH, NIA, Health Canada, Asia Nano Forum, Asia Nano Safe, FAO, WHO, Comissão Europeia, European Agency for Safety and Health at Work; OSHA – Oucupational Safety and Health Administration; SAICM, as recomendações da GRULAC, entre outras; *standards* e normas técnicas baseadas na *expertise* científica (normas da International Standards for Organisation – ISO e da American Society for Testing and Materials – ASTM), European Conmitte on Standardization (CEN), Organization for Economic Co-operation and Development (OECD), British Standards Institution (BSI).[350]

Em termos de *regulação não tradicional* brasileira, o movimento é muito mais incipiente. Resta instituído e em funcionamento o Comitê Interministerial de Nanotecnologias – CIN – que tem por função a tarefa de aprimoramento

---

[346] MARTINS, Paulo Roberto et al. (Coord.). *Impactos das nanotecnologias na cadeia de produção de soja brasileira*. São Paulo: Xamã, 2009. p. 15.

[347] Informações obtidas em ORGANISATION FOR ECONOMIC CO-OPERATION AND DEVELOPMENT (OECD). *Six years of oecd work on the safety of manufactured nanomaterials*: achievements and future opportunities. Disponível em: <http://www.oecd.org/env/ehs/nanosafety/Nano%20Brochure%20Sept%202012%20for%20Website%20%20(2).pdf>. Acesso em: 16 abr. 2015.

[348] Informações obtidas em ASIA NANO FORUM (ANF). Disponível em: <http://www.asia-anf.org/>. Acesso em: 16 abr. 2015.

[349] Informações obtidas em UNIÃO EUROPEIA. Parlamento Europeu. Comissão do Ambiente, da Saúde Pública e da Segurança Alimentar. *Relatório sobre aspectos regulamentares dos nanomateriais*. Relator de parecer por Carl Schlyter. Bruxelas, 2009b. Disponível em: <http://www.europarl.europa.eu/sides/getDoc.do?pubRef=-//EP//NONSGML+REPORT+A6-2009-0255+0+DOC+PDF+V0//PT>. Acesso em: 16 abr. 2015.

[350] ENGELMANN, Wilson. O Direito frente aos desafios trazidos pelas nanotecnologias. In: Constituição, Sistemas Sociais e Hermenêutica. *Anuário do Programa de Pós-Graduação em Direito da Unisinos*: mestrado e doutorado, Porto Alegre, n. 10, p. 301-311, 2013. p. 308.

das políticas, diretrizes e ações voltadas para o desenvolvimento das nanotecnologias.[351] Além disso, a norma mais significativa existente é o Regulamento Técnico para integração dos Laboratórios Estratégicos e dos Laboratórios Associados ao Sistema Nacional de Laboratórios em Nanotecnologia – SisNANO.[352] Contudo, importante observar que tais normas restam voltadas muito mais ao fomento das pesquisas e estudo do que a uma preocupação com os efeitos que são projetados ao meio ambiente, os trabalhadores e aos consumidores destinatários dos materiais ou produtos fabricados a partir das nanotecnologias.

Especialmente em relação ao âmbito do Direito do Trabalho, o modelo de *regulação não tradicional* tem espaço de atuação há muito tempo, por força da negociação coletiva. Como já asseverado no capítulo 2, o artigo 8º da Constituição Federal e os artigos 513 e 611 da Consolidação das Leis do Trabalho[353]

---

[351] Portaria Interministerial nº 510, de 9 de julho de 2012. Art. 1º. Fica instituído o Comitê Interministerial de Nanotecnologias – CIN, com a finalidade de assessorar os Ministérios representados no Comitê na integração da gestão e na coordenação, bem como no aprimoramento das políticas, diretrizes e ações voltadas para o desenvolvimento das nanotecnologias no País, cabendo-lhe, em especial: I – propor mecanismos de integração da gestão e da coordenação das atividades relacionadas às nanotecnologias, desenvolvidas pelos Ministérios representados no Comitê e pelos demais órgãos e entes do governo federal; II – propor a criação de mecanismos de planejamento, implementação, acompanhamento e avaliação das atividades relacionadas às nanotecnologias, desenvolvidas pelos Ministérios representados no Comitê e pelos demais órgãos e entes do governo federal; III – formular recomendações de planos, programas, metas, ações e projetos integrados para a consolidação e a evolução das nanotecnologias no País, indicando potenciais fontes de financiamento; e IV – indicar os recursos financeiros necessários, destinados a apoiar projetos de pesquisa, desenvolvimento e inovação (P,D&I), em nível nacional ou internacional, quando envolver cooperação bilateral ou multilateral em nanotecnologias. Art. 2º. O Comitê Interministerial de Nanotecnologias – CIN será integrado por um representante e respectivo suplente indicados por cada um dos seguintes Ministérios: I – da Ciência, Tecnologia e Inovação (MCTI), que o coordenará; II – da Agricultura, Pecuária e Abastecimento (MAPA); III – da Defesa (MD); IV – do Desenvolvimento, Indústria e Comércio Exterior (MDIC); V – da Educação (MEC); VI – do Meio Ambiente (MMA); VII – de Minas e Energia (MME); e VIII – da Saúde (MS). § 1º Os representantes e seus respectivos suplentes serão designados por portaria do Ministro de Estado da Ciência, Tecnologia e Inovação, após a indicação dos titulares dos Ministérios integrantes do CIN. § 2º O CIN poderá convidar representantes de outros órgãos ou entidades, públicos ou privados, ou personalidades de notória especialização em sua área de atuação, para participarem de suas reuniões. § 3º A periodicidade das reuniões do CIN e sua forma de funcionamento serão estabelecidas pelo próprio Comitê. § 4º Os resultados dos trabalhos do CIN consubstanciarão a forma de proposições ou relatórios, a serem apresentados aos Ministérios assessorados. § 5º As funções desempenhadas pelos representantes no CIN não serão remuneradas, sendo o seu exercício considerado de relevante interesse público. Art. 3º. A Secretaria de Desenvolvimento Tecnológico e Inovação do MCTI prestará o apoio técnico necessário ao desempenho das atividades do CIN. Parágrafo único. As eventuais despesas dos membros do CIN com transporte, diárias ou de qualquer outra natureza deverão ser providas pelos Ministérios que representam. Art. 4º. Esta Portaria entra em vigor na data de sua publicação.

[352] BRASIL. Instrução Normativa nº 2, de 15 de junho de 2012. Disponível em: <http://www.in.gov.br/visualiza/index.jsp?data=27/06/2012&jornal=1&pagina=4&totalArquivos=76>. Acesso em: 16 abr. 2015.

[353] Art. 8º. É livre a associação profissional ou sindical, observado o seguinte: I – a lei não poderá exigir autorização do Estado para a fundação de sindicato, ressalvado o registro no órgão competente, vedadas ao Poder Público a interferência e a intervenção na organização sindical; II – é vedada a criação de mais de uma organização sindical, em qualquer grau, representativa de categoria profissional ou econômica, na mesma base territorial, que será definida pelos trabalhadores ou empregadores interessados, não podendo ser inferior à área de um Município; III – ao sindicato cabe a defesa dos direitos e interesses coletivos ou individuais da categoria, inclusive em questões judiciais ou administrativas; IV – a assembléia geral fixará a contribuição que, em se tratando de categoria profissional, será descontada em folha, para custeio do sistema confederativo da representação sindical respectiva, independentemente da contribuição prevista em lei; V – ninguém será obrigado a filiar-se ou a manter-se filiado a sindicato; VI – é obrigatória a participação dos sindicatos nas negociações coletivas de trabalho; VII – o aposentado filiado tem direito a votar e ser votado nas organizações sindicais;

impõem aos sindicatos a prerrogativa de iniciarem, entabularem e promoverem as negociações coletivas que envolvam as categorias profissional e econômica. Neste sentido, a autocomposição de conflitos constitucionalmente prevista enseja a que as categorias se autorregulagem. Afirma Supiot sobre a *regulação* na figura da negociação coletiva:

> Essa instrumentalização fica logo de início manifesta na evolução do Direito da negociação coletiva. Faz uns trinta anos, a convenção coletiva progressivamente deixou de ser um simples acordo sobre os interesses dos empregadores e assalariados representados por ocasião de sua negociação para tornar-se um instrumento de realização de objetivos que transcendem esses interesses. Essa evolução afeta ao mesmo tempo a identidade das partes contratantes e os objetos da negociação.[354]

Deste modo e frente às características inerentes ao mundo nanotecnológico – incerteza e *efeitos desconhecidos e futuros* – os contratos coletivos de trabalho – acordo coletivo e convenção coletiva – representam uma adequada expressão de *regulação não tradicional* que se afeiçoa perfeitamente com as questões vinculadas às nanotecnologias. Os trabalhadores e os empregadores possuem um espaço para "complementar" aquilo que existe em termos de direitos e garantias, e criar outros direitos, sendo que empregador tem a oportunidade de ponderar e participar desta elaboração normativa, podendo assim, de acordo com o caso, estabelecer um "equilíbrio" entre a relação *direitos e garantias x economia e mercado*. Não obstante esta dupla dimensão, a verdade é que, em se tratando de saúde e segurança do trabalho, a classe profissional tem uma oportunidade de concretizar a *regulação não tradicional* a serviço do Direito e dos direitos trabalhistas como preservação da dignidade do trabalhador, o que, frente a tudo que se abordou até agora, é uma tendência de melhor aproveitamento.

VIII – é vedada a dispensa do empregado sindicalizado a partir do registro da candidatura a cargo de direção ou representação sindical e, se eleito, ainda que suplente, até um ano após o final do mandato, salvo se cometer falta grave nos termos da lei. Parágrafo único. As disposições deste artigo aplicam-se à organização de sindicatos rurais e de colônias de pescadores, atendidas as condições que a lei estabelecer. BRASIL. Constituição (1988). Constituição da República Federativa do Brasil de 1988. Disponível em: <http://www.planalto.gov.br/ccivil_03/constituicao/constitui%C3%A7ao.htm>. Acesso em: 05 abr. 2014. Art. 513. São prerrogativas dos sindicatos: a) representar, perante as autoridades administrativas e judiciárias os interesses gerais da respectiva categoria ou profissão liberal ou interesses individuais dos associados relativos á atividade ou profissão exercida; b) celebrar contratos coletivos de trabalho; c) eleger ou designar os representantes da respectiva categoria ou profissão liberal; d) colaborar com o Estado, como orgãos técnicos e consultivos, na estudo e solução dos problemas que se relacionam com a respectiva categoria ou profissão liberal; e) impor contribuições a todos aqueles que participam das categorias econômicas ou profissionais ou das profissões liberais representadas. Parágrafo Único. Os sindicatos de empregados terão, outrossim, a prerrogativa de fundar e manter agências de colocação. [...]Art. 611. Convenção Coletiva de Trabalho é o acôrdo de caráter normativo, pelo qual dois ou mais Sindicatos representativos de categorias econômicas e profissionais estipulam condições de trabalho aplicáveis, no âmbito das respectivas representações, às relações individuais de trabalho. § 1º. É facultado aos Sindicatos representativos de categorias profissionais celebrar Acordos Coletivos com uma ou mais emprêsas da correspondente categoria econômica, que estipulem condições de trabalho, aplicáveis no âmbito da emprêsa ou das acordantes respectivas relações de trabalho. § 2º. As Federações e, na falta desta, as Confederações representativas de categorias econômicas ou profissionais poderão celebrar convenções coletivas de trabalho para reger as relações das categorias a elas vinculadas, inorganizadas em Sindicatos, no âmbito de suas representações. BRASIL. Decreto-Lei nº 5.452, de 1º de maio de 1943. Aprova a Consolidação das Leis do Trabalho. Disponível em: <http://www.planalto.gov.br/ccivil_03/decreto-lei/del5452.htm>. Acesso em: 16 abr. 2015.

[354] SUPIOT, Alain. *Homo juridicus*: ensaio sobre a função antropológica do Direito. Tradução de Maria Ermantina de Almeida Prado Galvão. São Paulo: Martins Fontes, 2007. p. 225.

Prova concreta desta tendência e possibilidade é a cláusula normativa oitava constante do Termo Aditivo à Convenção Coletiva com vigência 2012/2013 celebrada entre o Sindicato da Indústria de Produtos Farmacêuticos no Estado de São Paulo e o Sindicato dos Trabalhadores nas Indústrias Farmacêuticas, Químicas, Plásticas, de Explosivos, Abrasivos e Fertilizantes de Osasco e Cotia/SP. A cláusula normativa consolida aos empregados o direito de informação acerca da eventual existência de nanotecnologia no trabalho desenvolvido, bem como dos riscos inerentes a este emprego, muito embora não decline de forma mais específica as formas de identificação dos riscos.[355]

De outra parte, ainda que não haja expressa manifestação quanto às nanotecnologias como na norma acima ventilada, serve como esboço exemplificativo a Convenção Coletiva, com vigência 2013/2015, celebrada entre o Sindicato da Indústria de Produtos Farmacêuticos no Estado de São Paulo e o Sindicato dos Farmacêuticos no Estado de São Paulo, cuja cláusula 25 do instrumento prevê o "direito de recusa" do profissional farmacêutico em continuar uma operação ou o próprio trabalho, quando entender que sua saúde e integridade correm risco.[356] Muito embora não haja menção específica ao trabalho ou manipulação com as nanotecnologias, a questão inerente ao risco denota a serventia da *regulação não tradicional* e a existência de possibilidade de exercício desta *regulação* no Direito do Trabalho, o que vem ao encontro das ideias que se defendem no presente estudo.

Portanto, é razoável estabelecer que o exame da problemática que tange aos efeitos das nanotecnologias e seus impactos no mundo global, sobretudo no mundo do trabalho, adota uma mudança de postura: a ideia de afastamento do modelo de *regulação tradicional ou legal* para o modelo de *regulação não tradicional* como caminho para a construção de marcos regulatórios. Essa ideia de uma nova postura e de adoção de um novo rumo para vincular o Direito às novas tecnologias passa a integrar as proposições dos próximos itens apresentados, até mesmo porque o que existe em termos de *regulação tradicional ou legal* também se mostra insuficiente e a busca por novas alternativas no contexto ora desenhado se faz necessária para a realização do Direito.

3.1.2. O impacto das nanotecnologias na saúde e na segurança do trabalhador: das premissas básicas ao risco (riscos conhecidos e riscos desconhecidos e futuros) a partir da identificação do fato laboral nanotecnológico

A partir de agora, dentro de todo o contexto até então construído desde o primeiro capítulo, o estudo se aproxima do seu escopo primordialmente traça-

---

[355] Sindicato da Indústria de Produtos Farmacêuticos no Estado de São Paulo (Sindusfarma). *Termo Aditivo a Convenção Coletiva de Trabalho FETQIM – CUT*: setor farmacêutico, 2012-2013. São Paulo, 19 abr. 2012. Disponível em: <http://www.sindusfarma.org.br/informativos/Aditivo_Osasco2012_2013.pdf>. Acesso em: 16 abr.2015.

[356] Sindicato dos Farmacêuticos no Estado de São Paulo (SINFAR). *Convenção Coletiva de Trabalho*: farmacêuticos, 2013-2015. São Paulo, 13 maio 2013. Disponível em: <http://www.sinfar.org.br/sites/default/files/SINDUSFARMA_2013-2015.pdf>. Acesso em: 16 abr. 2015.

do: examinar a relação nanotecnologias e trabalho humano, na perspectiva da preservação da segurança e da saúde do trabalhador. Não obstante o fato de que os *efeitos nocivos* são desconhecidos, mas que se pressupõem sua atuação dadas as características das nanopartículas, ainda que os efeitos alcancem o meio ambiente e o homem nas mais variadas formas de exposição, sem dúvidas, os trabalhadores são os destinatários diretos desses efeitos. Qualquer análise dos estudos e pesquisas citados nos itens anteriores deste capítulo leva a mais nítida conclusão de que tanto na produção direta, manipulação, exposição, ou produção de um material que tenha componentes tecnológicos ou parta de uma tecnologia nano, impactarão nos trabalhadores envolvidos nesses processos. Engelmann é definitivo neste sentido:

> [...] a produção de nanopartículas engenheirados, ou seja, aquelas desenvolvidas pela ação do ser humano deve ser o primeiro degrau de análise do ciclo de vida dos nanoprodutos. A partir dele, ingressa na fabricação de produtos que serão colocados à disposição do mercado consumidor e profissional; daí para o destino a ser dado aos resíduos. Neste percurso, nos diversos degraus, haverá a exposição dos trabalhadores do meio ambiente.[357]

Nasce, portanto, o fato laboral nanotecnológico.

Este fato laboral nanotecnológico, para fins deste estudo, pressupõe a existência de relação de emprego. Isto é, o trabalhador nanotecnológico, no contexto desenvolvido em toda pesquisa, é o trabalhador subordinado, com vínculo de emprego reconhecido, nos termos dos artigos 2º e 3º da Consolidação das Leis do Trabalho[358] (na nota 6, explica-se a razão pela qual o estudo utiliza a expressão relação de emprego e não relação de trabalho). Considera-se, assim, ultrapassada a questão atinente à natureza da relação existente entre o trabalhador nanotecnológico e seu empregador. O que integra o objeto de análise é o fato que decorre desta relação de emprego já existente. Não se tem aqui o escopo de discutir o enquadramento do *fato laboral nanotecnológico* como relação jurídica de emprego. Ele já o é. A questão que palpita está na produção de efeitos jurídicos dentre e em decorrência desta relação de emprego. Empresta-se aqui da doutrina portuguesa acerca da *"situação jurídica laboral"* e da *"situação jurídica emergente do contrato de trabalho"*, em que Maria do Rosário Palma Ramalho entende que as situações jurídicas laborais são "nucleares" e

---

[357] ENGELMANN, Wilson. O Direito frente aos desafios trazidos pelas nanotecnologias. In: Constituição, Sistemas Sociais e Hermenêutica. *Anuário do Programa de Pós-Graduação em Direito da Unisinos*: mestrado e doutorado, Porto Alegre, n. 10, p. 301-311, 2013. p. 303.

[358] Art. 2º. Considera-se empregador a empresa, individual ou coletiva, que, assumindo os riscos da atividade econômica, admite, assalaria e dirige a prestação pessoal de serviço. § 1º. Equiparam-se ao empregador, para os efeitos exclusivos da relação de emprego, os profissionais liberais, as instituições de beneficência, as associações recreativas ou outras instituições sem fins lucrativos, que admitirem trabalhadores como empregados. § 2º. Sempre que uma ou mais empresas, tendo, embora, cada uma delas, personalidade jurídica própria, estiverem sob a direção, controle ou administração de outra, constituindo grupo industrial, comercial ou de qualquer outra atividade econômica, serão, para os efeitos da relação de emprego, solidariamente responsáveis a empresa principal e cada uma das subordinadas. Art. 3º. Considera-se empregado toda pessoa física que prestar serviços de natureza não ventual a empregador, sob a dependência deste e mediante salário. Parágrafo único – Não haverá distinções relativas à espécie de emprego e à condição de trabalhador, nem entre o trabalho intelectual, técnico e manual. BRASIL. *Decreto-Lei nº 5.452, de 1º de maio de 1943*. Aprova a Consolidação das Leis do Trabalho. Disponível em: <http://www.planalto.gov.br/ccivil_03/decreto-lei/del5452.htm>. Acesso em: 16 abr. 2015.

se desdobram em *"situação jurídica do trabalhador subordinado"* e a *"situação jurídica do empregador"* correspondem àquelas que se configuram ou devem se configurar como relação de emprego, enquanto que a *"situação jurídica emergente do contrato de trabalho"* já é uma relação de emprego que também conclama pela proteção jurídica, já que a *"situação jurídica laboral nuclear"* é a que está vinculada às normas laborais.[359] Seguindo esse raciocínio, o fato laboral nanotecnológico é uma "situação jurídica emergente do contrato de trabalho".

Entende-se por fato laboral nanotecnológico todo o trabalho que decorre da produção de, contato com, exposição às ou manipulação de nanotecnologias, sobretudo das nanopartículas, tanto diretamente, como indiretamente com produtos derivados ou que empreguem tais nanotecnologias. É o envolvimento produtivo do trabalhador com a matriz direta ou indireta da tecnologia nano.

Neste contexto, ainda que o presente estudo defenda uma postura hermenêutica desapegada do positivismo tradicional e que proponha que as nanotecnologias sejam inseridas num sistema de *regulação não tradicional* e de macroproteção do ordenamento jurídico, com base, dentre outras premissas axiológicas, nos princípios constitucionais da dignidade da pessoa humana e do valor social do trabalho, o surgimento de um fato "novo" como é o *fato laboral nanotecnológico* instaura um problema relevante: do mesmo ordenamento jurídico em que se busca extrair proposições decorrentes de uma "abertura" hermenêutica, se extrai ainda um modelo rígido de tratamento do fato – no caso, social –, como *fato jurídico*. Essa problemática também representa um óbice, um entrave, na realização de um concreto "acontecer" da proteção ambiental ao trabalho humano decorrente das nanotecnologias.

Para fins de proteção jurídica das nanotecnologias, de nada adianta se propor uma reformulação no modelo hermenêutico, uma aproximação do modelo regulatório e proposições derivadas de um "diálogo entre fontes" do Direito do Trabalho (situações que se materializarão mais adiante), se não houver, antes, uma releitura do conceito de *fato jurídico*, no tocante, mormente, a fatos que exsurgem no contexto do mundo novo e que não possuem tratamento normativo. No caso do *fato laboral nanotecnológico*, o problema se agrava: antes de existir proteção jurídica às nanotecnologias, essas nanotecnologias e o *fato laboral nanotecnológico* sequer são tratados no ordenamento jurídico como *fatos jurídicos*, dentro, logicamente, de uma visão positivista e legalista. Essa é uma das razões para a *não regulação* das nanotecnologias, constatada no item anterior.

Assim, para que mais força ganhe as proposições que serão construídas mais adiante, com vistas a preservar a saúde e a segurança do trabalhador inserido no fato laboral nanotecnológico, necessário, primeiro, que se faça uma releitura ou revisão da teoria ou do modelo conceitual rígido de fato jurídico previsto pelo sistema normativo vigente.

Em se tratando de fato jurídico (normativo), a Consolidação das Leis do Trabalho nada prevê, até porque sua estrutura permite, desde 1943, que o

---

[359] RAMALHO, Maria do Rosário Palma. *Direito do Trabalho*. Coimbra: Almedina, 2005. (Parte I: Dogmática Geral). p. 358-359.

Código Civil seja aplicado de forma subsidiária – artigo 8º da CLT já citado ao longo do trabalho. Por isso, salvo algumas ressalvas quanto ao contrato de emprego do trabalhador menor, inexiste previsão celetista que trate o contrato de emprego como um negócio jurídico, motivo pelo qual restam aplicáveis as disposições dos artigos 104 a 188 do Código Civil de 2002, (fatos jurídicos e atos jurídicos). Esta aludida aplicação subsidiária permite que mesmo um fato oriundo do contexto laboral que venha a ensejar a produção de atos dos sujeitos pactuantes e isso resulte, assim, num negócio jurídico laboral, ou seja, um contrato de emprego, e venha, assim, a surtir todos os efeitos legais previstos na Norma Consolidada e na norma trabalhista esparsa ou complementar, a base de constituição deste negócio jurídico terá a observância do Código Civil quanto ao modo de estruturação deste negócio jurídico. Isto é: para que um fato e um ato-fato se tornem jurídicos a ponto de reclamar a incidência da norma trabalhista e a produção dos respectivos efeitos jurídicos deverá ser observada, antes de tudo, a existência dos pressupostos de configuração de um negócio jurídico.[360]

Ocorre que esse tratamento jurídico aos fatos tem notória origem ou espelho no modelo positivista de Hans Kelsen – fato=ato jurídico ou antijurídico=norma, e na Teoria do Fato Jurídico de Pontes de Miranda, sobretudo no suporte fático. Ambas as doutrinas fixam regras fechadas e rígidas para que o fato social seja considerado um fato jurídico, condicionando seu tratamento jurídico aos planos da existência, da validade e da eficácia.

Segundo Kelsen, para que um fato seja "algo jurídico" e seja, assim, considerado um ato jurídico, lícito ou ilícito, deve existir uma norma que lhe empreste significação jurídica sendo que este ato somente pode ser interpretado por tal norma. É a norma que empresta ao ato o significado de um ato jurídico. Para o "esquema de interpretação" a partir da norma (na verdade é a norma o dito "esquema de interpretação"), não interessa a faticidade, mas sim, a transformação do fato em ato jurídico, por meio da significação jurídica que lhe é prestada por uma norma objetiva.[361] Ademais, pertinente ressaltar que a visão legalista de Kelsen está umbilicalmente vinculada à ideia de regulamentação:

> Num sentido muito amplo, toda a conduta humana que é fixada num ordenamento normativo como pressuposto ou como consequência se pode considerar como autorizada por esse mesmo ordenamento e, neste sentido, como positivamente regulada.[362]

Numa linha de grande proximidade com a teoria kelsiana, a *Teoria do Fato Jurídico* de Pontes de Miranda, por seu turno, notória influenciadora dos Códigos Civis pátrios, traz a ideia de que o sistema jurídico é composto por *sistemas lógicos* onde reside a norma (= lei). Nesta norma está inserido um suporte fático constituído por três planos (três exigências), o *da existência*, o *da validade* e o *da*

---

[360] MIRANDA, Pontes de. *Tratado de Direito Privado*: parte geral. Rio de Janeiro: Borsoi, 1954. (t. II: parte III: Fatos Jurídicos. p. 183-226; Ato-Fato Jurídico. p. 372-401;p. 446-461; t. III: Negócios Jurídicos: p. 3-53).
[361] KELSEN, Hans. *Teoria pura do Direito*. Tradução de João Baptista Machado. São Paulo: Martins Fontes, 2011. p. 4-5.
[362] KELSEN, Hans. *Teoria pura do Direito*. Tradução de João Baptista Machado. São Paulo: Martins Fontes, 2011. p. 18.

eficácia. Neste sentido, a compreensão do fato social ou do fato da vida, por parte do Direito, passa pela adoção do *suporte fático*. O fato "entra" no suporte fático e passa pelas suas categorias de exigência. Preenchidas e satisfeitas tais categorias, os efeitos jurídicos são produzidos.[363] Engelmann explica a teoria do suporte fático predefinido na norma, a partir da estruturação de premissas:

> Pontes de Miranda também comunga desta forma de organização do raciocínio jurídico, projetada no modelo subsuntivo: a premissa maior é a lei, onde o suporte fático está definido; a premissa menor é o fato da vida, a ocorrência no "mundo dos fatos". Assim, quando o fato preenche o suporte que está na premissa menor, a norma (= lei) incide, gerando os efeitos jurídicos definidos.[364]

Este panorama deixa evidente que a teoria que envolve o *suporte fático* para tornar um fato, *fato jurídico*, merece releitura. Não se está aqui pretendendo banir da seara interpretativa o esquema do *suporte fático*. O que se defende, na verdade, é que o cenário hodierno comporta uma releitura da *Teoria* pontesiana *do Fato Jurídico*, bem como a proposição de uma "nova" teoria de *suporte fático*. Não se entende cabível e plausível que sejam desprezados os *planos da existência, da validade e da eficácia*. Sem dúvidas, tais situações jurídicas devem ser observadas num negócio jurídico, ainda mais para os fatos já inseridos no dito *suporte fático*; o que se propõe, contudo, é que essa teoria não seja rígida a ponto de servir de óbice para que um fato, como o caso do *fato laboral nanotecnológico*, seja tratado como jurídico e que sofra os respectivos efeitos jurídicos. Aqui, pertinente se apossar da proposta de Gunther Teubner, citado por Wilson Engelmann, acerca de uma nova classificação dos três planos, *da existência, da validade e da eficácia*. Engelmann destaca que

> [...] a cada um dos planos da teoria de Pontes de Miranda corresponderá um desdobramento, desenhado por meio da proposta de Gunther Teubner. Não é uma substituição, mas um projeto que busca prolongar as possibilidades de albergar os novos direitos produzidos pelos avanços nanotecnológicos, além a inovação no tocante ao suporte fático e à produção dos efeitos jurídicos.[365]

Neste sentido, Teubner propõe que o *plano da existência* seja substituído pelo "plano da interação", plano este em que se desenvolverá um "diálogo entre fontes" (temática esta que será abordada em item anterior), relacionando fatos da vida e diversas outras normas jurídicas, buscando aquela que concede a resposta "constitucionalmente mais razoável". No tocante ao *plano da validade*, Teubner sugere a substituição pelo "plano da instituição", em que há a combinação de várias fontes, mas deve haver, sobremaneira, um "retorno aos sentimentos" com a norma escolhida como solução, ou seja, será utilizada aquela norma que mais se vincula aos direitos humanos e aos princípios destes logicamente decorrentes. Por fim, acerca do *princípio da eficácia*, a proposta de

---

[363] MIRANDA, Pontes de. *Tratado de Direito Privado*: parte geral. Rio de Janeiro: Borsoi, 1954. (t. I. p. IX-XXIV).

[364] ENGELMANN, Wilson. A (re)leitura da teoria do fato jurídico à luz do "diálogo entre as fontes do direito": abrindo espaços no direito privado constitucionalizado para o ingresso de novos direitos provenientes das nanotecnologias. In: Constituição, Sistemas Sociais e Hermenêutica. *Anuário do Programa de Pós-Graduação em Direito da Unisinos*: mestrado e doutorado, Porto Alegre, n. 7, p. 289-308, 2010. p. 291.

[365] ENGELMANN, Wilson. O Direito frente aos desafios trazidos pelas nanotecnologias. In: Constituição, Sistemas Sociais e Hermenêutica. *Anuário do Programa de Pós-Graduação em Direito da Unisinos*: mestrado e doutorado, Porto Alegre, n. 10, p. 289-308, 2013. p. 306-307.

substituição reside no "plano da sociedade", em que ocorre a *applicatio*, mas a partir da pré-compreensão e do *círculo hermenêutico*, com o objetivo principal de concretizar o Direito no caso em concreto.[366]

Todos estes argumentos deixam claro que a atualidade em que se desenvolvem as relações e as características, sobretudo as relações e as características humanas desta atualidade, enseja uma relativização do raciocínio kelsiano de fatos=atos jurídicos e antijurídicos=norma, e do raciocínio pontesiano *fato social=suporte fático=fato jurídico=ato-fato jurídico=norma jurídica=efeitos jurídicos*.

Destaca-se que a *regulação tradicional ou legal* do Direito não tem condições – atuais – de atender e responder a todas as demandas emergentes, especialmente, porque seu modelo "formal" não consegue acompanhar o movimento "informal" e rápido que o desenvolvimento econômico e o desenvolvimento tecnológico promovem, motivo pelo qual o Direito (desprendido do sentido também tradicional de *lei*) deve dar as respostas necessárias aos fatos jurídicos emergentes, como é o caso das nanotecnologias.

Neste passo, se o Direito (e não necessariamente a lei) deve dar resposta, logo, o conceito tradicional e "formal" (legal) de *fato jurídico* também deverá dar a sua resposta que, no caso, será ceder espaço para agregar ao seu rígido conceito a ideia de que todo o fato da vida é um *fato jurídico* e assim merece ser tratado. Todo o fato que envolve a vida humana deve ser jurídico. O *fato jurídico* nada mais é (ou deve ser) do que um instituto "a serviço" dos direitos humanos e de seu lógico desdobramentos da dignidade da pessoa humana.

Dentro deste espírito de argumentação, a construção de um novo conceito de *fato jurídico* (sobretudo no contexto laboral que se impõe) se aproxima de um dos próprios conceitos de "trabalho" propostos pelo professor italiano Felice Battaglia. Chama a atenção o fato de que a doutrina de Felice Battaglia, de 1958, baseada numa *conceituação filosófica de trabalho*, acaba por impor uma ideia muito atual e perfeitamente cabível para o momento hodierno e para a proposta de reformulação do conceito de *fato jurídico*, sobremaneira para o *fato jurídico* inserido no mundo laboral:

> O certo é que há uma atividade que não se volve para o exterior, mas que se desenvolve no espírito, que cria bens e valores que não são econômicos, que repele o qualificativo de utilitária, pois é desinteressada. [...] Mesmo as noções parciais do trabalho (mecânica e física, biológica e fisiológica, técnica e econômica) se integram no plano filosófico, porquanto se do conceito do trabalho só importam certos aspectos, e não outros (transformação de energia, produção dos bens), a filosofia visa a relevar todos os aspectos e unificá-los numa noção integral: o conceito de trabalho como essência do homem, que é atividade, que em si atinge o objeto e se constitui.[367]

Encerra-se esta questão, portanto, propondo um novo conceito de *fato jurídico*: *fato jurídico* é todo o fato que, por sua natureza ou desdobramentos, suscita a atuação do Direito para preservar o caráter humano envolvido, com

---

[366] ENGELMANN, Wilson. O Direito frente aos desafios trazidos pelas nanotecnologias. In: Constituição, Sistemas Sociais e Hermenêutica. *Anuário do Programa de Pós-Graduação em Direito da Unisinos*: mestrado e doutorado, Porto Alegre, n. 10, p. 289-308, 2013. p. 306-307.

[367] BATTAGLIA, Felice. *Filosofia do trabalho*. Tradução de Luís Washington Vita e Antônio D'Elia. São Paulo: Saraiva, 2008. p. 21-23.

vistas a valorizar a dignidade dos sujeitos envolvidos nas relações jurídicas estabelecidas, mas, sempre, com o objetivo primordial de estar sempre "a serviço" do "acontecer" dos direitos humanos. É neste novo conceito que deve figurar o fato laboral nanotecnológico e é nesta linha que se desenvolverá o "diálogo entre as fontes do Direito" que mais tarde será estudado.

Destarte, as linhas a seguir desenhadas darão conta de que o mundo atual, sobremaneira o mundo do trabalho, desenvolve-se a partir de um modelo econômico globalizado, delineado pelos avanços tecnológicos, mas, sobretudo, pela configuração de um plano de riscos que acometem toda a sociedade. Esse movediço e arenoso terreno que se erige nos tempos atuais exige do Direito respostas mais rápidas e efetivas (ou concretas), inclusive, sobre fatos não contemplados pela estrutura jurídica vigente.

De outra parte, com base naquilo que fora declinado no capítulo primeiro, o exame dos impactos das nanotecnologias na saúde e segurança do trabalhador pelo desenvolvimento do *fato laboral nanotecnológico* deve se pautar por *quatro premissas básicas*. *Primeira premissa*: em se tratando de impactos aos trabalhadores, as nanotecnologias restam inseridas no contexto do Direito do Trabalho, razão pela qual qualquer ângulo de análise ensejará uma hermenêutica influenciada pelo Princípio da Proteção; *Segunda premissa*: toda interpretação dos fatos decorrentes da relação de emprego deve guardar obrigatória relação com a consideração da dignidade da pessoa humana e do valor social do trabalho, princípios que conectam o mundo do trabalho aos postulados constitucionais; *Terceira premissa*: a proposição de se aplicar o arcabouço brasileiro de normas já existentes acerca da segurança e saúde do trabalhador para as nanotecnologias deverá se pautar também pelo princípio de solidariedade que motive uma *consciência coletiva* da necessidade de *prevenção*; *Quarta premissa*: o advento das nanotecnologias faz com que se tenha conhecimento de alguns efeitos que podem ser nocivos à saúde e à segurança do trabalhador, no entanto, a preocupação também deve se vincular aos *efeitos desconhecidos* que envolvem, principalmente, as nanopartículas, trazendo a lume a ideia de *risco*, vez tudo ainda gravita num campo de grande incerteza.

As *três primeiras premissas* foram trabalhadas no primeiro capítulo desta exposição, as quais, na verdade, construíram um alicerce para o desenvolvimento da quarta premissa e dos demais itens delineados neste capítulo. Deste modo, estando fixados os padrões necessários e incontroversos de hermenêutica para as questões inerentes ao *fato laboral nanotecnológico* no mundo do trabalho, passa-se diretamente à dedicação da *quarta premissa*.

As pesquisas que foram e estão sendo feitas revelam *efeitos nocivos* que, sem dúvida, podem atingir os trabalhadores. Dentre outras conclusões apontadas nos estudos acima referidos, adota-se como exemplo as duas pesquisas em que se constatou a acumulação residual de nanopartículas no fígado de peixes e de animais de laboratório (*vide* item 3.1). Somando-se tais constatações às pesquisas que confirmam que as nanopartículas, uma vez ultrapassada a barreira hematoencefálica e inseridas no fluxo sanguíneo, podem causar processos inflamatórios ou efeitos cancerígenos, tornam-se críveis os efeitos nocivos que podem acometer os trabalhadores que fabricarem, manipularem ou simplesmente ficarem expostos às nanopartículas, observadas as particularidades e circunstâncias de cada caso concreto.[368] Em um estudo da União Europeia, concluiu-se que os nanotubos de carbono podem provocar os mesmos danos que o amianto gera à saúde humana.[369] Engelmann, por sua vez, aponta um caso de morte de duas chinesas que inalaram fumaça e vapores que continham nanopartículas, tendo antes apresentado manchas vermelhas no rosto e nos braços.[370] Ainda, aponta-se que, segundo estudo publicado no *American Journal of Industrial Medicine*, uma trabalhadora desenvolveu sensibilização para níquel quando em contato com nanopartículas de níquel em pó. O trabalho com nanopartículas de níquel em pó pesados e tratados em uma bancada de laboratório, sem medidas de proteção, gerou irritação da garganta, congestão nasal, gotejamento nasal, rubor facial, e novas reações de pele quando em contato brincos e fivela de cinto que foram temporalmente relacionados ao trabalho com as nanopartículas.[371]

Não obstante as descobertas mencionadas, as conclusões científicas ainda são muito incertas e suscitam muitas dúvidas, pois não se sabe efetivamente se as nanopartículas, independentemente da atuação de outros fatores ou agentes, podem, por si só, causar danos à saúde. As pesquisas ainda não são exitosas a ponto de definir o alcance dos efeitos das nanotecnologias. Ou seja, se não se está transitando pelo invisível, se está no nebuloso. O relator do parecer da Comissão do Ambiente, da Saúde Pública e da Segurança Alimentar do Parlamento Europeu, Carl Shyltyer, expressa essa preocupação com o desconhecido:

> Este processo involuntário de produção de nanopartículas nocivas também precisa de ser mais estudado. A utilização das nanotecnologias implica uma intervenção em áreas em que o nosso conhecimento é limitado; os modelos mecânicos tradicionais aplicáveis a objectos de maiores dimensões deixam de ser plenamente válidos, e as nanopartículas também não se comportam sempre de acordo com as leis da mecânica quântica. As nanotecnologias movem-se por vezes em "zonas cinzentas" do ponto de vista teórico, mas sobretudo em "zonas cinzentas" do ponto de vista jurídico. Como políticos, compete-nos velar por que as nanotecnologias sejam regulamentadas tendo em vista a protecção das pessoas e do ambiente.[372]

---

[368] NEUTZLING, Inácio; ANDRADE, Paulo Fernando Carneiro de (Org.). *Uma sociedade pós-humana*: possibilidades e limites das nanotecnologias. São Leopoldo: Unisinos, 2009. p. 31.

[369] UNIÃO EUROPEIA. Parlamento Europeu. Comissão do Ambiente, da Saúde Pública e da Segurança Alimentar. *Relatório sobre aspectos regulamentares dos nanomateriais*. Relator de parecer por Carl Schlyter. Bruxelas, 2009b. Disponível em: <http://www.europarl.europa.eu/sides/getDoc.do?pubRef=-//EP//NONSGML+REPORT+A6-2009-0255+0+DOC+PDF+V0//PT>. Acesso em: 16 abr. 2015. p. 16.

[370] ENGELMANN, Wilson. *Direitos bio-humano-éticos*: os humanos buscando 'direitos' para proteger-se dos avanços e riscos (desconhecidos) das nanotecnologias. [S.l.], 2010. Disponível em: <http://www.conpedi.org.br/manaus/arquivos/anais/fortaleza/3400.pdf>. Acesso em: 16 abr. 2015. p. 3.

[371] GERACI, Charles L.; SCHULTE, Paul; MURASHOV, Vladimir. *Nickel nanoparticles*: a case of sensitization associated with occupational exposure. 28 May 2014. Disponível em: <http://blogs.cdc.gov/niosh-science-blog/2014/05/28/nickel-nano/>. Acesso em: 16 abr. 2015.

[372] UNIÃO EUROPEIA. Parlamento Europeu. Comissão do Ambiente, da Saúde Pública e da Segurança Alimentar. *Relatório sobre aspectos regulamentares dos nanomateriais*. Relator de parecer por Carl Schlyter. Bruxelas, 2009b. Disponível em: <http://www.europarl.europa.eu/sides/getDoc.do?pubRef=-//EP//NONSGML+REPORT+A6-2009-0255+0+DOC+PDF+V0//PT>. Acesso em: 16 abr. 2015. p. 16.

Com efeito, o cenário acima delineado é conclusivo, mas paradoxal: ao passo que as nanotecnologias se desenvolvem num contexto de incertezas e seus efeitos reinam naquilo que é desconhecido, se tem certeza de que as modificações atômicas oriundas das nanotecnologias afetarão nocivamente, de alguma forma, a saúde e a segurança do trabalhador. A significante modificação tecnológica em particular, assim, desencadeia um processo irreversível e inquestionável de impacto ao trabalhador: o *risco* a sua saúde e a sua segurança.

Para Beck, *riscos* são "[...] imagens negativas objetivamente empregadas de utopias nas quais o elemento humano, ou aquilo que dele restou, é conservado e revivido no processo de modernização".[373] Para Niklas Luhmann, o risco "[...] consiste nas consequências indesejadas e danos futuros decorrentes dos processos de tomada de decisão [...]".[374] Neste aspecto, levando em conta estas definições de *risco* e as definições já declinadas ao longo do estudo quanto ao meio ambiente de trabalho, cabível classificar o *risco* como *risco conhecido* e *risco desconhecido e futuro*.

Neste ponto argumentativo, necessário uma parada. No início deste capítulo, concretou-se a proposição de utilização da expressão *reflexos*, quando se tratasse das consequências econômicas das nanotecnologias; e da expressão *efeitos*, quando se examinassem as consequências benéficas e nocivas ao meio ambiente e à vida humana, oriundas das tecnologias nano. O certo é que, agora, vislumbra-se exatamente o momento em que se estabelece um liame de causalidade entre os *reflexos* e os *efeitos*. Parece razoável entender que os reflexos das nanotecnologias representam os reflexos da modernização e da globalização (*reflexo* espécie do gênero *reflexo*). Estes *reflexos*, por sua vez, representam a fonte dos efeitos sentidos pelo tecido social receptor – em especial pelos trabalhadores, como se vem demonstrando e se pretende ainda mais alicerçar. Mais uma vez a problemática repousa no fato de que as transformações econômicas e sociais com origem na revolução nanotecnológica tem uma alta identificação dos *reflexos*, mas uma reduzidíssima identificação dos *efeitos nocivos*. Por lógico, fixa-se mais uma premissa: *os reflexos podem gerar riscos, os quais, por sua vez, podem ser fonte de efeitos nocivos*.

Em âmbito nacional, tanto a Consolidação das Leis do Trabalho como as demais normas atinentes à segurança e saúde do trabalhador – citadas e comentadas no item 2.3.1 do presente trabalho –, adotam a ideia de *risco* à ideia de *prevenção*. Isto é, as normas trabalhistas vigentes dispõem sobre a *prevenção* daqueles riscos que já são conhecidos. Nesse caso, a lei previne daquilo que a própria lei determina o que é risco. Trata-se do *risco conhecido*. Para a teia normativa vigente, a *prevenção* é a forma de se evitar os *riscos conhecidos* que podem levar à ocorrência de acidente de trabalho ou de doença ocupacional.

A Consolidação das Leis do Trabalho, por exemplo, no artigo 163 prevê a constituição da Comissão Interna de *Prevenção* de Acidentes – CIPA; no

---

[373] BECK, Ulrich. *Sociedade de risco*: rumo à outra modernidade. Tradução de Sebastião Nascimento. São Paulo: Ed. 34., 2010. p. 34.

[374] LUHMANN, Niklas. *Sociología del riesgo*. Tradução de Silvia Pappe, Brunhilde Erker e Luis Felipe Segura. Guadalajara: Universidad Iberoamericana; Universidad de Guadalajara, 1992. p. 65.

artigo 166 faz previsão de fornecimento do equipamento de proteção individual "adequado ao risco e em perfeito estado de conservação e funcionamento, sempre que as medidas de ordem geral não ofereçam completa proteção contra os riscos de acidentes e danos à saúde dos empregados."; na Seção V, refere o subtítulo Das Medidas *Preventivas* de Medicina do Trabalho. Além disso, no artigo 162, a norma celetista outorga ao Ministério do Trabalho e Emprego, dentre outras tarefas, classificar "as empresas segundo o número de empregados e natureza do risco de suas atividades". Mesma situação se verifica no artigo 168 da norma consolidada onde incumbe também ao Ministério do Trabalho e Emprego estabelecer a periodicidade dos exames médicos ocupacionais, "de acordo com o risco da atividade e o tempo de exposição". O artigo 184 do dispositivo celetista prevê a adoção de dispositivos de partida e parada em máquinas e equipamentos, para fins de "prevenção de acidentes do trabalho, especialmente quanto ao risco de acionamento acidental".

Com efeito, de acordo com o que já fora exposto no item 2.3.1 apresentado, a Portaria 3.214/1978 do Ministério do Trabalho e Emprego instituiu e atualiza permanentemente as Normas Regulamentadoras, as quais, dentre outras funções "normatizantes", define taxativamente as atividades de risco e o próprio risco que cada atividade demanda, a possibilidade de determinado risco originar um acidente de trabalho ou uma doença ocupacional, e as medidas protetiva-preventivas. No mesmo sentido, o artigo 200 da Consolidação das Leis do Trabalho, sobretudo no seu inciso I, legitima o Ministério do Trabalho e Emprego a tarefa de estabelecer disposições complementares acerca de outras medidas especiais de proteção, inclusive quanto às "medidas de prevenção" de acidentes.[375]

---

[375] Resta evidente a adoção, pela CLT, da noção de risco vinculado aos agentes definidos pelo Ministério do Trabalho e Emprego e à ideia de *prevenção*: "Art. 162. As empresas, de acordo com normas a serem expedidas pelo Ministério do trabalho, estarão obrigadas a manter serviços especializados em segurança e em medicina do trabalho. *Parágrafo único*. As normas a que se refere este artigo estabelecerão: *a)* classificação das empresas segundo o número de empregados e a natureza do risco de suas atividades; *b)* o número mínimo de profissionais especializados exigido de cada empresa, segundo o grupo em que se classifique, na forma da alínea anterior; *c)* a qualificação exercida para os profissionais em questão e o seu regime de trabalho; *d)* as demais características e atribuições dos serviços especializados em segurança e em medicina do trabalho, nas empresas. Art. 163. Será obrigatória a constituição de Comissão Interna de Prevenção de Acidentes (CIPA), de conformidade com instruções expedidas pelo Ministério do trabalho, nos estabelecimentos ou locais de obra nelas especificadas. *Parágrafo único*. O Ministério do trabalho regulamentará as atribuições, a composição e o funcionamento das CIPAs. Art. 166. A empresa é abrigada a fornecer aos empregados gratuitamente, equipamento de proteção individual adequado ao risco e em prefeito estado de conservação e funcionamento sempre que as medidas de ordem geral não ofereçam completa proteção contra os riscos de acidentes e danos à saúde dos empregados. Art. 184. As máquinas e os equipamentos deverão ser dotados de dispositivos de partida e parada e outros que se fizerem necessários para a *prevenção* de acidentes do trabalho, especialmente quanto ao risco de acionamento acidental. *Parágrafo único*. É proibida a fabricação, a importação, a venda, a locação e o uso de máquinas e equipamentos que não atendam ao disposto neste artigo. Art. 200. Cabe ao Ministério do Trabalho estabelecer disposições complementares às normas de que se trata este Capítulo, tendo em vista as peculiaridades de cada atividade ou setor de trabalho, especialmente sobre: *I* – medidas de *prevenção* de acidentes e os equipamentos de proteção individual em obras de construção, demolição ou reparos; *II* – depósitos, armazenagem e manuseio de combustíveis, inflamáveis e explosivos, bem como trânsito e permanência nas respectivas; *III* – trabalho em escavações, túneis, galerias, minas e pedreiras, sobretudo quando à *prevenção* de explosões, incêndios, desmoronamentos e soterramentos, eliminação de poeiras, gases, etc., e facilidades de rápidas saídas dos empregados; *IV* – proteção contra incêndio em geral e as medidas

Além disso, a ideia embrionária de risco da Consolidação das Leis do Trabalho e da Portaria Ministerial 3.214/78 também é albergada pelo artigo 7º, XXII, da Carta Federal de 1988. Nesse caso também se induz a aplicação direta do conceito de risco como aqueles conhecidos e classificados na legislação especializada. Porém, em se tratando do artigo 927, parágrafo único, do Código Civil de 2002, sobretudo quando se discute a responsabilidade civil do empregador nos acidentes de trabalho e doenças ocupacionais, a interpretação da expressão "atividade de risco" segue as atividades relacionadas e previstas no artigo 193 da Consolidação das Leis do Trabalho, correspondentes aos trabalhos perigosos.[376]

---

preventivas adequadas, com exigências ao especial revestimento de portas e paredes, construção de paredes contra fogo, diques e outros anteparos, assim como garantia geral de fácil circulação, corredores de acesso e saídas amplas e protegidas, com suficiente sinalização; V – proteção contra insolação, calor, frio, umidade e ventos, sobretudo no trabalho a céu aberto, com provisão, quanto a este, de água potável, alojamento e profilaxia de endemias; VI – proteção do trabalhador exposto a substâncias químicas nocivas, radiações ionizantes e não-ionizantes, ruídos, vibrações e trepidações ou pressões anormais ao ambiente de trabalho, com especificação das medidas cabíveis para eliminação ou atenuação desses efeitos, limites máximos quando ao tempo de exposição à intensidade da ação ou de seus efeitos sobre o organismo do trabalhador, exames médicos obrigatórios, limites de idade, controle permanente dos locais de trabalho e das demais exigências que se façam necessárias; VII – higiene nos locais de trabalho, com discriminação das exigências, instalações sanitárias com separação de sexos, chuveiros, lavatórios, vestiários e armários individuais, refeitórios ou condições de conforto por ocasião das refeições fornecimento de água potável, condições de limpeza dos locais de trabalho e modo de sua execução, tratamento de resíduos industriais; VIII – emprego das cores nos locais de trabalho, inclusive nas sinalizações de perigo". BRASIL. *Decreto-Lei nº 5.452, de 1º de maio de 1943*. Aprova a Consolidação das Leis do Trabalho. Disponível em: <http://www.planalto.gov.br/ccivil_03/decreto-lei/del5452.htm>. Acesso em: 16 abr. 2015.

[376] Dispõe o artigo 7º, XXII, da Carta Federal de 1988: "Art. 7º. São direitos dos trabalhadores urbanos e rurais, além de outros que visem à melhoria de sua condição social: [...] XXII – redução dos riscos inerentes ao trabalho, por meio de normas de saúde, higiene e segurança; [...]". BRASIL. Constituição (1988). *Constituição da República Federativa do Brasil de 1988*. Disponível em: <http://www.planalto.gov.br/ccivil_03/constituicao/constitui%C3%A7ao.htm>. Acesso em: 16 abr. 2015. As normas referidas pelo dispositivo constitucional remetem às Normas Regulamentadoras já comentadas. Em relação ao Código Civil, dispõe o artigo 927: "*Art. 927. Aquele que, por ato ilícito (arts. 186 e 187), causar dano a outrem, fica obrigado a repará-lo. Parágrafo único. Haverá obrigação de reparar o dano, independentemente de culpa, nos casos especificados em lei, ou quando a atividade normalmente desenvolvida pelo autor do dano implicar, por sua natureza, risco para os direitos de outrem*". À primeira vista, nos casos dos acidentes de trabalho e das doenças ocupacionais, a aplicação da teoria da responsabilidade objetiva só pode ser considerada nos casos em que a atividade do trabalhador acidentado ou doente está enquadrada no rol do artigo 193 da CLT (atividades perigosas ou periculosas: "*Art. 193. São consideradas atividades ou operações perigosas, na forma da regulamentação aprovada pelo Ministério do Trabalho e Emprego, aquelas que, por sua natureza ou métodos de trabalho, impliquem risco acentuado em virtude de exposição permanente do trabalhador a: I – inflamáveis, explosivos ou energia elétrica; II – roubos ou outras espécies de violência física nas atividades profissionais de segurança pessoal ou patrimonial. [...]*". BRASIL. *Decreto-Lei nº 5.452, de 1º de maio de 1943*. Aprova a Consolidação das Leis do Trabalho. Disponível em: <http://www.planalto.gov.br/ccivil_03/decreto-lei/del5452.htm>. Acesso em: 16 abr. 2015. Nesse sentido se infere da doutrina e de alguns arestos jurisprudenciais citados por Sebastião Geraldo de Oliveira. OLIVEIRA, Sebastião Geraldo. Indenizações por acidente do trabalho ou doença ocupacional. 5. ed. São Paulo: LTr, 2009. p. 110-111. Contudo, em consonância com o que se está defendendo acerca do risco desconhecido e futuro, a jurisprudência vem ampliando a interpretação acerca da expressão "atividade de risco" para além do rol do artigo 193 da CLT, como por exemplo, para empregados de instituições bancárias, motoristas, motoboys ou que tratam de animais. Tal interpretação resta bem delineada nos fundamentos do acórdão que julgou processo em que ocorrera acidente de trabalho em decorrência de tratamento de animais, cuja teoria do risco se originou das reações imprevisíveis que o animal pode ter. BRASIL. Tribunal Regional do Trabalho (4. Região). 1ª Vara do Trabalho de Estrela. *Acórdão n. 0000699-86.2013.5.04.0781 (RO)*. Participam: Marçal Henri dos Santos Figueiredo e Iris Lima de Moraes.

Portanto, fica claro o fato de que as normas vigentes acerca do meio ambiente de trabalho e suas consequências considera a dinâmica *prevenção de riscos conhecidos*.

Por outro lado, ao contrário da tendência normativa que hoje prevalece, o predicado desconhecido das nanotecnologias e sua característica de atualidade ou contemporaneidade forçam a identificação de outra espécie de risco: *o(s) risco(s) desconhecido(s) e futuro(s)*.

Desde o primeiro capítulo, o presente estudo vem delineando a evolução histórica do trabalho humano, a evolução do Direito do Trabalho e a crítica acerca de que muitas complexidades absorvidas pela relação de emprego hodierna acabam sem o devido tratamento jurídico, complexidades essas cuja gênese reside na modernização (desenvolvimento tecnológico e industrialização)[377] e, também, na globalidade ou globalização que faz com que os fatores apontados se potencializem em termos de seu alcance.

Em se tratando de globalização, importante as suas "três etapas" classificadas por Thomas Friedman, quais sejam, a primeira relacionada aos períodos dos descobrimentos iniciados em 1492 e terminado em 1800; a segunda etapa compreendida de 1800 até o ano de 2000, mas com três interrupções, sendo elas a Crise ou Depressão de 1929 e as duas guerras mundiais; e a terceira fase que se desenvolve dede o ano de 2000.[378]

Ulrich Beck salienta que a produção social de riqueza produz, por conseguinte, uma produção social de riscos. O autor pontua que a modernização gera riscos e potenciais de autoameaça em nível até então desconhecido:

> Na modernidade tardia, a produção social de *riqueza* é acompanhada sistematicamente pela produção social de *riscos*. Consequentemente, aos problemas e conflitos distributivos da sociedade da escassez sobrepõem-se os problemas e conflitos surgidos a partir da produção, definição e distribuição de riscos científico-tecnologicamente produzidos.
>
> Essa passagem da lógica da distribuição para de riqueza na sociedade da escassez para a lógica da distribuição de riscos na modernidade tardia está ligada historicamente a (pelo menos) duas condições. Ela consuma-se, em primeiro lugar – como se pode reconhecer atualmente –, quando e na medida em que, através do nível alcançado pelas forças produtivas humanas e tecnológicas, assim como pelas garantias e regras jurídicas e do Estado Social, é objetivamente reduzida e socialmente isolada a *autêntica carência material*. Em segundo lugar, essa mudança categorial deve-se simultaneamente ao fato de que, a reboque das forças produtivas exponencialmente

---

Redatora: Laís Helena Jaeger Nicotti. Porto Alegre, 24 abr. 2014. Disponível em: <http://gsa3.trt4.jus.br/search?q=cache:8zN6kgz-0UQJ:iframe.trt4.jus.br/gsa/gsa.jurisp_sdcpssp.baixar%3Fc%3D49520772+000069 9-86.2013.5.04.0781+inmeta:DATA_DOCUMENTO2013-06-28..2014-06-28++&client=jurisp&site=jurisp_sp&output=xml_no_dtd&proxystylesheet=jurisp&ie=UTF-8&lr=lang_pt&proxyreload=1&access=p&oe=UTF-8>. Acesso em: 16 abr. 2015.

[377] Para fins do presente estudo, a partir de então, adotar-se-á a ideia de que Modernização é um gênero, tendo por espécies, dentre outras, a industrialização e o desenvolvimento tecnológico. Ampara-se, para tanto, no conceito de Beck: "*Modernização* significa o salto tecnológico de racionalização e a transformação do trabalho e da organização, englobando para além disto muito mais: a mudança dos caracteres sociais e das biografias padrão, dos estilos e formas de vida, das estruturas de poder e controle, das formas políticas de opressão e participação, das concepções de realidade e das normas cognitivas. [...]". BECK, Ulrich. *Sociedade de risco*: rumo à outra modernidade. Tradução de Sebastião Nascimento. São Paulo: Ed. 34., 2010. p. 23.

[378] FRIDEMAN, Thomas L. *O mundo é plano*. 3. ed. Rio de Janeiro: Objetiva, 2009. p. 18-95.

crescentes no processo de modernização, são desencadeados riscos e potenciais de autoameaça numa medida até então desconhecida.[379]

A modernização ou industrialização, numa perspectiva histórica crescente e contemporânea ganha corpo na medida em que seu alcance não esgota limites e suplanta escalas regionais. Esse cenário de distribuição de riquezas a partir de um modelo de modernização se desenvolve num modelo de globalidade ou de globalização.

Para Supiot a globalização é uma fonte de riscos baseada, inclusive, em fatores técnicos: "Hoje, a abertura das fronteiras, que atende a uma série de fatores bem conhecidos (econômicos, políticos e técnicos), abala esses âmbitos nacionais da vida em sociedade.". [...] "Globalização e localização são as duas faces inseparáveis de estratégias econômicas mundiais que se fundamentam na valorização de vantagens competitivas locais.".[380] Nesse contexto, Supiot classifica os riscos tecnológicos como "riscos capitais".[381]

No entendimento de Denise Fincato, a globalização possui

[...] vocação pela busca de novos mercados (quebra de fronteiras), com a redistribuição (ou concentração em novos cenários) de capitais (livre circulação de bens, produtos e serviços) e o impulso das tecnologias de informação e comunicação (internet).[382]

Barzotto ressalta que a

Compreensão da globalização passa pela percepção do significado de localização. O processo de globalização combina com situações diferenciadas, de globalismo e localismo, somente avaliáveis por relações de poder temporal e especial.[383]

Para Gilberto Stürmer e Rodrigo Coimbra, a globalização enseja "movimentos de flexibilização" que, por seu turno, fazem emergir a "flexissegurança":

A flexissegurança é assunto do dia na União Europeia atualmente e pretende conciliar dois valores sensivelmente antagônicos, quais sejam, a flexibilidade do mercado de trabalho e a segurança dos trabalhadores contra o desemprego.[384]

Marcelo Neves, por sua vez, classifica a globalização como resultado do crescimento da sociedade mundial, o que, por óbvio, gera reflexos nas relações sociais:

---

[379] BECK, Ulrich. *Sociedade de risco*: rumo à outra modernidade. Tradução de Sebastião Nascimento. São Paulo: Ed. 34., 2010. p. 23.

[380] SUPIOT, Alain. *Homo juridicus*: ensaio sobre a função antropológica do Direito. Tradução de Maria Ermantina de Almeida Prado Galvão. São Paulo: Martins Fontes, 2007. p. 192-193.

[381] Ibid., p. 260.

[382] FINCATO, Denise. Trabalho e tecnologia: reflexões. In: FINCATO, Denise; MATTE, Maurício; GUIMARÃES, Cíntia (Orgs.). *Direito e tecnologia*. reflexões sociojurídicas. Porto Alegre: Livraria do Advogado, 2014. p. 9-17. p. 10.

[383] BARZOTTO, Luciane Cardoso. *Direitos Humanos dos trabalhadores*: atividade normativa da Organização Internacional do Trabalho e os limites do Direito Internacional do Trabalho. Porto Alegre: Livraria do Advogado, 2007. p. 143.

[384] STÜRMER, Gilberto; COIMBRA, Rodrigo. A noção de trabalho a tempo parcial no Direito Espanhol como instrumento da "flexisegurança". In: Direitos Fundamentais e Justiça. *Revista do Programa de Pós-Graduação*: mestrado e doutorado em Direito da PUCRS, Porto Alegre, ano 6, n. 21, p. 39-57, out./dez. 2012. p. 43.

Antes cabe considerar a globalização como resultado de uma intensificação da sociedade mundial. Esta, que começa a desenvolver-se a partir do século XVI e consolida-se estruturalmente com o surgimento de "um único tempo mundial" na segunda metade do século XIX, em um processo de transformações paulatinas, que se torna finalmente irreversível, alcança um grau de desenvolvimento tão marcante, no fim do século XX, que ate que aquilo já assentado no plano da *semântica*: a sociedade passa a (auto-)observar-se e (auto)descrever-se como mundial ou global. Essa situação relaciona-se com a intensificação crescente das "relações sociais" e das comunicações supraregionais mundializadas, com reflexos profundos na reprodução dos sistemas político-jurídicos territorialmente segmentados em forma de Estado.[385]

Para Paolo Grossi, nos últimos anos, a globalização se tornou um refrão obsessivo, sendo que, na Itália, até então, o discurso a seu respeito se deu na "dimensão socieconômica-politológica". Neste contexto, globalização se trata de um momento histórico atual que se caracteriza por uma primazia da dimensão econômica que decorre do capitalismo maduro em que o mundo está vivendo. Por outro lado, a globalização é "informal, factual e plástica". A efetividade, no modelo globalizado, está no aspecto de que um fato é tão novo e apropriado aos interesses dos operadores econômicos que eles o repetem e o observam.

São os fatos econômicos que contam, mesmo grosseiros, informais e carregados de escórias decorrentes das práticas cotidianas, vez que sua informalidade e plasticidade podem responder às variações do mercado segundo os diversos tempos e lugares.[386]

Afonso de Júlios-Campuzano argumenta que os reflexos econômicos do mercado globalizado fazem com que as corporações alterem suas posturas estratégicas o que gera, dentre outras consequências, uma "fragmentação" no mundo do trabalho.

Os fluxos econômicos, financeiros, e comerciais da economia global geram interconexões e interdependências que propiciam a formação de corporações transnacionais: complexas estruturas empresariais com grande capacidade de gestão e adaptação às demandas mutantes dos mercados. [...] Para isso, as corporações articulam um complexo emaranhado de estratégias tendentes à diversificação de produtos e serviços, de sedes, de provedores e de clientes, projetando novas técnicas produtivas que permitam a flexibilização da produção e da fragmentação do mundo do trabalho.[387]

Na visão de Höffe, o desenvolvimento também pressupõe uma especialização do trabalho.

A partir de uma certa medida da especialização, a sociedade se amplia de fato num mundo de instituições, mas não mais controlável, cuja multiplicidade e complexidade não apenas dificulta o necessário controle social, mas também se interpõe como obstáculo para a necessidade de orientação dos indivíduos e grupos. [...] Num universo profissional altamente especializado, por exemplo, uma grande parte do trabalho é dividida em pequenas porções controláveis.[388]

---

[385] NEVES, Marcelo. *Transconstitucionalismo*. São Paulo: Martins Fontes, 2009. p. 27-28.

[386] GROSSI, Paolo. Globalização, Direito, Ciência Jurídica. In: *O direito entre poder e ordenamento*. Tradução de Arno Dal Ri Júnior. Belo Horizonte: Del Rey, 2010. p. 67-91.

[387] JULIOS-CAMPUZANO, Afonso de. *Constitucionalismo em temos de globalização*. Tradução de Jose Luis Bolzan de Morais e Valéria Ribas do Nascimento. Porto Alegre: Livraria do Advogado, 2009. p. 86-87.

[388] HÖFFE, Otfried. *Justiça política*: fundamentação de uma filosofia crítica do direito e do Estado. Tradução de Ernildo Stein. São Paulo: Martins Fontes, 2006. p. 323.

Assim, definido está o panorama de desdobramento dos reflexos da modernização. O conhecimento e o avanço tecnológico crescem num contexto em que se enxergam as transformações no campo econômico, mas, muitas vezes, não se detecta os efeitos, mediatos ou imediatos, que as mutações do quadro de modernidade provocam no campo social. A *certeza da incerteza* cresce na mesma medida em que o perene desenvolvimento técnico e econômico. Esse contexto leva à conclusão de que não é possível se ter conhecimento de todos os riscos que se corre em virtude do "novo" que surge a reboque do desenvolvimento. Aqui se identifica o cenário em que desfila o risco do "novo" das nanotecnologias: *no palco do desconhecido, tanto no presente, como no futuro.*

Não se pode olvidar da colateralidade dos efeitos oriundos daquilo que é novo, do avançado, do tecnológico, e, portanto, das nanotecnologias. A ameaça é atual e futura. Beck assinala que os riscos e ameaças atuais

> [...] se diferenciam, portanto, de seus equivalentes medievais, com frequência semelhante por fora, fundamentalmente por conta da *globalidade* de seu alcance (ser humano, fauna, flora) e de suas causas *modernas*. São riscos da modernização. São um *produto de série* do maquinário industrial do progresso, sendo sistematicamente agravados com seu desenvolvimento ulterior.[389]

Cotejando-se tudo aquilo que fora identificado até os dias de hoje, pelos estudos e pesquisas científicas acerca das nanotecnologias (citados neste capítulo), percebe-se que essa inovação tem *reflexos* (econômicos) que podem ser comemorados, mas *efeitos* (nocivos) que geram uma postura de desconfiança, receio e incerteza. Todo esse terreno descrito é muito fértil para o surgimento e desenvolvimento do *risco*.

Bauman adverte para a subestimação dos *riscos* na modernidade:

> Quando os recursos são abundantes pode-se sempre esperar, certo ou errado, estar "por cima" ou "à frente" das coisas, ser capaz de alcançar os alvos que se movem com rapidez; pode-se mesmo estar inclinado a subestimar os riscos e a insegurança e suor que a profusão de escolhas compensa de sobra o desconforto de viver no escuro, de nunca estar seguro sobre quando e onde termina a luta, se é que termina.[390]

Os governos e corporações se *"arriscaram"* nas pesquisas, nos estudos e na produção das nanotecnologias. Em contrapartida, o ser humano destinatário dessa inovação corre o *risco social* proveniente da ambição econômica e acaba por pagar o preço cobrado pelo *desconhecido* e pelo *futuro*.

A problemática maior, no entanto, reside no fato de que o ainda desconhecido acerca das nanotecnologias acaba por ofertar *riscos* também desconhecidos. Essa é a advertência de Weyermüller, Engelmann e Flores:

> No tocante às nanotecnologias, pode-se dizer que inexiste certeza científica relativa aos riscos. Esse contexto exige um constante monitoramento da atividade. Será indispensável avaliar periodicamente todas as prováveis situações de perigo para o gênero humano, incluindo os desastres ambientais.[391]

---

[389] BECK, Ulrich. *Sociedade de risco*: rumo à outra modernidade. Tradução de Sebastião Nascimento. São Paulo: Ed. 34., 2010. p. 26.
[390] BAUMAN, Zygmunt. *Modernidade líquida*. Tradução de Plínio Dentzien. Rio de Janeiro: Zahar, 2001. p. 103.
[391] WEYERMÜLLER, André Rafael; ENGELMANN, Wilson; FLORES, André Stringhi. *Nanotecnologias, Marcos Regulatórios e Direito Ambiental*. Curitiba: Honoris Causa, 2010. p. 142.

Finalmente, antes de se engendrarem políticas intuídas a combater os impactos da modernidade, deve-se adotar a *"mentalidade do risco"*. Álvaro Viera Pinto sugere essa compreensão:

> A mecanização da produção e seu controle cibernético, embora por si mesmos não constituam, sociologicamente falando, do ponto de vista crítico, nenhuma revolução, significam contudo imenso e decisivo passo progressista, acarretando vultuosas consequências. O primeiro julgamento a fazer a respeito dele cifra-se em declará-lo inevitável, visto pertencer à lógica do processo. Não há forças que se lhe oponham, não restando portanto outro processo senão compreendê-lo e admitir as transformações impostas às condições da existência humana.[392]

Por isso, traçado o panorama em que se desenvolve o *risco* que, por sua vez, norteia a argumentação ora delineada, parte-se, agora, para o exame crítico do tratamento jurídico da *prevenção* como atuação contra o *risco conhecido* e, posteriormente, noutro item específico, a análise da possibilidade do tratamento jurídico da *precaução* como mecanismo de defesa contra o *risco desconhecido e futuro*, mas ambas as situações estão comumente contextualizadas na incerteza dos efeitos que as nanotecnologias produzem na segurança e na saúde do trabalhador.

3.2. As fontes atuais de Direito do Trabalho que versam sobre saúde e segurança do trabalhador vinculadas à *prevenção* e sua utilização em matéria de nanotecnologia: uma possibilidade (in) suficiente (?)

No item 2.3.1 desta exposição, foram relacionadas e comentadas as formas positivadas de proteção do meio ambiente de trabalho em âmbito nacional. Naquele momento, concluiu-se que muitas são as normas que tratam da matéria, seja na Consolidação das Leis do Trabalho, seja por leis específicas, seja por Decretos-Lei, seja por Portarias Interministeriais do Poder Executivo, seja (e principalmente) por Portarias do Ministério do Trabalho e Emprego. Além disso, tanto naquele item como no item que antecedeu a este, viu-se que as normas constantes no sistema jurídico de meio ambiente de trabalho, mormente à preservação da saúde e segurança do trabalhador, restam vinculadas à ideia e ao escopo de uma *prevenção* de *riscos conhecidos*. A lei define quais são os riscos que podem gerar *efeitos nocivos* (acidente de trabalho ou doença ocupacional).

Contudo, ao se contrastarem as normas que já existem sobre o tema e a ideia de *prevenção* com o contexto de risco carreado na presente exposição, alcança-se uma nova problemática: Em se tratando da relação nanotecnologias e trabalho, qual o alcance da proteção jurídica existente à segurança e à saúde do trabalhador diante dos *riscos conhecidos*, os quais podem gerar *efeitos nocivos* aos trabalhadores? O que existe é suficiente para cuidar dos efeitos do *fato laboral nanotecnológico*?

A tentativa de responder as indagações que representam a problemática suscitada passa pela análise do tratamento que as normas atuais podem dar

---

392 PINTO, Álvaro Vieira. *O conceito de tecnologia*. Rio de Janeiro: Contraponto, 2005. v. 1. p. 436.

(se é que dão) ao trabalho *com as* ou *decorrente das* nanotecnologias. Para isso, a perspectiva do exame deve se pautar pela capacidade *preventiva* que a norma existente tem em relação às nanotecnologias. Nesse sentido, propõe-se a classificação da *prevenção* quanto ao trabalho nanotecnológico como *prevenção geral* e *prevenção específica*.

Por *prevenção geral* entendem-se todas as normas que se referem a obrigações amplas pertinentes ao meio ambiente de trabalho. Nesse caso, toda postura protetiva que se aplica num contexto de ordem geral abrange qualquer tipo de trabalho, sendo que, por esse raciocínio, o trabalho nanotecnológico estaria inserido. Por *prevenção específica* se consideram-se todas as disposições normativas referentes às atividades taxativamente arroladas pelas Normas Regulamentadoras 15 e 16 da Portaria 3.214/87 do Ministério do Trabalho e Emprego, que versam, respectivamente, sobre as atividades ou agentes insalubres e periculosos, respectivamente, que oferecem riscos à saúde e à vida dos trabalhadores. Incontroverso o fato de que o trabalho nanotecnológico não resta albergado por essas disposições.

Com efeito, resta evidente que a tentativa de enquadramento do trabalho com nanotecnologias às normas protetivas de saúde e segurança do trabalho, sob a perspectiva da *prevenção geral* e da *prevenção específica* encontram duas grandes dificuldades: 1º) por óbvio, as normas protetivas existentes silenciam sobre o tema trabalho e nanotecnologias, até porque este silêncio ou esta omissão representa a própria razão de ser da presente pesquisa. Por essa razão, não se discute a necessidade de proteção, mas sim, como a mesma pode ser concretizada; 2º) o conceito de *risco conhecido*, em se tratando de nanotecnologias, tem dificuldade de materialização e elucidação, pois pouco foi trazido à tona, até agora, pelas pesquisas e estudos científicos. Neste sentido, em matéria de nanotecnologias, poder-se-ia dizer que existem os *riscos conhecidos "parcialmente"* ou *riscos "não tão conhecidos"*.

Destarte, para o exercício de se tentar aplicar as normas de saúde e de segurança do trabalho existentes ao trabalho oriundo das nanotecnologias, inclusive, a partir da *prevenção geral* e da *prevenção específica*, propugna-se uma ilação baseada em um exemplo concreto extraído de pesquisas científicas já trazidas a lume.

Suponha-se que uma empresa brasileira produza determinado produto, cujo processo de pintura decorre de jateamento de placas de poliestireno com emissão de fumaça e vapores que contém nanopartículas, em situação idêntica a que gerou danos à saúde de cinco mulheres e provocaram a morte de mais duas, na China, após meses de trabalho e exposição a tais agentes.[393]

---

[393] Engelmann elucida a notícia acerca das chinesas que mantiveram contato com fumaças e vapores que continham nanopartículas. "Somando-se aos riscos já descobertos pela ciência, em agosto de 2009, duas chinesas morrem e outras cinco são hospitalizadas após trabalharem entre cinco e treze meses em uma fábrica chinesa de jateamento de tinta em placas de poliestireno. As mulheres passaram a apresentar marcas vermelhas no rosto e braços depois de respirarem fumaça e vapores contendo nanopartículas. Este foi o primeiro caso no mundo de mortes por consequência da utilização industrial de nanotecnologia (Disponível em <www.estadao.com.br> Acessado em 9/08/2009)". ENGELMANN, Wilson. *Direitos bio-humano-éticos*: os humanos buscando 'direitos' para proteger-se dos avanços e riscos (desconhecidos) das nanotecnologias. [S.l.], 2010.

Na hipótese, do ponto de vista da norma brasileira, o *risco conhecido* é a exposição à fumaça e vapores que decorrem da pintura de jateamento; os *efeitos nocivos* são as doenças de pele (doença ocupacional).

Num primeiro momento, do ponto de vista da *prevenção geral*, as normas protetivas seriam exitosas e pouco problema se enfrentaria na aplicação prática da norma. Por exemplo, diante do quadro de evidências acerca dos fatos envolvidos na hipótese construída e ofertada, à empresa caberia cumprir as normas de segurança e medicina do trabalho, nos termos do artigo 157, I, da Consolidação das Leis do Trabalho. Por força da Norma Regulamentadora 9 da Portaria 3.214/78 do Ministério do Trabalho e Emprego, os riscos decorrentes da atividade de jateamento deveriam estar plenamente elucidados no Programa de Prevenção de Riscos Ambientais desta empresa. Quanto ao Equipamento de Proteção Individual, a empresa envolvida no exemplo deveria observar as determinações do artigo 166 da Consolidação das Leis do Trabalho e as disposições gerais quanto à operacionalização de entrega e uso dos equipamentos, tais como máscaras e óculos de proteção, inclusive, na forma do entendimento consubstanciado na Súmula 289 do Tribunal Superior do Trabalho.

Ainda, em relação aos empregados desta empresa, lhes seriam plenamente aplicáveis as disposições do artigo 158 da Norma Consolidada.[394]

Disponível em: <http://www.conpedi.org.br/manaus/arquivos/anais/fortaleza/3400.pdf>. Acesso em: 28 abr. 2014. p. 3.

[394] Declinam-se, de forma completa, as possibilidades de *prevenção geral* ora citadas: "Art. 157. Cabe às empresas: *I* – cumprir e fazer cumprir as normas de segurança e medicina do trabalho; *II* – instruir os empregados, através de ordens de serviço, quanto às precauções a tomar no sentido de evitar acidentes do trabalho ou doenças ocupacionais; *III* – adotar as medidas que lhes sejam determinadas pelo órgão regional competente; *IV* – facilitar o exercício da fiscalização pela autoridade competente. [...] Art. 166. A empresa é abrigada a fornecer aos empregados gratuitamente, equipamento de proteção individual adequado ao risco e em prefeito estado de conservação e funcionamento sempre que as medidas de ordem geral não ofereçam completa proteção contra os riscos de acidentes e danos à saúde dos empregados. BRASIL. *Decreto-Lei n° 5.452, de 1° de maio de 1943*. Aprova a Consolidação das Leis do Trabalho. Disponível em: <http://www.planalto.gov.br/ccivil_03/decreto-lei/del5452.htm>. Acesso em: 16 abr. 2015. [...]. TST. *Súmula n° 289 – Res. 22/1988, DJ 24.03.1988 – Mantida – Res. 121/2003, DJ 19, 20 e 21.11.2003*. Fornecimento do Aparelho de Proteção do Trabalho – Adicional de Insalubridade. O simples fornecimento do aparelho de proteção pelo empregador não o exime do pagamento do adicional de insalubridade, cabendo-lhe tomar as medidas que conduzam à diminuição ou eliminação da nocividade, dentre as quais as relativas ao uso efetivo do equipamento pelo empregado. Extraída de BRASIL. Tribunal Superior do Trabalho. *Súmula n° 289*. Fornecimento do Aparelho de Proteção do Trabalho – Adicional de Insalubridade. Disponível em: <http://www.dji.com.br/normas_inferiores/enunciado_tst/tst_0289.htm>. Acesso em: 16 abr. 2015. [...] NR 9 – *PROGRAMA DE PREVENÇÃO DE RISCOS AMBIENTAIS*. [...] 9.1 Do objeto e campo de aplicação. 9.1.1 Esta Norma Regulamentadora – NR estabelece a obrigatoriedade da elaboração e implementação, por parte de todos os empregadores e instituições que admitam trabalhadores como empregados, do Programa de Prevenção de Riscos Ambientais – PPRA, visando à preservação da saúde e da integridade dos trabalhadores, através da antecipação, reconhecimento, avaliação e conseqüente controle da ocorrência de riscos ambientais existentes ou que venham a existir no ambiente de trabalho, tendo em consideração a proteção do meio ambiente e dos recursos naturais. CURIA, Luiz Roberto; CÉSPEDES, Livia; NICOLETTI, Juliana (Cols.). *Segurança e medicina do trabalho*. 13. ed. atual. São Paulo: Saraiva, 2014. p. 142. [...] Art. 158. Cabe aos empregados: *I* – observar as normas de segurança e medicina do trabalho, inclusive as instruções de que trata o aplicação dos dispositivos deste Capítulo. *Parágrafo único*. Constitui ato faltoso do empregado a recusa injustificada: *a)* à observância das instruções expedidas pelo empregador na forma do item II do artigo anterior; *b)* ao uso dos equipamentos de proteção individual fornecido pela empresa. BRASIL. *Decreto-Lei n° 5.452, de 1° de maio de 1943*, op. cit.

Por outro lado, a problemática lançada se acentua quando se examina a hipótese fática proposta, sob a perspectiva da *prevenção específica*. Não obstante se tratar, no caso, de *risco conhecido*, como asseverado anteriormente, ainda pouco se sabe sobre os *efeitos nocivos* desses *riscos conhecidos* (*riscos conhecidos "parcialmente"* ou *riscos "não tão conhecidos"*). Esse ainda "pouco saber" acerca dos riscos e dos seus efeitos representa uma verdadeira dificuldade no exercício de aplicação concreta das normas protetivas de saúde e segurança do trabalho em matéria nanotecnológica, sobremaneira do ponto de vista prático.

Assim, para a execução do exercício hipotético proposto, parte-se, novamente, da premissa do exemplo, mas, agora, numa premissa específica: o *risco conhecido* é a exposição à fumaça e a vapores que contêm nanopartículas e que decorrem da pintura de jateamento; os *efeitos nocivos* são as doenças de pele.

No tocante às tintas empregadas na pintura à espécie citada, à primeira vista, bastaria o exame dos componentes químicos da referida tinta para que, nos termos do Anexo 13 da Norma Regulamentadora 15 da Portaria 3.214/1978 do Ministério do Trabalho e Emprego, se classificasse a atividade de pintura de jateamento como insalubre e, por conseguinte, se verificasse o respectivo grau de insalubridade a ser pago aos empregados.[395]

No entanto, o problema reside na característica particular das nanopartículas. Viu-se anteriormente que as nanopartículas possuem alta reatividade e alta mobilidade em escala atômica e molecular. Tais propriedades podem alterar significativamente as propriedades de outros materiais compostos por nanopartículas.[396] Esse cenário leva a um quadro de total incerteza e insegurança quanto aos efeitos das nanopartículas, pois ainda se desconhece o resultado ou os efeitos concretos que as propriedades atômicas desses elementos podem gerar noutros elementos de combinação molecular. Para Engelmann:

> A imprevisibilidade das transformações geradas pelas nanopartículas a partir do momento em que elas ingressam no meio ambiente representa uma característica muito forte. [...] Elas poderão ser encontradas com alterações por causa do seu revestimento, elas poderão depositar-se na superfície de outros materiais, a degradação poderá ser da nanopartícula ou apenas do seu revestimento. Vale dizer, é um conjunto significativo de modificações que as nanopartículas sofrem

---

[395] Em relação à pintura à pistola, citam-se as espécies de elementos químicos que podem ser usados nessa atividade: "*NR 15 – ATIVIDADES E OPERAÇÕES INSALUBRES. ANEXO N.º 13. AGENTES QUÍMICOS. 1.* Relação das atividades e operações envolvendo agentes químicos, consideradas, insalubres em decorrência de inspeção realizada no local de trabalho. Excluam-se cesta relação as atividades ou operações com os agentes químicos constantes dos Anexos 11 e 12. *ARSÊNICO.* [...] *Insalubridade de grau mínimo.* [...] Pintura a pistola ou manual com pigmentos de compostos de arsênico ao ar livre. *CHUMBO. Insalubridade de grau máximo.* [...] Pintura a pistola com pigmentos de compostos de chumbo em recintos limitados ou fechados. [...]. *CROMO. Insalubridade de grau máximo.* [...] Pintura a pistola com pigmentos de compostos de cromo, em recintos limitados ou fechados. [...] *HIDROCARBONETOS E OUTROS COMPOSTOS DE CARBONO. Insalubridade de grau máximo.* [...] Pintura a pistola com esmaltes, tintas, vernizes e solventes contendo hidrocarbonetos aromáticos. [...] *OPERAÇÕES DIVERSAS.* [...] *Insalubridade de grau médio.* [...] Aplicação a pistola de tintas de alumínio. [...]". CURIA, Luiz Roberto; CÉSPEDES, Livia; NICOLETTI, Juliana (Cols.). *Segurança e medicina do trabalho*. 13. ed. atual. São Paulo: Saraiva, 2014. p. 354-356.

[396] MARTINS, Paulo Roberto *et al.* (Coord.). *Impactos das nanotecnologias na cadeia de produção de soja brasileira*. São Paulo: Xamã, 2009. p. 47.

a partir da interação com o meio ambiente. Com isso, se tem o delineamento do risco que elas poderão gerar.[397]

Retorna-se ao raciocínio fixado alhures: não se tem certeza dos exatos efeitos; mas se tem certeza de que as alterações aumentarão os riscos e, por conseguinte, as possibilidades nocivas. Beck assevera: "[...] os riscos são invisíveis. A causalidade suposta segue sendo algo mais ou menos incerto e provisório". Trata-se da "consciência cotidiana do risco".[398]

Voltando-se para o exemplo proposto, essa zona gris de desconhecimento acerca dos reais efeitos da produção de moléculas em escala nano, ao mesmo tempo que faz surgir várias dúvidas a respeito, impede que haja um enquadramento satisfatório da situação fática nas disposições específicas do Anexo 13 da Norma Regulamentadora 15 da Portaria 3.214/78 do Ministério do Trabalho e Emprego. De nada adianta identificar os componentes químicos da tinta ou das tintas empregadas na atividade de jateamento e aplicar as medida protetivas, se não se conhece o verdadeiro alcance dos efeitos das nanopartículas. O certo é que a manipulação do elemento químico em partículas altera sua característica atômica original; logo, é grande a probabilidade (desconhecida, repita-se) de que as medidas protetivas propostas para aquilo que se já se conhece não tenham efetividade.

Ressalta-se que a própria Norma Regulamentadora 15 da Portaria Ministerial ora citada, no Anexo 13 também já referido, elenca várias e complexas espécies de jateamento e pintura à pistola, tais como pintura à pistola com pigmentos de compostos de arsênico em recintos limitados ou fechados, bronzeamento de peças em negro e verde com compostos de arsênico, pintura à pistola ou manual com pigmentos de compostos de arsênico ao ar livre, pintura com pigmentos de compostos de chumbo e cromo em recintos limitados ou fechados, e pintura à pistola com esmaltes, tintas, vernizes e solventes contendo hidrocarbonetos aromáticos.[399]

Ocorre que, no caso das nanopartículas, o desconhecimento fático dos efeitos induz a várias indagações: a) Se os elementos químicos apontados forem compostos ou produzidos a partir de nanopartículas que alteram as posições atômicas e moleculares, as medidas previstas são suficientes? b) Havendo a certeza de significativa alteração atômica, sobretudo quanto a sua mobilidade, é possível que os agentes nocivos oferecidos pelas substâncias previstas no Anexo 13 sejam potencializados? d) Se o elemento originalmente previsto sofrer alteração pelas nanopartículas, poderia também ocorrer a alteração quanto à classificação do grau de insalubridade, de mínimo para médio ou de médio para máximo, por exemplo?

---

[397] ENGELMANN, Wilson. O Direito frente aos desafios trazidos pelas nanotecnologias. In: Constituição, Sistemas Sociais e Hermenêutica. *Anuário do Programa de Pós-Graduação em Direito da Unisinos*: mestrado e doutorado, Porto Alegre, n. 10, p. 301-311, 2013. p. 305.

[398] BECK, Ulrich. *Sociedade de risco*: rumo à outra modernidade. Tradução de Sebastião Nascimento. São Paulo: Ed. 34., 2010. p. 33.

[399] As espécies de pintura com pistola e os agentes químicos que são empregados em tais modalidades foram referidas na nota anterior e constam em CURIA, Luiz Roberto; CÉSPEDES, Livia; NICOLETTI, Juliana (Cols.). *Segurança e medicina do trabalho*. 13. ed. atual. São Paulo: Saraiva, 2014. p. 354-356.

Outro aspecto que merece relevo é o fato de que a incerteza que gira em torno da nocividade das nanopartículas refletiria, também, se considerado o exemplo que vem sendo trabalhado, na capacidade ou não dos equipamentos de proteção individual previstos para essas atividades elidirem os respectivos efeitos morbígenos eventualmente produzidos. Mesmo que os equipamentos de proteção fossem fornecidos aos empregados que efetuassem a pintura de jateamento, considerando os agentes químicos na forma prevista pelo Anexo 13 em discussão, não se tem a certeza de que tais equipamentos seriam suficientes para evitar danos gerados pelas nanopartículas das substâncias empregadas e presentes nos vapores emitidos. Supondo-se que fossem fornecidos óculos de proteção contra impactos de partículas volantes, protetor facial contra impactos de partículas volantes, respirador purificador de ar não motorizado contra poeiras e névoas ou respirador de ar motorizado com vedação facial contra vapores e gases,[400] ainda assim, o contexto nebuloso das nanopartículas poria em dúvida se tais equipamentos poderiam ser eficazes contra possíveis doenças ocupacionais.

Por outro lado, não se olvida de que mesmo diante do desconhecimento, surja a tese de defesa da *analogia*, ou seja, levando em consideração que não há previsão específica que tutele as atividades decorrentes do trabalho com nanotecnologias, a solução estaria, inclusive para o exemplo ora utilizado do jateamento de tintas, em se promover um enquadramento por um mero exercício analógico.

Neste sentido, em que pese seja de grande valor a ferramenta da analogia para o Direito, inclusive prevista expressamente no artigo 8º da Consolidação das Leis do Trabalho para ser aplicável aos casos da relação de emprego, não parece ser essa uma solução diante da problemática nanotecnológica. É bem verdade que a analogia tem sido usada em matéria de saúde e segurança do trabalho na jurisprudência trabalhista, mas tão somente para fins de pagamento do adicional de insalubridade.[401] Contudo, a analogia não soluciona o pro-

---

[400] Descreve-se de forma mais detalhada os equipamentos referidos: "NR 6 – *EQUIPAMENTO DE PROTEÇÃO INDIVIDUAL – EPI*. [...] 6.1 Para os fins de aplicação desta Norma Regulamentadora – NR, considera-se Equipamento de Proteção Individual – EPI, todo dispositivo ou produto, de uso individual utilizado pelo trabalhador, destinado à proteção de riscos suscetíveis de ameaçar a segurança e a saúde no trabalho. [...] *ANEXO I. LISTA DE EQUIPAMENTOS DE PROTEÇÃO INDIVIDUAL* (Alterado pela Portaria SIT n.º 194, de 07 de dezembro de 2010). [...] B – *EPI PARA PROTEÇÃO DOS OLHOS E FACE*. B.1 – *Óculos*. a) óculos para proteção dos olhos contra impactos de partículas volantes; [...] B.2 – Protetor facial. a) protetor facial para proteção da face contra impactos de partículas volantes; [...] D – *EPI PARA PROTEÇÃO RESPIRATÓRIA*. D.1 – *Respirador purificador de ar não motorizado*: a) peça semifacial filtrante (PFF1) para proteção das vias respiratórias contra poeiras e névoas; b) peça semifacial filtrante (PFF2) para proteção das vias respiratórias contra poeiras, névoas e fumos; c) peça semifacial filtrante (PFF3) para proteção das vias respiratórias contra poeiras, névoas, fumos e radionuclídeos; [...] D.2 – *Respirador purificador de ar motorizado*: a) sem vedação facial tipo touca de proteção respiratória, capuz ou capacete para proteção das vias respiratórias contra poeiras, névoas, fumos e radionuclídeos e ou contra gases e vapores; b) com vedação facial tipo peça semifacial ou facial inteira para proteção das vias respiratórias contra poeiras, névoas, fumos e radionuclídeos e ou contra gases e vapores. [...]". CURIA, Luiz Roberto; CÉSPEDES, Livia; NICOLETTI, Juliana (Cols.). *Segurança e medicina do trabalho*. 13. ed. atual. São Paulo: Saraiva, 2014. p. 121-122.

[401] Pelo trecho do acórdão ora transcrito, vislumbra-se não só exemplo de aplicação da analogia nas questões de saúde e segurança do trabalho, como um exemplo relativo à pintura à pistola em que se buscou albergar o caso concreto, ainda que não previsto pelas Normas Regulamentadoras: "[...] Ressalto também que, diver-

blema oriundo dos *riscos desconhecidos* numa dimensão potencializada como é a das nanotecnologias. O problema reside na especificidade de um risco potencialmente desconhecido, com efeitos também desconhecidos, mas potencialmente nocivos. Frisa-se, como se vem ressaltando ao longo da exposição, que a preocupação com a saúde e com a segurança do homem trabalhador deve acompanhar uma ideia pregressa à ideia de simples pagamento pela condição de risco, em substituição ao raciocínio mecânico e pragmático do "se trabalhar na condição de riscos, deve receber por isso".

Deste modo, é possível sedimentar uma conclusão parcial de que o trabalho nanotecnológico e todos os seus desdobramentos não encontram guarida suficiente naquilo que o ordenamento jurídico pátrio oferta como proteção ao meio ambiente de trabalho, sobretudo quanto à saúde e segurança do trabalhador. O *risco conhecido*, mesmo sob a perspectiva da *prevenção geral* e da *prevenção específica*, dá sinais evidentes de que o sistema de *prevenção* não está apto para atender, de forma satisfatória, as demandas de uma contemporaneidade pautada por novas tecnologias ainda em franco crescimento científico capaz de projetar o desenvolvimento, mas incapaz de demonstrar efetivamente os efeitos que podem ser impingidos ao trabalhador nanotecnológico. Engelmann destaca que

> [...] as pesquisas desenvolvidas em nano escala projetam-se como uma verdadeira Revolução Científica, pois estão sendo visitados espaços nunca antes percorridos, embora já existentes desde sempre na natureza. Por isso, quanto menores forem as escalas das pesquisas, mais poderosos serão os resultados. Como decorrência, maiores serão os riscos que estas atividades estarão produzindo.[402]

---

samente do alegado no recurso, não existe óbice ao enquadramento, por analogia, da tarefa desempenhada pelo trabalhador entre aquelas listadas na NR 15 da Portaria 3.214/78 do Ministério do Trabalho, *porquanto o que importa para a caracterização da insalubridade não é a exata correspondência entre a atividade desempenhada e aquela prevista na norma, mas a exposição ao agente químico presente no produto manuseado pelo trabalhador.* Logo, o fato de a pistola não ter sido utilizada para pintura, mas sim para aplicação de adesivo composto por solventes orgânicos não afasta a conclusão de que havia contato com o agente insalutífero, revelando-se adequado o enquadramento da atividade no Anexo 13 da NR-15 da Portaria Ministerial 3.214/78. De qualquer sorte, a enumeração das NR's nunca é taxativa, pois as normas não podem prever todas as situações, cabendo aos agentes da fiscalização ou, como no caso, dos auxiliares judiciais, avaliar as situações concretas. Além disso, noto que a demandada não se desincumbiu do ônus de demonstrar que inexistia a manipulação ou contato com os agentes nocivos relacionados no laudo, nem fez prova de que os EPI's fornecidos fossem suficientes a elidir a insalubridade detectada. Quanto a esse aspecto, destaco que o fornecimento de luvas, por si só, não impede totalmente os efeitos prejudiciais dos hidrocarbonetos e outros compostos de carbono, pois, consoante corretamente referido no laudo pericial (fl. 823v), além da nocividade cutânea, a ação destes agentes insalubres se dá também por via respiratória, bem como provoca irritações nas mucosas, olhos e garganta. Inexistindo qualquer notícia acerca do fornecimento de máscaras de proteção respiratória e óculos de segurança ao reclamante, não há falar em elisão da condição laboral insalubre. [...]". (grifo no original). BRASIL. Tribunal Regional do Trabalho (4. Região). 2ª Vara do Trabalho de Sapiranga. 6ª Turma. *Acórdão n. 0001143-22.2012.5.04.0372.* Participam: Maria Cristina Schaan Ferreira e Maria Helena Lisot. **Redator:** Raul Zoratto Sanvicente. Porto Alegre, 19 mar. 2014. Disponível em: <http://gsa3.trt4.jus.br/search?q=cache:GAvtGtUbWrYJ:iframe.trt4.jus.br/gsa/gsa.jurisp_sdcpssp.baixar%3Fc%3D49127613+0001143-22.2012.5.04.0372+inmeta:DATA_DOCUMENTO:2013-06-28..2014-06-28++&client=jurisp&site=jurisp_sp&output=xml_no_dtd&proxystylesheet=jurisp&ie=UTF-8&lr=lang_pt&proxyreload=1&access=p&oe=UTF-8>. Acesso em: 16 abr. 2015.

[402] WEYERMÜLLER, André Rafael; ENGELMANN, Wilson; FLORES, André Stringhi. *Nanotecnologias, Marcos Regulatórios e Direito Ambiental.* Curitiba: Honoris Causa, 2010. p. 171.

Importante asseverar, por derradeiro, que toda a preocupação com os efeitos nocivos que as nanotecnologias podem oferecer aos trabalhadores num contexto de *riscos desconhecidos* está vinculada a ideia de que a relação jurídica de emprego no cenário hodierno deve se desenvolver sob um olhar fundamental: os direitos humanos materializados pelos princípios da dignidade da pessoa humana e do valor social do trabalho servem de estofo ético e jurídico para se impor uma reação frente a uma *possibilidade insuficiente* das normas protetivas ambientais de tutelar o trabalho nanotecnológico. A utilização do termo *insuficiente* revela, ao contrário do que se pode supor, que não se deve excluir por nenhum momento todo o arcabouço normativo existente com pilar na *prevenção*. O sistema preventivo, ainda que insuficiente para dar conta da demanda nanotecnológica no mundo do trabalho representa um *ponto de partida* para a busca de alternativas que possam ser mais eficazes, mas a simples existência das normas em questão tornam incontroversa uma premissa primordial e inafastável: *a saúde e a segurança do trabalhador devem compor uma preocupação perene do Direito, pois preservar tais condições é valorizar em grau mais elevado o ser humano trabalhador.*

3.3. O *princípio da precaução* como ponto de partida para a criação de marcos regulatórios acerca das nanotecnologias: um sinal de alerta para a necessidade de valorização da *precaução* no mundo do trabalho

Ao final do item 3.1.2 deste capítulo fora sedimentada a ideia de que a *prevenção* resta vinculada aos *riscos conhecidos*, enquanto a *precaução* possui liame com os *riscos desconhecidos e futuros*. Em sequência, no item 3.2, declinou-se a atuação "positivada" da *prevenção* em matéria de saúde e segurança do trabalhador, sobremaneira em relação à possibilidade de as normas existentes albergarem as situações jurídicas decorrentes do desenvolvimento do trabalho humano com as nanotecnologias. Neste sentido, em que pese a possibilidade de alguns fatos oriundos do trabalho com nanotecnologias poderem (ainda que hipoteticamente) usufruir da garantia das Normas Regulamentadoras citadas, inevitável concluir-se (novamente) que tal possibilidade resta insuficiente para fins de efetividade de proteção, quando a matéria é nanotecnologias e trabalho. A própria *prevenção específica* encontra poucas condições de conceder a almejada proteção ao meio ambiente laboral. Por certo, as dificuldades apontadas encontram justificativa na incerteza dos *efeitos nocivos* verdadeiramente produzidos, bem como no contexto de desconhecimento desses efeitos.

Assim, esse quadro delineado torna evidente que, apesar de existirem *riscos conhecidos* por força de estudos e pesquisas, toda incursão protetiva encontra um limite de visão. Ou seja, em matéria de nanotecnologias, se enxerga até um determinado ponto; depois, adentra-se numa zona cinzenta eivadas de riscos: são os *riscos desconhecidos e futuros* que predominam no mundo nanotecnológico.

Posto isto, tem-se que a *prevenção*, desvelada no sistema normativo vigente, não é uma possibilidade suficiente em matéria de saúde e segurança do trabalhador nanotecnológico, vez que incapaz de atuar com êxito na ocorrência dos *riscos desconhecidos e futuros*. Weyermüller, Engelmann e Flores lecionam:

> No tocante às nanotecnologias, pode-se dizer que inexiste certeza científica relativa aos riscos. Este cenário exige um constante monitoramento da atividade, onde precaução e prevenção se revezam na construção de mecanismos de alerta e controle no surgimento de variáveis não cogitadas inicialmente.[403]

Nota-se, assim, que as incertezas desse contexto geram inquietudes que, por seu turno, ganham voz numa indagação: Se a *prevenção* é uma possibilidade insuficiente frente aos *riscos desconhecidos e futuros*, existem formas de suprir essa (não) atuação preventiva ou atuação preventiva insuficiente e que possa contribuir para a promoção de uma efetiva proteção da saúde e da segurança do trabalhador exposto ou em contato com os efeitos nocivos decorrentes das nanotecnologias? A resposta ao problema suscitado encontra um pilar de sustentação quase que inquestionável no mundo contemporâneo: a forma ou instrumento é a *precaução*.

Importante reiterar: a *precaução* está ligada aos *riscos desconhecidos e futuros*. Vincula-se aos riscos desconhecidos, inéditos e não planejados.[404] Por isso, não obstante já se tenha alhures delineado o cenário dos riscos, em relação especificamente às nanotecnologias, primeiramente, necessário se faz estabelecer um novo corte teórico quanto aos riscos que ensejam a aplicação da *precaução* no mundo do trabalho e na relação trabalho-nanotecnologias, para então, depois, se definir a *precaução* e sua forma de atuação no mundo laboral nanotecnológico e diante do próprio *fato laboral nanotecnológico*.

Não restam dúvidas de que o cenário de desenvolvimento das tecnologias nano, como já exaustivamente asseverado, tem por característica principal a incerteza de efeitos e desdobramentos. Essa incerteza inerente aos efeitos das nanotecnologias representa uma consequência significativa no mundo projetado pelas conquistas e descobertas em escala nano.[405]

Deste modo e diante de toda a estrutura tecnológica desenhada neste capítulo, é razoável entender que as nanotecnologias, como representantes de um mundo novo e avançado, deixam de ser meras descobertas científicas e passam a incidir de forma real e significativa na vida humana. Isto faz com que jamais se despreze a ideia de que os riscos convivem lado a lado com a sociedade. Os riscos representam efeitos colaterais da modernidade. Para Beck, as fontes de riqueza estão "contaminadas" por "ameaças colaterais".[406]

> No processo de modernização, cada vez mais forças *destrutivas* também acabam sendo desencadeadas, em tal medida que a imaginação humana fica desconcertada diante delas. Ambas as

---

[403] WEYERMÜLLER, André Rafael; ENGELMANN, Wilson; FLORES, André Stringhi. *Nanotecnologias, Marcos Regulatórios e Direito Ambiental*. Curitiba: Honoris Causa, 2010. p. 126-127.

[404] Ibid., p. 126.

[405] Ibid., p. 127.

[406] BECK, Ulrich. *Sociedade de risco*: rumo à outra modernidade. Tradução de Sebastião Nascimento. São Paulo: Ed. 34., 2010. p. 25.

fontes alimentam uma crescente crítica da modernização, que ruidosa e conflitivamente, define os rumos das discussões públicas.[407]

Ou seja, o desenvolvimento tecnológico desenvolveu um estágio em que a distribuição de riquezas também acaba por gerar uma "distribuição de riscos".[408]

No mundo particular do trabalho, a situação de risco se agrava. Como já asseverado, os trabalhadores são os destinatários primeiros dos efeitos das novas tecnologias, tanto na produção destas, como na sua utilização como ferramentas de trabalho.

No primeiro capítulo, o escorço histórico desenvolvido mostrou que, mesmo com o passar das épocas e com as transformações no mundo do trabalho, a hipossuficiência e a subordinação, em nível mundial, permanecem presentes e integrantes na relação de emprego. Essa situação, somada à característica invisível dos efeitos inerentes ao novo tecnológico criam situações potenciais e perenes de riscos. E, portanto, ainda que os riscos sejam *desconhecidos e futuros*, o contexto neotecnológico enseja o surgimento de várias situações que possuem grande potencial para a criação de riscos. Trata-se de situações fáticas potenciais de risco. Esses riscos aos trabalhadores poderão se desdobrar na forma de *riscos à integridade intelectual, riscos sociais, riscos à integridade física* e *riscos à integridade mental*.

Conforme Supiot, os riscos que exsurgem no mundo do trabalho por força da modernização são oriundos, sobremaneira, do desenvolvimento das tecnologias da informação e da comunicação, representado uma ameaça à *integridade intelectual* dos empregados. A evolução da informática transforma o modelo de empresa num "modelo de empresa em redes". O empregado antes ligado à máquina, hoje está "ligado" a uma tela de computador. Essa rede desloca, exterioriza e despersonaliza o trabalho humano. Desencadeia-se um processo de "indiferenciação".

> A questão essencial apresentada aos juristas pelas novas tecnologias da informação e da comunicação é, portanto, hoje, identificar os riscos específicos que elas fazem o ser humano correr. Esses riscos são de dois tipos: abolindo o âmbito espácio-temporal do trabalhador para transportá-lo para um mundo virtual e um "tempo real" (isto é, instantâneo), essas tecnologias o expõem à fantasia da ubiqüidade; inserindo em máquinas os menores de seus feitos e gestos, elas os expõem à fantasia da transparência.[409]

Os riscos derivados de uma "era de evolução" na comunicação também são apontados por Fincato:

> As tecnologias da comunicação e da informação tumultuam ainda mais este quadro. Especialmente, permitem a fluidificação da relação de trabalho, uma vez que a matéria-prima passa a ser

---

[407] BECK, Ulrich. op. cit., p. 25.
[408] Ibid., p. 25.
[409] SUPIOT, Alain. *Homo juridicus*: ensaio sobre a função antropológica do Direito. Tradução de Maria Ermantina de Almeida Prado Galvão. São Paulo: Martins Fontes, 2007. p. 163-167.

o próprio conhecimento, que não trafega mais em esteiras rolantes, mas sim na rede mundial de computadores.[410]

No que pertine aos *riscos sociais*, Beck traz a ideia de situações sociais de ameaça:

> Com a distribuição e o incremento dos riscos, surgem situações sociais de ameaça. Estas acompanham, na verdade, em algumas dimensões, a desigualdade das posições de estrato e classes sociais, fazendo valer entretanto uma lógica distributiva substancialmente distinta: os riscos da modernização cedo ou tarde acabam alcançando aqueles que os produziram ou que lucram com eles.[411]

Não obstante a ideia de *riscos à integridade intelectual* do trabalhador e *riscos sociais* a que os trabalhadores possam via a ser acometidos, de acordo com o núcleo de análise do presente trabalho – saúde e segurança do trabalhador nanotecnológico –, deve-se se ater especificamente aos *riscos à integridade física* e aos *riscos à integridade mental* dos trabalhadores que produzem e manipulam diretamente tecnologias inovadoras tendentes à produção de *efeitos nocivos* vinculados às toxidades e aos potenciais patológicos. Com efeito, em se tratando de novas tecnologias como as nanotecnologias, a modernização e a industrialização, na sua origem, arrebatam aqueles diretamente vinculados à produção dessas tecnologias, quais sejam, *os trabalhadores* e, por via de consequência, o seu meio ambiente.

Segundo Beck, primeiramente, é possível se identificar os riscos ligados à radioatividade, toxinas e poluentes:

> (1) Riscos, da maneira como são produzidos no estágio mais avançado do desenvolvimento das forças produtivas – refiro-me, em primeira linha, à radioatividade, que escapa completamente à percepção humana imediata, mas também às toxinas e poluentes presentes no ar, na água e nos alimentos e aos efeitos de curto e longo prazo deles decorrentes sobre plantas, animais e seres humanos –, diferenciam-se claramente das riquezas. Eles desencadeiam danos sistematicamente definidos, por vezes *irreversíveis*, permanecem no mais das vezes fundamentalmente *invisíveis* [...].[412]

Nesse contexto, considerando que os trabalhadores são os primeiros a sentirem diretamente os efeitos das novas tecnologias, os riscos ao meio ambiente, seguramente, num primeiro momento, se desenvolvem no meio ambiente de trabalho e estão diretamente ligados a ideia de possibilidade de ocorrência de acidentes e doenças laborais.

Deste modo, reafirma-se que, em se tratando de meio ambiente de trabalho, o progresso tecnológico gera riscos que ameaçam a saúde e a segurança do trabalhador e que gravitam na seara do acidente de trabalho e na doença ocupacional – conforme já declinado no item 2.3 da presente obra. Neste contexto,

---

[410] FINCATO, Denise. Trabalho e tecnologia: reflexões. In: FINCATO, Denise; MATTE, Maurício; GUIMARÃES, Cíntia (Orgs.). *Direito e tecnologia. reflexões sociojurídicas*. Porto Alegre: Livraria do Advogado, 2014. p. 9-17. p. 12.
[411] BECK, Ulrich. *Sociedade de risco*: rumo à outra modernidade. Tradução de Sebastião Nascimento. São Paulo: Ed. 34., 2010. p. 27.
[412] Ibid., p. 27.

Mireille Delmas-Marty vincula a ideia de riscos, decorrentes do progresso social, à ideia de acidente, inclusive em decorrência do trabalho:

> Contrapartida do que se conveio chamar o progresso social, o acidente remete de fato mais à sociedade, através de seus objetos (o acidente de trânsito), de suas técnicas (o acidente médico), de suas máquinas (o acidente do trabalho) ou mesmos de suas atividades (o acidente ecológico) do que à falta humana, ainda que esta de certo modo continue a tranquilizar, pois pode ser evitada (o homem é perfectível, pensa-se), quanto o acidente tem a figura implacável do destino em marcha.[413]

Para Sebastião Geraldo de Oliveira a teoria do risco e a conseguinte ideia de responsabilidade do empregador baseado na culpa pelos infortúnios laborais sofrem transformações pelo quadro hodierno de mudanças:

> [...] a complexidade da vida atual, a multiplicidade crescente dos fatores de risco, a estonteante revolução tecnológica, a explosão demográfica e os perigos difusos ou anônimos da modernidade acabavam por deixar vários acidentes ou danos sem reparação, uma vez que a vítima não lograva demonstrar a culpa do causador do prejuízo [...]. Ao lado da teoria subjetiva, dependente da culpa comprovada, desenvolveu-se a teoria do risco ou da responsabilidade objetiva, segundo a qual basta o autor demonstrar o dano e a relação de causalidade, para o deferimento de indenização.[414]

De outra parte, a partir da conexão estabelecida entre os *riscos desconhecidos e futuros* e o mundo do trabalho, é possível, então, delinear a preocupação-alerta global quanto aos riscos atuais que envolvem a relação trabalho-nanotecnologias.

A Organização Internacional do Trabalho – OIT – aponta que as novas tecnologias geram "riscos emergentes", classificando como exemplos que merecem atenção, a biotecnologia e as nanotecnologias.[415]

Segundo o The National Institute for Occupational Safety and Health – NIOSH:

> Trabalhadores em indústrias relacionadas com a nanotecnologia tem o potencial de ser exposto a materiais projetados exclusivamente com novos tamanhos, formas e propriedades físicas e químicas. Riscos de saúde ocupacional associados com a fabricação e uso de nanomateriais ainda não estão claramente compreendidos. O mínimo de informação está disponível em rotas dominantes de exposição, os níveis de exposição potencial, e toxicidade de material de nanomateriais. [...] Os estudos têm indicado que as nanopartículas de baixa solubilidade são mais tóxicas do que as

---

[413] DELMAS-MARTY, Mireile. *Por um direito comum*. Tradução de Maria Ermantina de Almeida Prado Galvão. São Paulo: Martins Fontes, 2004. p. 16.

[414] OLIVEIRA, Sebastião Geraldo. *Indenizações por acidente do trabalho ou doença ocupacional*. 5. ed. São Paulo: LTr, 2009. p. 97-98.

[415] De acordo com a Oficina da Organização Internacional do Trabalho – OIT, "Riscos Emergentes e novos modelos de *prevenção* em um mundo de trabalho em transformação", ocorrida no ano de 2010, em Genebra, as nanotecnologias são citadas como fatores de riscos e, embora o título da oficina tenha fixado a expressão *"prevenção"*, todo o trabalho realizado dá conta de uma ideia clara de *"precaução"*: "[...] En los últimos años, se ha prestado gran atención al estudio de riesgos nuevos y emergentes en el lugar de trabajo. Muchos investigadores han supervisado y previsto nuevas tendencias de los accidentes relacionados con el trabajo, y en particular con los trastornos de la salud, con el propósito de mejorar la prevención. [...] Los riesgos del trabajo nuevos y emergentes pueden ser provocados por la innovación técnica o por el cambio social u organizativo, por ejemplo: Nuevas tecnologías y procesos de producción, por ejemplo, la nanotecnología o la biotecnología. [...]".

partículas maiores na massa de base de massa. Há fortes indícios de que a área da superfície da partícula e química de superfície são responsáveis por respostas observadas em culturas celulares e animais. Estudos sugerem que algumas nanopartículas podem mover-se do sistema respiratório para outros órgãos. A pesquisa está continuando a entender como essas propriedades únicas pode levar a efeitos de saúde específicos.[416]

Ademais, de acordo com a publicação do trabalho *Éthique et Politique des Nanotechnologies*, a União das Nações Unidas para a Ciência, Educação e Cultura – UNESCO, uma das grande preocupações da entidade gira em torno do risco de toxidades que podem contaminar o ambiente e as pessoas, em relação ao manuseio com nanomateriais.[417]

Em âmbito nacional, conforme o Documento de Referência de Nanotecnologia em Cosméticos, de agosto de 2013, do Instituto de Tecnologia e Estudos de Higiene Pessoal, Perfumaria e Cosméticos, faz necessário o estudo quanto aos impactos dos nanomateriais na pele, em razão do uso de *spray* ou aerossol:

> Além da obrigatória caracterização físicoquímica e dos estudos, que devem ser realizados para qualquer ingrediente, a avaliação de segurança de nanomateriais deve contemplar a possibilidade de penetração dérmica e folicular de ingestão. No caso do produto se apresentar sob a forma de spray ou de aerossol, deve ainda estudar-se a possibilidade de inalação de partículas. Os pareceres, publicados recentemente na comunidade européia, foram apresentados neste encontro internacional como "cases". A apresentação deles levou a conclusão de que cosméticos contendo partículas de dióxido de titânio e de óxido de zinco são seguros, desde que não estejam formulados como sprays e que a formulação não inclua facilitadores de permeação. Nestes dois casos, deverão ser apresentados às autoridades estudos de segurança adicionais.

Por último, mas sem esgotar a preocupação ora suscitada, cita-se reportagem da *Revista Brasil De Fato*, em que declinou, na reportagem sob o título *Uma Ameaça Invisível*, que as pesquisas acerca das nanotecnologias ignoram os impactos produzidos aos trabalhadores:

> Mesmo nos Estados Unidos, onde o investimento para investigar os impactos da nanotecnologia são maiores que no Brasil, o impacto a longo prazo é incerto. Cientistas já desconfiam que algumas nanopartículas podem ser nocivas, pois estruturas a nível subatômico podem adquirir características que nem sempre são previstas. O pesquisador Luciano Paulino da Silva observa que as nanopartículas têm diversas aplicações na saúde humana, vegetal e animal e não é possível agrupá-las em uma única terminologia. "Nanopartículas naturais são encontradas no ar, no solo, nas águas, nos alimentos e que em sua essência diversos tipos de materiais e até alimentos já são organizados em nanoescala, como o leite, por exemplo", explica.[418]

Passada toda a cadeia argumentativa acerca dos *riscos desconhecidos e futuros*, exige-se uma parada reflexiva e parcialmente conclusiva: a) todo o raciocínio concernente aos *riscos desconhecidos e futuros* inerentes às novas tecnologias no mundo do trabalho são naturalmente incorporados na realidade e vicissitude das nanotecnologias; b) em comparação às tecnologias da informação e da

---

[416] Informações obtidas em Centers for Disease Control and Prevention (CDC). *Nanotechnology*. Disponível em: <http://www.cdc.gov/niosh/topics/nanotech/>. Acesso em: 16 abr. 2015.

[417] UNESCO. *Éthique et politique des nanotechnologies*. 2007. Disponível em: <http://unesdoc.unesco.org/images/0014/001459/145951f.pdf>. Acesso em: 16 abr. 2015. p. 19. Vide também Anexo C.

[418] Informações obtidas na *Revista Brasil de Fato*, São Paulo, ano 11, n. 519, 7-13 fev. 2013. p. 5.

comunicação, as nanotecnologias, no âmbito laboral, apresentam um potencial de riscos numa dimensão muito maior, tendo em vista suas características atômicas e moleculares, e seu caráter de invisibilidade em certos níveis, ainda pouco desvendada pela ciência; c) o panorama atual ocasiona o surgimento do *fato laboral nanotecnológico*, o qual urge por respostas do Direito, sobretudo do Direito do Trabalho, quanto à tarefa axiológica de regular tal fato e todos os seus desdobramentos, de maneira que haja a supervalorização do humano trabalhador; d) as alternativas de respostas a serem prestadas pelo Direito acerca dos efeitos laborais das nanotecnologias devem nascer de um "diálogo" entre as fontes do Direito relacionadas com a ideia de preservação da saúde e da segurança do homem trabalhador, cujo ponto de partida é o *princípio da precaução*.

No contexto de análise até agora desenvolvido não restam dúvidas de que o *princípio da precaução* nasce em meio a um panorama de dúvidas e de incertezas quanto aos riscos que efetivamente decorrem da atitude humana em relação ao meio ambiente, sobretudo quando se fala em produção nanotecnológica e no respectivo trabalho humano envolvido. Além disso, a ideia de risco que vem sendo trabalhada na presente pesquisa ganha maiores proporções quando projetada no plano do meio ambiente. Para Délton Winter Carvalho, no contexto ambiental, tais riscos são "riscos abstratos" e podem ser materializar como "invisibilidade, "globalidade" e "transtemporalidade".[419]

Em razão disso, numa perspectiva geral e em termos de Direito Ambiental, o *princípio da precaução* pode ser definido como a obrigação de se tomar medidas e decisões que venham a evitar e impedir que se concretizem os *efeitos nocivos*[420] dos *riscos desconhecidos e futuros* em matéria de meio ambiente. No âmbito do Direito Ambiental, o *princípio da precaução* é considerado, senão o principal, um dos principais princípios afetos à ideia de preservação de segurança do meio ambiente.

Segundo Marcos Catalan, o *princípio da precaução* consiste em "[...] indagar sempre se existe relativo grau de perigo nas consequências da ação a ser iniciada [...]".[421] Para Anthony Guiddens, o *princípio da precaução* deve representar "medidas de proteção" contra riscos ambientais, ainda mais quando não se têm "provas conclusivas" que se justifique não adotar tais medidas.[422] Na visão de Denise Hammerschmidt, o *princípio da precaução* "[...] atua para inibir o risco

---

[419] CARVALHO, Délton Winter. *Dano ambiental futuro*: a responsabilização civil pelo risco ambiental. Rio de Janeiro: Forense Universitária, 2008. p. 67-69.

[420] Embora a presente pesquisa tenha adota a expressão *efeitos nocivos* que podem surgir por força dos *riscos desconhecidos e futuros*, trata-se de sinônimo da expressão "perigo", expressão esta utilizada por alguns doutrinadores, como é o caso de Engelmann: "O delineamento dos diversos estágios do ciclo de vida de um nanomaterial parece que sinaliza esta concepção, pois a decisão sobre a produção em nanoescala – que corresponde ao risco – poderá gerar ou não alguma reação no meio ambiente. Quando se terá a caracterização do perigo". ENGELMANN, Wilson. O Direito frente aos desafios trazidos pelas nanotecnologias. In: Constituição, Sistemas Sociais e Hermenêutica. *Anuário do Programa de Pós-Graduação em Direito da Unisinos*: mestrado e doutorado, Porto Alegre, n. 10, p. 301-311, 2013. p. 304.

[421] CATALAN, Marcos. *Proteção constitucional do meio ambiente e seus mecanismos de tutela*. São Paulo: Método, 2008. p. 65-66.

[422] GUIDDENS, Anthony. *O mundo na era da globalização*. Lisboa: Presença, 2000. p. 40.

de perigo potencial, qual seja, o risco de que determinado comportamento ou atividade seja daquelas que podem ser perigosas abstratamente".[423]

A origem do *princípio da precaução* está na Declaração de Estocolmo criada na Conferência das Nações Unidas – ONU –, em 1972, na cidade de Estocolmo, na Suécia, onde foram proclamados 26 princípios vinculados à ideia de inspiração e conscientização quanto à preservação e melhoria do meio ambiente humano. Dentre os princípios fixados, o Princípio 18 é o que, ainda que implicitamente, incorpora a preocupação de se evitar a ocorrência de riscos que ameaçam o meio ambiente, mas que, de muitos não se tem conhecimento prévio.[424]

Ainda, em termos de Conferências Internacionais que contribuíram para a gênese do ou para a afirmação do *princípio da precaução* cita-se a segunda edição da Conferência Internacional sobre a Proteção do Mar do Norte, em 1987, o Tratado de Maastricht no âmbito da Comunidade Europeia,[425] e na Conferência das Nações Unidas sobre o Meio Ambiente Humano e Desenvolvimento, em 1992, na cidade do Rio de Janeiro, no Brasil,[426] em que o *princípio da precaução* restou expressamente estabelecido como um ideal ambiental.[427]

Já em termos de positivação do *princípio da precaução* num ordenamento jurídico, o primeiro movimento se deu na Alemanha, sob o nome *Vorsorgeprinzip*.[428]

Em solo brasileiro, o ordenamento jurídico constitucional, em 1988, tratou da *precaução*, mas não forma de expressa, no artigo 225 da Carta Federal.[429] Mesma sorte teve a Lei 6.938/81 que criou a Política Nacional do Meio

---

[423] HAMMERSCHMIDT, Denise. O risco na sociedade contemporânea e o princípio da precaução no direito ambiental. *Revista de Direito Ambiental*, São Paulo, ano 08, n. 31, 2003. p. 147.

[424] Assim dispõe o Princípio 18 da Conferência de Estocolmo: "*Princípio 18* Como parte de sua contribuição ao desenvolvimento econômico e social deve-se utilizar a ciência e a tecnologia para descobrir, evitar e combater os riscos que ameaçam o meio ambiente, para solucionar os problemas ambientais e para o bem comum da humanidade. [...]". UNITED NATIONS ENVIRONMENT PROGRAMME – UNEP. *Declaration of the United Nations Conference on the Human Environment*. 16 June 1972. Disponível em: <http://www.unep.org/Documents.Multilingual/Default.asp?DocumentID=97&ArticleID=1503&l=en>. Acesso em: 16 abr. 2015.

[425] WEYERMÜLLER, André Rafael; ENGELMANN, Wilson; FLORES, André Stringhi. *Nanotecnologias, Marcos Regulatórios e Direito Ambiental*. Curitiba: Honoris Causa, 2010. p. 147.

[426] Na Declaração do Rio, restou determinado no Princípio 15: "[...] Com o fim de proteger o meio ambiente, o *princípio da precaução* deverá ser amplamente observado pelos Estados, de acordo com suas capacidades. Quando houver ameaça de danos graves ou irreversíveis, a ausência de certeza científica absoluta não será utilizada como razão para o adiamento de medidas economicamente viáveis para prevenir a degradação ambiental. [...]". ORGANIZAÇÃO DAS NAÇÕES UNIDAS (ONU). Declaração do Rio sobre Meio Ambiente e Desenvolvimento. In: CONFERÊNCIA DAS NAÇÕES UNIDAS SOBRE MEIO AMBIENTE E DESENVOLVIMENTO, Rio de Janeiro, 3-14 jun. 1992. Disponível em: <http://www.onu.org.br/rio20/img/2012/01/rio92.pdf>. Acesso em: 16 abr. 2015.

[427] WEYERMÜLLER, op. cit., p. 125.

[428] Ibid., p. 147.

[429] Assim dispõe o artigo 225 da Constituição Federal de 1988: "Art. 225. Todos têm direito ao meio ambiente ecologicamente equilibrado, bem de uso comum do povo e essencial à sadia qualidade de vida, impondo-se ao Poder Público e à coletividade o dever de defendê-lo e preservá-lo para as presentes e futuras gerações. § 1º Para assegurar a efetividade desse direito, incumbe ao Poder Público: I – preservar e restaurar os processos ecológicos essenciais e prover o manejo ecológico das espécies e ecossistemas; II – preservar a diversidade e a integridade do patrimônio genético do País e fiscalizar as entidades dedicadas à pesquisa e manipulação

Ambiente, a qual afirmou uma postura de *precaução*, mas sem preceituá-la.[430] Finalmente, em 2005, com o escopo de regulamentação dos incisos II, IV e V, do parágrafo primeiro, do artigo constitucional 225, a Lei 11.105 – Lei da Biossegurança –, acabou por incorporar expressamente o *princípio da precaução* ao sistema jurídico pátrio:

> [...] Art. 1º. Esta Lei estabelece normas de segurança e mecanismos de fiscalização sobre a construção, o cultivo, a produção, a manipulação, o transporte, a transferência, a importação, a exportação, o armazenamento, a pesquisa, a comercialização, o consumo, a liberação no meio ambiente e o descarte de organismos geneticamente modificados – OGM e seus derivados, tendo como diretrizes o estímulo ao avanço científico na área de biossegurança e biotecnologia, a proteção à vida e à saúde humana, animal e vegetal, e a observância do princípio da precaução para a proteção do meio ambiente. [...].

Nota-se claramente que a *precaução* se alinha com a ideia de mobilização contra os riscos, o que, por seu turno, se coaduna perfeitamente com a pretensão de garantir a saúde e a segurança do trabalhador em vista dos efeitos das nanotecnologias. Numa perspectiva específica relativa às nanotecnologias, da mesma forma, resta plenamente aceitável a aplicação do *princípio da precaução*, até mesmo porque, no item 2.3 anteriormente apresentado, restou consolidada a premissa de que o meio ambiente de trabalho está inserido no sistema de proteção geral constitucional do meio ambiente. Ou seja, assim como é do cidadão em geral, é do cidadão trabalhador o direito ao meio ambiente de trabalho saudável e equilibrado. Wilson Engelmann e Raquel Hohendorff, sobre esse caráter fundamental, assinalam:

> No caso das nanotecnologias, a incerteza que existe não pode ser motivo de exclusão da responsabilidade do empregador, mas sim, deve ser ensejadora da aplicação da responsabilidade objetiva. Ainda, o princípio da precaução e da proteção precisam ser utilizados, ou seja, caso sigam

---

de material genético; III – definir, em todas as unidades da Federação, espaços territoriais e seus componentes a serem especialmente protegidos, sendo a alteração e a supressão permitidas somente através de lei, vedada qualquer utilização que comprometa a integridade dos atributos que justifiquem sua proteção; IV – exigir, na forma da lei, para instalação de obra ou atividade potencialmente causadora de significativa degradação do meio ambiente, estudo prévio de impacto ambiental, a que se dará publicidade; V – controlar a produção, a comercialização e o emprego de técnicas, métodos e substâncias que comportem risco para a vida, a qualidade de vida e o meio ambiente; VI – promover a educação ambiental em todos os níveis de ensino e a conscientização pública para a preservação do meio ambiente; VII – proteger a fauna e a flora, vedadas, na forma da lei, as práticas que coloquem em risco sua função ecológica, provoquem a extinção de espécies ou submetam os animais a crueldade. § 2º Aquele que explorar recursos minerais fica obrigado a recuperar o meio ambiente degradado, de acordo com solução técnica exigida pelo órgão público competente, na forma da lei. § 3º As condutas e atividades consideradas lesivas ao meio ambiente sujeitarão os infratores, pessoas físicas ou jurídicas, a sanções penais e administrativas, independentemente da obrigação de reparar os danos causados. § 4º A Floresta Amazônica brasileira, a Mata Atlântica, a Serra do Mar, o Pantanal Mato-Grossense e a Zona Costeira são patrimônio nacional, e sua utilização far-se-á, na forma da lei, dentro de condições que assegurem a preservação do meio ambiente, inclusive quanto ao uso dos recursos naturais. § 5º São indisponíveis as terras devolutas ou arrecadadas pelos Estados, por ações discriminatórias, necessárias à proteção dos ecossistemas naturais. § 6º As usinas que operem com reator nuclear deverão ter sua localização definida em lei federal, sem o que não poderão ser instaladas". BRASIL. Constituição (1988). *Constituição da República Federativa do Brasil de 1988*. Disponível em: <http://www.planalto.gov.br/ccivil_03/constituicao/constitui%C3%A7ao.htm>. Acesso em: 16 abr. 2015.

[430] WEYERMÜLLER, op. cit., p. 149-150.

sendo usadas as novas tecnologias, deve-se proteger o trabalhador, da melhor forma possível, garantindo-lhe um adequado ambiente de trabalho, direito considerado fundamental.[431]

Por essa razão, dispensam-se maiores comentários acerca desse caráter constitucional fundamental do meio ambiente de trabalho. Trata-se de premissa incontroversa.

A questão mais palpitante se refere à aplicação do *princípio da precaução* no Direito do Trabalho, em especial, no tocante à proteção da saúde e da segurança do trabalhador inserido no contexto nanotecnológico. No item anterior a este, a presente pesquisa demonstrou que o sistema protetivo normativo que vigente está no ordenamento jurídico pátrio acerca do meio ambiente de trabalho resta vinculado à ideia e mentalidade de *prevenção*. Isto, por si só, representaria uma barreira dificultosa para a aplicação do *princípio da precaução*, mas conforme declinado também no item anterior, inclusive, pela adoção de um exemplo em que fora projetada a utilização de pintura de placas por jateamento, conclui-se que a *prevenção* não seria suficiente para garantir a efetiva preservação da integridade física dos trabalhadores, quando expostos a *riscos desconhecidos e futuros*, o que em muito define as nanotecnologias. Deste modo, para efeitos de aplicação do *princípio da precaução* em matéria de meio ambiente de trabalho e de saúde e segurança do trabalhador em contato *com as* ou *exposto às* nanotecnologias, é possível identificar a *precaução construída* e a *precaução especificamente positivada*.

Por *precaução construída*, entende-se aquela que é aplicada ao Direito (Ambiental) do Trabalho a partir da *construção de um raciocínio interpretativo lógico* o qual se declina: a) o artigo 7º, inciso XXII, da Carta Federal de 1988, fixa como direito fundamental social dos trabalhadores a "redução dos riscos inerentes ao trabalho"; b) o *caput* do artigo 225 da Constituição Federal de 1988, prevê o direito do cidadão ao meio ambiente ecologicamente equilibrado, o que, por óbvio, inclui o ambiente laboral; c) o mesmo artigo constitucional 225, no seu § 1º, inciso V, impõe, ainda que implicitamente, a obrigação da adoção da *precaução* como medida protetiva ao meu ambiente; d) ao se interpretar a relação de emprego, no caso concreto, mormente a questão atinente à saúde e segurança do trabalhador, a partir da utilização do *círculo hermenêutico*, o ser humano trabalhador deve ser destinatário das garantias inerentes à *precaução*, posto que quaisquer tarefas interpretativas não podem não coexistir com a dignidade humana e com a necessidade de valorização social do trabalho; e) *logo*, o *princípio da precaução* deve receber a atribuição de sentido (protetivo) no âmbito do *círculo hermenêutico* ao *fato laboral nanotecnológico*.[432]

---

[431] ENGELMANN, Wilson; HOHENDORFF, Raquel Von. Nanotecnologias, meio ambiente do trabalho e responsabilidade civil do empregador: buscando subsídios para a construção da primazia do valor social do trabalho na era nanotech. In: ENCONTRO NACIONAL CONPEDI/UNINOVE, 22. São Paulo, 2014. p. 279-306. Disponível em: <http://www.publicadireito.com.br/artigos/?cod=cd7214aaa777172b>. Acesso em 16 abr. 2015. p. 302.

[432] Sobre este item, importante transcrever: "Art. 7º. São direitos dos trabalhadores urbanos e rurais, além de outros que visem à melhoria de sua condição social: [...] XXII – redução dos riscos inerentes ao trabalho, por meio de normas de saúde, higiene e segurança; [...]". "Art. 225. Todos têm direito ao meio ambiente ecologicamente equilibrado, bem de uso comum do povo e essencial à sadia qualidade de vida, impondo-se ao Poder

Admitindo-se assim, a tese da *precaução construída*, necessário o regresso ao exemplo citado no item 3.2. Retorna-se à suposição de que uma empresa brasileira produza determinado produto, cujo processo de pintura decorre de jateamento de placas de poliestireno com emissão de fumaça e vapores que contêm nanopartículas. Pelo raciocínio defendido da *precaução construída*, incumbe ao empregador a adoção de todas as medidas que possam ser eficazes contra aquilo que não se sabe ou que não se sabe que possa vir a ocorrer. Nesse caso, basta que o empregador tenha a consciência de que os riscos existem para que se busque, numa tarefa de se antecipar a tudo que o imaginário do perigo pode alcançar (sobre isso, posteriormente se abordará com mais profundidade, quando da exposição quanto ao "diálogo de fontes" do Direito e acerca das propostas possíveis de respostas às novas demandas nanotecnológicas).

A despeito, de outra parte, da aplicação do *princípio da precaução* a partir da tese da *precaução construída*, aproveita-se, agora, da ingenuidade ou não do legislador celetista para se fixar também a tese de *precaução especificamente positivada*.

Como já afirmado e reafirmado, no Direito do Trabalho, aquilo que se tem de positivado acerca da saúde e da segurança do trabalhador não só possui uma mentalidade preventiva, como também preconiza expressamente, em vários momentos, a pretensão de *prevenção* contra os riscos laborais que possam dar origem a acidentes de trabalho ou a doenças ocupacionais. Essa postura normativa é identificada e sentida com clareza, principalmente na Consolidação das Leis do Trabalho e nas Normas Regulamentadoras da Portaria 3.214/78 do Ministério do Trabalho e Emprego (tais exemplos já foram citados e trabalhados nos itens 1.1 e 2.2 da pesquisa ora delineada).

Além disso, uma simples pesquisa jurisprudencial dá conta de que a postura de *precaução* ou de aplicação do *princípio da precaução* é utilizada timidamente (ou quase não utilizada) pelo Judiciário Trabalhista brasileiro para servir de fundamentação de decisões acerca de questões ligadas à saúde e à segurança do trabalhador.[433]

Público e à coletividade o dever de defendê-lo e preservá-lo para as presentes e futuras gerações. § 1º – Para assegurar a efetividade desse direito, incumbe ao Poder Público: [...] V – controlar a produção, a comercialização e o emprego de técnicas, métodos e substâncias que comportem risco para a vida, a qualidade de vida e o meio ambiente; [...]". BRASIL. Constituição (1988). *Constituição da República Federativa do Brasil de 1988*. Disponível em: <http://www.planalto.gov.br/ccivil_03/constituicao/constitui%C3%A7ao.htm>. Acesso em: 16 abr. 2015. No que pertine ao *círculo hermenêutico*, essa proposta oriunda de uma filosofia hermenêutica e de uma hermenêutica filosófica já fora trabalhada quando da exposição do item 2.2.2.

[433] O resultado de uma pesquisa nas 24 (vinte e quatro) regiões em se situam todos os Tribunais Regionais do Trabalho do país e no Tribunal Superior do Trabalho revela pouca utilização do *princípio da precaução* como fundamento para as decisões. Por essa razão, a pesquisa ateve-se a duas decisões do Tribunal Regional da 4ª Região/RS, sendo que uma delas cita entendimento do TST acerca da matéria em comento. No primeiro acórdão analisado, a *precaução* serviu para a interpretação da responsabilidade ou não de empregador pelo acidente ocorrido com o empregado: "[...] Tratando-se de responsabilidade civil em acidente do trabalho, há presunção de culpa da empregadora quanto à segurança do trabalhador, sendo da mesma o ônus de provar que agiu com a diligência e *precaução* necessárias a diminuir os riscos de lesões. Isso porque, a empregadora tem obrigação de promover a redução dos riscos no ambiente de trabalho, pois de acordo com o inc. XXII do artigo 7º da Constituição Federal são direitos dos trabalhadores a redução

Contudo, ainda que se possa presumir que é grande a possibilidade de "pecadilho terminológico" praticado pela Consolidação das Leis do Trabalho, sobretudo pela sua idade legislativa (pecadilhos estes que se verificam em relação a várias expressões, como "demissão", "rescisão", "chamada à autoria", em que, em determinados momentos são empregados de forma equivocada pela CLT do ponto de vista teórico), chama-se a atenção para o fato de que o

---

dos riscos inerentes ao trabalho, por meio de normas de saúde e higiene e segurança. Portanto, a empregadora deve cumprir as prescrições das normas regulamentadoras de medicina e segurança do trabalho, bem como fiscalizar e implementar as medidas para neutralizar os agentes nocivos e perigosos, sob pena de caracterizar culpa *in vigilando*. A prova do cumprimento de tais obrigações é, sem dúvida, do empregador, que tem maior disponibilidade de meios de prova e está mais apto para demonstrar em juízo as providências em matéria de segurança do trabalho que toma. A reclamada, entretanto, não provou ter propiciado um ambiente seguro para a atividade realizada pelo reclamante. [...]". BRASIL. Tribunal Regional do Trabalho (4. Região). Vara do Trabalho de São Borja. 11. Turma. *Acórdão n° 0000178-02.2012.5.04.0871 (RO)*. Participam: Ricardo Hofmeister de Almeida Martins Costa e Herbert Paulo Beck. Redatora: Flávia Lorena Pacheco. Porto Alegre, 20 fev. 2014. Disponível em: <http://gsa3.trt4.jus.br/search?q=cache:XaRhX2iX jP0J:iframe.trt4.jus.br/gsa/gsa.jurisp_sdcpssp.baixar%3Fc%3D48500909+0000178-02.2012.5.04.0871+inmeta: DATA_DOCUMENTO:2013-06-28..2014-06-28++&client=jurisp&site=jurisp_sp&output=x>. Acesso em: 16 abr. 2015. No segundo acórdão, chama a atenção que o se aplica a ideia de *precaução*, mas sem utilizar o *princípio da precaução* de forma expressa. Além disso, o entendimento do TST citado no acórdão Regional afirma uma premissa de que a *prevenção* é a forma de efetivar medidas de *precaução* (o que não parece ser mais o adequado, mas, o que importa é que se alerte para a figura da *precaução*). Citam-se os trechos de destaque: "[...] Ressalte-se que, no caso em análise, considerando a frequência com que ocorrem os assaltos aos coletivos da reclamada, conclui-se que resta também caracterizada a culpa da recorrente, que não comprova que tenha tomado qualquer atitude para minimizar os riscos aos quais se expõem seus trabalhadores. Como referido na decisão acima transcrita, as empresas de ônibus, cientes que sua atividade econômica causa riscos aos seus empregados, estão obrigadas a tomar medidas que contenham, ou no mínimo inibam, tais assaltos. É o mesmo entendimento esposado pelo TST: RECURSO DE REVISTA. INDENIZAÇÃO POR DANOS MORAIS. ASSALTO A ÔNIBUS. RESPONSABILIDADE DA EMPRESA. *Todas as atividades desenvolvidas pelo empregador que tragam riscos físicos ou psicológicos aos seus empregados, ainda que potenciais, impõem-lhe o dever de preveni-los. A abstenção ou omissão do empregador implica sua responsabilidade objetiva pelos eventos danosos. In casu, a reclamada atua no ramo de transporte coletivo. O reclamante, motorista do ônibus, foi vítima de assaltos que lhe geraram prejuízo moral em razão das situações aflitivas vivenciadas. Configura-se, pois, a responsabilidade civil do empregador, que é objetiva*, em face da configuração do dano apresentado. Recurso de revista conhecido e desprovido. [...] Entende esse relator que todas as atividades desenvolvidas pelo empregador que tragam riscos físicos ou psicológicos aos seus empregados, ainda que potenciais, impõem-lhe o dever de preveni-los. A abstenção ou omissão do empregador implica sua responsabilidade objetiva pelos eventos danosos. [...] Dentro deste contexto, exige-se do empregador a observância do princípio da precaução, o qual informa que quando houver ameaça de danos sérios ao meio ambiente seguro e sadio do trabalho, a ausência da absoluta certeza não deve ser utilizada como razão para postergar medidas eficazes e economicamente viáveis para prevenir o dano. Mister, portanto, a efetiva adoção de critérios de prudência e vigilância a fim de evitar o dano, ainda que potencial. Trata-se de uma obrigação de resultado: *a prevenção em matéria de saúde e segurança no trabalho exige do empregador o dever de antecipar e avaliar os riscos de sua atividade empresarial e efetivação das medidas de precaução necessárias*. [...] (RR – 433600-73.2009.5.09.0965, Relator Ministro: Aloysio Corrêa da Veiga, Data de Julgamento: 19/09/2012, 6ª Turma, Data de Publicação: 21/09/2012) – grifa-se. Dessa forma, está suficientemente comprovada a existência de eventos danosos capazes de ensejar a condenação da reclamada ao pagamento de indenização por dano moral, tendo em vista a ocorrência dos assaltos acima mencionados. [...]". (todos os grifos estão no original do acórdão). BRASIL. Tribunal Regional do Trabalho (4. Região). 4ª Vara do Trabalho de Passo Fundo. 5. Turma. *Acórdão n. 0000930-13.2012.5.04.0664 (RO)*. Participam: Clóvis Fernando Schuch Santos e Brígida Joaquina Charão Barcelos Toschi. Redator: André Reverbel Fernandes. Porto Alegre, 03 abr. 2014. Disponível em: <http://gsa3.trt4.jus.br/search?q=cache:6y6wJKvm 3zYJ:iframe.trt4.jus.br/gsa/gsa.jurisp_sdcpssp.baixar%3Fc%3D49335073+0000930-13.2012.5.04.0664+inmeta:DATA_DOCUMENTO:2013-06-28..2014-06-28++&client=jurisp&site=jurisp_sp&output=xml_no_dtd& proxystylesheet=jurisp&ie=UTF-8&lr=lang_pt&proxyreload=1&access=p&oe=UTF-8>. Acesso em: 16 abr. 2015.

artigo 157 da referida norma preceitua expressamente a obrigação dos empregadores a promoverem a *precaução*. Dispõe o artigo 157:

> Art. 157. Cabe às empresas: I – cumprir e fazer cumprir as normas de segurança e medicina do trabalho; II – instruir os empregados, através de ordens de serviço, quanto às *precauções* a tomar no sentido de evitar acidentes do trabalho ou doenças ocupacionais; III – adotar as medidas que lhes sejam determinadas pelo órgão regional competente; IV – facilitar o exercício da fiscalização pela autoridade competente. [Grifo nosso].

Ora, independentemente da dúvida que se possa suscitar – "será que era isso que realmente a CLT pretendia dizer?" –, a verdade é que a própria Consolidação das Leis do Trabalho abre portas para que se aplique o *princípio da precaução*. Isto seria, então, a *precaução especificamente positivada*.

É muito razoável entender que, mesmo que a Consolidação patrocine a política de *prevenção* em vários momentos normativos, tenha sido cogitada pela mesma Norma a ideia de *precaução*, pelo fato de que a atuação do empregador deve sempre buscar *antecipar riscos que sejam propícios à ocorrência de acidentes de trabalho ou doenças laborais*. Segundo Silvana Mandalozzo, Adriana Campagnoli e Elisabeth Neiverth, "O ideal seria a existência de um ambiente do trabalho com boas condições, que não causasse nenhum risco ao trabalhador".[434]

Portanto, seja pelo ângulo de aplicação da *precaução construída*, seja da *precaução especificamente positivada*, torna-se incontroversa a premissa de que o *princípio da precaução* tem aplicação direta no Direito do Trabalho, sobretudo em todas as questões afeitas ao meio ambiente de trabalho, e, ainda, quando mais, os fatos envolverem o trabalho nanotecnológico. Resta consolidado, também, que o *princípio da precaução* participará ativamente como "interlocutor" do "diálogo entre fontes" a seguir proposto, "diálogo" este que se desenvolverá no *plano de produção de proposições de respostas* que o Direito pode (deve) prestar diante dos *riscos desconhecidos e futuros* e da possibilidade da ocorrência de *efeitos nocivos* à saúde do trabalhador, tudo em decorrência do *fato laboral nanotecnológico*.

3.4. O *fato (jurídico) laboral nanotecnológico* e a adoção do "diálogo entre fontes" de Direito do Trabalho como forma de possibilitar a *produção de proposições de respostas* para preservar a dignidade do trabalhador

Até este momento do estudo, têm-se latentes algumas premissas que já podem induzir conclusões parciais muito relevantes para o contexto e para o prosseguimento da presente argumentação: 1) constitui-se uma realidade que o fato *trabalho com as* e *trabalho em exposição às* nanotecnologias dão origem a

---

[434] MANDALOZZO, Silvana Souza Neto; CAMPAGNOLI, Adriana de Fátima Pilatti Ferreira; NIEVERTH, Elisabeth Mônica Hasse Becker. Meio ambiente do trabalho na relação de emprego: perspectivas para a sustentabilidade. In: Direitos Fundamentais e Justiça. *Revista do Programa de Pós-Graduação*: mestrado e doutorado em Direito da PUCRS, Porto Alegre, ano 7, n. 25, p. 132-150, out./dez. 2013. p. 135.

um novo *fato jurídico* – o *fato laboral nanotecnológico* –, o que causa uma revisão da *Teoria* tradicional do *Fato Jurídico* de Pontes de Miranda, 2) essa revisão e a incontroversa existência do *fato laboral nanotecnológico* enseja uma crítica no movimento de *regulação tradicional ou legal* e se aproxima da ideia de *regulação não tradicional*; 3) por ser um fato laboral, o trabalho decorrente das nanotecnologias provoca a atuação (prestação de respostas) do Direito do Trabalho; 4) antes de uma *atuação específica* do Direito do Trabalho em relação ao *fato laboral nanotecnológico*, tem-se como certa sua *atuação geral* calcada no Princípio da Proteção; 5) a valorização do ser humano trabalhador faz com que, além do Princípio da Proteção, haja a incidência dos princípios e direitos fundamentais, mormente da dignidade da pessoa humana e do valor social do trabalho, mas a partir da dinâmica do *círculo hermenêutico*; 6) o *fato laboral nanotecnológico* está diretamente relacionado com o direito fundamental do trabalhador de ter os riscos ambientais ocupacionais eliminados ou reduzidos pelo empregador; 7) a atual proteção jurídica *preventiva* do meio ambiente de trabalho não consegue evitar o preocupante e alarmante número das ocorrências de acidentes de trabalho e doenças ocupacionais, motivo pelo qual fora proposto um novo interpretar e pensar destas normas de proteção a partir do conjunto *círculo hermenêutico=princípio de solidariedade=consciência coletiva*; 8) a problemática da dificuldade do "acontecer" concreto das normas de proteção à saúde e à segurança do trabalhador se potencializa quando a questão se relaciona com as nanotecnologias, vez que estas se desenvolvem num cenário de incerteza, caracterizado por *riscos desconhecidos e futuros*; 9) frente ao cenário nanotecnológico de *riscos desconhecidos e futuros*, o sistema vigente de *prevenção* das normas de saúde e segurança do trabalho não são suficientes para garantir a preservação da dignidade do trabalhador em razão do *fato laboral nanotecnológico*; 10) o panorama de incerteza dos *riscos desconhecidos e futuros* inerentes ao *fato laboral nanotecnológico* abre espaço para a utilização do *princípio da precaução*.

Este conjunto de 10 (dez) premissas do que, em síntese, fora declinado no presente trabalho até então, representa um raciocínio necessário para a continuidade da sua linha argumentativa. Isto porque a combinação dos elementos ora definidos acaba por alicerçar o *plano de produção de proposições de respostas* para atender as decorrências do *fato laboral nanotecnológico*. É neste *plano de produção de respostas* que se desenvolverá a proposta hermenêutica que se entende mais adequada e capaz de atender os anseios das demandas nanotecnológicas: o "diálogo ente fontes" do Direito do Trabalho.

Com efeito, a discussão que agora se trava a partir do *"diálogo entre fontes"* se desenvolverá em *três momentos distintos*, mas intimamente ligados: *num primeiro momento* serão delineados os aspectos que envolvem e definem esse "diálogo"; depois, *num segundo momento*, serão apresentados "esboços de diálogo" que já existem e que podem ser extraídos do Direito do Trabalho vigente, sobretudo das construções jurisprudenciais; *num terceiro* e último *momento*, serão definidas as possibilidades de "operacionalização do diálogo entre fontes" com vistas a, posteriormente, germinar a *produção de proposições de respostas* que o Direito do Trabalho pode alcançar a tudo que envolve o panorama do *fato laboral nanotecnológico*.

Antes, porém, de se incursionar na tese de "diálogo entre fontes" do Direito do Trabalho, resta inevitável promover a releitura do conceito tradicional de fontes do Direito do Trabalho, a partir do modelo de *regulação não tradicional* abordado no item 3.1.1.

Do ponto de vista da conceituação tradicional, o Direito, como gênero, segue a ideia legalista e pré-determinada de fontes, como se depreende do artigo 59 da Constituição Federal.[435] No Direito do Trabalho não é diferente, sendo que, tradicionalmente (tanto pela doutrina como pela jurisprudência), as fontes se classificam como *formais* ou *materiais*. As fontes *formais* estão relacionadas às suas formas de exteriorização, como leis e costumes. Por sua vez, as fontes *materiais* constituem-se de valores e fatos, tais como fatos sociais, psicológicos, históricos e econômicos, os quais dão origem ao surgimento de normas. Também é cabível a classificação das normas como sendo *autônomas* ou *heterônomas*. Fontes *autônomas* são aquelas criadas pelos próprios sujeitos categoricamente interessados, como ocorre no caso do acordo coletivo, da convenção coletiva e do próprio contrato de emprego; *heterônomas* são quando criadas e impostas por um agente externo, tendo, como exemplo, a Constituição, leis esparsas, medidas provisórias, sentença normativa e tratados e convenções internacionais.[436] Em se tratando especificamente de meio ambiente de trabalho, mais precisamente de saúde e segurança do trabalho – o que guarda mais interesse com o objeto central do trabalho – prevalecem as *fontes formais heterônomas*, como já demonstrado nos itens 1.3.1 e 2.2, sendo que as fontes destacadamente utilizadas e já abordadas neste trabalho são a Constituição Federal, nos seus artigos 225 e 7º, inciso XXII; a Consolidação das Leis dos Trabalho, em vários artigos, sobretudo nos artigos 157, 158, 166, 168, 189 e 193; a Convenção 155 da Organização Internacional do Trabalho, admitida como fonte formal brasileira pelo Decreto 1.254/94, e as 36 (trinta e seis) Normas Regulamentadoras da Portaria 3.214/78 do Ministério do Trabalho e Emprego (empregam-se, aqui, os verbos *prevalecer* e *utilizar*, no sentido meramente dogmático, não no sentido filosófico e no modelo hermenêutico que se defende ao longo da pesquisa)

Entretanto, conforme já sedimentado, a ideia de aproximar o tema *nanotecnologias* da *regulação não tradicional* nasce da insuficiência que a matéria relativa ao *fato laboral nanotecnológico* enfrenta perante o sistema normativo vigente, sobretudo a respeito da proteção específica à saúde e à segurança do trabalhador. Repisa-se que a (*tradicional*) *regulação* não combina em proporções exatas e satisfatórias com o contexto de incerteza e de riscos ofertados pelas novas tecnologias ascendentes, dentre elas, as nanotecnologias.

Conforme já assinalado, para Supiot, atualmente, o modelo de "regulamentação rígida" deve dar lugar ao modelo de "regulação adequada", pois

---

[435] Art. 59. O processo legislativo compreende a elaboração de: I – emendas à Constituição; II – leis complementares; III – leis ordinárias; IV – leis delegadas; V – medidas provisórias; VI – decretos legislativos; VII – resoluções. Parágrafo único. Lei complementar disporá sobre a elaboração, redação, alteração e consolidação das leis. BRASIL. Constituição (1988). *Constituição da República Federativa do Brasil de 1988*. Disponível em: <http://www.planalto.gov.br/ccivil_03/constituicao/constitui%C3%A7ao.htm>. Acesso em: 16 abr. 2015.
[436] MARTINS, Sérgio Pinto. *Direito do Trabalho*. 22. ed. atual. São Paulo: Atlas, 2006. p. 39-40.

esse movimento é que pode salvar a sociedade da "desordem entrópica".[437] Mormente quanto às nanotecnologias, Engelmann ressalta a importância deste cenário de se buscar respostas a partir de uma *regulação não tradicional*:

> [...] as respostas para as novidades e os desafios trazidos pelas nanotecnologias deverão ser buscados. [...] Os grandes objetivos da produção normativa neste cenário das nanotecnologias fica circunscrito aos riscos e à saúde e segurança do ser humano e à preservação ambiental.[438]

Com efeito, diante deste novo cenário, surge um desafio ao intérprete: encontrar e utilizar instrumentos que proporcionem um "acontecer" do Direito, não bastando identificar a existência da problemática, *Nanotecnologias x Direito*, sem que seja oferecida uma proposta hermenêutica para estabelecer a ligação entre *nanotecnologias, regulação não tradicional* e *proposições para um acontecer concreto da proteção jurídica* (a ideia de oposição da expressão aposta seria apenas para exprimir a *desregulamentação* quanto à matéria e a necessidade de respostas, independentemente de uma *regulação tradicional ou legal*). É neste momento que incide o *"diálogo entre fontes"*. Este *"diálogo"* representa a proposta mais adequada para se construir o *plano de produção de proposições de respostas* que as nanotecnologias exigem *do* e *no* Direito.[439]

Todavia, não obstante o fato de que o presente estudo, desde o capítulo 2, tenha declinado o "novo" no *mundo dos fatos* e o "novo" *no mundo do Direito*, sobretudo quanto a novos modelos hermenêuticos que ensejem a verdadeira realização do Direito, prescinde, mais uma vez, proclamar a ideia de rompimento com os modelos tradicionais de hermenêutica. Por isto, promove-se, agora, este rompimento a partir de dois *cortes metodológicos* com os modelos tradicionais, com vistas a propiciar o desenvolvimento do "diálogo entre fontes" (metodológicos, no que diz respeito ao presente método de argumentação para fins do "diálogo" proposto).

Primeiro corte: O modelo de "diálogo das fontes" resta divorciado das chamadas "técnicas interpretativas" propostas por Maria Helena Diniz e mencionadas por Lenio Streck, quando do seu exame crítico das técnicas de interpretação. As técnicas de interpretação gramatical ou literal, lógica, sistemática, histórica, sociológica e teleológica representariam modelos para se buscar o sentido da lei.[440] É certo, no entanto, que essas técnicas são incompatíveis com o modelo de "diálogo" que aqui que se propõe.

---

[437] SUPIOT, Alain. *Homo juridicus*: ensaio sobre a função antropológica do Direito. Tradução de Maria Ermantina de Almeida Prado Galvão. São Paulo: Martins Fontes, 2007. p. 159-160.

[438] ENGELMANN, Wilson. O Direito frente aos desafios trazidos pelas nanotecnologias. In: *Constituição, Sistemas Sociais e Hermenêutica*. Anuário do Programa de Pós-Graduação em Direito da Unisinos: mestrado e doutorado, Porto Alegre: Livraria do Advogado, n. 10, p. 301-311, 2013. p. 309.

[439] Ao se usar *"no* Direito", buscam-se respostas num ciclo de movimentos de renovação no interior do jurídico, especialmente sob o impulso do diálogo entre as fontes do Direito; já ao se mencionar *"do* Direito", pensa-se na construção hermenêutica de respostas num conjunto de circulações de abertura do Direito para interfaces com outras áreas do conhecimento, notadamente a partir das possibilidades trazidas pela transdisciplinaridade.

[440] STRECK, Lenio Luiz. *Hermenêutica jurídica e(m) crise*: uma exploração hermenêutica da construção do Direito. 10. ed. Porto Alegre: Livraria do Advogado, 2011. p. 136.

Da mesma forma, não se pode, neste ponto, vincular-se a proposta de "dialogar entre fontes" com as ideias de *voluntas legis* e *voluntas legislatoris*. A proposta de divórcio com essas premissas vai ao encontro da crítica de Lenio Streck:

> Muito se tem discutido acerca das teses da *voluntas legis versus voluntas legislatoris*. Têm-se perguntado os juristas de todos os escalões: afinal, o que vale mais: a vontade da lei ou a vontade do legislador? Tem importância saber/descobrir o que é que o "legislador" quis dizer ao elaborar o texto normativo? Qual era a sua intenção? É possível descobrir a "vontade da lei"? Pode uma norma querer alguma coisa? É possível descobrir o "espírito" de uma lei? [...].[441]

Na mesma linha, Antônio Maria Iserhrad defende que:

> Para a aplicação do direito já não são suficientes os parâmetros interpretativos antropomórfico da vontade do legislador ou animista da vontade da lei, mas impõem-se uma nova visão sistemática do direito.[442]

Convém, ainda, acrescer que a temática das nanotecnologias, tanto antes de ser inserida no "diálogo entre fontes", como depois de ser submetida a este "diálogo", está imbricada à utilização do *círculo hermenêutico*. A hermenêutica em círculo já fora abordada e, em seguida, novamente será enfatizada, tendo em vista que este *círculo hermenêutico* figurará junto aos pilares de sustentação do *plano de produção de proposições de respostas* em que o "diálogo entre fontes" se desenvolverá.

Mas não é demais ressaltar que a "viragem hermenêutico-ontológica" oriunda das filosofias heideggeriana e gadameriana combina com o modelo de *diálogo entre fontes*, pois esta última se servirá da aludida "viragem", tendo em vista a necessidade / obrigatoriedade de se superar os "paradigmas metafísico objetivista aristotélico-tomista", e "subjetivista" que é a "filosofia da consciência".[443] Por outro lado, a proposta de um "diálogo entre fontes" também está associada ao *círculo hermenêutico* por força da *linguagem*, em virtude de que a *linguagem* surge como condição de possibilidade para a experiência hermenêutica, seguindo o raciocínio ilustrado por Engelman:

> O processamento do círculo hermenêutico – onde a compreensão vem antecedida pela pré-compreensão, enlaçando-se na interpretação e na aplicação – é permeado e possibilitado pela linguagem. Onde fica claro que somente poderemos conceber o ser do ente homem a partir das possibilidades projetadas pela linguagem. A linguagem aponta para a totalidade do mundo onde ocorre a experiência da tradição.[444]

Segundo corte: Para a incorporação da mentalidade e da própria ideia de adoção do "diálogo entre fontes", faz-se necessário transcender o conceito tradicional de intérprete. Para muitos, o intérprete da norma incumbido da tarefa hermenêutica é apenas o juiz. A própria gênese do "diálogo entre fontes"

---

[441] STRECK, op. cit., p. 125.
[442] ISERHARD, Antônio Maria. A idéia de sistema jurídico e o novo código civil: uma contribuição ao desafio hermenêutico da aplicação do Direito. *Anuário do Programa de Pós-Graduação em Direito da Unisinos*: mestrado e doutorado, São Leopoldo, p. 281-294, 2001. p. 289.
[443] STRECK, Op. cit., p. 233.
[444] ENGELMANN, Wilson. *Direito natural, ética e hermenêutica*. Porto Alegre: Livraria do Advogado, 2007. p. 240.

encontra-se numa teoria em que considera o juiz como o "coordenador" deste diálogo, conforme será visto em seguida. A doutrina recorrente sempre pontua exemplos ou ilações considerando apenas o juiz como o intérprete, impingindo-lhe, assim, um conceito *fechado*. No entanto, neste aspecto, adota-se um conceito *aberto* de intérprete, pois a linha de entendimento a que se filia a presente pesquisa é a no sentido de que a hermenêutica não se constitui numa atribuição privativa do juiz, mas, também, de todo aquele envolvido com o Direito e que tem a oportunidade (e, com isso, o dever) de contribuir para que o Direito preste respostas às demandas que necessitam de uma manifestação protetiva. No caso do Direito do Trabalho e, em específico, do trabalho nanotecnológico, propõe-se que não só o Juiz do Trabalho seja o intérprete que, frente ao *fato laboral nanotecnológico*, promoverá o "diálogo entre as fontes".

Na verdade e pensando num "acontecer" concreto do Direito a partir do "diálogo entre fontes", o certo é não admitir que apenas o juiz seja o intérprete, pois, se assim fosse, estar-se-ia retornando a um "contentamento contraditório", expressão que demonstra a ideia ventilada no item 2.3.2 e que consiste no raciocínio *"como não foi efetiva a prevenção como forma de preservação da dignidade do trabalhador e acabou por ocorrer um acidente de trabalho ou uma doença ocupacional, busca-se do Judiciário uma compensação financeira"*. Isto bastaria para se contentar: embora se defenda a *prevenção*, não precisa muito esforço prévio para se evitar os riscos existentes e seus possíveis infortúnios, vez que se pode remediar mediante o ajuizamento de uma ação judicial perante a Justiça do Trabalho (*vide* nota 268).

Reforça-se, entretanto, a premissa de que, em se tratando de saúde e de segurança do trabalhador, mormente, no *fato laboral nanotecnológico*, o objetivo da ordem jurídica é preservar a dignidade do trabalhador diante dos riscos de ocorrência de acidente de trabalho e de doença ocupacional. A ideia de preservar, por sua vez, passa pela ideia de que não ocorram estas consequências geradas pelos riscos laborais, motivo pelo qual, constitui-se como direito fundamental do trabalhador a obrigação do empregador de eliminá-los e reduzi-los. Tanto é que, no item 2.3.2 do estudo, fora proposta uma *nova hermenêutica de prevenção* das normas já existentes com esse propósito, baseada numa "mentalidade" do conjunto *círculo hermenêutico=princípio de solidariedade= consciência coletiva*.

Neste sentido, significa dizer que o "acontecer" da preservação da saúde e da segurança do trabalhador representa um "acontecer" anterior à *judicialização* do *fato laboral nanotecnológico*. O "acontecer" significa evitar os riscos e sua concretização. No momento em que o trabalhador necessita buscar a tutela jurisdicional para ver cumpridos os seus direitos, inclusive fundamentais, em relação ao meio ambiente laboral, sobretudo, postulando pagamento de indenização ressarcitória ou compensatória, de qualquer natureza, pela não efetivação de um comportamento do empregador de omissão de preservação ou de ação contrária à preservação da sua integridade física, não se está mais diante do "acontecer" da salvaguarda da dignidade do trabalhador. Ocorridas as consequências oriundas dos riscos – acidente e doença laborais – resta frustrado o objetivo de proteção a partir de uma preservação da dignidade do trabalhador vinculada a sua saúde e a sua segurança.

Por isso, o "diálogo entre fontes" deve ocorrer, primordialmente, na esfera do contrato de emprego, e não na esfera judicial. Defende-se que, neste contexto, empregados, empregadores, sindicatos, professores e acadêmicos do Direito, juristas, doutrinadores, Procuradores do Ministério do Público do Trabalho, Auditores Fiscais do Ministério do Trabalho e Emprego e outros operadores do Direito do Trabalho fazem parte da cena interpretativa e podem atuar (devem atuar) como atores na tarefa interpretativa e, também, na tarefa de contribuir para um "diálogo entre fontes", de modo a propiciar uma efetiva preservação da dignidade do trabalhador, em se tratando de sua saúde e sua segurança, em especial, quando o *fato laboral nanotecnológico* pedir passagem no *plano de produção de respostas*, conforme será abordado em linhas ulteriores. A observação crítica de Lenio Streck se encaixa com este argumento:

> À evidência, o Judiciário e as demais instâncias de administração da justiça são atingidos diretamente por essa crise. Com efeito, o sistema de administração da justiça (Magistratura, Ministério Público, Advocacia de Estado, Defensoria Pública e Polícia) consegue enfrentar, de forma mais ou menos eficiente, os problemas que se apresentam rotinizados, sob a forma de problemas estandardizados. Quando, porém, surgem questões macrossociais, transindividuais, e que envolvem, por exemplo, a interpretação das ditas "normas programáticas" constitucionais, tais instâncias, mormente o Judiciário, procuram, nas brumas do sentido comum teórico dos juristas, *interpretações despistadoras*, tornando inócuo/ineficaz o texto constitucional.[445]

Deste modo, o conceito aberto de intérprete está ligado com a ideia de "investigador", como classifica Ernildo Stein ao definir "situação hermenêutica" como sendo o lugar que cada "investigador" atinge através dos instrumentos teóricos que tem à disposição.[446]

Por óbvio, quando se insere tais sujeitos do Direito na tarefa interpretativa voltada para o "diálogo entre fontes", pressupõe-se uma atividade de interpretação dos fatos e da norma por tais atores, mas, dentro do seu respectivo espaço de atribuição legal legitimamente atribuído. Os empregados e os empregadores podem atuar como intérpretes quando do processo representativo da negociação coletiva, constitucionalmente prevista e valorizada, da mesma forma que os sindicatos que possuem prerrogativa constitucional para tanto, pois, se por esta atividade autocompositiva de solução de conflitos é possível "criar" normas categoriais, logicamente, é possível que nessa atividade criação os envolvidos legitimamente interpretem os fatos "vivos" das categorias envolvidas e as normas a incidirem nestas relações coletivas e individuais. Os professores e acadêmicos das Faculdades de Direito podem, em âmbito científico, romper com os modelos tradicionais de interpretação e debaterem a possibilidade (necessidade) de se patrocinar novas formulações hermenêuticas, tal qual é o "diálogo entre fontes", já que se daria no espaço de formação dos futuros operadores do Direito e, portanto, dos futuros intérpretes. Com

---

[445] STRECK, Lenio Luiz. *Hermenêutica jurídica e(m) crise*: uma exploração hermenêutica da construção do Direito. 10. ed. Porto Alegre: Livraria do Advogado, 2011. p. 233.

[446] STEIN, Ernildo. *Aproximações sobre hermenêutica*. 2ª ed. Porto Alegre: ediPUCRS, 2010. p. 57.

a mesma capacidade formadora e influenciadora, a doutrina jurídica e os juristas servem como paradigmas e abrem possibilidades de oferecimento de outras formas de interpretação a serem absorvidas por outros operadores do Direito. Os procuradores do Ministério Público do Trabalho também podem atuar como intérpretes, por força do que dispõe o artigo 129 da Carta Federal de 1988 e os artigos 736, 746 e 747 da Consolidação das Leis do Trabalho.[447] Dentre as atribuições dos procuradores que mais se aproximam de uma função de intérprete e que contribuem para um "diálogo entre fontes", destaca-se

---

[447] Constituição Federal: [...] Art. 129. São funções institucionais do Ministério Público: I -promover, privativamente, a ação penal pública, na forma da lei; II – zelar pelo efetivo respeito dos poderes públicos e dos serviços de relevância pública aos direitos assegurados nesta Constituição, promovendo as medidas necessárias a sua garantia; III -promover o inquérito civil e a ação civil pública, para a proteção do patrimônio público e social, do meio ambiente e de outros interesses difusos e coletivos; IV -promover a ação de inconstitucionalidade ou representação para fins de intervenção da União e dos Estados, nos casos previstos nesta Constituição; V -defender judicialmente os direitos e interesses das populações indígenas; VI – expedir notificações nos procedimentos administrativos de sua competência, requisitando informações e documentos para instruí-los, na forma da lei complementar respectiva; VII – exercer o controle externo da atividade policial, na forma da lei complementar mencionada no artigo anterior; VIII -requisitar diligências investigatórias e a instauração de inquérito policial, indicados os fundamentos jurídicos de suas manifestações processuais; IX – exercer outras funções que lhe forem conferidas, desde que compatíveis com sua finalidade, sendo-lhe vedada a representação judicial e a consultoria jurídica de entidades públicas. § 1º A legitimação do Ministério Público para as ações civis previstas neste artigo não impede a de terceiros, nas mesmas hipóteses, segundo o disposto nesta Constituição e na lei. § 2º As funções do Ministério Público só podem ser exercidas por integrantes da carreira, que deverão residir na comarca da respectiva lotação, salvo autorização do chefe da instituição. § 3º O ingresso na carreira do Ministério Público far-se-á mediante concurso público de provas e títulos, assegurada a participação da Ordem dos Advogados do Brasil em sua realização, exigindo-se do bacharel em direito, no mínimo, três anos de atividade jurídica e observando-se, nas nomeações, a ordem de classificação. § 4º Aplica-se ao Ministério Público, no que couber, o disposto no art. 93. § 5º A distribuição de processos no Ministério Público será imediata. BRASIL. Constituição (1988). *Constituição da República Federativa do Brasil de 1988*. Disponível em: <http://www.planalto.gov.br/ccivil_03/constituicao/constitui%C3%A7ao.htm>. Acesso em: 16 abr. 2015. [...]. Consolidação das Leis do Trabalho: [...] Art. 736. O Ministério Público do Trabalho é constituído por agentes diretos do Poder Executivo, tendo por função zelar pela exata observância da Constituição Federal, das leis e demais atos emanados dos poderes públicos, na esfera de suas atribuições. *Parágrafo único*. Para o exercício de suas funções, o Ministério Público do Trabalho reger-se-á pelo que estatui esta Consolidação e, na falta de disposição expressa, pelas normas que regem o Ministério Público Federal. [...] Art. 746. Compete à Procuradoria-Geral da Justiça do Trabalho: *a)* oficiar, por escrito, em todos os processos e questões de trabalho de competência do Tribunal Superior do Trabalho; *b)* funcionar nas sessões do mesmo Tribunal, opinando verbalmente sobre a matéria em debate e solicitando as requisições e diligências que julgar convenientes, sendo-lhe assegurado o direito de vista do processo em julgamento sempre que for suscitada questão nova, não examinada no parecer exarado; *c)* requerer prorrogação das sessões do Tribunal, quando essa medida for necessária para que se ultime o julgamento; *d)* exarar, por intermédio do procurador-geral, o seu "ciente" nos acórdãos do Tribunal; *e)* proceder às diligências e inquéritos solicitados pelo Tribunal; *f)* recorrer das decisões do Tribunal, nos casos previstos em lei; *g)* promover, perante o Juízo competente, a cobrança executiva das multas impostas pelas autoridades administrativas e judiciárias do trabalho; *h)* representar às autoridades competentes contra os que não cumprirem as decisões do Tribunal; *i)* prestar às autoridades do Ministério do Trabalho as informações que lhe forem solicitadas sobre os dissídios submetidos à apreciação do Tribunal e encaminhar aos órgãos competentes cópia autenticada das decisões que por eles devam ser atendidas ou cumpridas; *j)* requisitar, de quaisquer autoridades, inquéritos, exames periciais, diligências, certidões e esclarecimentos que se tornem necessários no desempenho de suas atribuições; *l)* defender a jurisdição dos órgãos da Justiça do Trabalho; *m)* suscitar conflitos de jurisdição. [...] Art. 747. Compete às Procuradorias Regionais exercer, dentro da jurisdição do Tribunal Regional respectivo, as atribuições indicadas na Seção anterior. [...]. BRASIL. *Decreto-Lei nº 5.452, de 1º de maio de 1943*. Aprova a Consolidação das Leis do Trabalho. Disponível em: <http://www.planalto.gov.br/ccivil_03/decreto-lei/del5452.htm>. Acesso em: 16 abr. 2015.

a atuação como *custos legis* desenvolvido nos Inquéritos Civis Públicos e, conforme abordado no item 2.3.2, sua atuação nos programas instituídos pelo Ministério Público do Trabalho, como o Programa Nacional de Acompanhamento de Obras na Construção Civil Pesada, o Programa do Trabalho Decente no Setor Sucroalcooleiro, o Programa de Banimento do Amianto no Brasil e o Programa de Adequação das Condições de Trabalho nos Frigoríficos.[448] Em relação aos Auditores Fiscais do Ministério do Trabalho e Emprego, embora seja possível considerá-los como intérpretes, aponta-se aqui que os mesmos não se coadunam com a ideia de "diálogo entre fontes". Isto porque, a atividade dos Auditores resta vinculada a uma mera "aplicação" da lei decorrente de um exercício subsuntivo: *o fato mostra um descumprimento do texto legal, aplica-se a penalidade prevista em lei*. Nesta atividade fiscalizadora/aplicadora, não há espaço para interpretação "além do texto legal", como se denota claramente do artigo 626 da Consolidação das Leis do Trabalho e do artigo 10 da Lei 10.593/2002.[449] A assertiva aqui defendida mostra que o papel interpretativo dos Auditores Fiscais está longe de uma "interpretação construtiva", e, deste modo, do modelo de "diálogo entre fontes", pois "[...] o manejo exclusivo do modelo subsuntivo – regra, fato e decisão – precisa ser reconsiderado, já que não dá conta das novas possibilidades e desafios".[450]

Passado tudo isto, adentra-se nos *três momentos* de análise do "diálogo entre fontes" propostos anteriormente.

O *primeiro momento* presta-se, como já dito, para delinear os aspectos que envolvem e definem esse "diálogo". Ao se examinar o "diálogo entre fontes" do Direito do Trabalho para fins de exame do tratamento jurídico a ser dispensado pelas nanotecnologias, virão à tona as expressões utilizadas dentre os estudiosos como "diálogo *de* fontes", "diálogo *das* fontes" e "diálogo *entre* fontes". No entanto, considerando que as proposições que serão ofertadas mais adiante basear-se-ão num exercício patrocinado pelo intérprete, em que as fon-

---

[448] Vide nota 269.

[449] Consolidação das Leis do Trabalho: [...] Art. 626. Incumbe às autoridades competentes do Ministério do Trabalho, ou àqueles que exerçam funções delegadas, a fiscalização do fiel cumprimento das normas de proteção ao trabalho. *Parágrafo único*. Os fiscais do Instituto Nacional de Seguridade Social e das entidades paraestatais em geral, dependente do Ministério do trabalho, serão competente para a fiscalização a que se refere artigo, na forma das instruções que forem expedidas pelo Ministro do Trabalho. BRASIL. *Decreto-Lei nº 5.452, de 1º de maio de 1943*. Aprova a Consolidação das Leis do Trabalho. Disponível em: <http://www.planalto.gov.br/ccivil_03/decreto-lei/del5452.htm>. Acesso em: 16 abr. 2015. [...] Lei 10.593/2002: [...] Art. 10. São transformados em cargo de Auditor-Fiscal do Trabalho, na Carreira Auditoria-Fiscal do Trabalho, os seguintes cargos efetivos do quadro permanente do Ministério do Trabalho e Emprego: I – Fiscal do Trabalho; II – Assistente Social, encarregado da fiscalização do trabalho da mulher e do menor; III – Engenheiros e Arquitetos, com a especialização prevista na Lei nº 7.410, de 27 de novembro de 1985, encarregados da fiscalização da segurança no trabalho; IV – Médico do Trabalho, encarregado da fiscalização das condições de salubridade do ambiente do trabalho. [...]. BRASIL. *Lei nº 10.593, de 6 de dezembro de 2002*. Dispõe sobre a reestruturação da Carreira Auditoria do Tesouro Nacional, que passa a denominar-se Carreira Auditoria da Receita Federal – ARF, e sobre a organização da Carreira Auditoria-Fiscal da Previdência Social e da Carreira Auditoria-Fiscal do Trabalho, e dá outras providências. Disponível em: <http://www.planalto.gov.br/ccivil_03/leis/2002/L10593.htm>. Acesso em: 16 abr. 2015.

[450] ENGELMANN, Wilson. *Crítica ao positivismo jurídico*: princípios, regras e conceito de Direito. Porto Alegre: Sergio Antonio Fabris, 2001. p. 157.

tes de Direito do Trabalho dialogarão umas com as outras e com outras fontes, inclusive de outros ramos do Direito e do Direito Internacional, entende-se por mais adequado lançar mão da expressão "diálogo *entre* fontes", até porque, a preposição *entre* denota exatamente a ideia de que o diálogo estará em meio a um espaço de fontes, em meio a um espaço de interpretação. Filia-se, neste ponto, ao entendimento adotado por Engelmann:

> Dentre da "comunicação" Erik Jayme localiza a proposta do "diálogo das fontes", cuja denominação será modificada, por se entender mais abrangente, para "dialogo entre as fontes do Direito" [...].[451]

Essa ideia de espaço de interpretação combina, conforme já salientado, com a ideia de "situação hermenêutica" trazida pelo professor Ernildo Stein.[452]

Dito isto, debruça-se na tarefa de responder a indagação, mas, afinal, o que é "diálogo entre fontes"? A teoria baseada na expressão "diálogo das fontes" é uma criação do professor alemão Erik Jayme e surgiu para examinar a pós-modernidade no Direito Internacional Privado. Segundo sua teoria, a solução para o conflito entre leis reside num "diálogo entre as fontes mais heterogêneas", sendo que "os direitos humanos, os direitos fundamentais e constitucionais, os tratados, as leis e códigos", "falam" umas com as outras e cabe aos juízes à tarefa de coordenação, escutando o que as fontes "tem a dizer". Isto deve ocorrer como forma de reconstruir a coerência do sistema de direito.[453] Neste sentido, a teoria consiste em oportunizar ao juiz, frente a uma antinomia, ou seja, diante da existência de duas fontes, a tarefa de coordenação, a partir de um diálogo entre essas mesmas fontes.

Para Cláudia Lima Marques, no Direito brasileiro, "diálogo das fontes" significa "aplicação simultânea, coerente e coordenada das plúrimas fontes legislativas".[454] Nota-se que esta teoria que paternaliza o "diálogo das fontes" pauta-se pela "coerência". A falta de coerência gera contradições e, estas, por sua vez, geram antinomias. Esse quadro impede a concretização do Direito. Neste contexto, o "diálogo" é a ferramenta de restauração desta falta de coerência. Cláudia Lima Marques conjuga elementos que complementam a ideia conceitual de "diálogo entre fontes":

> A teoria de Erik Jayme do diálogo das fontes insere-se nesta grande tradição da visão sistemática e funcional da ordem jurídica, atualizada por uma visão internacional e cultural do direito e uma nova perspectiva mais humanista sobre a relação entre as normas [...].[455]
>
> O diálogo das fontes é iluminado pelos valores constitucionais e os direitos humanos ou fundamentais. Realmente, o diálogo das fontes – como método – valoriza os valores constitucionais

---

[451] ENGELMANN, Wilson. A (re) leitura da teoria do fato jurídico à luz do "diálogo entre as fontes do direito": abrindo espaços no direito privado constitucionalizado para o ingresso de novos direitos provenientes das nanotecnologias. In: Constituição, Sistemas Sociais e Hermenêutica. *Anuário do Programa de Pós-Graduação em Direito da Unisinos*: mestrado e doutorado, Porto Alegre, n. 7, p. 289-308, 2010. p. 295.

[452] STEIN, Ernildo. *Aproximações sobre hermenêutica*. 2. ed. Porto Alegre: ediPUCRS, 2010. p. 57.

[453] MARQUES, Cláudia Lima. O "diálogo das fontes" como método da nova teoria geral do direito: um tributo à Erik Jayme. In: MARQUES, Cláudia Lima (Coord.). *Diálogo das fontes*: do conflito à coordenação de normas do direito brasileiro. São Paulo: Revista dos Tribunais, 2012. p. 17-65. p. 18-19.

[454] Ibid., p. 19-20.

[455] Ibid., p. 23-24.

que iluminam esta solução de coerência restaurada do sistema, de um direito privado que coloca a pessoa humana em seu centro [...].[456]

Por seu turno, ao comentar a teoria de Jayme, Bruno Miragem assinala que a mesma "[...] considerando o direito à identidade cultural no contexto da sociedade globalizada, identifica a pluralidade de fontes jurídico-normativas e a necessidade de sua coordenação pelo intérprete".[457]

Com base na teoria de Erik Jayme, Igara Rocha une a ideia de "diálogo" com a ideia de "interpretação unitária":

> A ideia de que as leis devem ser aplicadas de forma isolada umas das outras é afastada pela Teoria do Diálogo das Fontes, segundo a qual o ordenamento jurídico deve ser interpretado de forma unitária. Por meio dessa teoria, rompe-se o paradigma da exclusão das normas para buscar a sua coexistência ou convivência, a fim de que haja a predominância de uma norma em relação à outra no caso individualmente considerado ou até mesmo a aplicação concomitante de todas elas.[458]

Wilson Engelmann enfatiza a importância da teoria do "diálogo entre fontes" para, dentre outras coisas, auxiliar na resolução de problemas decorrentes dos desafios hodiernos:

> O grande desafio é gerar uma teoria que possa identificar os elementos do suporte fático *no Direito* e não apenas *na lei*. Desta maneira, o modelo escalonado em forma de uma pirâmide, como Kelsen vislumbrava a estrutura das fontes, fortemente verticalizada, deverá ser substituído por uma organização horizontalizada das fontes, onde elas sejam dispostas uma ao lado da outra. Portanto, se substitui a hierarquia pelo diálogo, fertilizado pelo filtro de constitucionalidade assegurado pela Constituição da República. [...] Esse é o Direito que se apresenta para dar conta dos novos desafios que os humanos estão produzindo.[459]

Outra noção possível de ser pontuada acerca do "diálogo entre fontes" é aquela atrelada a um "pluralismo de fontes", onde o "diálogo" pode figurar como um "laboratório" do Direito, como observa Ricardo Luis Lorenzetti:

> Os "laboratórios" que são utilizados como recursos para o direito se baseiam na experiência histórica consolidada no direito comparado e na sua adoção pelo direito interno. [...] O jurista realiza essa tarefa, na atualidade, com uma pluralidade de fontes que se sobrepõem e até se contradizem. [...] Nesses casos são insuficientes a regras de antinomia (aplicar a norma hierarquicamente superior, ou especial sobre a geral, ou a temporalmente prioritária). Esta situação determina que se faça referência atualmente ao diálogo das fontes, que dará lugar a uma noção de complementariedade, e não de antinomia.[460]

---

[456] MARQUES, Cláudia Lima. op. cit., p. 28.

[457] MIRAGEM, Bruno. Eppur si muove: diálogo das fontes como método de interpretação sistemática no direito brasileiro. In: MARQUES, Cláudia Lima (Coord.). *Diálogo das fontes*: do conflito à coordenação de normas do direito brasileiro. São Paulo: Revista dos Tribunais, 2012. p. 68-109. p. 74.

[458] ROCHA, Igara. A incidência da teoria do diálogo das fontes na defesa do consumidor. *Revista Eletrônica Jurídico-Institucional do Ministério Público do Estado do Rio Grande do Norte*, Natal, ano 3, n. 2, jul./dez. 2013. Disponível em: <http://www.mprn.mp.br/revistaeletronicamprn/abrir_artigo.asp?cod=1044>. Acesso em: 16 abr. 2015.

[459] ENGELMANN, Wilson. A (re) leitura da teoria do fato jurídico à luz do "diálogo entre as fontes do direito": abrindo espaços no direito privado constitucionalizado para o ingresso de novos direitos provenientes das nanotecnologias. In: Constituição, Sistemas Sociais e Hermenêutica. *Anuário do Programa de Pós-Graduação em Direito da Unisinos*: mestrado e doutorado, Porto Alegre, n. 7, p. 289-308, 2010. p. 296.

[460] LORENZETTI, Ricardo Luis. *Teoria da decisão judicial*: fundamentos de Direito. Tradução de Bruno Miragem. Notas e revisão da tradução de Cláudia Lima Marques. São Paulo: Revista dos Tribunais, 2009. p. 78-79.

Tem-se, destarte, até este ponto de argumentação, um cenário que classifica o "diálogo entre fontes" como uma nova ferramenta hermenêutica capaz de se servir de um pluralismo de fontes normativas para solucionar conflitos, tendo por viga mestra a valorização dos direitos humanos e dos direitos fundamentais.

Contudo, ao se sair do exame "geral" acerca deste "diálogo" e ao se inserir no contexto específico das nanotecnologias no mundo do trabalho, uma problemática vem à baila. Isto porque, as linhas até agora tecidas dão conta de um "diálogo entre fontes" capaz de solucionar conflitos advindos de uma antinomia, pressupondo, assim, que os fatos objeto do conflito possuem previsão normativa (=legal). Ocorre que, nos caso das nanotecnologias, desde o primeiro capítulo se observa que se trata de um fato carente de amparo e de proteção jurídica, tanto que o arcabouço teórico do presente trabalho atingirá seu ápice na proposição de respostas que sirvam de marcos regulatórios para o *fato laboral nanotecnológico*. Em item antecedente – 3.1.1 –, fora examinado o problema atinente à (des) regulamentação e à (des) regulação, trazendo-se como modelo "ideal" ou "mais próximo do ideal", em se tratando de nanotecnologias, a "teoria da regulação adequada", de Supiot. Por isso, a dúvida, o "diálogo entre fontes" pode servir para o caso de ausência de previsão legal ou *não regulação*?

A resposta à indagação tem gênese no conceito de Direito que se adota, diante do cenário atual e dos contornos delineados até então acerca do mundo em transformação. Repete-se, por oportuno, a premissa antes traçada de que, hoje, se convive com uma dupla realidade: o "novo" no *mundo dos fatos* e o "novo" *no mundo do Direito*. Não obstante alguns dos itens anteriores terem enfatizado a questão da (re) evolução tecnológica e o desenvolvimento na modernidade e na pós-modernidade, não é demais salientar a assimetria existente entre o avanço no campo tecnológico e, por consequência, no campo econômico, e a estagnação do Direito, sobremaneira do seu modelo tradicional e rígido de *regulação*, deixando de prestar as respostas que devem ser dadas ao ser humano, quando cercado e envolvido por riscos. Este panorama cria um campo fértil para a adoção da "teoria da regulação adequada", em detrimento da "teoria da regulamentação rígida", de acordo com o exame de Supiot.[461]

Com efeito, também no item 3.1.1, restou delineado uma série de *movimentos regulatórios* que se encaixa na ideia de *regulação não tradicional* e que podem servir para amparar o fato jurídico *nanotecnologias*, especialmente, o *fato laboral nanotecnológico*.

Deste modo, a "teoria da regulação adequada" emite sinais plenamente perceptíveis e reais de que *o "novo" no mundo dos fatos e o "novo" no mundo do Direito* fecundam a ideia de um "Novo" Direito. O conceito tradicional de Direito vinculado a uma fonte técnico-formal dá espaço para um Direito "construído" a partir de dois pilares inarredáveis, os direitos humanos e os princípios fundamentais da ordem jurídica. Neste caso, o "Novo" Direito surge como uma

---

[461] SUPIOT, Alain. *Homo juridicus*: ensaio sobre a função antropológica do Direito. Tradução de Maria Ermantina de Almeida Prado Galvão. São Paulo: Martins Fontes, 2007. p. 159-160.

necessidade, pois, como pontua Supiot, "[...] embora o Direito participe assim da história das técnicas, nela se cumpre uma função singular, a de uma ferramenta de humanização das técnicas".[462] Esta ideia de "Novo" Direito propõe a flexibilização de um modelo hierarquizado de fontes e adoção de um formato vertical de interpretação/aplicação, mas que se operacionaliza através de um "fio condutor" comum: os direitos humanos. Com isso, a proposta é que esse "Novo" Direito seja comum a outros "Direitos", no que diz respeito à observância dos direitos mínimos do homem. Neste sentido, as barreiras formais de cada Direito (de cada ordem jurídica) seriam superadas pela comunicação e pela "mescla" de categorias jurídicas, como sustenta Delmas-Marty:

> Nessa condição – mas ela é essencial –, os direitos do homem poderão tornar-se instrumento de uma recomposição das categorias jurídicas num "direito dos direitos" que mescla a seu estatuto de normas jurídicas e de princípios diretores.[463]

À luz do entendimento de Antônio Carlos Wolkmer, é possível conectar a ideia de "Novo" Direito com a sua tese de "novos direitos". Neste aspecto, o Direito acaba por ser "Novo", em razão dos direitos "novos". Entende o autor:

> Ainda que os chamados "novos" direitos nem sempre sejam inteiramente "novos", na verdade, por vezes, "o novo" é o modo de obter direitos que não passam mais pelas vias tradicionais – legislativa e judicial –, mas provêm de um processo de lutas específicas e conquistas das identidades coletivas plurais para serem reconhecidos pelo Estado ou pela ordem pública constituída. [...] O lastro de abrangência dos "novos" direitos, legitimados pela consensualidade de novos sujeitos sociais, não está rigidamente estabelecido ou sancionado por procedimentos técnico-formais, porquanto diz respeito a direitos concebidos pelas condições de vida e exigências de um devir, direitos que "só efetivam, se conquistados".[464]

Importante, ademais, associar a ideia de "diálogo entre fontes" ao "novo constitucionalismo" declinado por Lenio Streck:

> Isso ocorre porque o novo constitucionalismo foi se transformando em um campo extremamente fértil para o surgimento das mais diversas teorias com a pretensão de responder às complexidades exurgidas dessa fase histórica que podemos denominar de pós-positivismo (compreendida como superação e não mera derivação do positivismo). Das teorias do discurso à fenomenologia hermenêutica, passando pelas teorias argumentativas, realistas e pragmatistas (que, de um modo ou de outro, deslocaram o pólo da tensão interpretativa em direção do intérprete), os últimos sessenta anos viram florescer teses que tinham um objetivo comum no campo jurídico: superar modelo de regras, resolver o problema da incompletude das regras, solucionar os casos difíceis (não "abarcados" pelas regras) e a (in)efetividade dos textos constitucionais (compromissórios e dirigentes).[465]

---

[462] SUPIOT, Alain. op. cit., p. 161.
[463] DELMAS-MARTY, Mireile. *Por um direito comum*. Tradução de Maria Ermantina de Almeida Prado Galvão. São Paulo: Martins Fontes, 2004. p. 194.
[464] WOLKMER, Antônio Carlos. Introdução aos fundamentos de uma teoria geral dos "novos" direitos. In: WOLKMER Antônio Carlos; LEITE, José Rubens Morato (Orgs.). *Os "novos" direitos no Brasil: natureza e perspectivas*: uma visão básica das novas conflituosidades jurídicas. São Paulo: Saraiva, 2003. p. 1-30. p. 20.
[465] STRECK, Lenio Luiz. *Hermenêutica jurídica e(m) crise*: uma exploração hermenêutica da construção do Direito. 10. ed. Porto Alegre: Livraria do Advogado, 2011. p. 375-376.

De outra parte, o professor Paolo Ridola vincula a transformação do Direito na Europa à necessidade de uma "integração constitucional" como forma de preservação dos direitos fundamentais:

> Al fine di comprendere perché i diritti siano collocati sempre più al centro del discorso sull'"integrazione constituzionale in Europa, ma allo stesso tempo perché essi siano vieppiù divenuti terreno di constratti e di contraposizioni accese nella Öffentlichkeit europea, dai temi dela bioética a quelli dela laicità, dai diritti dela concorrenza ai diritti social, dalla protezione di sfere identitarie all' alargamento dei diritti di cittadinanza nella realtà multiculturale, è necessário pertanto aver presente che lo sviluppo storico di diritti fondamentali in Europa disegna um itinerario complesso e non privo di contraddizioni, che è proceduto tra universalismo e particolarismo e tra pretese di esclusione e chances di inclusione.[466]

Portanto, levando em consideração que a teoria original (de Jayme) de "diálogo *das* fontes", mesmo que se aplique para conflitos entre leis existentes, preceitua a valorização dos direitos humanos e dos direitos fundamentais, parece crível que esta teoria seja aplicada, ainda que por adaptação, ao caso das nanotecnologias, isto é, à situação de lacuna da lei ou *não regulação*, vez que, como demonstrado, o tema Nanotecnologias x Direito localiza-se num campo de incertezas e riscos, o que provoca aplicação da teoria de Supiot da "regulação adequada" pela valorização da *regulação não tradicional* e, por conseguinte, da contribuição de um "Novo" Direito que se adapte à nova paisagem social e jurídica que se desenvolve numa crescente. Bruno Miragem chancela essa possibilidade de aplicação:

> Neste ponto o método do diálogo das fontes parece servir igualmente à colmatação das lacunas, uma vez que dele se resulta a distinção do âmbito de aplicação das normas como critério para que se apliquem, de modo concomitante, ao mesmo caso; assim como da seleção e exame dos casos que se pretenda sejam utilizados como paradigmas para uma aplicação analógica.[467]

Enfim, é possível "encerrar" o *primeiro momento* de análise do "diálogo entre fontes" através da formulação de um conceito "aberto" desta teoria que mais se adequa ao contexto das nanotecnologias, sobretudo ao *fato laboral nanotecnológico*. Todos os entendimentos e ponderações referidas alhures levam a se conceituar "diálogo entre fontes", para fins do presente estudo, como sendo uma proposta hermenêutica que o(s) intérprete(s) do Direito pode(m) lançar mão frente aos casos que envolvem o fato laboral nanotecnológico e que carecem de *regulação*, em que, num exercício horizontal de coordenação, favorece a adoção de um movimento de *regulação não tradicional* em que se aproveita da transversalidade e do pluralismo de algumas ou várias normas jurídicas, tendo por premissas básicas a valorização dos direitos humanos e a valorização do constitucionalismo que envolve os sujeitos da relação a ser interpretada.

Fixa-se o estudo, agora, no segundo momento de análise do diálogo "entre fontes". A partir de agora, com base no que se trouxe até agora acerca da

---

[466] RIDOLA, Paolo. La dimensione transnazionale dei diritti fondamentali e lo stato constituzionale aperto in europa. In: Direitos Fundamentais e Justiça. *Revista do Programa de Pós-Graduação*: mestrado e doutorado em Direito da PUCRS, Porto Alegre, ano 5, n. 15, p. 40-78, abr./jun. 2011. p. 53.

[467] MIRAGEM, Bruno. Eppur si muove: diálogo das fontes como método de interpretação sistemática no direito brasileiro. In: MARQUES, Cláudia Lima (Coord.). *Diálogo das fontes*: do conflito à coordenação de normas do direito brasileiro. São Paulo: Revista dos Tribunais, 2012. p. 68-109. p. 85.

teoria do "diálogo entre fontes", pretende-se apresentar alguns *"esboços de diálogos entre fontes"* que já existem e que podem ser extraídos do Direito do Trabalho. Esses *esboços* representam condições de possibilidade de desenvolvimento do "diálogo entre fontes", *no* e *do* Direito do Trabalho, e comprovam, por seu turno, que este mesmo Direito do Trabalho tem condições de prestar respostas adequadas às demandas emergentes oriundas das nanotecnologias e o trabalho humano. Além disso, essas condições de possibilidade servirão de estofo para a argumentação que se declinará nos próximos e últimos itens, sobremaneira, a respeito da operacionalização do "diálogo entre fontes" e a *produção de proposições de respostas possível* para atender o escopo de proteção do trabalho inerente ao *fato laboral nanotecnológico*.

Já fora assinalado em momentos anteriores que o Direito do Trabalho é um ramo do Direito que, do ponto de vista da *regulação tradicional ou legal*, pouco evoluiu, em proporção ao crescimento e ao avanço tecnológico e às complexidades das relações. Os atuais setenta e um anos da Consolidação das Leis do Trabalho lhe conferem uma condição robusta de norma sistemática diante da relação de emprego, mas que, pela assimetria temporal dos fatos jurídicos decorrentes, sobretudo, do desenvolvimento econômico e tecnológico, obrigaram e continuam obrigando o intérprete a utilizar a *interpretação* como solução para essa assimetria que é representada, principalmente, pela lacuna da lei trabalhista. Entretanto, assim como em outros ramos do Direito, os intérpretes, sobretudo os juízes, acabam por se utilizar das técnicas tradicionais de interpretação (literal, teleológica, etc.), em sintonia com o Princípio da Proteção. O item 2.1.1 do presente estudo mostrou que o Princípio da Proteção possui também uma função interpretativa, inclusive, através do *in dubio pro operario*, que, por conseguinte, contribui para tornar diminuto o impacto dos reflexos e efeitos da modernidade e da pós-modernidade, bem como para dar efetividade à proteção jurídica ao trabalhador. Ocorre que apenas a adoção de uma forma de interpretação a partir de um *in dubio pro operario* é insuficiente para se garantir a proteção e a preservação da dignidade do trabalhador. Com isso, ao longo do tempo e, ainda em processo de amadurecimento, o Direito do Trabalho abriu portas para uma nova mentalidade interpretativa, sendo esta vinculada a uma hermenêutica constitucional da dignidade da pessoa humana e do valor social do trabalho. Diz-se em amadurecimento, pois é muito forte a resistência dos intérpretes em interpretar a norma existente a partir de um filtro constitucional – Lenio Streck classifica isto de "baixa constitucionalidade".[468] Persiste a "técnica" hermenêutica tradicional de se buscar o sentido na norma, sem buscar atribuir o sentido à norma. No espaço interpretativo do Direito do Trabalho, a dinâmica não afasta a mecânica utilizada em predominância, ainda em muito, do método subsuntivo. Foi em razão disso que, no item 2.2.2, o estudo abordou a questão pertinente à eficácia dos princípios e direitos fundamentais nas relações de emprego no contexto do *círculo hermenêutico*. Neste mesmo espaço, apresentaram-se exemplos que, no plano concreto de interpretação, existem

---

[468] STRECK, Lenio Luiz. *Verdade e consenso*: constituição, hermenêutica e teorias discursivas. 4. ed. São Paulo: Saraiva, 2011. p. 248.

vários sinais e movimentos de que o Direito do Trabalho possui campo fértil e promissor para a larga utilização de uma hermenêutica constitucional (*vide* notas 148, 152 e 165).

Neste contexto, os primeiros passos dados na seara interpretativa para uma hermenêutica constitucional representam uma cisão com o modelo tradicional de interpretação e a abertura para a incidência da proposta de *círculo hermenêutico*. Em consequência, a tímida, mas, já fertilizada noção de *círculo hermenêutico* representa o que aqui se defende como sendo "esboços de diálogos entre fontes". A consolidação dessa realidade mostra fundamental para sustentar a proposição de alternativas para a promoção de proteção jurídica do trabalho nanotecnológico.

Além dos exemplos já referidos numa vinculação feita com o *círculo hermenêutico*, é possível, hoje, identificar manifestações concretas – poucas e tímidas, sendo que as que existem acabam ocorrendo na judicialização, ou seja, pelo intérprete juiz – que representam especificamente "esboços de diálogos entre fontes".

Destarte, levando em consideração que o presente trabalho tem por pano de fundo o meio ambiente de trabalho e a sua atuação frente ao *fato laboral nanotecnológico*, citam-se dois exemplos do aludido "esboço" vinculados a esta temática, os quais se extraem de uma interpretação judicial.[469]

---

[469] Não obstante os exemplos que se obtêm no âmbito do meio ambiente laboral, cabível citar a movimentação que a ordem jurídica promoveu para a interpretação dos fatos decorrentes do fato laboral *teletrabalho*. Seu tratamento jurídico em muito se assemelha a atual situação das nanotecnologias. Para Domenico Demasi: Teletrabalho é um trabalho realizado longe dos escritórios empresariais e dos colegas de trabalho, com comunicação independente com a sede central do trabalho e com outras sedes, através de um uso intensivo das tecnologias da comunicação e da informação, mas que não são, necessariamente, sempre de natureza informática [...]. MASI, Domenico de. *O ócio criativo*. Tradução de Léa Manzi. Rio de Janeiro: Sextante, 2000. p. 214. Ainda, sobre a parte conceitual do *teletrabalho*: "Nesse sentido, mercê de suas características conceituais e estruturais, nasce o teletrabalho, o qual se encontra em processo de formação e evolução, não existindo um consenso conceitual, por parte dos estudiosos do assunto, na medida em que tal instituição surge um cenário influenciado por institutos, como a globalização e a flexibilização, embasadores da necessidade da reformulação do contrato de trabalho tradicional em novas modalidades laborais, para gerar novos empregos, manter os existentes e, principalmente, regularizar a situação dos trabalhadores que se encontram à margem da lei". GÓES, Maurício de Carvalho; BUBLITZ, Michelle Dias. O teletrabalho como forma de acesso das pessoas portadoras de deficiência ao mercado de trabalho. *Ciência Jurídica do Trabalho*, Belo Horizonte, v. 13, n. 83, p. 165-184, set./out. 2010. p. 166. Sobre as transformações em que se incluem o *teletrabalho*, Supiot [...] a autonomia na subordinação não poderia progredir no mundo assalariado sem o auxílio do microcomputador ou do telefone celular, que permitem trabalhar e ser controlado em qualquer lugar e em qualquer hora. SUPIOT, Alain. *Homo juridicus*: ensaio sobre a função antropológica do Direito. Tradução de Maria Ermantina de Almeida Prado Galvão. São Paulo: Martins Fontes, 2007. p. 153. De outra parte, embora, no ano de 2003, o artigo 6º da CLT tenha sido alterado para equiparar ao trabalho a domicílio ao trabalho prestado nos domínios do empregador, a regulamentação é insuficiente e muitos desdobramentos fáticos ensejam uma interpretação com vistas do "acontecer" da proteção jurídica ao teletrabalhador. Dispõe o artigo 6º da CLT: Art. 6º. Não se distingue entre o trabalho realizado no estabelecimento do empregador, o executado no domicílio do empregado e o realizado a distância, desde que estejam caracterizados os pressupostos da relação de emprego. Parágrafo único. Os meios telemáticos e informatizados de comando, controle e supervisão se equiparam, para fins de subordinação jurídica, aos meios pessoais e diretos de comando, controle e supervisão do trabalho alheio. BRASIL. *Decreto-Lei nº 5.452, de 1º de maio de 1943*. Aprova a Consolidação das Leis do Trabalho. Disponível em: <http://www.planalto.gov.br/ccivil_03/decreto-lei/del5452.htm>. Acesso em: 16 abr. 2015. Um exemplo de "esboço de diálogo entre fontes" em relação aos desdobramentos ou efeitos do *teletrabalho* é a modificação do entendimento da Súmula 428 do TST acerca do sobreaviso e da sua interpretação divorciada

Atualmente, existem situações que o trabalhador resta exposto a agentes morbígenos, porém, por não exercer exatamente as atividades consideradas como insalubres pela referida Norma Regulamentadora 15, da Portaria 3.214/70 do Ministério do Trabalho e Emprego, o trabalhador acaba por não ter alcançado o direito à percepção do adicional de insalubridade. Contudo, o Tribunal Superior do Trabalho adota o entendimento firmado pelo item I, da Orientação Jurisprudencial 4 da Seção de Dissídios Individuais I, a qual foi canelada e inserida como o item I da Súmula 448 do mesmo Tribunal, por força da Resolução 194/2014. Tal entendimento é de que para o deferimento de adicional de insalubridade, a atividade insalubre não basta ser constatada por laudo pericial, sendo que, para tanto, a atividade deve estar expressamente relacionada na classificação "oficial" elaborada pelo Ministério do Trabalho e Emprego, na sua Norma Regulamentar 15, da Portaria 3.214/70 (*vide* item 2.3.1 e notas 205, 206 e 207). No mesmo sentido segue a linha de entendimento da Súmula 460 do Supremo Tribunal Federal.[470]

---

da obsoleta e específica previsão do parágrafo segundo do artigo 244 da CLT. Prevê este artigo: *Art. 244. As estradas de ferro poderão ter empregados extranumerários, de sobreaviso e de prontidão, para executarem serviços imprevistos ou para substituições de outros empregados que faltem à escala organizada. [...] § 2º Considera-se de "sobreaviso" o empregado efetivo, que permanecer em sua própria casa, aguardando a qualquer momento o chamado para o serviço. Cada escala de "sobreaviso" será no mínimo, de 24 (vinte e quatro) horas. As horas de "sobreaviso" para todos os efeitos, serão contadas à razão de 1/3 (um terço) do salário normal. [...].* BRASIL. *Decreto-Lei nº 5.452, de 1º de maio de 1943*. Aprova a Consolidação das Leis do Trabalho. Disponível em: <http://www.planalto.gov.br/ccivil_03/decreto-lei/del5452.htm>. Acesso em: 16 abr. 2015. O TST, por meio da Súmula 428, entende: *Súmula nº 428 do TST. SOBREAVISO APLICAÇÃO ANALÓGICA DO ART. 244, § 2º DA CLT (redação alterada na sessão do Tribunal Pleno realizada em 14.09.2012) -Res. 185/2012, DEJT divulgado em 25, 26 e 27.09.2012.* I – O uso de instrumentos telemáticos ou informatizados fornecidos pela empresa ao empregado, por si só, não caracteriza o regime de sobreaviso. II – Considera-se em sobreaviso o empregado que, à distância e submetido a controle patronal por instrumentos telemáticos ou informatizados, permanecer em regime de plantão ou equivalente, aguardando a qualquer momento o chamado para o serviço durante o período de descanso. BRASIL. Tribunal Superior do Trabalho. *Súmula nº 428. Sobreaviso aplicação analógica do art. 244, § 2º da CLT*. Disponível em: <http://www3.tst.jus.br/jurisprudencia/Sumulas_com_indice/Sumulas_Ind_401_450.html#SUM-428>. Acesso em: 16 abr. 2015. O teletrabalho, portanto, serve de paradigma no sentido de afirmar o "diálogo das fontes" como forma de consolidar uma proteção jurídica ao fato laboral nanotecnológico, sendo que ambos os fatos servem de comprovação do contexto hodierno do mundo do trabalho.

[470] Sobre a coleta de lixo e limpeza de esgoto, estabelece o Anexo 14, da Norma Regulamentadora 15, da Portaria 3.214/78 do Ministério do Trabalho e Emprego: [...] *Insalubridade em grau máximo. Trabalho ou operações, em contato permanente com: [...]- esgotos (galerias e tanques); e – lixo urbano (coleta e industrialização) [...].* CURIA, Luiz Roberto; CÉSPEDES, Livia; NICOLETTI, Juliana (Cols.). *Segurança e medicina do trabalho*. 13. ed. atual. São Paulo: Saraiva, 2014. p. 361. Quanto à previsibilidade do agente insalubre a ensejar o pagamento do adicional de insalubridade, entendem o Tribunal Superior do Trabalho e o Supremo Tribunal Federal, respectivamente (a Orientação Jurisprudencial 4 foi convertida na Súmula 448 do TST como explicado no texto): *Súmula nº 448 do TST. ATIVIDADE INSALUBRE. CARACTERIZAÇÃO. PREVISÃO NA NORMA REGULAMENTADORA Nº 15 DA PORTARIA DO MINISTÉRIO DO TRABALHO Nº 3.214/78. INSTALAÇÕES SANITÁRIAS. (conversão da Orientação Jurisprudencial nº 4 da SBDI-1 com nova redação do item II) – Res. 194/2014, DEJT divulgado em 21, 22 e 23.05.2014.* I – Não basta a constatação da insalubridade por meio de laudo pericial para que o empregado tenha direito ao respectivo adicional, sendo necessária a classificação da atividade insalubre na relação oficial elaborada pelo Ministério do Trabalho. II – A higienização de instalações sanitárias de uso público ou coletivo de grande circulação, e a respectiva coleta de lixo, por não se equiparar à limpeza em residências e escritórios, enseja o pagamento de adicional de insalubridade em grau máximo, incidindo o disposto no Anexo 14 da NR-15 da Portaria do MTE nº 3.214/78 quanto à coleta e industrialização de lixo urbano. BRASIL. Tribunal Superior do Trabalho. *Súmula nº 448. Atividade insalubre.*

Neste cenário, dois exemplos concretos de possibilidade de rompimento com essa forma tradicional e fechada de interpretação são passíveis de menção, os quais representam um *ensaio prévio* de que o intérprete juiz também tem condições de amadurecer a sua "mentalidade" (amadurecimento, diz-se sempre no viés constitucional) de interpretação num "diálogo entre fontes". Os dois exemplos citados configuram-se como um "esboço" por representarem uma abertura hermenêutica no âmbito do Direito do Trabalho.

O primeiro exemplo situa-se no trabalho de limpeza que promova contato com lixo e limpeza de sanitários. Segundo o Anexo 14, da Norma Regulamentadora 15, da Portaria 3.214/78 do Ministério do Trabalho e Emprego, nas atividades de limpeza, o trabalhador somente terá direito a perceber adicional de insalubridade em grau máximo se submetido a contato permanente com *galerias e tanques de esgoto*, bem como se em contato permanente em atividades decorrentes de *coleta* e *industrialização de lixo urbano*. No entanto, até o mês de maio de 2014, o problema situava-se no fato de que um trabalhador que não tinha por atribuição a limpeza de galerias e tanques de esgoto, tampouco efetuasse coleta ou industrialização de lixo urbano, executasse tarefas de recolhimento de lixo, inclusive de banheiros, e limpeza de sanitários. A princípio, então, neste caso específico, diante da então "vigente" Orientação Jurisprudencial do TST e da Súmula do STF mencionadas, o trabalhador sujeito do exemplo mencionado não teria direito ao pagamento de adicional de insalubridade. Neste ponto cabível a identificação de um concreto "esboço de diálogo entre fontes" com base na jurisprudência já existente. Contrariamente à "jurisprudência uniforme", antes mesmo de maio da edição da Súmula 448 do TST, já havia entendimento judicial de que o trabalhador que executa tarefas de recolhimento de lixo e limpeza de banheiros está exposto, assim como aqueles previstos "em norma", a "sujidades" e riscos de doenças, até mesmo porque, o vaso sanitário configura-se como o início do esgoto, e, portanto, é esgoto.

Caracterização. Previsão na norma regulamentadora nº 15 da Portaria do Ministério do Trabalho nº 3.214/78. Instalações sanitárias. Disponível em: <http://www3.tst.jus.br/jurisprudencia/Sumulas_com_indice/Sumulas_Ind_401_450.html#SUM-448>. Acesso em: 15 jun. 2014. [...] *STF Súmula nº 460* – 01/10/1964 – DJ de 8/10/1964, p. 3647; DJ de 9/10/1964, p. 3667; DJ de 12/10/1964, p. 3699. *Adicional de Insalubridade – Perícia Judicial em Reclamação Trabalhista – Enquadramento da Atividade*. Para efeito do adicional de insalubridade, a perícia judicial, em reclamação trabalhista, não dispensa o enquadramento da atividade entre as insalubres, que é ato da competência do Ministro do Trabalho e Previdência Social. BRASIL. Tribunal Superior do Trabalho. *Súmula nº 460*. Adicional de Insalubridade. Perícia Judicial em Reclamação Trabalhista. Enquadramento da Atividade. Disponível em: <http://www.dji.com.br/normas_inferiores/regimento_interno_e_sumula_stf/stf_0460.htm. Acesso em: 16 abr. 2015. As súmulas citadas, embora não vinculantes, "vinculam" muitos, senão a maioria, dos julgadores, nas decisões dos casos concretos. Essa vinculação não vinculativa gera o fechamento da atividade interpretativa. Maurício Reis refere que há os riscos das súmulas vinculantes gerarem uma "regralização interpretativa" que venha a "repristinar o positivismo". REIS, Maurício Martins. As Súmulas vinculantes no direito brasileiro e o risco hermenêutico à democracia constitucional: política autoritária de normas ou normas políticas e conteúdo?. In: STRECK Lenio Luiz; BARRETO, Vicente de Paulo; CULLETON, Alfredo Santiago (Orgs.). *20 anos de Constituição*: os Direitos Humanos entre a norma e a política. São Leopoldo: Oikos, 2009. p. 195-271. p. 195. Pertinente, por fim, citar a crítica de Lenio Streck: "O grande problema dessa metodologia judiciária consiste em apregoa no precedente repercussão hermenêutica intransitiva que lhe é indelevelmente avessa, porquanto a sua carga de eficácia vinculante não será jamais atestada pela simplicidade e precisão de seus termos [...]". STRECK, Lenio Luiz. *Verdade e consenso*: constituição, hermenêutica e teorias discursivas. 4. ed. São Paulo: Saraiva, 2011. p. 403.

Essa construção jurisprudencial certamente fora a responsável por uma movimentação modificadora na interpretação adotada pelo TST e que culminou na edição do item II da Súmula 448, onde restou previsto, a partir de então, que:

> A higienização de instalações sanitárias de uso público ou coletivo de grande circulação, e a respectiva coleta de lixo, por não se equiparar à limpeza em residências e escritórios, enseja o pagamento de adicional de insalubridade em grau máximo, incidindo o disposto no Anexo 14 da NR-15 da Portaria do MTE nº 3.214/78 quanto à coleta e industrialização de lixo urbano.[471]

Este quadro interpretativo representa um "esboço de diálogo entre fontes", na medida em que o juiz insere o fato laboral *trabalho com recolhimento de lixo e limpeza de banheiros* na norma pré-concebida e nota sua impossibilidade de enquadramento específico. Porém, esta inserção se dá muito mais por uma atividade analógica do que por um "diálogo". É claro que a analogia pode participar do "diálogo entre fontes", mas, como fonte "pronta a dialogar", não como mero instrumento de aplicação do direito por comparação. Resta evidente a limitação da hermenêutica aplicada, pois não se fez a releitura do *suporte fático* a partir de uma visão constitucional e da dignidade do trabalhador que executa tais atividades, mas, simplesmente, buscou-se aplicar à norma diante da existência dos vários traços fáticos parecidos entre as duas situações examinadas, já que a atividade de recolhimento de lixo e limpeza de banheiros é uma atividade insalubre e que o preceito "*galerias* e tanques de *esgoto*" e "*coleta e industrialização de lixo urbano*" resta divorciado da realidade ou, no mínimo, possui *suporte fático* limitado. Quando do exame da *operacionalização do diálogo*, tais argumentos ganharão mais luz, pois, na linha da teoria do "diálogo entre fontes", o fato em tela não precisaria da analogia para ser atendido o que, de certa forma, guarda muita semelhança com o caso das nanotecnologias, sobremaneira o *fato laboral nanotecnológico*. Todavia, parece evidente que a "abertura" (interpretativa) do item II da Súmula 448 do TST não elimina por completo

---

[471] Antes da edição da Súmula 448 do TST a jurisprudência trabalhista já contava com construções analógicas acerca da atividade de coleta de lixo e de limpeza de sanitários que não aquelas previstas nas condições do Anexo 14, da Norma Regulamentadora 15, da Portaria 3214 do Ministério do Trabalho e Emprego, como se exemplifica: [...] O contato com agentes biológicos e materiais infecto-contagiantes oriundos da limpeza de banheiros e da coleta do lixo urbano, enquadra-se no Anexo 14 da NR-15 da Portaria nº 3.214/78 do Ministério do Trabalho, sendo devido o pagamento de adicional de insalubridade em grau máximo. Entende-se que a atividade de limpeza de banheiros – que consistem no início da rede de esgoto cloacal – e o recolhimento do lixo produzido nestes locais expõe o empregado a agentes patogênicos, que poderão lhe ocasionar doenças graves, sendo suficientes poucas exposições ao agente para que a pessoa exposta possa contrair doenças em sua total e plena gravidade. Importante salientar que a autora era responsável pela limpeza de um banheiro utilizado pelos empregados da ré e de outro de uso dos clientes, de acordo pelas informações prestadas pelo perito, e não impugnadas pela reclamada durante a perícia. Acrescente-se que a atividade da ré compreende basicamente o atendimento a clientes no próprio estabelecimento, o que implica o maior utilização dos sanitários. E o perito consignou que havia vários empregados na ré. Assim, não há como se considerar que os banheiros onde a autora trabalha possam ser comparados com aqueles existentes em residências e escritórios, de forma que não se aplica ao caso o disposto no item II da OJ nº 04 da SDI-I do TST. [...]. BRASIL. Tribunal Regional do Trabalho (4. Região). 25ª Vara do Trabalho de Porto Alegre. 8ª Turma. Acórdão n. 0000006-76.2012.5.04.0025 (RO). Redator: Francisco Rossal de Araújo. Participam: João Paulo Lucena e Fernando Luiz de Moura Cassal. Porto Alegre, 13 mar. 2014. Disponível em: <http://gsa3.trt4.jus.br/search?q=cache:-VpOWA6XcawJ:iframe.trt4.jus.br/gsa/gsa.jurisp_sdcpssp.baixar%3Fc%3D49043336+limpeza+de+sanit%C3%A1rios+inmeta:DATA_DOCUMENTO:2013-06-17..2014-06-17++&client=jurisp&site=jurisp_sp&output=xml_no_dtd&proxystylesheet=jurisp&ie=UTF>. Acesso em: 16 abr. 2015.

o "fechamento" do item I, até mesmo porque, a dita "abertura" é uma "abertura estreita" ou limitada em termos interpretativos, pois acaba por destinar seu entendimento apenas para a "higienização de instalações sanitárias de uso público ou coletivo de grande circulação", como se uma mesma situação em que houvesse pouca ou baixa circulação, por si só, não oferecesse nenhum risco à saúde laboral.

Com total absorção dos subsídios delineados na análise do primeiro exemplo, parte-se para o segundo exemplo. É possível vislumbrar sinais de "esboço de diálogo entre fontes" na questão atinente ao trabalho desenvolvido em ambiente artificialmente climatizado. Muito embora o Anexo 9 da Norma Regulamentadora 15 da Portaria 3.214/70 do Ministério do Trabalho e Emprego preveja que o trabalho em interior de câmaras frias e em locais "similares" se configura como insalubre, o artigo 253 da Consolidação das Leis do Trabalho não utiliza de analogia ou do critério de similitude quanto ao intervalo especial para essa espécie de trabalhador, tornando exclusivo tal direito de repouso para recuperação térmica aos trabalhadores de interior de câmaras frias. No entanto, em movimento contrário ao item I da Súmula 448 do Tribunal Superior do Trabalho – originário da antiga Orientação Jurisprudencial 4 da SDI-I do TST –, por meio da edição da Súmula 438, promoveu um "esboço de diálogo" entre o artigo celetista e o referido Anexo 9, sendo a analogia o instrumento de coordenação deste "esboço de diálogo" e, tendo por principal escopo, a preservação da saúde e da segurança do trabalhador nestas condições especiais.[472] Neste caso, fica claro que a aludida Súmula se utilizou da analogia para atender situações em que os trabalhadores também possam estar expostos ao frio insalubre e, por isso, se insiste na configuração deste exemplo como um "esboço", pois a adoção pura e simples da analogia aplica o direito por comparação, mas, não, por uma atribuição de sentido que poder resultar

---

[472] Sobre o trabalho em exposição ao frio, estabelece o Anexo 9 da Portaria 3214/78 do Ministério do Trabalho e Emprego: 1. As atividades ou operações executadas no interior de câmaras frigoríficas, ou em locais que apresentem condições similares, que exponham os trabalhadores ao frio, sem a proteção adequada, serão consideradas insalubres em decorrência de laudo de inspeção realizada no local de trabalho. [...]. CURIA, Luiz Roberto; CÉSPEDES, Livia; NICOLETTI, Juliana (Cols.). *Segurança e medicina do trabalho*. 13. ed. atual. São Paulo: Saraiva, 2014. p. 340. Dispõe o artigo 253 da Consolidação da CLT: *Art. 253*. Para os empregados que trabalham no interior das câmaras frigoríficas e para os que movimentam mercadorias do ambiente quente ou normal para o frio e vice-versa, depois de uma hora e quarenta minutos de trabalho contínuos será assegurado um período de vinte minutos de repouso, computado esse intervalo como de trabalho efetivo. *Parágrafo único*. Considerando-se artificialmente frio, para os fins do presente artigo, o que for inferior nas primeira, segunda e terceira zonas climáticas do mapa oficial do Ministério do Trabalho a 15° (quinze graus), na quarta zona a 12° (doze graus), e nas quinta, sexta e sétima zonas a 10° (dez graus). BRASIL. *Decreto-Lei nº 5.452, de 1º de maio de 1943*. Aprova a Consolidação das Leis do Trabalho. Disponível em: <http://www.planalto.gov.br/ccivil_03/decreto-lei/del5452.htm>. Acesso em: 16 abr. 2015. Sobre este intervalo de recuperação térmica, o TST lança interpretação pela Súmula 438 do TST: *Súmula nº 438 do TST. INTERVALO PARA RECUPERAÇÃO TÉRMICA DO EMPREGADO. AMBIENTE ARTIFICIALMENTE FRIO. HORAS EXTRAS. ART. 253 DA CLT. APLICAÇÃO ANALÓGICA – Res. 185/2012, DEJT divulgado em 25, 26 e 27.09.2012* O empregado submetido a trabalho contínuo em ambiente artificialmente frio, nos termos do parágrafo único do art. 253 da CLT, ainda que não labore em câmara frigorífica, tem direito ao intervalo intrajornada previsto no caput do art. 253 da CLT. BRASIL. Tribunal Superior do Trabalho. *Súmula nº 438*. Intervalo para recuperação térmica do empregado. Ambiente artificialmente frio. Horas extras. Art. 253 da CLT. Aplicação analógica. Disponível em: <http://www3.tst.jus.br/jurisprudencia/Sumulas_com_indice/Sumulas_Ind_401_450.html#SUM-438>. Acesso em: 16 abr. 2015.

de um efetivo "diálogo" entre o artigo 253 da CLT, o Anexo 9 da Norma Regulamentadora 15 da Portaria 3.214/1978 do Ministério do Trabalho e Emprego e a própria analogia que, na verdade, representa uma fonte "a dialogar" e não uma ferramenta para o "diálogo". Reitera-se o que fora dito no exame do primeiro exemplo, isto é, a proposta hermenêutica realizada a partir de um "diálogo entre fontes" não depende e, no caso, não dependeria, da analogia para aplicar o direito em questão.

O que chama a atenção nestes dois exemplos, além, é claro, do fato de servirem como "esboço" para o "diálogo entre fontes" que se pretende consolidar para as questões relativas às nanotecnologias e o mundo do trabalho, é a contradição na atividade interpretativa do mesmo Tribunal, onde, de forma evidentemente polarizada, para fatos que gravitam no mesmo campo, qual seja, meio ambiente de trabalho, se faz leituras opostas para a pretensa concretização de um direito do trabalhador. Como asseverado recentemente em linhas anteriores, essa contradição gera uma "falta de coerência" na ordem jurídica, o que, por sua vez, impede uma efetiva realização do Direito.[473] Daí a importância da teoria do "diálogo entre fontes" como forma de correção destas contradições e incoerências. A inexistência de contradição, nas palavras de Engelmann, respalda a "logicidade do sistema jurídico".[474]

Oportuno repisar que apesar do caráter positivo dos raciocínios ora propostos, entende-se que as situações mencionadas se constituem em exemplos de "esboços", e não especificamente em exemplo típicos de "diálogo entre fontes", seja porque essa teoria ainda não resta albergada e aplicada pela jurisprudência trabalhista, seja porque os exemplos prestados representam a identificação de que *alguns elementos* que podem participar do "diálogo ente fontes" figuraram como alternativa e fundamento para que os direitos fossem atendidos, como é o caso da analogia comentada nas duas situações delineadas.[475] Deste modo e em fechamento do *segundo momento*, conclui-se que os exemplos ora comentados inspiram a premissa de que o Direito do Trabalho

---

[473] MARQUES, Cláudia Lima. O "diálogo das fontes" como método da nova teoria geral do direito: um tributo à Erik Jayme. In: MARQUES, Cláudia Lima (Coord.). *Diálogo das fontes*: do conflito à coordenação de normas do direito brasileiro. São Paulo: Revista dos Tribunais, 2012. p. 17-65. p. 23-24.

[474] ENGELMANN, Wilson. A (re) leitura da teoria do fato jurídico à luz do "diálogo entre as fontes do direito": abrindo espaços no direito privado constitucionalizado para o ingresso de novos direitos provenientes das nanotecnologias. In: Constituição, Sistemas Sociais e Hermenêutica. *Anuário do Programa de Pós-Graduação em Direito da Unisinos*: mestrado e doutorado, Porto Alegre, n. 7, p. 289-308, 2010. p. 291.

[475] A respeito da crítica feita à utilização da analogia nos dois exemplos citados e na jurisprudência trabalhista, pertinente citar o entendimento de Bruno Miragem: [...] Neste ponto o método do diálogo das fontes parece servir igualmente à colmatação das lacunas, uma vez que dele resulta a distinção do âmbito de aplicação das normas como critério para que se apliquem, de modo concomitantemente, ao mesmo caso; assim como da seleção e exame dos casos que se pretenda sejam utilizados como paradigmas para uma aplicação analógica. [...] Entenda-se aqui a aplicação analógica como analogia *juris*, considerando que o resultado de aplicação da norma ao caso concreto é, em verdade, resultado da aplicação do direito, assim considerado o ordenamento jurídico inteiro, na medida em que não se pode prescindir, na identificação do sentido que precede a aplicação da norma ao caso, da influência decisiva do sistema normativo como um todo. [...]. MIRAGEM, Bruno. Eppur si muove: diálogo das fontes como método de interpretação sistemática no direito brasileiro. In: MARQUES, Cláudia Lima (Coord.). *Diálogo das fontes*: do conflito à coordenação de normas do direito brasileiro. São Paulo: Revista dos Tribunais, 2012. p. 68-109. p. 85.

está sim preparado para recepcionar a teoria do "diálogo entre fontes" em relação aos efeitos decorrentes do *fato laboral nanotecnológico*, porque apresenta ensaios ou "esboços de diálogos entre fontes" em situações pontualmente comentadas.

Ocupa-se, agora, do *terceiro momento* e último na análise sobre o "diálogo entre fontes". Depois da análise conceitual da hermenêutica do "diálogo entre fontes" e da demonstração que o Direito do Trabalho pode recepcioná-lo, passa-se à construção de uma proposta para a "operacionalização do diálogo entre fontes" afeita à situação fática das nanotecnologias e o trabalho humano.

Propor a operacionalização de uma proposta hermenêutica é tarefa deveras dificultosa e complexa, ainda mais quando se pretende delinear esta proposta com a linha de argumentação de todo o presente estudo: oferecer ao intérprete do Direito do Trabalho uma alternativa concreta para se operacionalizar o "diálogo entre fontes" com vistas a uma *produção de proposições de respostas* que o Direito possa se servir e que delas advenha a proteção jurídica aos efeitos do *fato laboral nanotecnológico*. Neste sentido, o desafio da proposta do "diálogo entre fontes" é exatamente sua operacionalização diante do caso concreto. Importante, aqui, definir que o "caso concreto" não pode servir de "álibi", ideia e expressão de Lenio Streck, para que, no caso concreto, se opere um exercício interpretativo subsuntivo capaz de fazer com que prevaleça a subjetividade do juiz ou de um Tribunal por meio de um verbete ou súmula. A interpretação "caso a caso" não pode servir como palco para o "isolamento de sentido".[476] Com efeito, ao se associar a ideia de "operacionalização do diálogo" com a ideia de "caso concreto", retorna-se ao que já fora falado nesta pesquisa, ou seja, interpretar o caso concreto e procurar no Direito (norma) uma resposta significa *atribuir sentido*. Interpretando o "caso concreto" em círculo – *círculo hermenêutico* –, o intérprete percebe o seu modo de ser-no-mundo em que está inserido e, partindo de uma pré-compreensão, alcança a compreensão do texto, não como "ser-objeto", mas também como uma manifestação da realidade.[477] Para Engelmann, "[...] não existe essa formulação de significado único e muito menos uma regra de formulação definitiva, que não revelasse uma nova variante ou um novo modelo de solução, a cada novo caso concreto".[478] O mesmo autor entende que cada caso enseja nova inserção no *círculo hermenêutico*: "A cada situação, deverá haver um novo ingresso no círculo hermenêutico, a fim de construir uma solução que seja adequada para "aquele" caso, especialmente para ele".[479]

Outra questão que merece relevo no contexto da "operacionalização do diálogo entre fontes" é se o "diálogo" representa uma proposta hermenêutica ou um método de interpretação?

---

[476] STRECK, Lenio Luiz. *Verdade e consenso*: constituição, hermenêutica e teorias discursivas. 4. ed. São Paulo: Saraiva, 2011. p. 278-279.
[477] Ibid., p. 281.
[478] ENGELMANN, Wilson. *Direito natural, ética e hermenêutica*. Porto Alegre: Livraria do Advogado, 2007. p. 241.
[479] Ibid., p. 244.

Muito embora, no primeiro momento da análise geral do "diálogo" se tenha declinado um conceito e, neste conceito, se tenha a definição de proposta hermenêutica, neste momento, resgata-se e reforça-se esta ideia, pois, em termos de "operacionalização do diálogo", alguns autores como Cláudia Lima Marques e Bruno Miragem tratam o "diálogo" como método.

Cláudia Lima Marques entende que:

> A teoria do diálogo das fontes é, em minha opinião, uma método da nova teoria geral do direito muito útil e pode ser usada na aplicação de todos os ramos do direito, privado e público, nacional e internacional, como instrumento útil ao aplicador da lei no tempo, em face do pluralismo pós--moderno de fontes, que não parece diminuir no século XXI. Método é caminho. Metodologia é um processo, uma técnica que generosamente nos guia, nos ajuda a avançar de forma segura, neste esforço de acertar e alcançar uma decisão justa.[480]

A autora segue seu raciocínio vinculando o método do "diálogo" com os direitos humanos e constitucionais:

> O diálogo das fontes é iluminado pelos valores constitucionais e os direitos humanos e fundamentais. Realmente, o diálogo das fontes – como método – valoriza os valores constitucionais que iluminam esta solução de coerência restaurada do sistema.[481]

No mesmo sentido, segue a linha de entendimento de Bruno Miragem:

> O diálogo das fontes é um método de interpretação e aplicação das leis que se associa a esforços de superação de uma crise de confiança no direito como instrumento de pacificação e solução de conflitos.[482]

No entanto, sem desprezar as razões da utilização do "diálogo" como método, entende-se mais adequado, inclusive para a presente pesquisa, mesmo na atividade de operacionalização, manter a conceituação de proposta hermenêutica no sentido de "conduta interpretativa" e não como método interpretativo. Essa conceituação segue e linha do pensamento de Lenio Streck:

> Nesse sentido, a preciosa lição de Dworkin (*Law"s empire*), ao lembrar que, quando mais de uma solução se apresentar a partir dessa "conduta interpretativa", o juiz deverá optar pela interpretação que, do ponto de vista da moral política, melhor reflita a estrutura das instituições e decisões da comunidade, ou seja, a que melhor represente o direito histórico e o direito vigente, sendo que esta seria, assim, as resposta correta para o caso concreto.[483]

Levando em conta a linha hermenêutica adotada pelo estudo para se buscar a construção albergadora de proteção jurídica do *fato laboral nanotecnológico*, fertilizada, inclusive, pelo *círculo hermenêutico*, e marcada pelo divórcio com a interpretação subsuntiva – meramente positivista, legalista e objetificante –, não há como considerar o "diálogo entre fontes" como método, mas, sim,

---

[480] MARQUES, Cláudia Lima. O "diálogo das fontes" como método da nova teoria geral do direito: um tributo à Erik Jayme. In: MARQUES, Cláudia Lima (Coord.). *Diálogo das fontes*: do conflito à coordenação de normas do direito brasileiro. São Paulo: Revista dos Tribunais, 2012. p. 17-65. p. 21.

[481] Ibid., p. 28.

[482] MIRAGEM, Bruno. Eppur si muove: diálogo das fontes como método de interpretação sistemática no direito brasileiro. In: MARQUES, Cláudia Lima (Coord.). *Diálogo das fontes*: do conflito à coordenação de normas do direito brasileiro. São Paulo: Revista dos Tribunais, 2012. p. 68-109. p. 86.

[483] STRECK, Lenio Luiz. *Verdade e consenso*: constituição, hermenêutica e teorias discursivas. 4. ed. São Paulo: Saraiva, 2011. p. 281.

como proposta hermenêutica vinculada a uma "conduta interpretativa". Ernildo Stein relativiza a ideia de método quando se trata de hermenêutica:

> Iniciou-se uma mudança muito sensível quando se começou a pensar na questão do método. Mas isso se fazia de uma forma diferente do que pensamos hoje: método como caminho de investigação científica; método como caminho mais lógico para a descoberta de um determinado tipo de verdade relativo ao objeto. [...] A idéia de método tem um sentido diferente quando se fala em hermenêutica: não é um procedimento e não se pode dizer que o seja porque um problema sério é o da não-separação entre sujeito e objeto.[484]

Por essa razão, ainda que se possa lançar mão da classificação "método interpretativo", diante do risco que se corre de não se interpretar a relação sujeito-objeto a partir de uma circularidade – *círculo hermenêutico*, a operacionalização ora desenvolvida se pauta por um "diálogo" como *postura* do intérprete desvelada numa "conduta interpretativa".

Ademais, antes de se apresentar uma proposta de "operacionalização do diálogo entre fontes" exclusiva para a questão decorrente da problemática *Nanotecnologias x Direito do Trabalho*, imperioso citar três propostas (ou *esboço de propostas*) doutrinárias declinadas no sentido geral do "diálogo", sendo uma delas vinculada ao contexto geral da relação entre as nanotecnologias e o Direito (Direito como gênero).

Declina-se a proposta de operacionalização de Cláudia Lima Marques como sendo:

> [...] aplicação conjunta das duas normas ao mesmo tempo e ao mesmo caso, seja complementarmente, seja subsidiariamente, seja permitindo a opção voluntária das partes pela fonte prevalente (especialmente em matéria de convenções internacionais e leis modelos) ou mesmo a opção por uma solução flexível e aberta, de interpretação, ou a solução mais favorável ao mais fraco da relação.[485]

Bruno Miragem propõe:

> [...] o desenvolvimento de um método de interpretação e aplicação das normas jurídicas, que associa a visão sistemática dos diversos "elementos" integrantes do ordenamento jurídico, mediante coordenação das fontes normativas segundo diretriz de realização dos direitos fundamentais, contribui não apenas com a afirmação de uma unidade lógica do direito, como igualmente para a reconstrução da confiança na sua autoridade.[486]

Em relação ao contexto geral das nanotecnologias, Engelmann leciona que o "diálogo entre fontes" pode ser operacionalizar a partir da conjugação de todo os elementos até aqui abordados:

> Com isso, o Direito e a produção do jurídico deverão ser guiados pelo diálogo entre as fontes do Direito, revelando-se novamente o papel deste capítulo da Teoria Geral do Direito, mediante a harmonização entre os diversos atores envolvidos, sem a proeminência de um em relação ao outro. É

---

[484] STEIN, Ernildo. *Aproximações sobre hermenêutica*. 2. ed. Porto Alegre: ediPUCRS, 2010. p. 26.
[485] MARQUES, Cláudia Lima. O "diálogo das fontes" como método da nova teoria geral do direito: um tributo à Erik Jayme. In: MARQUES, Cláudia Lima (Coord.). *Diálogo das fontes*: do conflito à coordenação de normas do direito brasileiro. São Paulo: Revista dos Tribunais, 2012. p. 17-65. p. 28.
[486] MIRAGEM, Bruno. Eppur si muove: diálogo das fontes como método de interpretação sistemática no direito brasileiro. In: MARQUES, Cláudia Lima (Coord.). *Diálogo das fontes*: do conflito à coordenação de normas do direito brasileiro. São Paulo: Revista dos Tribunais, 2012. p. 68-109. p. 88.

neste espaço, também, que se desenham as alternativas para a "regulação" e a "regulamentação", conforme estudado a partir de Alain Supiot. Será o caso concreto, ou seja, a segurança das pessoas e do meio ambiente, que deverá conduzir a decisão sobre prosseguir ou não nas pesquisas; continuar ou não na produção de objetos; aumentar ou recuar a comercialização de produtos que tenham alguma relação com as nanotecnologias.[487]

Traçados estes pontos e subsidiando-se das possibilidades de operacionalização referidas, parte-se para uma proposta de "estruturação do diálogo entre fontes" específica para o *fato laboral nanotecnológico*, sendo que neste momento a atividade do "diálogo entre fontes" é ofertada ao intérprete do Direito do Trabalho como uma proposta hermenêutica que, por sua vez, lhe impõe uma "conduta interpretativa", sobretudo pela proposição das *"fases de conduta interpretativa"*. Deste modo, a proposta de operacionalização desdobra-se em *"fases de conduta interpretativa"* que passam a ser construídas, na forma que segue:

a) *primeira fase*: o intérprete do Direito do Trabalho identifica o *fato laboral nanotecnológico* e os seus respectivos desdobramentos no caso concreto, em matéria de saúde e segurança do trabalho, tratando-o como fato jurídico, a partir da releitura do suporte fático tradicional. A partir de então, o intérprete verifica quais as demandas que necessitam de respostas, levando sempre em consideração a desregulamentação em matéria nanotecnológica, os *riscos desconhecidos e futuros* emergentes destas novas tecnologias e, também, a certeza (científica) de que *efeitos nocivos* podem ser produzidos contra o ser humano e o meio ambiente;

b) *segunda fase*: diante da necessidade de o Direito prestar respostas ao caso concreto inerente ao *fato laboral nanotecnológico*, o intérprete passa à etapa do *plano de produção de proposições de respostas*;

c) *terceira fase*: para que ocorra a sua inserção no *plano de produção de proposições de respostas*, o intérprete deve identificar três pilares obrigatórios de sustentação do plano, quais sejam o princípio do *"irredutível humano"*,[488] o princípio da dignidade da pessoa humana e o princípio do valor social do trabalho, todos imantados na figura do trabalhador nanotecnológico. Aqui se inicia uma "etapa hermenêutica" do "diálogo", pois antes de se submeter o *fato laboral nanotecnológico*

---

[487] ENGELMANN, Wilson. O Direito frente aos desafios trazidos pelas nanotecnologias. In: Constituição, Sistemas Sociais e Hermenêutica. *Anuário do Programa de Pós-Graduação em Direito da Unisinos*: mestrado e doutorado, Porto Alegre, n. 10, p. 301-311, 2013. p. 309.

[488] A linha argumentativa do presente estudo pretende permanentemente centralizar o trabalhador num raio de uma análise antropológica, intuindo com isso, a criação de um panorama de promoção de um "acontecer" do Direito, em relação a sua proteção. Proteger o trabalhador como sujeito de direitos trabalhistas; mas, antes (e antes de tudo) proteger o trabalhador como ser humano. Essa "supervalorização" faz-se necessária para subsidiar qualquer construção jurídica, tal como o "diálogo entre fontes". A hermenêutica ideal se apropria do elemento antropológico, não sendo diferente com o "diálogo entre fontes". Por isso, ao se ofertar o princípio do "irredutível humano" como pilar do plano de produção de respostas em que se desenvolve o "diálogo", toma-se por empréstimo a expressão galgada por Delmas-Marty: "'O irredutível humano' é mesmo a exigência ética suprema e a proibição absoluta de ultrapassar o ponto a partir do qual a violência já não pode ser resgatada por um voto de reciprocidade e se torna pura negação do humano". DELMAS-MARTY, Mireile. *Por um direito comum*. Tradução de Maria Ermantina de Almeida Prado Galvão. São Paulo: Martins Fontes, 2004. p. 185. A ideia do "irredutível humano" é fertilizada pelo *homo juridicus* considerado por Alain Supiot. "O Homem dos direitos humanos é, depois, um sujeito soberano. Como o homo juridicus, é titular de uma dignidade própria, nasce livre, dotado de razão e titular de direitos. É um sujeito nos dois sentidos do termo: o de um ser sujeitado ao respeito da lei e protegido por ela; e o de um "eu" atuante, capaz de fixar para si mesmo suas próprias leis e devendo, como tal, responder por seus atos". SUPIOT, Alain. *Homo juridicus*: ensaio sobre a função antropológica do Direito. Tradução de Maria Ermantina de Almeida Prado Galvão. São Paulo: Martins Fontes, 2007. p. 235.

ao "diálogo entre fontes", deverá o intérprete inserir tal fato laboral à "filtragem" dos direitos humanos e fundamentais. Essa "filtragem" se dá por força do *círculo hermenêutico*. Partindo da premissa de rompimento com métodos ou técnicas de interpretação objetificante, o intérprete passa a promover a interpretação do *fato laboral nanotecnológico* e dos direitos humanos e fundamentais num movimento circular, entrando e saindo do círculo, vislumbrando sua condição de ser no mundo, identificando a *faticidade*, fixando a pré-compreensão e alcançando a compreensão do caso concreto e de suas necessidades de proteção;[489]

d) *quarta fase*: erguidos os pilares de sustentação do *plano de produção de respostas*, o intérprete se insere no "diálogo entre fontes" e inicia a coordenação do "diálogo", tendo por "assunto" principal a necessidade de proteção do *fato laboral nanotecnológico*, sobretudo no caso concreto em apreciação.

Com efeito, o intérprete promove um primeiro "diálogo" entre as próprias normas existentes em matéria de saúde e segurança do trabalho, dentre estas normas, os "interlocutores" principais são o artigo 7º, XXII, da Constituição Federal de 1988, os artigos 157, 166 e 189 da Consolidação das Leis do Trabalho, as Normas Regulamentadoras da Portaria 3.214/78 do Ministério do Trabalho e Emprego e o Decreto 1.254/94 que inseriu no ordenamento pátrio a Convenção 155 da Organização Internacional do Trabalho (todas referidas no item 2.3.1). Reitera-se o fato de que tais normas tem caráter exclusivamente preventivo, sendo que, para o seu "acontecer" concreto, no sentido de evitar a ocorrência de acidentes de trabalho e doenças ocupacionais, tais normas devem ser "convidadas" para o "diálogo" a partir de uma *nova hermenêutica da prevenção*, a qual, por sua vez, se materializa pelo conjunto círculo *hermenêutico=princípio de solidariedade=consciência coletiva*. Por outro lado, considerando que a *prevenção* se ressalta no sistema das Normas Regulamentadoras, propõe-se, também, que o intérprete patrocine, neste primeiro "diálogo", um "diálogo preliminar". Neste momento, é possível que o intérprete desenvolva o "diálogo" entre as Normas Regulamentadoras, principalmente as de números 5 (Comissão Interna de Prevenção de Acidentes), 6 (equipamentos de proteção individual), 9 (Programa de Prevenção de Riscos Ambientais), 15 (atividades e operações insalubres) 25 (resíduos industriais) e 26 (sinalização de segurança). O "diálogo" entre estas normas pode ser delineado por indagações provocativas, com vistas a albergar, ainda que parcialmente, o *fato laboral nanotecnológico*, com base na previsão de cada Norma Regulamentadora: a) quais são as atividades nanotecnológicas existentes no caso concreto? b) é possível uma identificação objetiva dos riscos ambientais decorrentes do *fato laboral nanotecnológico* em análise? c) quais as medidas preventivas que podem ser adotadas? d) na situação, quais os equipamentos de proteção individual existentes são capazes de elidir os efeitos nocivos do trabalho nanotecnológico? e) no particular, há algum elemento decorrente do trabalho com nanotecnologias que venha a configurar uma atividade insalubre?

---

[489] A despeito de tudo que já fora escrito e elucidado a cerca do *círculo hermenêutico*, oportuno revisitar as ideias de pré-compreensão e compreensão. Conforme Engelmann: "A atribuição de sentido, como resultado do trabalho do intérprete ocorre dentro do chamado *círculo hermenêutico*. Esta circularidade é vislumbrada numa espécie de espiral hermenêutica, onde a compreensão é sempre precedida pela pré-compreensão". ENGELMANN, Wilson. *Direito natural, ética e hermenêutica*. Porto Alegre: Livraria do Advogado, 2007. p. 238.

Num segundo momento, o intérprete promove um "diálogo" entre as normas trabalhistas de índole preventiva que atuam no meio ambiente laboral e as normas que invocam, implícita e expressamente, o *princípio da precaução*. Traz-se para o "diálogo" o artigo 225 da Constituição Federal de 1988 e a Lei 6.938/1981 – Lei de Política Nacional do Meio Ambiente –, cujas normas trazem implicitamente a postura de *precaução*. Participam também a Lei 1.105/2005 – Lei de Biossegurança –, cujo artigo 1º impõe a observância do *princípio da precaução*, e o inciso II, do artigo 157, da Consolidação das Leis do Trabalho que, como já fora dito, ainda que "acidentalmente", inclui textualmente a postura de *precaução* como obrigação do empregador. Neste "diálogo" também há espaço para eventuais convenções coletivas ou acordos coletivos que as categorias envolvidas no caso concreto em exame tenham celebrado e, especificamente acerca do trabalho com nanotecnologias, tenham elaborado e incluído cláusula normativa expressa.

Passando para um terceiro momento, o intérprete, sendo sabedor que os efeitos (*desconhecidos e futuros*) das nanotecnologias e o cenário hodierno de desenvolvimento tecnológico e, por conseguinte, de incerteza e de riscos, tendem muito mais a recepcionar a figura da *regulação não tradicional*, tendo em vista a insuficiência e a incoerência do modelo de *regulação tradicional ou legal*, promove que os movimentos de *regulação* e suas diretrizes sejam "convidados" e "participem" do "diálogo" com as fontes normativas de *prevenção* e *precaução*. Neste contexto, o "convite" é estendido a normas internacionais, ainda que o Brasil não seja signatário ou partícipe. Destarte, o intérprete pode instaurar um "diálogo" com a Declaração de Estocolmo da Conferência das Nações Unidas – ONU de 1972, com o Tratado de Maastricht vigente no âmbito da Comunidade Europeia de 1987 – Tratado do Mar do Norte –, e com as conclusões da Conferência das Nações Unidas sobre o Meio Ambiente Humano e Desenvolvimento, no Rio de Janeiro de 1992. Especialmente sobre a Conferência do Rio de Janeiro – Rio+20 –, é de destacada importância sua participação no "diálogo", pois, como já antecipado em linhas anteriores, trata-se de uma expressão regulatória (não tradicional) gestada no Brasil, sendo que dentre seus Princípios, de forma expressa, no Princípio 15, resta sedimentada a ideia de uma postura voltada para a *precaução* em todas as questões que envolvem o meio ambiente, característica essa que se volta também para a matéria atinente às nanotecnologias.

Neste mesmo momento, é possível também se instaurar um "diálogo", a nível internacional, com as diretrizes resultantes da Oficina da Organização Internacional do Trabalho – OIT –, "Riscos Emergentes e novos modelos de *prevenção* em um mundo de trabalho em transformação", com os princípios do trabalho *Éthique et Politique des Nanotechnologies* da UNESCO, com os pareceres sobre a segurança de nanomateriais manufaturados da Organização para a Cooperação e Desenvolvimento Econômico – OECD – , com as recomendações da OSHA – Ocupational Safety and Health Administration –, como os *standards* e normas técnicas da International Standards for Organisation – ISO –, com as recomendações do The National Institute for Occupational Safety and Health – NIOSH –, com as definições do *Institute for Health and Consumer Protection*

– *European Comission* – e, a nível nacional, com o documento de Referência de Nanotecnologia em Cosméticos, de agosto de 2013, do Instituto de Tecnologia e Estudos de Higiene Pessoal, Perfumaria e Cosméticos e com as diretrizes do Comitê Interministerial de Nanotecnologias – CIN – (Portaria Interministerial 510/2012).

> e) *quinta fase*: em que pese, desde a Primeira Fase, o intérprete vem executando uma "conduta interpretativa" com vistas à operacionalização do "diálogo", é nesta fase que se operará com mais ênfase a compreensão. Ao ingressar na quinta fase interpretativa, o intérprete tem condições de apreender as "vozes" resultantes do "diálogo" promovido e, com isso, alcançar o espaço de *produção de proposições de respostas* às consequências e desdobramentos oriundos do *fato laboral nanotecnológico* em concreto que clama por resposta. Com efeito, a partir de agora, o intérprete ingressa em um "espaço hermenêutico" – *logos hermenêutico*[490] – onde é possível a plenitude da sua compreensão. Esse compreender do intérprete se desenvolverá através de três momentos: "apreensão das vozes", "harmonização das vozes" e "construção de uma resposta adequada".

No momento de "apreensão das vozes", o intérprete identifica o que as fontes têm a dizer sobre o caso concreto? Toda fonte disposta ao "diálogo" (tanto oriundas de uma *regulação tradicional ou legal* como de uma *regulação não tradicional*) tem um contributo ou uma aptidão para o caso concreto posto à apreciação e à produção de respostas, sendo que incumbe ao intérprete servir-se de tudo aquilo que possa ser aproveitado para conceber uma resposta protetiva à demanda, tendo como viga mestra a valorização da dignidade do ser humano trabalhador sujeito a todas as circunstâncias provocadas pelas circunstâncias nanotecnológicas.

Identificado aquilo que as "fontes tem a dizer", passa-se à tarefa de "harmonização das vozes". Neste momento, o intérprete pode se utilizar dos paradigmas utilizados como pilares para a construção do *plano de produção de respostas* em que se está desenvolvendo o "diálogo entre fontes" (Terceira Fase). Todas as "vozes" ou todo o conteúdo extraídos das fontes "interlocutoras", ainda que tenham natureza ou atuação diferente, devem ser consideradas pelo intérprete nos aspectos que convergirem para um ponto comum, ou seja, deve ser selecionado aquilo que cada fonte manifesta quanto à valorização do ser humano, à proteção da sua dignidade e valorização social do seu trabalho. Deve o intérprete estabelecer uma "combinação" de todas as disposições das fontes em que se verifique a preocupação primordial em assegurar e preservar o trabalhador como ser humano no mundo,[491] não obstante o cumprimento

---

[490] Quando se fala em *logos hermenêutico*, se está falando a um espaço destinado ao "compreender". Para Ernildo Stein: "Portanto o compreender é uma qualidade do ser humano, mas não é uma qualidade natural. É uma qualidade que provém do ser humano, quanto humano. Podemos imaginar que existe um *logos* que se bifurca: o *logos* da compreensão da linguagem. Heidegger depois irá chamar esse primeiro *logos* da compreensão de uma proposição, de *logos apofântico*, o *logos* que se manifesta na linguagem. E o outro *logos*, aquele que se dá praticamente no compreender enquanto somos um modo de compreender, irá chamar de *logos hermenêutico*". STEIN, Ernildo. *Aproximações sobre hermenêutica*. 2. ed. Porto Alegre: ediPUCRS, 2010. p. 30. Salienta-se que, nas "fases de conduta interpretativa" do "diálogo entre fontes", é na quinta fase, ou seja, no espaço de *produção de proposições de respostas* que se dará efetivamente a compreensão em relação à demanda nanotecnológica.

[491] Sobre a necessidade de valorização do ser humano e de observância dos direitos humanos como paradigmas básicos, inclusive na *produção de proposições de respostas* capazes de atender as consequências do fato laboral nanotecnológico, Vicente Barretto refere que "encontra-se nesse admirável mundo novo, nascido das

dos direitos trabalhistas que lhe são conferidos. Neste sentido, Porto Borjes, Gomes e Engelmann exemplificam essa "combinação", ao tratarem do Direito do Consumidor:

> Apenas para argumentar, pelo diálogo das fontes, uma legislação não exclui a outra, mas seu campo de incidência poderá ser maior ou menor. Assim, quando se tratar de uma relação consumerista, se aplicará a Lei nº 8.0780, de 1990, sempre respeitando as demais fontes, a saber, o Código Civil e a Constituição Federal.[492]

À primeira análise, tendem à "harmonização" aquelas fontes de Direito do Trabalho cujas "vozes" apontem para a proteção, antes de qualquer outra coisa, da dignidade do trabalhador, dignidade esta desdobrada na sua integridade que, por sua vez, deve ser o centro da preocupação do meio ambiente da ordem jurídica. Convém destacar, no entanto, que há uma linha muito tênue de separação entre o momento de "harmonização das vozes" e o momento de "construção de uma resposta adequada". Ao harmonizar as "vozes" das fontes que participaram do "diálogo", o intérprete está muito próximo de alcançar uma resposta.

No terceiro e último momento, a "harmonização" deságua na "construção de uma resposta adequada", como forma de atender o caso concreto. Cabe, agora, ao intérprete, traçar um horizonte de sentido pela compreensão das disposições extraídas das fontes que participaram do "diálogo". Neste estágio, ocorre o que Engelmann aponta como "consciência hermenêutica":

> A consciência hermenêutica, na linha trabalhada até o momento, exige o trabalho com o círculo hermenêutico, onde ocorre uma espécie de conexão entre a formulação do problema e a resposta. tudo precisa iniciar com a compreensão do texto (o qual não necessita ser um texto de lei) que este em análise, onde são trazidos à tona todos os pré-conceitos e todo o conjunto da pré-compreensão.[493]

Com isso, incumbe ao intérprete a construção de uma resposta que pode ter origem apenas numa fonte ou pode derivar da seleção e somatório de várias disposições de mais de uma fonte. Por isso, chama-se "construção". Deste

---

entranhas da sociedade tecnocientífica, especificamente, no âmbito das biociências e das biotecnologias, indagações éticas e questionamentos morais, que repercutem no sistema jurídico". BARRETTO, Vicente de Paulo. O "admirável mundo novo" e a teoria da responsabilidade. In: TEPEDINO, Gustavo; FACHIN, Luiz Edson (Coords.). *O direito e o tempo*: embates jurídicos e utopias contemporâneas: estudos em homenagem ao professor Ricardo Pereira Lira. Rio de Janeiro: Renovar, 2008. p. 995-1018. Diante deste cenário, pertinente citar a vinculação que Joaquin Herrera Flores faz dos direitos humanos com a ideia de "diamante ético": Na qualidade de diamante, nossa figura pretende afirmar a indiscutível interdependência entre os múltiplos componentes que definem os direitos humanos no mundo contemporâneo. Com o "diamante ético", lançamo-nos a uma aposta: dos direitos humanos vistos em sua real complexidade constituem o marco para construir uma ética que tenha como horizonte a consecução das condições para que "todas e todos" (indivíduos culturas, formas de vida) possa levar à prática sua concepção da dignidade humana". FLORES, Joaquín Herrera. "Situar" os direitos humanos: o "diamante ético" como marco pedagógico e de ação. In: JOAQUÍN, Herrera Flores. *A (Re)Invenção dos Direitos Humanos*. Tradução de Carlos Roberto Diogo Garcia, Antonio Henrique Graciano Suxberger e Jefferson Aparecido Dias. Florianópolis: Boiteux, 2009. (Cap. 5). p. 119.

[492] BORJES, Isabel Cristina Porto; GOMES, Taís Ferraz; ENGELMANN, Wilson. *Responsabilidade civil e nanotecnologias*. São Paulo: Atlas, 2014. p. 95.

[493] ENGELMANN, Wilson. *Direito natural, ética e hermenêutica*. Porto Alegre: Livraria do Advogado, 2007. p. 258.

modo, a pretensão de se construir uma resposta "adequada" em relação ao *fato laboral nanotecnológico* passa pela conjugação de vários elementos.

Nesta fase de "construção de uma resposta adequada", é necessário que o intérprete "regresse" (ou talvez, avance) à Terceira Fase da sua "conduta interpretativa" para se servir do conteúdo hermenêutico dos pilares do *plano de produção de proposições de resposta*s, conservando sua interpretação por meio do *círculo hermenêutico*. Mais uma vez, mas agora perante as fontes "dialogadas", o *fato laboral nanotecnológico* do caso concreto é projetado no *círculo hermenêutico* e o intérprete, por já ter fixado sua pré-compreensão na Terceira Fase, pode-se compreender no mundo, compreender o fato laboral e identificar a necessidade de proteção, a partir do *"irredutível humano"*, da dignidade do trabalhador como pessoa e do valor social deste trabalho. Importante referir que, caso a resposta que está sendo construída pelo intérprete tenha, no momento de "harmonização das vozes", se utilizado das "vozes" de uma norma vigente de saúde e segurança do trabalho inserida no sistema de *prevenção*, o intérprete deverá retornar, também, à ideia de uma nova hermenêutica da *prevenção*, calcada no conjunto *círculo hermenêutico=princípio de solidariedade=consciência coletiva*.

Deste modo, a aplicação concreta da Quinta Fase interpretativa, assim como das demais fases antecedentes, restará demonstrada num exemplo a seguir ofertado. Encerrado o desdobramento da "operacionalização do diálogo entre fontes" por meio das "fases de conduta interpretativa", têm-se condições de aproximar as proposições decorrentes das fases declinadas de uma construção hipotética exemplificativa que, ainda que seja uma hipótese, dá sinais de uma realidade factível no cotidiano de autuação do Direito do Trabalho e demonstra como se daria a operacionalização desenhada e idealizada perante intérpretes ativos, como Procuradores do Ministério Público do Trabalho e Juízes da Justiça do Trabalho. Passa-se à construção do exemplo.

Para tanto, aproveita-se, mais uma vez, do exemplo fático proposto no item 3.2 espelhado em situação fática real, citada por Engelmann, em que ocorreu a morte de duas chinesas que inalaram fumaça e vapores que continham nanopartículas, tendo antes apresentado manchas vermelhas no rosto e nos braços.[494]

Supondo-se, então, que uma empresa brasileira produza determinado produto e utilize processo de pintura de jateamento de placas de poliestireno com emissão de fumaça e vapores que contém nanopartículas. O Ministério Público do Trabalho recebe uma denúncia efetuada por parte dos empregados de que o respectivo empregador não fornece equipamentos de proteção individual adequados à atividade de pintura desenvolvida, não paga adicional de insalubridade e não informa quais os níveis e percentuais de quantidade de nanopartículas utilizadas, tampouco informa os riscos que os empregados correm em termos de doenças ocupacionais. O Procurador do Trabalho instaura uma Peça Investigatória para ouvir alguns trabalhadores e notificar a empresa

---

[494] ENGELMANN, Wilson. *Direitos bio-humano-éticos*: os humanos buscando 'direitos' para proteger-se dos avanços e riscos (desconhecidos) das nanotecnologias. [S.l.], 2010. Disponível em: <http://www.conpedi.org.br/manaus/arquivos/anais/fortaleza/3400.pdf>. Acesso em: 16 abr. 2015. p. 3.

para que comprova documentalmente a entrega e utilização de equipamentos de proteção individual e apresente o seu Programa de Prevenção dos Riscos Ambientais – PPRA. Realizadas tais diligências, entende o Procurador que há indícios de descumprimento da lei, sobretudo em relação às normas de saúde e segurança do trabalho e, por isso, instaura um Inquérito Civil Público. Após outras e novas diligências, realiza-se audiência entre o Procurador do Trabalho e os representantes da empresa. Estes representantes afirmam que a empresa cumpre todas as normas vigentes de segurança e saúde do trabalho, sendo que justifica o não pagamento do adicional de insalubridade, o não fornecimento de equipamentos de proteção e a falta de informação de níveis e riscos das nanotecnologias, na falta de previsão de tal situação nas normas vigentes em matéria de meio ambiente de trabalho, o que lhe isenta de quaisquer obrigações daí decorrentes. O procurador propõe a assinatura de um Termo de Ajustamento de Conduta – TAC – para que a empresa se obrigue a buscar apurar e identificar os níveis e riscos das nanopartículas contidas nas fumaças e vapores emitidos, bem como para fornecer equipamentos de proteção individual que mais se aproximem destas circunstâncias, bem como que venha a adimplir o adicional de insalubridade em grau máximo, por analogia ao que prevê o Anexo 13, da Norma Regulamentadora 15, da Portaria 3.214/1978 do Ministério do Trabalho e Emprego. A empresa se nega a assinar o TAC pelas mesmas razões sustentadas. Neste aspecto, o Procurador poderia determinar o arquivamento do Inquérito se albergar as ponderações da empresa investigada ou poderia promover o ajuizamento de uma Ação Civil Pública contra a empresa. É aqui, neste momento hipotético, que nasce a possibilidade de incidência e utilização do "diálogo entre fontes".

Ao optar pela proposta hermenêutica do "diálogo entre fontes", o Procurador do Trabalho incursiona nas fases de "conduta interpretativa", identificando a atividade de pintura em que há emissão de fumaças e vapores que contém nanopartículas como *fato laboral nanotecnológico* e ultrapassando a premissa objetificante e positivista de que para tais circunstâncias do caso nada há a fazer, uma vez que "não preenche o suporte fático" e, por isso, "não possui amparo legal".

Com efeito, o Procurador do Trabalho passa a interpretar a situação fática e conclui que é cabível ajuizar a Ação Civil Pública contra a empresa. A "passagem" do intérprete-Procurador pelas "fases de conduta interpretativa" resulta nos fundamentos da referida Ação e nos pedidos a serem postulados: a) trata-se de um *fato laboral nanotecnológico* que não possui previsão específica no sistema de *regulação tradicional ou legal*, mas necessita de proteção jurídica, já que o vigente sistema preventivo não é suficiente para acolher este fato; b) a proteção se dá pela ideia de risco que existe quanto a possíveis doenças ocupacionais, levando em conta as características das nanotecnologias; c) o sujeito de direitos trabalhistas é um ser humano sujeito de proteção máxima a sua dignidade e existência; d) é direito fundamental do trabalhador que seu empregador elimine ou reduza os riscos ambientais da atividade; e) a Constituição Federal concede a todos os cidadãos, inclusive aos trabalhadores, o direito a um meio ambiente equilibrado e saudável; f) os estudos, pesquisas e diretrizes, nacionais e internacionais, demonstram que há certeza dos efeitos nocivos das nanotecnologias, ainda que desconhecidos; f) todos os movimentos de *regulação (não tradicional)* a nível internacional acerca das nanotecnologias, sobremaneira os relativos ao trabalho humano com nanopartículas e nanomateriais postulam a adoção de uma postura baseada no *princípio da precaução*; g) ao se estabelecer um "diálogo entre as fontes", principalmente sobre aquilo que existe em termos de *prevenção*, as normas constitucionais sobre meio ambiente e riscos ambientais no trabalho, normas internacionais sobre meio ambiente e as várias diretrizes e recomendações acerca da necessidade de observância da *precaução* no tocante ao trabalho *com* e *em exposição às* nanotecnologias, é possível a construção de respostas que promovam uma "acontecer" do Direito do Trabalho frente ao caso concreto em comento; h) por tudo isso, é possível, mediante a busca de tutela jurisdicional, postular a condenação da empresa: 1) numa obrigação de fazer de encomendar pesquisas que apontem os níveis de nanopartículas empregadas e liberadas nas específicas atividades do trabalhadores em questão; 2) numa obrigação de fazer de encomendar pesquisas que apontem os riscos decorrentes das nanopartículas liberadas e utilizadas, bem como de incluí-las no Programa de Prevenção de Riscos Ambientais – PPRA; 3) numa obrigação de fazer de informar permanentemente os empregados dos dados referidos nos itens 1 e 2, bem como de desenvolver programas de *prevenção* e de *precaução* por meio da Comissão Interna de Prevenção de Acidentes – CIPA; 4) numa obrigação de fazer de fornecer os equipamentos de proteção individual que mais se adequem ao objetivo de eliminação ou diminuição dos riscos inerentes à atividade em espécie; 5) ao pagamento de adicional de insalubridade em grau máximo, por analogia ao que dispõe o Anexo 13 da Norma Regulamentadora 15 da Portaria 3.214/78 do Ministério do Trabalho e Emprego, sobretudo em relação à pintura com partículas de arsênio e chumbo.

Nota-se que, no caso proposto, o resultado de uma hermenêutica derivada do "diálogo entre fontes" se materializa nos fundamentos e pedidos de uma Ação Civil Pública como instrumento para se alcançar o "acontecer" das normas de proteção em relação ao *fato laboral nanotecnológico*.

No entanto, ainda na linha do exemplo delineado, no caso, o "acontecer" iniciou com a interpretação e o sentido atribuídos pelo Procurador do Trabalho, mas, o "acontecer" concreto depende da decisão judicial da Ação em questão.

Sem sombra de dúvidas, todo o exercício interpretativo promovido pelo Procurador do Trabalho poderá ser feito e potencializado pelo Juiz do Trabalho que tenha por atribuição a condução e julgamento da Ação Civil Pública. A sentença trabalhista pode vir a acolher os pleitos, na sua integralidade, se o Juiz se propor a ingressar num "novo" movimento hermenêutico e, por meio do "diálogo ente fontes", interpretar o caso concreto ora exemplificado, no mesmo caminho das "fases de conduta interpretativa". Assim, o Juiz do Trabalho passa a enxergar o *fato laboral nanotecnológico* como algo no mundo, e, ao mesmo tempo, acaba por se enxergar como ser no mundo. Após, enxergando os trabalhadores envolvidos difusamente na Ação, percebe que o Direito do

Trabalho pode (deve) dar respostas à questão dos riscos inerentes às fumaças e vapores emitidos pela atividade em análise e que contém nanopartículas, levando em conta, inclusive, as pesquisas que apontam a existência de *riscos desconhecidos e futuros*, mas com possibilidade de produção de *efeitos nocivos*.[495] Em seguida, o Juiz conclui, a partir de uma hermenêutica constitucional que deve buscar respostas "além das fronteiras do sistema preventivo" e, por essa razão, ingressa definitivamente no "diálogo entre fontes". Ao coordenar esse diálogo e selecionar as respostas que mais coadunam com os pedidos da Ação, o intérprete-Juiz entende por julgar procedentes os pedidos postulados na Ação Civil Pública aforada.

O exemplo traçado implementa a ideia de possibilidade concreta de "operacionalização do diálogo entre fontes" por todos aqueles que possam ser intérpretes do fato e do direito, e atores principais deste cenário "novo" que urge por "novas" respostas, a partir de "novas condutas interpretativas".

Relevante observar, por fim, que as "fases de conduta interpretativa" propostas acima, com vistas a concretizar o "diálogo entre fontes" não representa algo fechado, limitado e pré-determinado. Os "diálogos" são (e devem ser) ilimitados, ocorrendo tantos quantos bastem para se alcançar condições de se produzir respostas, assim como, ainda que restrita à matéria de saúde e de segurança do trabalhador nanotecnológico, outras fontes, aquelas disponíveis, as que se descobre que existiam ou as que venham a ser criadas, são sempre "convidados bem-vindos" ao "diálogo" que aqui se defende. As fases, os "interlocutores" e as formas de coordenação do "diálogo" pelo intérprete ora apresentadas, são nortes, são vetores, mas não taxativos, os quais servem de ponto de partida para a *produção de proposições de respostas* que venham a materializar e consolidar um sistema de proteção jurídica à dignidade do trabalhador sujeito às consequências do labor desenvolvido no contexto nanotecnológico.

3.5. A proposição de marcos regulatórios em matéria de saúde e de segurança do trabalho com nanotecnologias: o *cuidado humano* e o *cuidado constitucional*

Nos itens anteriormente trabalhados neste capítulo, restou demonstrado que a *não regulação* quanto às nanotecnologias, tanto no aspecto geral de seus efeitos, quanto às especificidades da saúde e segurança do trabalhador

---

[495] Em relação ao raciocínio desenvolvido pelo exemplo, sobretudo em relação ao intérprete-Juiz, cabível a observação de Engelmann: "Esse mesmo conjunto deverá perspectivar as investigações nanoescalares, a partir da experiência do pesquisador, mediante sua pré-compreensão de mundo, da vida e dos resultados que as investidas humanas na natureza já provocaram. O ser humano, incluindo o próprio pesquisador, está inserido desde sempre no contexto onde as novidades em escala nano são produzidas e gerarão seus efeitos – positivos ou negativos". ENGELMANN, Wilson. As nanotecnologias e os novos direitos: a (necessária) revisão da estrutura das fontes de direito. *Anuário de Derecho Constitucional Latino Americano*, Montevideo, año XVII, p. 383-396, 2011. Disponível em: <http://www.juridicas.unam.mx/publica/librev/rev/dconstla/cont/2011/pr/pr25.pdf>. Acesso em: 16 abr. 2015. p. 390.

nanotecnológico, gera um cenário de insegurança, ainda mais num contexto de riscos *desconhecidos e futuros*. Diante deste panorama social de risco, a proteção jurídica à saúde e à segurança do trabalhador nanotecnológico, por não encontrar guarida no sistema normativo preventivo vigente, se afeiçoa mais a um sistema de *regulação não tradicional*.

Deste modo, o desenvolvimento do *fato laboral nanotecnológico* se dá no mesmo passo do desenvolvimento tecnológico globalizado, razão pela qual seus desdobramentos exigem respostas do Direito, mesmo que, atualmente, sequer se tenha esboço legislativo a respeito e, por isso, haja uma aproximação com os movimentos de *regulação não tradicional* e a respectiva criação de marcos normativos. Invocam-se aqui as condições de possibilidade para a criação de marcos regulatórios. Estas condições de possibilidade para a construção de patamares normativos devem obedecer obrigatoriamente a dois objetivos: o *cuidado humano* e o *cuidado constitucional*.

Neste contexto, qualquer marco regulatório que tenha sua criação proposta deve perseguir o objetivo do *cuidado humano* que significa a efetivação de uma "preocupação de tripla dimensão", isto é, de valorização, de proteção e de preservação dos direitos humanos. Para Supiot, o cuidado se resume no "tratamento" dos direitos humanos no sentido universal: "Os direitos humanos, que são uma das mais belas expressões do pensamento ocidental e participam, por essa razão, dos saberes da humanidade sobre si mesma, merecem de todo modo um melhor tratamento".[496] Pertinente a afirmação de Amartya Sem, no sentido de que os direitos humanos podem ser defendidos "além da via legislativa":

> Com efeito, se os direitos humanos são entendidos como pretensões morais dotadas de força, como sugere o próprio Hart ao vê-los como "direitos morais", então, certamente temos razão para alguma catolicidade ao considerar diversos caminhos para promover essas pretensões morais. As vias e as maneiras de defender a ética dos direitos humanos não precisam se restringir à elaboração de novas leis (embora muitas vezes a legislação possa se mostrar o caminho correto para se proceder); [...].[497]

Ainda, na linha de preocupação com o *cuidado humano* num movimento de *regulação não tradicional*, importante trazer à lume a proposta de Engelmann de adaptação da teoria da "Hélice Tríplice", de Henry Etzkowitz. Esta teoria consiste numa interação entre universidade, governos e indústrias para um maior fomento à pesquisa e à inovação.[498] Por seu turno, Engelmann acrescenta à tal teoria a ideia de mais uma "hélice", propondo a "Hélice Quádrupla", onde ocorre uma conjugação, entre universidade, governos, indústrias e direitos humanos, sendo estes direitos os componentes da "Quarta Hélice", também com

---

[496] SUPIOT, Alain. *Homo juridicus*: ensaio sobre a função antropológica do Direito. Tradução de Maria Ermantina de Almeida Prado Galvão. São Paulo: Martins Fontes, 2007. p. 240.

[497] SEN, Amartya. *A ideia de justiça*. Tradução de Denise Bottmann e Ricardo Doninelli Mendes. São Paulo: Schwarcz, 2001. p. 399.

[498] ETZKOWITZ, Henry. *Hélice tríplice*: Universidade-Indústria-Governo: inovação em movimento. Tradução de Cristina Hintz. Porto Alegre: EDIPUCRS, 2009. p. 207.

vistas à pesquisa e à inovação tecnológicas.[499] Sobre a "Hélice Quádrupla" que representa a inserção da preocupação com os direitos humanos, leciona Engelmann que esta "Sustenta eticamente a movimentação das outras três hélices, assegurando a necessária integração da inovação com a preocupação com o ser humano e o meio ambiente".[500]

De outra parte, do *cuidado humano* origina-se o *cuidado constitucional*. Considerando que a Constituição é a expressão normativa de consolidação dos direitos humanos, o princípio da dignidade da pessoa humana deve, por ser base suprema desta Constituição, no âmbito mais específico do ordenamento jurídico, merecer total observância quando o Direito é instado a prestar respostas, em qualquer que seja o âmbito de desenvolvimento dos fatos jurídicos, ainda mais no caso das nanotecnologias. O *cuidado constitucional* da dignidade da pessoa humana é a bandeira do *cuidado humano* que tem por ideal a proteção dos direitos humanos. A Constituição é o terreno de desenvolvimento dos direitos humanos, cujo alicerce é o *cuidado* com a dignidade da pessoa humana. Engelmann defende que a formação do ordenamento jurídico passa também pela adoção de uma "cláusula geral do cuidado" que atende os direitos humanos e os direitos fundamentais de forma concomitante:

> [...] este diálogo será perpassado pelo conteúdo oriundo da Constituição da República, representando o filtro de legitimidade e legalidade da decisão a ser proferida com o emprego da norma jurídica escolhida e da *cláusula geral do cuidado* tipificada nos marcos regulatórios das nanotecnologias.[501]

Porto Borjes, Gomes e Engelmann reforçam a ideia de um *cuidado constitucional* vinculado à dignidade da pessoa humana e a uma cláusula geral:

> A possibilidade de inserção da dignidade da pessoa humana no surgimento de novas tecnologias, como as nanotecnologias, somente será viável se forem levadas em conta as peculiaridades do caso concreto, principalmente por se estar diante de uma cláusula geral, de um conceito aberto, vulnerável à aplicação dos juristas e ao evoluir da sociedade.[502]

Também no espectro do *cuidado constitucional* é possível projetar o princípio do valor social do trabalho às nanotecnologias. Neste contexto, o trabalhador nanotecnológico, assim considerado aquele está submetido às incertezas e aos *riscos desconhecidos e futuros*, deve integrar uma preocupação preferencial em relação aos interesses econômicos da sociedade. Ao mesmo tempo que a dignidade da pessoa do trabalhador tem um valor supremo a ser observado,

---

[499] ADAM, Ana Paula; HOHENDORFF, Raquel Von; ENGELMANN, Wilson. *O NITT como suporte para o fortalecimento da interação entre universidade, indústria e governo*: em busca de um modelo de inovação adequado para a era das nanotecnologias. p. 1-16. Disponível em: <http://www.unisul.edu.br/wps/wcm/connect/1f40f0fa-ed74-44a3-abe2-49b8b4fdc1ac/artigo_gt-dir_raquel-von-hohendorff_v-spi.pdf?MOD=AJPERES>. Acesso em: 21 jun. 2014. p. 3.

[500] ENGELMANN, Wilson. As nanotecnologias e a Inovação Tecnológica: a "hélice quádrupla" e os Direitos Humanos. In: NANOTECNOLOGIAS: UM DESAFIO PARA O SÉCULO XXI, 2010, São Leopoldo. *Anais...* São Leopoldo, Casa Leiria, 2010a. v. 1. CD.

[501] WEYERMÜLLER, André Rafael; ENGELMANN, Wilson; FLORES, André Stringhi. *Nanotecnologias, Marcos Regulatórios e Direito Ambiental*. Curitiba: Honoris Causa, 2010. p. 210.

[502] BORJES, Isabel Cristina Porto; GOMES, Taís Ferraz; ENGELMANN, Wilson. *Responsabilidade civil e nanotecnologias*. São Paulo: Atlas, 2014. p. 25.

o seu trabalho – inclusive nanotecnológico –, preservado e cuidado (= protegido), possui um valor que transcende apenas o interesse individual, mas, também, uma relevância para o desenvolvimento de toda a sociedade. É o valor social "cíclico" do trabalho. Sobre isso, pertinente salientar o que destacam Engelmann e Hohendorff:

> A aplicação dos avanços tecnológicos na área da nanotecnologia em processos industriais gerará avanços econômicos, mas que não podem coexistir com retrocessos sociais, especialmente no tocante à saúde ambiental, incluída aí a saúde do trabalhador não apenas em seu ambiente de trabalho, mas saúde como um todo. Não há como se imaginar avanços científicos e tecnológicos, além de econômicos, criados, alicerçados, sobre retrocesso social em termos de saúde e de proteção.[503]

Neste contexto, importante resgatar aquilo que fora referido no item 3.4, especificamente na "Quarta Fase" "conduta interpretativa" inerente à proposta hermenêutica de "diálogo entre fontes", foram mencionados vários "movimentos de regulação" (*regulação não tradicional*), ou seja, manifestações (de preocupação com os *cuidados*) de setores da sociedade com o intuito de fixar regras (também na forma da *autorregulação*) para o contexto nanotecnológico e seus efeitos diante da *não regulação* "vigente".

No entanto, em matéria de Direito do Trabalho e de fixação de um sistema de regras protetivas que reajam ao cenário de *não regulação*, quatro destes movimentos possuem características mais próximas de modelos de marcos regulatórios que servem de paradigmas para a ordem jurídica: *a) Os modelos de saúde e segurança da União Europeia – OSHA; b) As regras práticas de segurança para trabalhadores com nanomateriais engenheirados em laboratórios de pesquisa fixadas pela NIOSH; c) Os apontamentos e definições do Institute for Health and Consumer Protection – European Comission; d) As diretrizes de responsabilidade social do empregador contidas pela ISO 26000.*

Portanto, a seguir, serão abordados os principais aspectos dos três modelos de marcos regulatórios possíveis de serem relacionados com o trabalho nanotecnológico, bem como os pressupostos para a harmonização desses modelos e para a sua consolidação como paradigmas normativos.

3.5.1. Propostas de estruturas normativas: partindo-se dos modelos OSHA, NIOSH, Institute for Health and Consumer Protection – European Comission e ISO 26000 até se alcançar uma "proposta única"

Neste momento, propõe-se o estudo e utilização de quatro modelos regulatórios específicos sobre trabalho nanotecnológico que servem de estruturas de marcos também regulatórios ou normativos. Espelhando-se nestas estrutu-

---

[503] ENGELMANN, Wilson; HOHENDORFF, Raquel Von. Nanotecnologias, meio ambiente do trabalho e responsabilidade civil do empregador: buscando subsídios para a construção da primazia do valor social do trabalho na era nanotech. In: ENCONTRO NACIONAL CONPEDI/UNINOVE, 22. São Paulo, 2014. p. 279-306. Disponível em: <http://www.publicadireito.com.br/artigos/?cod=cd7214aaa777172b>. Acesso em 16 abr. 2015. p. 300.

ras, ao final, se alcançará uma "proposta única" que abarque concretamente medidas protetivas em matéria de trabalho nanotecnológico.

Contudo, antes de se traçar qualquer abordagem a respeito das estruturas em questão e de sua forma de harmonização e consolidação na aplicação ao caso concreto, importante fixar uma premissa de advertência: os modelos de marcos regulatórios ora propostos pressupõem obrigatoriamente sua "submissão" e "filtragem" pelo "diálogo entre fontes" e estão sujeitos, assim, a todas as "fases de conduta interpretativa" apontadas no item anterior. Não se está aqui ofertando uma proposta independente da proposta hermenêutica até então apresentada e defendida. Os paradigmas de marcos regulatórios em questão são uma alternativa para o intérprete, quando da sua inserção nas "fases de conduta interpretativa" inerentes ao "diálogo entre fontes".

A justificativa, no entanto, para que os quatro modelos mereçam abordagem apartada reside nas especificidades destes modelos que os tornam mais do que meros movimentos de *regulação não tradicional*. Conforme será demonstrado, o conteúdo dos modelos internacionais OSHA, NIOSH e Institute for Health and Consumer Protection – European Comission tratam de forma especializada as nanotecnologias com um cunho evidente de orientação e recomendação acerca da produção, manuseio e manipulação das nanotecnologias e dos seus elementos decorrências. O modelo da ISO 26000, por sua vez, reproduz a noção universal de responsabilidade no contexto das diretrizes técnicas, inclusive no meio ambiente de trabalho, o que coaduna com o contexto das nanotecnologias e trabalho humano.

Deste modo, esta especialização ou especificidade de tratamento da matéria vinculada às nanotecnologias, representa uma ideia mais concreta de *regras* que facilitam a atuação e desenvolvimento da *regulação*. Essa ideia de *regras* deve prevalecer apenas para fins de facilitação da materialização do fenômeno de regulação a serviço do Direito, mas não como fator de fechamento de um futuro exercício interpretativo. A natureza de "regra" dos modelos apontados resta divorciada de um posterior raciocínio legal-positivista. A pretensão, neste caso, é facilitar a efetivação do Direito *na* e *pela regulação*, e não induzir o retorno a uma tradicional forma de interpretação positivista, a qual resta divorciada dos preceitos argumentativos que se desenham neste livro.

Examina-se, portanto, a partir de agora, os quatro marcos regulatórios trazidos para a disposição e aplicação do intérprete, enfatizando, sobremaneira, sua relação regulatória (como paradigma normativo) com a saúde e a segurança do trabalho humano com nanotecnologias.

3.5.1.1. OSHA – Occupational Safety and Health Administration

A OSHA é a Agência Europeia para a Saúde e Segurança do Trabalho, com sede na cidade Bilbao, na Espanha, cujo objetivo principal é o de servir como um "Observatório Europeu dos Riscos" em toda a União Europeia, criando programas de informação e proposições de "boas práticas" de saúde e de segurança dos trabalhadores, principalmente nas micro, pequenas e médias empresas, com vistas a antecipar riscos.[504] Em matéria de Nanotecnologias, desde o ano de 2006, a Agência OSHA vem tratando tal tecnologia como "risco emergente" e, por isso, vem incluindo os reflexos das nanotecnologias na saúde e segurança do trabalho humano também como centro dos estudos.[505]

Como forma de concretizar os objetivos delineados, a OSHA tem um espaço virtual para as publicações de mesmo cunho, chamados de *E-Facts*, sendo que, em matéria de nanotecnologias, destacam-se os *E-Facts* números 73 e 74 que tratam, respectivamente, de exposição do trabalhador nas atividades de saúde, e de exposição do trabalhador a nanomateriais nas atividades de manutenção. Ambos os estudos acabam por identificar de forma concreta e apontar, em síntese, três aspectos: a) o emprego real das nanotecnologias, inclusive, em que situações estas aparecem; b) os riscos decorrentes deste emprego; c) as medidas de *prevenção* contra os riscos.[506]

É neste aspecto que reside o papel regulatório da OSHA e que pode servir de paradigma normativo que vai ao encontro do objetivo presentemente traçado. A partir dos dois estudos – *E-Facts* números 73 e 74 –, o caráter regulatórios de tais estudos e recomendações podem ser materializar por três imperativos: *a) as empresas devem observar os estudos apurativos e fomentar novas pesquisas; b) as empresas devem promover as medidas preventivas possíveis diante dos riscos apurados (conhecidos, então); c) dentre as medidas preventivas a serem tomadas estão o fornecimento de equipamentos de proteção adequados e a adoção de medidas que reduzam a incidência de nanopartículas ou nanomateriais naquilo em que o trabalhador terá contato direto.*

3.5.1.2. The National Institute for Occupational Safety and Health – NIOSH

O NIOSH é o Instituto Nacional de Saúde e Segurança Ocupacional dos Estados Unidos da América – EUA –, vinculado aos Centros de Controle de Prevenção e Doenças com base na cidade de Atlanta, no Estado da Geórgia. O objetivo do NIOSH é atuar nacionalmente na *prevenção* de acidentes e doenças decorrentes do trabalho, recomendando práticas de segurança, fixando manuais de procedimento, promovendo programas e estabelecendo regras técnicas a serem observadas no tocante à saúde e à segurança laborais.[507]

---

[504] AGÊNCIA EUROPEIA PARA A SEGURANÇA E SAÚDE NO TRABALHO (EU-OSHA). *Acerca da Agência*. Disponível em: <https://osha.europa.eu/pt/about>. Acesso em: 16 abr. 2015.

[505] Id. *Boa segurança e saúde*: um bom negócio: resumo do Relatório Anual da Agência de 2006. Disponível em: <https://osha.europa.eu/pt/publications/corporate/2006>. Acesso em: 16 abr. 2015.

[506] Id. *Search our database of publications*. Disponível em: <https://osha.europa.eu/en/publications/publications-overview?Subject%3Alist=nanotechnology&SearchableText=>. Acesso em: 28 jun. 2014. Vide Anexos F e G.

[507] Em recente publicação, a Environmental Protection Agency, determinou novas regras e regulações acerca do uso e controle de substâncias químicas, incluindo os nanotubos de carbono. Dentre as regras, na Parte 721, restam estabelecidas regras a serem observadas no local de trabalho em que há a fabricação ou manipulação de nanotubos, sobremaneira em relação aos equipamentos de proteção individual para braços e pernas. Neste

No que pertine às nanotecnologias, o NIOSH possui o Centro de Pesquisa em Nanotecnologia NIOSH (NTRC), criado em 2004, cuja finalidade é o trabalho permanente de pesquisas e de publicação de orientações acerca do labor com nanotecnologias e seus efeitos.[508] Dentre as publicações de orientação, destacam-se *Approaches to Safe Nantechnology, Occupational Exposure to Carbon Nanotubes and Nanofibers, Nanomaterial Production and Dowstream and Handling Processes, General Safe Practices for Working with Engineered Nanomaterials in Research Laboratories, Safe Nanotechnology in the Workplace* e *Protecting the Nanotechnology Workforce*.[509]

Em que pese todas as publicações citadas tenham evidente caráter regulatório em razão das instruções, recomendações e orientações que impõem, para fins de construção dos paradigmas que se almejam neste item, seleciona-se duas publicações que mais se aproximam de um padrão normativo em matéria de trabalho nanotecnológico, dado sua natureza mais de imposição do que de estudo e pesquisa, são elas, a publicação *Nanomaterial Production and Dowstream and Handling Processes* – programa de controle de engenharia de produção de nanomateriais e processos de manipulação –,[510] e a publicação *General Safe Practices for Working with Engineered Nanomaterials in Research Laboratories* – regras gerais práticas de segurança para o trabalho com nanomateriais engenheirados em laboratórios de pesquisa.[511]

Da publicação *Nanomaterial Production and Dowstream and Handling Processes*, apropria-se de algumas "regras" que lhe impõe o caráter de paradigma normativo para o trabalho nanotecnológico que devem ser observadas pelas empresas que criam nanomateriais projetados: *a) eliminação dos riscos pela substituição permanente dos equipamentos de produção, os quais devem ser sempre os mais adequados à proteção do trabalhador; b) promover o controle dos materiais engenheirados e um controle administrativo que envolve todo o processo de produção e não só o nanomaterial; c) fornecimento do equipamento de proteção individual adequado a cada tipo de nanomaterial engenheirado.*

---

aspecto, o documento regulatório remete à observância das regras fixadas pelo do NIOSH quanto ao controle de nanomateriais engenheirados e no tocante ao uso de respiradores e purificadores de ar a serem utilizados pelos trabalhadores. As regras da EPA, somadas harmonicamente com as diretrizes do NIOSH, representam evidente exemplo não só da necessidade de regulação (não tradicional), mas a própria realidade regulatória. FEDERAL REGISTER, v. 79, n. 130, Tuesday, 8 Jul. 2014. Rules and Regulations. Disponível em: <http://www.gpo.gov/fdsys/pkg/FR-2014-07-08/pdf/2014-15874.pdf>. Acesso em: 16 abr. 2015.

[508] CENTERS FOR DISEASE CONTROL AND PREVENTION (CDC). *Nanotechnology*. Disponível em: <http://www.cdc.gov/niosh/topics/nanotech/>. Acesso em: 16 abr. 2015.

[509] Id. *Nanotechnology*: guidance and publications. Disponível em: <http://www.cdc.gov/niosh/topics/nanotech/pubs.html>. Acesso em: 16 abr. 2015.

[510] CENTERS FOR DISEASE CONTROL AND PREVENTION (CDC). Current strategies for engineering controls in nanomaterial production and downstream handling processes. *DHHS (NIOSH)*, n. 2014-102, Nov. 2013. Disponível em: <http://www.cdc.gov/niosh/docs/2014-102/pdfs/2014-102.pdf>. Acesso em: 16 abr. 2015.

[511] Id. General safe practices for working with engineered nanomaterials in research laboratories. *DHHS (NIOSH)*, n. 2012-147, May 2012. Disponível em: <http://www.cdc.gov/niosh/docs/2012-147/pdfs/2012-147.pdf>. Acesso em: 16 abr. 2015.

Já da publicação *General Safe Practices for Working with Engineered Nanomaterials in Research Laboratories* é possível se extrair as seguintes disposições que o tornam um paradigma normativo que pode ser utilizado para o *fato laboral nanotecnológico*: a) controle de exposição, a partir da eliminação e substituição de riscos; b) adoção de sistemas de isolamento, controle e ventilação, em virtude dos riscos de contaminação; c) controles administrativos, como treinamento dos trabalhadores acerca das formas de *prevenção*; d) fornecimento de roupas protetivas e respiradores de proteção; e) instalação de exaustores e sistema de ventilação nos locais de produção e manipulação; f) reavaliação periódica dos riscos.[512]

3.5.1.3. Institute for Health and Consumer Protection – European Comission

O Institute for Health and Consumer Protection – European Comission é uma entidade da União Europeia que tem por objetivo a pesquisa, identificação e normatização de procedimentos destinados à proteção da saúde e às relações de consumo.

O referido Instituto, em março de 2014, publicou o documento *Towards a review of the EC Recommendation for a definition of the term "nanomaterial"*, no qual se discutem e se propõem formas de definição e identificação dos nanomateriais existentes e utilizados em várias escalas.[513]

Para fins da linha de defesa da necessidade de uma *regulação não tradicional* em matéria de trabalho humano envolvido com nanotecnologias, apropria-se de dados trazidos pelo estudo apresentado pelo documento do Instituo em questão, o qual faz uma perspectiva daquilo que já fora descoberto por vários organismos internacionais a cerca dos nanomateriais empregados na manufatura e nos processos engenheirados, sobretudo quanto a sua forma de utilização e divulgação, em vários setores da sociedade mundial. Todavia, resta claro que não há um consenso sobre a definição dos nanomateriais e o que efetivamente eles significam em cada setor. O Quadro abaixo demonstra esses apontamentos:

---

[512] Em recente publicação, a Environmental Protection Agency, determinou novas regras e regulações acerca do uso e controle de substâncias químicas, incluindo os nanotubos de carbono. Dentre as regras, na Parte 721, restam estabelecidas regras a serem observadas no local de trabalho em que há a fabricação ou manipulação de nanotubos, sobremaneira em relação aos equipamentos de proteção individual para braços e pernas. Neste aspecto, o documento regulatório remete à observância das regras fixadas pelo do NIOSH quanto ao controle de nanomateriais engenheirados e no tocante ao uso de respiradores e purificadores de ar a serem utilizados pelos trabalhadores. As regras da EPA, somadas harmonicamente com as diretrizes do NIOSH, representam evidente exemplo não só da necessidade de regulação (não tradicional), mas a própria realidade regulatória. FEDERAL REGISTER, v. 79, n. 130, Tuesday, 8 Jul. 2014. Rules and Regulations. Disponível em: <http://www.gpo.gov/fdsys/pkg/FR-2014-07-08/pdf/2014-15874.pdf>. Acesso em: 16 abr. 2015.

[513] RAUSCHER, Hubert; ROEBBEN, Gert. Towards a review of the EC Recommendation for a definition of the term "nanomaterial": part 1: compilation of information concerning the experience with the definition. *Joint Research Centre Institute for Health and Consumer Protection*, p. 171-172, Mar. 2014. Disponível em: <ttp://publications.jrc.ec.europa.eu/repository/bitstream/111111111/31515/1/lbna26567enn.pdf>. Acesso em: 16 abr. 2015.

Overview of core elements of existing nanomaterial definitions

Organization	Size range	Solubility	Aggregates and Agglomerates*	Distribution Threshold	Intentionally manufactured/ Engineered**	Novel properties
European Commission recommendation for a definition	1-100	No	Yes	50% by number	No	No
International Organization for Standardisation (ISO)	1-100	No	No	No	No	No
Scientific Committee on Emerging and Newly Identified Health Risks (SCENIHR)	1-100	No	No	0.15% by number	No	No
American Chemistry Council (ACC)	1-100	Yes	Yes	10% by weight	Yes	Yes
International Cooperation on Cosmetics Regulation (ICCR)	1-100	Yes	No	No	Yes	No
International Council of Chemical Associations (ICCA)	1-100	No	Yes	10% wt or more of nano-objects or 50 wt or more aggregates/gglomerates consisting of nano-objects	Yes	No
German Chemical Industry Association (VCI)	1-100	No	Yes	10% weight of nano-objects	Yes	No
European Union Cosmetic Product Regulation (new proposed definition, 2013)	1-100	Yes	Yes	50% by number	Yes	No
Food information to Consumer Regulation (new proposed definition, 2013)	1-100	No	Yes	50% by number	Yes	No
Biocides regulation No 528/2012	1-100	No	Yes	50% by number	No	No
Medical Devices Regulation	1-100	No	Yes	50% by number	No	No
Switzerland	1-100	No	Yes	1% by number	No (but to be applied to synthetic nanomaterials)	No
France	1-100	No	Yes	50% by number	Yes	No
USA (FDA)***	1-100	No	No	No	Yes	Yes
Taiwan	1-100	No	No	No	Yes	Yes

Korea	1-100	No	Yes (condensed nanoparticle)	No	No	No
Australia	1-100	No	No	No	No	Yes
China	1-100	No	Yes	10% by number	Yes	Yes
Canada	1-100	No	No	No	Yes	Yes

* "Yes" indicates agglomerates and aggregates explicitly addressed in the definition and 'no' not explicitly addressed.

** "Yes" indicates that the definition refers or applies to intentionally manufactured/engineered nanomaterials only, "No'" indicates that the definition does not specifically refers to the manufactured/engineered nanomaterials.

*** (FDA) released in 2011 *a draft guidance to industry* entitled "Considering Whether an FDA-Regulated Product Involves the Application of nanotechnology – *A clear and final definition has not been established yet.*

Fonte: Hubert Rauscher e Gert Roebben[514]

A falta de consenso acerca das definições dos nanomateriais representa apenas mais uma prova da incerteza, da insegurança e do desconhecimento que cerca as nanotecnologias. Neste sentido, o estudo demonstrado pela tabela ora declinada serve de ponto de partida ou de paradigma para o fomento de mais pesquisas e para a criação regulatória de escopo protetivo do ser humano direta ou indiretamente envolvido.[515]

No tocante ao caráter e à finalidade regulatória da aludida Tabela oriunda do estudo do *Institute for Health and Consumer Protection – European Comission*, é possível a construção de uma proposição concreta de sua utilização, por exemplo, em duas situações: a) numa avaliação técnica para definição de riscos e elaboração do Programa de Prevenção de Riscos Ambientais – PPRA; b) numa perícia técnica designada por Juiz do Trabalho para a verificação de condições de insalubridade, em decorrência de um reclamação trabalhista com formulação de pedido de pagamento do correspondente adicional.

Na primeira situação exemplificativa, de acordo a Norma Regulamentadora 9, da Portaria 3.214/1987 do Ministério do Trabalho e Emprego,[516] ao realizar o obrigatório Programa de Prevenção de Riscos Ambientais – PPRA – numa empresa em que houvesse emprego de nanotecnologias, diante da ausência de previsão específica por parte da referida Norma, poderia (deveria) o Engenheiro – exercendo o papel de intérprete –, promover o uso da *regulação não tradicional* a partir da Tabela em questão, buscando, dessa forma, aplicar a melhor definição e identificar os riscos existentes quanto aos nanomateriais utilizados, de acordo com o caso concreto. Com isso, seria possível a concre-

---

[514] RAUSCHER, Hubert; ROEBBEN, Gert. Towards a review of the EC Recommendation for a definition of the term "nanomaterial": part 1: compilation of information concerning the experience with the definition. *Joint Research Centre Institute for Health and Consumer Protection*, p. 171-172, Mar. 2014. Disponível em: <http://publications.jrc.ec.europa.eu/repository/bitstream/111111111/31515/1/lbna26567enn.pdf>. Acesso em: 16 abr. 2015.

[515] VICKI, Stone. *ITS-NANO*: prioritising nanosafety research to develop a stakeholder driven intelligent testing strategy. Edinburgh: Heriot Watt University, 2014. Disponível em: <http://www.particleandfibretoxicology.com/content/11/1/9>. Acesso em: 16 abr. 2015.

[516] CURIA, Luiz Roberto; CÉSPEDES, Livia; NICOLETTI, Juliana (Cols.). *Segurança e medicina do trabalho*. 13. ed. atual. São Paulo: Saraiva, 2014. p. 141

tização da proteção da saúde e da segurança do trabalhador particularmente envolvido.

Examinando a segunda hipótese, por força do artigo 195, § 2º, da Consolidação das Leis do Trabalho,[517] numa reclamação trabalhista em que um empregado alegasse o trabalho insalubre (risco à saúde), em virtude do emprego de nanotecnologias, poderia (deveria) o Perito de confiança do Juízo designado para tanto – também exercendo o papel de intérprete –, estabelecer uma "ponte" ou conexão entre as disposições contidas na Norma Regulamentadora 15 da Portaria 3.214/1987 do Ministério do Trabalho e Emprego, com as variadas definições da Tabela Institucional trazida à análise, com o objetivo de identificar a possível existência de agentes morbígenos decorrentes das definições de nanomateriais inerentes à atividade examinada. Dessa forma, possibilitar-se-ia o pagamento do respectivo adicional de insalubridade, devolvendo em pecúnia, ao trabalhador nanotecnológico, a proteção que antes deveria ter sido promovida, mesmo que fosse em decorrência de uma atividade de *regulação não tradicional*. A utilização deste modelo regulatório para fins de condenação judicial, na perícia, seria, então, uma "compensação" pela *não regulação* de tal fato à época da constância do contrato de emprego.

3.5.1.4. ISO 26000

A ISO (*International Organization for Standardization*) é um organismo não governamental que promove uma "normalização" acerca de especificações de produtos, serviços e boas práticas internas e externas, com vistas ao aperfeiçoamento e desenvolvimento industrial e comercial. A ISO é composta por 164 (cento e sessenta e quatro) países, os quais são representados por órgãos nacionais que, no caso do Brasil, é Associação Brasileira de Normas Técnicas – ABNT.[518] Nesse compasso, segundo a Associação Brasileira de Normas Técnicas – ABNT –, dentre objetivos da "normalização" está a segurança, ou seja, a promoção da proteção da vida humana e da saúde.[519]

---

[517] Art . 195 – A caracterização e a classificação da insalubridade e da periculosidade, segundo as normas do Ministério do Trabalho, far-se-ão através de perícia a cargo de Médico do Trabalho ou Engenheiro do Trabalho, registrados no Ministério do Trabalho. § 1º – É facultado às empresas e aos sindicatos das categorias profissionais interessadas requererem ao Ministério do Trabalho a realização de perícia em estabelecimento ou setor deste, com o objetivo de caracterizar e classificar ou delimitar as atividades insalubres ou perigosas. § 2º – Argüida em juízo insalubridade ou periculosidade, seja por empregado, seja por Sindicato em favor de grupo de associado, o juiz designará perito habilitado na forma deste artigo, e, onde não houver, requisitará perícia ao órgão competente do Ministério do Trabalho. § 3º – O disposto nos parágrafos anteriores não prejudica a ação fiscalizadora do Ministério do Trabalho, nem a realização ex officio da perícia. BRASIL. *Decreto-Lei nº 5.452, de 1º de maio de 1943*. Aprova a Consolidação das Leis do Trabalho. Disponível em: <http://www.planalto.gov.br/ccivil_03/decreto-lei/del5452.htm>. Acesso em: 16 abr. 2015.
[518] INTERNATIONAL ORGANIZATION FOR STANDARDIZATION (ISO). *About ISO*. Disponível em: <http://www.iso.org/iso/home/about.htm>. Acesso em 16 abr. 2015.
[519] ASSOCIAÇÃO BRASILEIRA DE NORMAS TÉCNICAS (ABNT). *Normalização*. Disponível em: <http://www.abnt.org.br/m3.asp?cod_pagina=931>. Acesso em 16 abr. 2015.

Supiot destaca que algumas normas "não legais", como as normas ISO, não possuem natureza puramente técnica, mas, também, caráter de norma à disposição do Estado e de vários setores da sociedade para participar da normatização dos comportamentos, a partir de um movimento de "regulação de conjunto".[520]

Ainda, sobre a importância normativa das normas ISO, destacam Engelmann, Borges e Martins:

> E, conforme já referido anteriormente, a ISO tem aprovado normas específicas sobre as nanotecnologias, que servem de norte no que refere às especificações, algumas delas contendo descrição e medição de parâmetros dimensionais de qualidade, metodologia para a classificação de nanomateriais, especificações de nanomateriais, gerenciamento do risco ocupacional aplicado à nanomateriais, orientação físico-química de engenharia de materiais em nanoescala para avaliação toxicológica, dentre outras instruções. [...] A produção destas normas demonstra a preocupação dos organismos internacionais, face aos interesses políticos e econômicos dos atores envolvidos, na padronização do "novo mundo" em escala nano. Assim, pode-se dizer que a Certificação ISO representa uma ferramenta coerente de prevenção e controle as nanotecnologias, por suas próprias características e seus princípios de melhoria contínua, acompanhamento sistemático dos processos e produtos, análise de dados, ações corretivas e preventivas.[521]

Com efeito, diante da finalidade da ISO, resta consolidada sua capacidade de produzir normas que representam exemplos de marcos regulatórios em matéria de nanotecnologias. O *Technical Committe* 229 da ISO autorizou e publicou quarenta e duas normas e projetos vinculados ao trabalho e contato com nanotecnologias, principalmente, com nanopartículas, nanomateriais e nanotubos.[522] Sobre estas normas e seu caráter regulatório, ressalta Engelmann:

> Destaque especial, neste conjunto, são as normas editadas e aprovadas pelo ISO (*International Organization for Standardization*) sobre as nanotecnologias. Cabe destacar que o Brasil é um "país participante", pois existe uma segunda categoria de "país observador". Por conta disto, o Brasil emite voto em relação às normas aprovadas pela ISO, motivo pelo qual elas integram o conjunto normativo brasileiro aplicável ao trabalho com as nanotecnologias.[523]

De outra parte, muito embora se vislumbre várias normas técnicas diretamente ligadas às nanotecnologias, neste momento de propositura de marcos regulatórios, não se desenvolverá um exercício de repetição das quarenta e duas normas e projetos vinculados ao trabalho e contato com nanotecnologias, tampouco a construção feita pelo professor Engelmann, conforme delineado anteriormente. Embora tudo isso sirva de inspiração para a construção de um marco regulatório especificamente enraizado na ISO, a proposição em questão

---

[520] SUPIOT, Alain. *Homo juridicus*: ensaio sobre a função antropológica do Direito. Tradução de Maria Ermantina de Almeida Prado Galvão. São Paulo: Martins Fontes, 2007. p. 229.
[521] ENGELMANN, Wilson; BORGES, Gustavo; MARTINS, Patrícia Santos. *O sistema de gestão da qualidade ISO e as nanotecnologias*: as (possíveis) interfaces regulatórias. [S.l.:s.n], 2014. No prelo. p. 17.
[522] INTERNATIONAL ORGANIZATION FOR STANDARDIZATION (ISO). *ISO/TC 229 Nanotechnologies*. Disponível em: <http://www.iso.org/iso/iso_technical_committee?commid=381983>. Acesso em 16 abr. 2015.
[523] ENGELMANN, Wilson. O diálogo entre as fontes do direito e a gestão do risco empresarial gerado pelas nanotecnologias: construindo as bases à jurisdicização do risco. Constituição, Sistemas Sociais e Hermenêutica. *Anuário do Programa de Pós-Graduação em Direito da Unisinos*: mestrado e doutorado, Porto Alegre, n. 9, p. 319-344, 2012. p. 331.

tem por pilar outra norma técnica, a ISO 26000, com vistas a agregar um novo elemento ou uma nova ideia à proposta de marco regulatório em matéria de trabalho nanotecnológico, até mesmo porque, as normas e projetos da ISO (em número de 42), num aspecto geral, representam uma reiteração ou complemento das normas do NIOSH e da OSHA já examinadas.

Neste sentido, busca-se propor um marco regulatório a partir da ISO 26000 e de suas diretrizes sobre responsabilidade social que mais se aproximam da proteção da saúde e da segurança do trabalhador sujeito ao *fato laboral nanotecnológico*. Aliás, essa aproximação se dá de forma pertinente e harmônica, tendo em vista a característica básica desta norma.

A ISO 26000 tem por escopo precípuo a consolidação de uma ideia de responsabilidade das empresas, empreendimentos e organizações, não original ou antigo sentido filantrópico, mas, sim, no sentido hodierno de atenção e preocupação com a forma como as mudanças são recepcionadas pelo tecido social, com observância principal dos direitos humanos, do meio ambiente e dos consumidores envolvidos.[524] Assim, em síntese, a ISO em análise tem por objetivo a incorporação de uma conduta socialmente responsável exigível das organizações, sobretudo industriais e comerciais, diante dos reflexos da globalização e do cenário de mudanças e incertezas que predomina em todo contexto mundial, impondo, com isso, a adoção de práticas capazes de observar/preservar os direitos humanos dos (vulneráveis) envolvidos e receptores das consequências econômicas e sociais.[525] Sonilde Kugel Lazzarin chama a atenção para as "tendências atuais" da responsabilidade social:

> Quanto às tendências atuais da Responsabilidade Social, a ISO 2600 refere que a preocupação com a responsabilidade social das organizações têm aumentado em face da globalização, da maior mobilidade e acessibilidade, assim como a disponibilidade de comunicação instantânea. Isso significa que indivíduos e organizações de todo o mundo estão tendo maior facilidade de saber sobre as atividades das organizações, tanto das próximas como das distantes.[526]

Ademais, relevante referir a teoria da "nova responsabilidade" que representa uma flexibilização da teoria tradicional de responsabilidade civil e que tem íntima conexão com a postura de responsabilidade social e com o próprio sistema de regulação que se defende:

> Dentro dos parâmetros da dignidade da pessoa humana, que se ousa afirmar tratar-se de "cláusula geral máxima" de todo o Direito brasileiro, estabelecem-se critérios consentâneos com as necessidades surgidas em decorrência de uma "nova" responsabilidade, remodelada às mudanças da sociedade devido ao desenvolvimento tecnológico e ao implemento das nanotecnologias nos mercados mundial e nacional. [...] Essa "nova" responsabilidade, mais flexível em relação ao

---

[524] ABNT NBR ISSO 26000: *Diretrizes sobre responsabilidade social*. 01 nov. 2010. Disponível em: <http://www.pessoacomdeficiencia.gov.br/app/sites/default/file./arquivos/%5Bfield_generico_imagens-filefield-description%5D_65.pdf>. Acesso em: 16 abr. 2015. p. 5.

[525] ABNT NBR ISSO 26000, op. cit., p. 1-7.

[526] LAZZARIN, Sonilde Kugel. As repercussões da Norma Internacional ISO 26000 de Responsabilidade Social nas Relações de Trabalho no Brasil. In: TORRES, Artur (Org.). *Direito e Processo do Trabalho*: escritos em homenagem aos 20 anos de docência do Professor Gilberto Stürmer. Porto Alegre: Arana, 2013. p. 380-415. p. 396.

tradicional instituto de responsabilidade civil, é o retrato de seu desenvolvimento que se amolda com a evolução tecnológica e, por isso, pode abarcar os danos nanotecnológicos.[527]

Em matéria que interesse diretamente ao trabalho humano com nanotecnologias, é possível apontar a atuação da responsabilidade social da ISO 26000 quanto às práticas das organizações voltadas para o meio ambiente de trabalho, em que pese, numa "normalização" geral do trabalho, a ISO insira os Princípios e direitos fundamentais do trabalho como "questão dos direitos humanos".[528]

No item 6.4, a ISO determina as "Práticas de Trabalho" e suas "questões", sendo que, no item 6.4.6, restam preconizadas as "questões" atinentes à "saúde e segurança no trabalho".[529] Como corolário dessa proposição, no item 6.4.6.2, restam fixadas as "Ações e expectativas relacionadas", das quais é possível se depreender 19 (dezenove) "regras" que podem integrar um conjunto regulatório geral acerca do meio ambiente de trabalho.[530]

Diante das 19 regras que representam ações (dos empregadores) e expectativas (dos trabalhadores, dos empregadores e da sociedade em geral), em matéria de nanotecnologias e trabalho, das 19 (dezenove) "regras" propugnadas, selecionam-se duas que, levando em conta o cenário (de *riscos desconhecidos e futuros*, de incerteza, mas de certeza da produção de *efeitos nocivos*) de desenvolvimento das nanotecnologias, podem exercer papel relevante na proposição da aludida ISO como marco regulatório para o exame de uma demanda nanotecnológica: *a) obter informações tempestivas, completas e precisas referentes a riscos à saúde e à segurança e às melhores práticas usadas para enfrentar esses riscos; b) buscar aconselhamento externo de entidades sindicais e patronais e outras que sejam especializadas.*[531]

Nota-se, destarte, que as duas "regras" propostas tornam a ISO 26000 um marco regulatório perfeitamente disposto ao "diálogo entre fontes do Direito" e apto a colaborar na imposição de normas tendentes a propiciar a preservação da dignidade do trabalhador submetido ao contato, à exposição, ou á manipulação de nanotecnologias ou de matérias ou substâncias destas derivadas.

De outra parte, após a identificação das quatro estruturas de marcos regulatórios em matéria nanotecnológica, desenvolvidos no âmbito da *regulação*, apresenta-se uma "proposta única", em que restam reunidas as principais "virtudes protetivas" dos modelos examinados. A "proposta única" em questão consiste na fixação de "regras" extraídas dos modelos escolhidos como propostas que redundam num modelo normativo a ser observado. Assim, estando o intérprete no contexto da *regulação não tradicional*, é possível que se

---

[527] BORJES, Isabel Cristina Porto; GOMES, Taís Ferraz; ENGELMANN, Wilson. *Responsabilidade civil e nanotecnologias*. São Paulo: Atlas, 2014. p. 98-99.

[528] ABNT NBR ISO 26000: *Diretrizes sobre responsabilidade social*. 01 nov. 2010. Disponível em: <http://www.pessoacomdeficiencia.gov.br/app/sites/default/files/arquivos/%5Bfield_generico_imagens-filefield-description%5D_65.pdf>. Acesso em: 16 abr. 2015. p. 32.

[529] Ibid., p. 40.

[530] Ibid., p. 41.

[531] Ibid., p. 41.

disponibilize a utilização de um modelo normativo vinculado especificamente ao trabalho nanotecnológico. Propõem-se, desta feita, as seguintes medidas a serem tomadas pelos empregadores que promovam, de alguma forma, o trabalho nanotecnológico:

a) observância dos estudos apurativos e fomento de novas pesquisas em matéria nanotecnológica;

b) promoção de medidas preventivas possíveis diante dos riscos especificamente apurados ou identificados;

c) fornecimento de equipamentos de proteção adequados e a adoção de medidas que reduzam a incidência de nanopartículas ou nanomateriais, sobretudo nas hipóteses em que o trabalhador terá contato direto;

d) eliminação dos riscos a partir da substituição permanente dos equipamentos específicos de produção, os quais devem ser sempre os mais adequados à proteção do trabalhador nanotecnológico;

e) promoção do controle dos materiais engenheirados e um controle administrativo que envolve todo o processo de produção e não só do nanomaterial;

f) fornecimento do equipamento de proteção individual adequado a cada tipo de nanomaterial engenheirado;

g) controle de exposição, a partir da eliminação e substituição de riscos;

h) adoção de sistemas de isolamento, controle e ventilação, em virtude dos riscos de contaminação no trabalho com nanopartículas;

i) controles administrativos, como treinamento dos trabalhadores acerca das formas de prevenção;

j) fornecimento de roupas protetivas e respiradores de proteção;

k) instalação de exaustores e sistema de ventilação nos locais de produção e manipulação;

l) reavaliação periódica dos riscos;

M) obtenção de informações tempestivas, completas e precisas referentes a riscos à saúde e à segurança e às melhores práticas usadas para enfrentar esses riscos;

n) buscar aconselhamento externo de entidades sindicais e patronais e outras que sejam especializadas.

Por fim, passada a proposição de uma medida concreta e efetiva acerca da proteção do específico trabalho nanotecnológico, resta relevante propor os pressupostos de harmonização e de consolidação destes paradigmas para possibilitar sua aplicação no caso concreto, em que envolva uma demanda inerente ao *fato laboral nanotecnológico* e a exigência de sua proteção jurídica.

Conforme adiantado neste próprio item, os modelos de marcos regulatórios analisados não estão divorciados da proposta hermenêutica do "diálogo entre fontes", espaço em que os mesmos devem participar, inclusive, como "interlocutores". Por isso, a harmonização e consolidação destes modelos regulatórios específicos obedecem as "fases de conduta interpretativa", sobretudo os momentos que se desenvolvem na "Quinta Fase" onde ocorrem a "apreensão das vozes", a "harmonização das vozes" e a "construção de uma resposta adequada".

Contudo, levando em conta que os modelos regulatórios apontados neste momento como paradigmas normativos detêm uma característica de maior especialidade ou aproximação com a realidade das nanotecnologias, pertinente que outros critérios de harmonização e consolidação sejam agregados aos padrões contidos na "Quinta Fase" da "conduta interpretativa" pertencente ao "diálogo entre fontes" (quando se fala em padrões, se fala nos momentos de "apreensão das vozes", "harmonização das vozes" e "construção de uma resposta adequada").

Mesmo que, como já fora argumentado, o contexto atual promova uma mudança no conceito de fontes de Direito e que várias, portanto, possam participar do "diálogo", diante da existência de marcos regulatórios mais especializados ou que tratem com mais foco as nanotecnologias, é razoável e conveniente que o intérprete conceda mais ênfase a estes marcos como fontes, quando do "diálogo", "ouvindo primeiro" estas fontes que, por serem, mais especializadas, podem dizer algo mais relevante e enriquecer o "diálogo" a ser estabelecidos com as demais fontes.[532]

Deste modo, dois critérios devem ser observados pelo intérprete quando do exercício de harmonização de consolidação dos modelos regulatórios ora ofertados: a) a *phrónesis*; b) e o desdobramento do Princípio da Proteção, o *princípio da aplicação da norma mais favorável*.

A utilização dos marcos regulatórios relativos às nanotecnologias deve representar uma deliberação do intérprete sempre atenta ao cenário hodierno em que as mesmas se desenvolvem e às circunstâncias em que prevalecem as incertezas, os *riscos desconhecidos e futuros* e a possibilidade de produção de *efeitos nocivos* ao meio ambiente e ao ser humano, sendo, neste caso, ao ser humano trabalhador. A conjugação de todos estes fatores – abordados nos itens anteriores deste estudo – exige do intérprete uma prudência, quando da harmonização e consolidação dos paradigmas normativos propostos. Essa prudência é a *phrónesis*.

Aristóteles associa à *phrónesis* a ideia de sabedoria prática do homem:

> Julga-se que seja característico de um homem dotado de sabedoria prática capaz de deliberar bem acerca do que é bom e conveniente para ele, não sob um aspecto particular (como por exemplo quais são as espécies de coisas que contribuem para a saúde e o vigor), mas sobre aquelas que contribuem para a vida boa de um modo. [...] Eis por que empregamos o termo "temperança" (*sophrosyne*), subentendendo que ela preserva a nossa sabedoria (*sózusa tem phrónesis*).[533]

Engelmann assinala que a *phrónesis* tem espaço no contexto dos marcos regulatórios:

---

[532] Em relação ao trabalho nanotecnológico, Engelmann exemplifica, no contexto do "diálogo entre fontes", uma forma de harmonização dos marcos regulatórios a partir de uma aplicação de um conjunto de princípios extraídos do *International Center for Technology Assessment*, quais sejam, o *Princípio da precaução*, o Princípio sobre a Regulamentação Mandatória Nanoespecífica e o Princípio da proteção à saúde e segurança para o público e trabalhadores. ENGELMANN, Wilson. O diálogo entre as fontes do direito e a gestão do risco empresarial gerado pelas nanotecnologias: construindo as bases à jurisdicização do risco. Constituição, Sistemas Sociais e Hermenêutica. *Anuário do Programa de Pós-Graduação em Direito da Unisinos*: mestrado e doutorado, Porto Alegre, n. 9, p. 319-344, 2012. p. 335.

[533] ARISTÓTELES. *Ética a Nicômaco*. Tradução de Pietro Nassetti. 4. ed. São Paulo: Martin Claret, 2008. (Livro V, cap. I, verb. 1140b).

Aí está o momento para desenvolver as características da *phrónesis*, conforme estudado nos capítulos anteriores, ou seja, será necessária cautela e muita noção de limites e de ponderação, a fim de se criarem marcos regulatórios necessários e adequados à realidade brasileira, mas com os olhos focados também no contexto internacional.[534]

Engelmann e Hohendorff vinculam a *phrónesis* à decisão que decorre da experiência e, no caso das nanotecnologias principalmente, da percepção do risco:

> Estas diversas formas de percepção do risco evidenciam as seguintes feições: existe um grupo onde se pode inserir a visualização cotidiana do risco, a partir das diversas atitudes e decisões tomadas pelo ser humano. São aquelas decisões que decorrem da experiência, próprias do *phrónimos* aristotélico. Elas poderão ter um impacto no futuro, mas as consequências estão em condições de ser mensuradas pelo autor envolvido. O risco percebido pela Ciência está sofrendo uma profunda transformação, a partir do ingresso das possibilidades trazidas pelas nanotecnologias. A Ciência que sempre foi categorizada como um campo de produção de certezas e respostas exatas se vê desafiada pela imprevisão e incerteza das suas respostas, justamente pela emergência dos riscos invisíveis, trazidos a partir da escala nano.[535]

Com efeito, a *phrónesis* é elemento essencial para a atividade do intérprete que, ao tratar do caso concreto vinculado ao fato laboral nanotecnológico, precisa ingressar na atividade hermenêutica do "diálogo entre fontes" e, imbuído de prudência e cautela, promover a participação de modelos regulatórios que representam "regras" mais próximas da realidade nanotecnológica e que podem servir de paradigma, portanto, para que se consolide a pretendida proteção jurídica. Deve o intérprete ter a prudência de olhar, pensar e primar pela adoção dos marcos regulatórios mais adequados e mais aptos a prestar a resposta protetora necessária, inclusive em conexão com aquilo que já existe em termos de norma específico ordenamento examinado, mas, nunca, esquecendo dos objetivos do cuidado humano e do cuidado constitucional.

Por outro lado, concomitantemente com a *phrónesis*, poderá o intérprete se utilizar princípio informador do Direito do Trabalho, o Princípio da Proteção, para, de acordo com o caso concreto, fazer incidir um ou outro dos modelos regulatórios, por força do princípio da aplicação da norma mais favorável – abordados no item 2.1.1.

A despeito das funções principiológicas elucidadas na nota 32 deste livro (capítulo 2), o Princípio da Proteção serve de instrumento ao intérprete para coordenar e materializar a harmonização dos marcos regulatórios disponíveis, bem como para promover sua consolidação como forma de proteção jurídica. Deste modo, assim como ocorre em várias situações cuidadas pelo Direito do Trabalho, em relação aos marcos regulatórios, o Princípio da Proteção atua também sob a forma do *princípio da aplicação da norma mais favorável*. Segundo

---

[534] WEYERMÜLLER, André Rafael; ENGELMANN, Wilson; FLORES, André Stringhi. *Nanotecnologias, Marcos Regulatórios e Direito Ambiental*. Curitiba: Honoris Causa, 2010. p. 200.

[535] ENGELMANN, Wilson; HOHENDORFF, Raquel Von Hohendorff. Os *"compliance programs"* como uma alternativa à gestão empresarial para lidar com o direito à informação do consumidor e os riscos trazidos pelas nanotecnologias. In: ENCONTRO NACIONAL CONPEDI/UFSC, 23., 2014, Florianópolis. *Anais...* Florianópolis, 2014. p. 417-433. Disponível em: <http://www.publicadireito.com.br/artigos/?cod=6eae17727b4e77cf>. Acesso em: 16 abr. 2015. p. 428.

Sérgio Pinto Martins, o *principio da aplicação da norma mais favorável* se dá de três formas, quais sejam, na elaboração da norma, na hierarquia das normas jurídicas e na interpretação mais favorável das normas.[536]

Significa dizer, portanto, que, diante das demandas concretas do *fato laboral nanotecnológico*, eventual "antinomia" ou conflito que ocorra entre os três ou entre alguns dos três marcos regulatórios formulados neste item, o intérprete deverá aplicar aquelas disposições que mais se coadunem com os interesses do trabalhador. É possível, assim, que os marcos regulatórios em questão venham a "regrar" uma mesma situação fática, impondo ao intérprete a adoção da resposta concreta que não só solucione a demanda, mas, também, e principalmente, seja mais favorável ao empregado e aos seus interesses, sobretudo quando à pretensões primordiais de *cuidado humano* e de *cuidado constitucional*, com vistas a uma efetiva e derradeira preservação da dignidade do trabalhador no seu meio ambiente laboral nanotecnológico.

3.5.2. Proposta de Projeto de Lei que altera a consolidação das leis do trabalho: proposta de regulação tradicional ou legal como expressão de um novo direito propriamente dito oriundo de uma nova Hermenêutica do Direito

Toda a construção argumentativa até agora apresentada possibilitou a visualização de um panorama em constante mutação, eivado de riscos e de demandas emergentes. Tudo em razão daquilo que é "novo" em decorrência do desenvolvimento científico, do desenvolvimento tecnológico e do desenvolvimento econômico. O "novo" no panorama geral da modernidade gera o "novo" nas especificidades, o "novo" nas relações jurídicas, e, por conseguinte, o "novo" no Direito. Com efeito, o "novo" no Direito corresponde a uma *Nova hermenêutica do Direito* e a um *Novo Direito propriamente dito*.

Por *Nova hermenêutica do Direito* entende-se tudo aquilo que denota um rompimento com a tradicional forma de interpretar vinculada a um método fechado e positivista. Até aqui, fazem parte desta *nova hermenêutica* os elementos propostos e estudados até aqui como o *círculo hermenêutico*, a *nova hermenêutica da prevenção* baseada no conjunto *círculo hermenêutico=princípio de solidariedade= consciência coletiva*, o *princípio da precaução*, os movimentos de *regulação* e o *"diálogo entre fontes"*, sendo todos imbricados por um elo finalístico: *a valorização e preservação dos direitos humanos e dos direitos fundamentais*.

Neste contexto, no momento em que o intérprete adota a *Nova hermenêutica do Direito*, surge um paradigma para o surgimento de um *Novo Direito propriamente dito*, ou seja, um modelo que inspire a criação legislativa inerente à tarefa de *regulação tradicional ou legal* de um marco regulatório.

Deste modo, o *Novo Direito propriamente dito* representa uma nova alternativa de construção legislativa em que faça que o texto legal seja também um espaço em que se alojem harmonicamente todos os elementos citados e

---
[536] MARTINS, Sérgio Pinto. *Direito do Trabalho*. 30. ed. atual. São Paulo: Atlas, 2014. p. 73.

vinculados a uma nova proposta hermenêutica, criando um movimento de "antecipação hermenêutica" em que a norma legal é criada com base nos elementos que, posteriormente, na atividade de interpretação, novamente serão invocadas, o que representa um verdadeiro "transbordo" da carga de direitos humanos e de princípios e direitos fundamentais que necessariamente deverão incidir na proteção jurídica do *fato laboral nanotecnológico*. Amartya Sem destaca: "De fato, é importante ver que a ideia dos direitos humanos também pode ser – e é – usada de várias maneiras, além de motivar a legislação".[537] Significa dizer que os direitos humanos, e também os direitos fundamentais, podem "inspirar novas leis" que se relacionam a estes direitos.[538]

Ademais, salienta-se que o já referido Projeto de Lei 6.741/13 (*vide* Anexo B) que prevê uma Política Nacional de Nanotecnologia voltada para a pesquisa, a produção, o destino de rejeitos e o uso da nanotecnologia é uma prova desta "antecipação hermenêutica" e, portanto, do *Novo Direito propriamente dito*, onde muitos destes elementos estão claramente sedimentados nos artigos propostos.

Por tudo isso, propõe-se uma alteração da Consolidação das Leis do Trabalho como forma de agregar um perfil de "Novo Direito" e de albergar a situação específica do fato laboral nanotecnológico e seus desdobramentos que clamam por proteção jurídica, sobretudo à disposição do artigo 200 da Consolidação das Leis do Trabalho que, nesse caso, passaria a ter um desdobramento textual. Dispõe o referido e vigente artigo 200:

> [...] Art. 200. Cabe ao Ministério do Trabalho estabelecer disposições complementares às normas de que se trata este Capítulo, tendo em vista as peculiaridades de cada atividade ou setor de trabalho, especialmente sobre:
>
> I – medidas de prevenção de acidentes e os equipamentos de proteção individual em obras de construção, demolição ou reparos;
>
> II – depósitos, armazenagem e manuseio de combustíveis, inflamáveis e explosivos, bem como trânsito e permanência nas respectivas;
>
> III – trabalho em escavações, túneis, galerias, minas e pedreiras, sobretudo quando à prevenção de explosões, incêndios, desmoronamentos e soterramentos, eliminação de poeiras, gases, etc., e facilidades de rápidas saídas dos empregados;
>
> IV – proteção contra incêndio em geral e as medidas preventivas adequadas, com exigências ao especial revestimento de portas e paredes, construção de paredes contra fogo, diques e outros anteparos, assim como garantia geral de fácil circulação, corredores de acesso e saídas amplas e protegidas, com suficiente sinalização;
>
> V – proteção contra insolação, calor, frio, umidade e ventos, sobretudo no trabalho a céu aberto, com provisão, quanto a este, de água potável, alojamento e profilaxia de endemias;
>
> VI – proteção do trabalhador exposto a substâncias químicas nocivas, radiações ionizantes e não-ionizantes, ruídos, vibrações e trepidações ou pressões anormais ao ambiente de trabalho, com especificação das medidas cabíveis para eliminação ou atenuação desses efeitos, limites máximos quando ao tempo de exposição à intensidade da ação ou de seus efeitos sobre o organismo

---

[537] SEN, Amartya. *A ideia de justiça*. Tradução de Denise Bottmann e Ricardo Doninelli Mendes. São Paulo: Schwarcz, 2001. p. 399.

[538] Ibid., p. 399.

do trabalhador, exames médicos obrigatórios, limites de idade, controle permanente dos locais de trabalho e das demais exigências que se façam necessárias;

VII – higiene nos locais de trabalho, com discriminação das exigências, instalações sanitárias com separação de sexos, chuveiros, lavatórios, vestiários e armários individuais, refeitórios ou condições de conforto por ocasião das refeições fornecimento de água potável, condições de limpeza dos locais de trabalho e modo de sua execução, tratamento de resíduos industriais;

VIII – emprego das cores nos locais de trabalho, inclusive nas sinalizações de perigo. [...].[539]

Na proposição em questão, o artigo 200 da Consolidação das Leis do Trabalho, por tratar de "disposições complementares", receberia uma complementação na forma do artigo 200-A, pois a ideia do *caput* do original artigo 200 é preceituar acerca de atividades que ensejam certas peculiaridades e especificidades, como é o caso das nanotecnologias:

Art. 200-A – Incumbe ao Ministério do Trabalho estabelecer normas que regulem o trabalho de pesquisa e produção de nanotecnologias, sobretudo as atividades de manipulação, contato e exposição a nanopartículas e seus derivados.

§ 1º – Independentemente da regulamentação do trabalho nanotecnológico a que se refere o *caput* do presente artigo, os empregadores estão obrigados a promover, além das normas de caráter geral já previstas, a adoção de medidas específicas que propiciem plenas condições de saúde e segurança na execução das atividades, orientadas pela aplicação do princípio da precaução.

§ 2º – A falta de disposições específicas acerca do trabalho com nanotecnologias permite a aplicação de outras normas que assegurem condições mínimas de saúde e segurança no trabalho, na forma prevista pelo artigo 8º desta Consolidação, inclusive de normas técnicas nacionais e internacionais.

Destarte, a proposta de alteração da Consolidação das Leis do Trabalho pata fins de se criar uma forma de *regulação legal* específica do trabalho nanotecnológico representa, ainda mais para fins desta pesquisa, por derradeiro, uma forma concreta de se promover o *"Novo Direito propriamente dito"*. Ao contrário do que possa parecer, a presente proposta de *regulação geral* resta totalmente dissociada de um método ou uma ideia legalista ou positivista, em que os direitos e o Direito restem enclausurados num invólucro fechado e definidor objetificante de um suporte fático. A redação da proposta legal ofertada representa, por força da "antecipação hermenêutica", uma forma de se tentar levar para dentro do texto legal, ainda mesmo antes da tarefa interpretativa de atribuição de sentido – que sempre deverá ser realizada a cada caso concreto –, uma carga de experiência que direcione a norma à trajetória de tratamento do *fato laboral nanotecnológico* com o primordial objetivo de preservar ao trabalhador tudo aquilo que decorre dos direitos humanos, dos princípios fundamentais e dos direitos fundamentais.

---

[539] BRASIL. Tribunal Superior do Trabalho. *Consolidação das Leis do Trabalho – CLT – DL-005.452-1943*. Disponível em: <http://www.dji.com.br/decretos_leis/1943-005452-clt/clt200.htm>. Acesso em: 16 abr. 2015.

4. Conclusão

Encerrada a pesquisa e passado todo o delineamento dos argumentos das ideias centrais do livro, resta possível estabelecer alguns desdobramentos conclusivos que confirmam a satisfação dos objetivos traçados.

Buscou-se responder ao Problema instaurado desde a Introdução da presente pesquisa, problema este que, agora, se resgata (ou se renova), para fins de se apurar e verificar as respostas que as Hipóteses (principal e secundárias) alinhavadas prestaram, conforme anunciado na origem, por meio de toda a estrutura argumentativa proposta. A conjectura propedêutica desta Tese suscitou uma problemática, considerando o avanço tecnológico, o advento das nanotecnologias, a ausência de marcos regulatórios gerais e específicos acerca dessas tecnologias, a existência de *riscos desconhecidos e futuros*, a concreta possibilidade de ocorrência de *efeitos nocivos* ao meio ambiente laboral e ao trabalhador que essas tecnologias podem vir a produzir, o escopo protetivo do Direito do Trabalho comprometido com a saúde e a segurança do trabalhador, e, considerando o objetivo ético universal de preservação dos direitos humanos e dos direitos fundamentais: sob quais condições se poderá desenvolver um sistema efetivo – estruturado a partir dos modelos propostos por órgãos internacionais preocupados com a saúde e a segurança do trabalhor – de proteção do trabalhador envolvido no processo de pesquisa, produção e emprego das nanotecnologias?

Como afirmado alhures, o livro, em suas duas partes e ao longo dos seus itens, buscou declinar as respostas ao Problema eleito, a partir do desdobramento e detalhamento das Hipóteses propostas: o Direito do Trabalho pode (deve) buscar tutelar a instalação segura no meio ambiente de trabalho das nanotecnologias, ainda que inexistam marcos regulatórios legislativos específicos. A concretização disto se dará por meio dos seguintes movimentos de inovação jurídica: o sistema normativo vigente que abarca as normas de saúde e segurança do trabalho baseadas na prevenção deve ser submetido a uma *Nova Hermenêutica da Prevenção*; essa proposta de *Nova Hermenêutica da Prevenção* se alcança a partir do conjunto interpretativo *princípio de solidariedade=círculo hermenêutico=consciência coletiva*; resta necessária a adequação das novas situações decorrentes do emprego das nanotecnologias ao sistema normativo de *prevenção* existentes e propor outros capazes de representar medidas efetivas à proteção da saúde do trabalhador; o ponto de partida para esta adequação e proposição de novas medidas reside na aplicação do *princípio da precaução*; a valorização e aplicação do *princípio da precaução* facilita e propicia a utilização do "diálogo entre fontes" de Direito do Trabalho; este "diálogo" é uma proposta hermenêutica que serve de portal para o acesso a outras normas voltadas a um caráter mais regulatório do trabalho nanotecnológico (*regulação não tradicional*); a operacionalização deste "diálogo entre fontes" ocorre por meio das *"fases de conduta interpretativa"*; todo este movimento (hermenêutico) possibilita a identificação de estruturas regulatórias concretas que possibilitarão ao intérprete, no caso concreto, utilizar-se de alternativas próximas e vocacionadas a atender as demandas provocadas pela ocorrência e desenvolvimento do *fato laboral nanotecnológico*; neste contexto nasce a proposição de quatro paradigmas normativos – os modelos OSHA, NIOSH, *Institute for Health and Consumer Protection – European Comission* e ISO 26000 –; com espelho nestes paradigmas e nas específicas regras de cada um, é possível construção de uma "proposta única" em que se imponha medidas protetivas a serem tomadas pelos empregadores que promovam atividades, as quais, de alguma forma, ensejam o desenvolvimento do *fato laboral nanotecnológico*; por último, todo este novo contexto propicia uma Nova Hermenêutica do Direito, terreno em que se possibilita a criação de um Projeto de Lei de alteração da Consolidação das Leis do Trabalho, com ênfase no tratamento específico do trabalho nanotecnológico.

Neste contexto, é possível afirmar que a proposta do livro foi desenvolvida com ligação direta às Hipóteses, sendo que, em cada capítulo, os itens declinados oportunizaram um exame detido de tudo aquilo que está afeito às respostas (Hipóteses) que o Problema instaurado reclama. Em virtude disso, passa-se, a partir de então, ao exame daquilo que se concluiu em cada item representativo das Hipóteses e, por conseguinte, se efetivamente o Problema fixado mereceu a devida resposta (ou respostas). Sintetizam-se todas as hipóteses suscitadas em quatro hipóteses (principal e secundárias):

Hipótese Principal: O Direito do Trabalho pode (deve) buscar tutelar a instalação segura no meio ambiente de trabalho das nanotecnologias, ainda que inexistam marcos regulatórios legislativos específicos.

Restou demonstrada a preocupação constitucional com a segurança e a saúde do trabalhador, razão pela qual tal direito é um direito fundamental social. Por sê-lo, tal direito merece uma eficácia plena, vez que representa um desdobramento do valor supremo da dignidade da pessoa humana e do valor social do trabalho de observância obrigatória nas relações de emprego e em todo o ordenamento. Assim, fica evidente que, em se tratando de Direito do Trabalho, não só o Princípio da Proteção atua como influência direta na busca de uma interpretação que oportunize a implementação da preservação da saúde e da segurança do trabalhador, mas, também, e principalmente, os princípios fundamentais e os direitos fundamentais, por terem eficácia plena ou imediata por força de próprio mandamento constitucional, conduzem a esta hipótese. No entanto, resta sedimentado que, também por se tratar de Direito do Trabalho, a influência dos princípios e direitos fundamentais nas relações de emprego ainda merecem vagaroso e tímido tratamento pelos intérpretes, sobretudo pelos juízes, razão pela qual é inquestionável a necessidade de adoção de uma forma não tradicional de interpretação que oportunize uma concreta eficácia e uma efetiva projeção da dignidade da pessoa humana nas relações laborais. Essa forma não tradicional é o *círculo hermenêutico*, o qual, não só possibilita a inserção do intérprete em um movimento circular que, ao examinar o caso concreto, alcança a compreensão pela precedência de uma pré-compreensão da sua própria posição e condição no mundo, tendo o ser como objetivo e não como objeto, utilizando-se de um fio condutor antropológico. É indelével que este raciocínio vale (e deve valer) para o trabalho inserido no contexto das nanotecnologias.

Os autores demonstraram que as nanotecnologias representam a expressão do novo, do desenvolvimento, do avanço tecnológico. Entretanto, com o novo surgem as consequências desconhecidas. Os estudos específicos trazidos no presente trabalho mostram conta de que as nanotecnologias dão um significativo contributo para a economia. Isso são os *reflexos* das nanotecnologias. Ocorre que, como dito, as novidades também geram efeitos (à vida humana), *benéficos* e *nocivos*. Os *efeitos benéficos* são todas as facilidades que essa nova tecnologia atômica enseja no cotidiano da vida humana. Ao mesmo tempo, há um preço que o meio ambiente e o ser humano pagam pelos reflexos e pelos *efeitos benéficos*: a produção de *efeitos nocivos*. Não se tem certeza de como e sua abrangência, mas se tem certeza de que os *efeitos nocivos* são uma realidade (realidade=real consequência) das nanotecnologias, sobretudo em relação aos trabalhadores, primeiros a terem contato com as nanotecnologias, em razão da fabricação, manipulação, contato, exposição ou engenheiramento das nanotecnologias. Com isso, não restam dúvidas de que o trabalho com nanotecnologias – *fato laboral nanotecnológico* – é um fato jurídico que insta o Direito, assim, a prestar respostas com vistas preservar a dignidade desse trabalhador nanotecnológico. Esse discurso só se torna factível e concreto se for feita uma releitura da Teria do Fato Jurídico de Pontes de Miranda, pois, considerando a ideia original e tradicional de suporte fático, as nanotecnologias não encontrariam guarida pelo Direito. A despreocupação legislativa com o novo, como as nanotecnologias, impõe a busca de alternativa para que o Direito – não necessariamente a lei –, albergue o direito humano e a dignidade do trabalhador exposto a um contexto nanotecnológico permeado pela incerteza, dúvida e insegurança.

Na sua formatação tradicional o Direito não atende as nanotecnologias, ainda mais a questão da sua relação com o trabalho humano. A despeito de dois Projetos de Lei sobre o tema das nanotecnologias que tramitam no Congresso Nacional (na velocidade típica da Casa Legislativa brasileira), não há *regulação tradicional e legal* que cuide da matéria. Todavia, a proposta desenvolvida trouxe estofo para se concluir que o Direito – ainda mais sob a perspectiva de estar à serviço dos direitos humanos em um objetivo ético universalizado –, não corresponde necessariamente à figura lei. Com efeito, a proteção do trabalhador sujeito do *fato laboral nanotecnológico*, hodiernamente e diante de todo o contexto declinado, depende muito mais daquilo que resulta dos movimentos regulatórios ou autorregulatórios que vários setores da sociedade, nacional e internacional, estabeleceram e estabelecem acerca do mundo afeito às nanotecnologias. É a *regulação não tradicional*. Defender a atuação do Direito em matéria nanotecnológica é aceitar e estimular a aplicação daquilo que existe – "regras" ou "normas técnicas" –, oriundas da *regulação não tradicional*, ou seja, com origem de fonte que não seja a lei.

Além das pesquisas científicas e estudos técnicos existentes acerca das nanotecnologias, principalmente da comunidade internacional, alguns setores e órgão reguladores tem especificamente se dedicado a aprofundar o exame pertinente às nanotecnologias e sua inserção no mundo laboral, tais como a Organização para a Cooperação e Desenvolvimento Econômico – OECD –, o Asia Nano Forum, a Comissão do Ambiente, da Saúde Pública e da Segurança Alimentar do Parlamento Europeu da União Europeia, a Occupational Safety and Health Administration – OSHA –, o The National Institute for Occupational Safety and Health – NIOSH –, o Institute for Health and Consumer Protection – European Comission e a International Organization for Standardization – ISO. Esses órgãos apuram cada vez mais a possibilidade concreta de produção de *efeitos nocivos* decorrentes do trabalho humano com nanotecnologias ou em contato com essas tecnologias ou suas decorrências, tais como nanosubstâncias, nanopartículas, nanomateriais e nanotubos. Volta-se à questão da característica das tecnologias nano: incerteza, dúvida e insegurança quanto aos seus efeitos. Mas, há a certeza de que efeitos nocivos podem ocorrer. Com efeito, a matéria atinente às nanotecnologias se insere na tipificação da sociedade de risco. O risco à saúde dos trabalhadores é o risco inerente ao desenvolvimento tecnológico, muitas vezes sem definição, mas que se sabe da sua possibilidade de ocorrência. Se está diante de *riscos desconhecidos e futuros*. É a fixação de um hiato, pois enquanto os estudos apontam problemas de saúde de trabalhadores que foram expostos a vapores de nanopartículas, por exemplo, não sabe o que efetivamente levou a esses danos, pois sequer se saber como evitá-los. É o risco que se desenvolve no nebuloso e na angústia.

1ª Hipótese Secundária: O sistema normativo vigente que abarca as normas de saúde e segurança do trabalho baseadas na prevenção deve ser submetido a uma *Nova Hermenêutica da Prevenção*

O sistema normativo brasileiro acerca do meio ambiente laboral é composto por muitas normas que tratam do tema saúde e segurança *do* e *no* trabalho. Fora demonstrado que, em síntese, a Consolidação das Leis do Trabalho e a Portaria 3.214/78 do Ministério do Trabalho e Emprego, por meio de suas Normas Regulamentadoras, representam um arcabouço de normas que tendem à *prevenção* de riscos ensejadores de acidentes de trabalho e doenças ocupacionais. Entretanto, os dados estatísticos trazidos a lume mostraram que, não obstante toda a gama de normas existentes, o número de acidentes e doenças laborais, há cinco anos, permanece na casa dos setecentos mil, ao ano, o que representa alarmante realidade vinculada ao direito fundamental social do trabalhador à preservação de sua saúde e de sua segurança. Diante deste quadro foi proposta uma nova hermenêutica, chamada de *nova hermenêutica da prevenção*, pois incontroverso está que o modo como todos os envolvidos neste cenário interpretam a questão do meio ambiente laboral está longe de servir à preservação da saúde e da segurança do trabalhador. A *nova hermenêutica da prevenção*, portanto, é uma proposta hermenêutica baseada em conjunto *círculo hermenêutico=princípio de solidariedade=consciência coletiva*. Está clara a convicção de para que ocorra uma "acontecer" concreto das normas protetivas de cunho preventivo, faz-se necessária a interpretação na forma circular tendente à pela valorização do ser humano – *círculo hermenêutico* –, a qual deve passar por um viés solidário – *princípio de solidariedade* – que consiste em comprometer todos os envolvidos – empregados, empregadores, sindicatos, juízes, procuradores do trabalho e outros –, a enxergarem a saúde e a segurança do trabalho como um "problema de todos" e, a partir daí, promover o "acontecer" do objetivo primordial fixado pelas normas de *prevenção* (evitar a ocorrência de acidentes e doenças laborais), fazendo com que os envolvidos tenham presente esta premissa – *consciência coletiva*. Sem este ponto de partida, não há como projetar um "acontecer" das normas de meio ambiente de trabalho em matéria nanotecnológica.

As pesquisas realizadas até o momento levam a uma outra constatação que merece relevo: ainda é pouco o que se sabe sobre os riscos decorrentes da relação *nanotecnologias x trabalho humano*, motivo pelo qual os riscos são classificados como desconhecidos e futuros e o tratamento do Direito deve, a partir da *precaução*, valorizar e utilizar fontes (não tradicionais) que venham a preencher tentar responder algumas das várias dúvidas acerca dos *efeitos nocivos* do trabalho nanotecnológico, mas, acima de tudo, que ofertem formas de evitar – isso efetivamente é proteger –, a ocorrência de tais efeitos ao trabalhador. Em todo esse contexto, destarte, devem ser considerados os estudos, apontamentos técnicos e as "normas" técnicas dos modelos OSHA, NIOSH, *Institute for Health and Consumer Protection – European Comission* e ISO 26000. A ruptura com o modelo tradicional de fonte de Direito do Trabalho é medida que se impõe como forma de ensejar uma efetiva *regulação* do trabalho com nanotecnologias, pouco importando se esses modelos regulatórios tem gênese em órgãos situados além das fronteiras do ordenamento.

Além disso, demonstrou-se que o Direito do Trabalho se preocupa com a saúde e a segurança do trabalhador, no contexto geral, a partir de um sistema de *prevenção*. Nesse sentido, as referidas normas de proteção identificam os riscos e, a partir daí, impõem aquilo que serve para elidir ou tornar diminutos os riscos que podem gerar a ocorrência de acidentes de trabalho e de doenças ocupacionais. Contudo, em se de tratando de nanotecnologias, como já concluído, a *prevenção* não concede a proteção suficiente, em virtude de que o trabalho humano inserido no contexto nanotecnológico resta sujeito a *riscos desconhecidos e futuros*. Diante disso e nesse caso, o discurso protetivo torna-se mera retórica, pois, ainda que haja valoração do sistema preventivo vigente, a proteção do desconhecido em termos de trabalho nanotecnológico não será alcançada pelas normas de *prevenção* ou, no mínimo, essas normas serão insuficientes. Por isso, necessária a fixação de um ponto de partida para a criação de marcos regulatórios, mais afeito à *regulação não tradicional* apontada. Esse ponto de partida é a *precaução*. Não obstante ser possível entender que a Consolidação das Leis do Trabalho abre as portas para a aplicação do *princípio da precaução*, a simbiose acerca da matéria ambiental entre o Direito do Trabalho e o Direito Ambiental, bem como o objetivo de proteção do meio ambiente representa uma forma de garantir um direito humano e a dignidade do trabalhador, resta sedimentada a aplicação da *precaução*, não só como corolário lógico da Constituição, mas como principio expresso em várias normas internacionais tendentes a "humanizar" o meio ambiente saudável e equilibrado. Por essa razão, a *precaução* se coaduna com a pretensão de se criar marcos regulatórios para servirem às nanotecnologias e seus desdobramentos no mundo do trabalho.

2ª Hipótese Secundária: Resta necessária a adequação das novas situações decorrentes do emprego das nanotecnologias ao sistema normativo de *prevenção* existentes e propor outros capazes de representar medidas efetivas à proteção da saúde do trabalhador. *O ponto de partida para esta adequação e proposição de novas medidas reside na aplicação do princípio da precaução. A valorização e aplicação do princípio da precaução facilita e propicia a utilização do "diálogo entre fontes" de Direito do Trabalho; este "diálogo" é uma proposta hermenêutica que serve de portal para o acesso a outras normas voltadas a um caráter mais regulatório do trabalho nanotecnológico (regulação não tradicional).*

A mentalidade brasileira acerca da proteção da saúde e da segurança do trabalhador perdura afastada de uma mentalidade constitucional. Opta-se, ainda, muito mais por uma acomodação vinculada a uma mentalidade da indenização, em detrimento de uma efetiva *prevenção*. Se ocorrer o acidente, se busca no Poder Judiciário a declaração de responsabilidade do empregador e o consequente pagamento das indenizações cabíveis. O cenário se agrava quando se trata de nanotecnologias. Se as normas preventivas existentes não diminuem o número de acidentes e doenças laborais, cujos riscos se conhece e se tem por identificados, por óbvio, as mesmas normas não "acontecerão" num panorama nanotecnológico em que prevalecem *riscos desconhecidos e futuros*. Neste contexto, o "amadurecimento hermenêutico" dos intérpretes é imprescindível. O tratamento das propostas hermenêuticas como método representa a primeira barreira para se buscar que o Direito preste respostas às nanotecnologias. A ideia de uma interpretação no *círculo hermenêutico* é o portal para que se faça uma releitura da Teoria pontesiana do Fato Jurídico e do suporte fático e para se romper com o modelo tradicional de fontes de Direito do Trabalho e se admita a utilização da *regulação não tradicional* e de seus modelos específicos hoje existentes. Do mesmo modo, o *círculo hermenêutico* propicia a utilização do *princípio da precaução*, sem afastar o *princípio da prevenção* provedor de várias normas existentes em matéria ambiental laboral. Essa dupla dimensão oportuniza ao intérprete lançar mão de movimentar o Direito – e não esperar pelo movimento da lei –, para criar marcos regulatórios com base em paradigmas normativos existentes, os quais, mesmo que representando movimentos regulatórios, sejam inseridos no ordenamento jurídico brasileiro como parte do próprio Direito, a fim de atender as demandas decorrentes do *fato laboral nanotecnológico*. Além de todas essas dificuldades, outra barreira a ser vencida é a da dúvida de como operacionalizar e possibilitar a produção dessas respostas que o Direito deve prestar a partir da criação de marcos regulatórios. A proposta hermenêutica do "diálogo entre as fontes" de Direito do Trabalho apresenta-se como forma de se alcançar a conjectura de marcos regulatórios. Incontroverso é que os operadores e intérpretes do âmbito do Direito do Trabalho na atualidade verão com desconfiança essa proposta. Considerando que a própria incidência dos princípios e direitos fundamentais nas relações de emprego, em questões mais gerais da relação de emprego, já encontra resistência – a jurisprudência citada demonstrou isso –, logicamente, muitos hesitarão em aderir a uma proposta de "diálogo entre as fontes" de Direito do Trabalho que rompe com a tradição da interpretação legalista e positivista. Todavia, são propostas hermenêuticas como esta que revelam o *cuidado humano* e o *cuidado constitucional* que advém do próprio Direito. A atual era de incertezas, angústias e classificadas por alguns como "pós-humana", enseja campo fértil para a promoção de alternativas que fertilizem um retorno ao *irredutível humano* e, por conseguinte, à preservação da dignidade. A presente pesquisa, por derradeiro, pretende ser um singelo instrumento de ruptura do paradigma clássico do Direito=Lei e do humano como preocupação secundária. As nanotecnologias, por outro lado, oportunizam a reflexão sobre o novo momento em que atravessam a humanidade e o Direito, bem como servem de alerta para o fato de que a valorização do ser humano e da dignidade são as únicas garantias capazes de prevalecerem sobre qualquer ordem jurídica e de oferecerem um caminho seguro para o futuro e para as gerações vindouras.

3ª Hipótese Secundária: A operacionalização deste "diálogo entre fontes" ocorre por meio das *"fases de conduta interpretativa"*; todo este movimento (hermenêutico) possibilita a identificação de estruturas regulatórias concretas que possibilitarão ao intérprete, no caso concreto, utilizar-se de alternativas próximas e vocacionadas a atender as demandas provocadas pela ocorrência e desenvolvimento do *fato laboral nanotecnológico*. Apresentação de uma "proposta única" e de um Projeto de Lei de alteração da Consolidação das Leis do Trabalho, com ênfase no tratamento específico do trabalho nanotecnológico.

Como já concluído, o *princípio da precaução* abre portas para a adoção da proposta hermenêutica do "diálogo entre fontes" de Direito do Trabalho. A operacionalização (concretização) do aludido "diálogo" se materializa, por sua vez, pela proposta construída neste livro de que o intérprete pode (deve) incursionar nas *"fases de conduta interpretativa"*. Com efeito, a utilização, em fases, desta *"conduta interpretativa"*, por parte do intérprete, possibilitará o alcance do *plano de produção de proposições de resposta*s. E é neste terreno que germinam as propostas concreta e originalmente estabelecidas neste livro. Repisam-se os desdobramentos destas *"fases de conduta interpretativa"*:

a) *primeira fase*: o intérprete do Direito do Trabalho identifica o *fato laboral nanotecnológico e* os seus respectivos desdobramentos no caso concreto, em matéria de saúde e segurança do trabalho, tratando-o como fato jurídico, a partir da releitura do suporte fático tradicional. A partir de então, o intérprete verifica quais as demandas que necessitam de respostas, levando sempre em consideração a desregulamentação em matéria nanotecnológica, os *riscos desconhecidos e futuros* emergentes destas novas tecnologias e, também, a certeza (científica) de que *efeitos nocivos* podem ser produzidos contra o ser humano e o meio ambiente;

b) *segunda fase*: diante da necessidade de o Direito prestar respostas ao caso concreto inerente ao *fato laboral nanotecnológico*, o intérprete passa à etapa do *plano de produção de proposições de respostas*;

c) *terceira fase*: para que ocorra a sua inserção no *plano de produção de proposições de respostas*, o intérprete deve identificar três pilares obrigatórios de sustentação do plano, quais sejam o princípio do "*irredutível humano*", o princípio da dignidade da pessoa humana e o princípio do valor social do trabalho, todos imantados na figura do trabalhador nanotecnológico. Aqui se inicia uma "etapa hermenêutica" do "diálogo", pois antes de se submeter o *fato laboral nanotecnológico* ao "diálogo entre fontes", deverá o intérprete inserir tal fato laboral à "filtragem" dos direitos humanos e fundamentais. Essa "filtragem" se dá por força do *círculo hermenêutico*. Partindo da premissa de rompimento com métodos ou técnicas de interpretação objetificante, o intérprete passa a promover a interpretação do *fato laboral nanotecnológico* e dos direitos humanos e fundamentais num movimento circular, entrando e saindo do círculo, vislumbrando sua condição de ser no mundo, identificando a *faticidade*, fixando a pré-compreensão e alcançando a compreensão do caso concreto e de suas necessidades de proteção;

d) *quarta fase*: erguidos os pilares de sustentação do *plano de produção de respostas*, o intérprete se insere no "diálogo entre fontes" e inicia a coordenação do "diálogo", tendo por "assunto" principal a necessidade de proteção do *fato laboral nanotecnológico*, sobretudo no caso concreto em apreciação;

e) *quinta fase*: em que pese, desde a Primeira Fase, o intérprete vem executando uma "conduta interpretativa" com vistas à operacionalização do "diálogo", é nesta fase que se operará com mais ênfase a compreensão. Ao ingressar na quinta fase interpretativa, o intérprete tem condições de apreender as "vozes" resultantes do "diálogo" promovido e, com isso, alcançar o espaço de *produção de proposições de respostas* às consequências e desdobramentos oriundos do *fato laboral nanotecnológico* em concreto que clama por resposta. Com efeito, a partir de agora, o intérprete ingressa em um "espaço hermenêutico" – *logos hermenêutico* – onde é possível a plenitude da sua compreensão. Esse compreender do intérprete se desenvolverá através de três momentos: "apreensão das vozes", "harmonização das vozes" e "construção de uma resposta adequada".

Por conseguinte, este plano representa o alicerce em que se desenvolveram as medidas de adequação e de atendimento às necessidades ressaltadas no Problema instaurado como pilar deste livro.

Finaliza-se este livro com o estabelecimento das *duas grandes propostas* originais de marcos regulatórios que efetivamente podem servir de solução para a prestação de respostas às demandas do *fato laboral nanotecnológico*.

O livro apresentou um conjunto de medidas a serem seguidas e tomadas pelos empregadores que promovam, de alguma forma, o trabalho nanotecnológico. Elenca-se novamente as proposições:

a) observância dos estudos apurativos e fomento de novas pesquisas em matéria nanotecnológica;

b) promoção de medidas preventivas possíveis diante dos riscos especificamente apurados ou identificados;

c) fornecimento de equipamentos de proteção adequados e a adoção de medidas que reduzam a incidência de nanopartículas ou nanomateriais, sobretudo nas hipóteses em que o trabalhador terá contato direto;

d) eliminação dos riscos a partir da substituição permanente dos equipamentos específicos de produção, os quais devem ser sempre os mais adequados à proteção do trabalhador nanotecnológico;

e) promoção do controle dos materiais engenheirados e um controle administrativo que envolve todo o processo de produção e não só do nanomaterial;

f) fornecimento do equipamento de proteção individual adequado a cada tipo de nanomaterial engenheirado;

g) controle de exposição, a partir da eliminação e substituição de riscos;

h) adoção de sistemas de isolamento, controle e ventilação, em virtude dos riscos de contaminação no trabalho com nanopartículas;

i) controles administrativos, como treinamento dos trabalhadores acerca das formas de prevenção;

j) fornecimento de roupas protetivas e respiradores de proteção;

k) instalação de exaustores e sistema de ventilação nos locais de produção e manipulação;

l) reavaliação periódica dos riscos;

m) obtenção de informações tempestivas, completas e precisas referentes a riscos à saúde e à segurança e às melhores práticas usadas para enfrentar esses riscos;

n) buscar aconselhamento externo de entidades sindicais e patronais e outras que sejam especializadas.

Ademais, imbuída de toda a carga filosófica, hermenêutica, antropológica e "renovatória", apresentou-se uma proposta de alteração da Consolidação das Leis do Trabalho para, como forma de "antecipação hermenêutica", sobremaneira do seu artigo 200. O artigo 200 da Consolidação das Leis do Trabalho, por tratar de "disposições complementares", receberia uma complementação na forma do artigo 200-A, pois a ideia do *caput* do original artigo 200 é preceituar acerca de atividades que ensejam certas peculiaridades e especificidades, como é o caso das nanotecnologias, com ênfase em dois aspectos: a utilização do princípio da precaução como medida de proteção a ser promovida pelo empregador e a possibilidade de aplicação de outras normas que assegurem condições mínimas de saúde e segurança no trabalho, na forma prevista pelo artigo 8º da própria Consolidação, inclusive de normas técnicas nacionais e internacionais.

Portanto, é possível estabelecer uma clara cognição de que as nanotecnologias estão inseridas no contexto do trabalho humano e provocam um verdadeiro movimento daquilo que existe em termos de normas protetivas do meio ambiente laboral, porém, suas particularidades e seu desenvolvimento exigem verdadeira revolução no campo social, normativo e hermenêutico. Este panorama propiciou os elementos estruturantes do *Direito do Trabalho Nanotecnológico*.

Referências

ABNT NBR ISSO 26000: *Diretrizes sobre responsabilidade social*. 01 nov. 2010. Disponível em: <http://www.pessoacomdeficiencia.gov.br/app/sites/default/files/arquivos/%5Bfield_generico_imagens-filefield-description%5D_65.pdf>. Acesso em: 16 abr. 2015.

ADAM, Ana Paula; HOHENDORFF, Raquel Von; ENGELMANN, Wilson. *O NITT como suporte para o fortalecimento da interação entre universidade, indústria e governo*: em busca de um modelo de inovação adequado para a era das nanotecnologias. p. 1-16. Disponível em: <http://www.unisul.edu.br/wps/wcm/connect/1f40f0fa-ed74-44a3-abe2-49b8b4fdc1ac/artigo_gt-dir_raquel-von-hohendorff_v-spi.pdf?MOD=AJPERES>. Acesso em: 16 abr. 2015.

AGÊNCIA BRASILEIRA DE DESENVOLVIMENTO INDUSTRIAL (ABDI). *Cartilha sobre nanotecnologia*. Brasília: ABDI, 2010. Disponível em: <http://www.abdi.com.br/Estudo/Cartilha%20nanotecnologia.pdf>. Acesso em: 16 abr. 2015.

——. *Panorama de nanotecnologia*. Brasília: ABDI, 2010. Disponível em: <http://www.abdi.com.br/Estudo/Panorama%20de%20Nanotecnologia.pdf>. Acesso em: 16 abr. 2015.

AGÊNCIA EUROPEIA PARA A SEGURANÇA E SAÚDE NO TRABALHO (EU-OSHA). *Acerca da Agência*. Disponível em: <https://osha.europa.eu/pt/about>. Acesso em: 16 abr. 2015.

——. *Boa segurança e saúde*: um bom negócio: resumo do Relatório Anual da Agência de 2006. Disponível em: <https://osha.europa.eu/pt/publications/corporate/2006>. Acesso em: 16 abr. 2015.

——. *Search our database of publications*. Disponível em: <https://osha.europa.eu/en/publications/publications-overview?Subject%3Alist=nanotechnology&SearchableText=>. Acesso em: 16 abr. 2015.

ALEXY, Robert. *Teoria de los Derechos Fundamentales*. Tradução de Ernesto Garzón Valdéz. Madrid: Centro de Estúdios Constitucionales, 1993.

ARISTÓTELES. *Ética a Nicômaco*. Tradução de Pietro Nassetti. 4. ed. São Paulo: Martin Claret, 2008. (Livro V, cap. I, verb. 1140b).

ASIA NANO FORUM (ANF). Disponível em: <http://www.asia-anf.org/>. Acesso em: 16 abr. 2015.

ASSOCIAÇÃO BRASILEIRA DE NORMAS TÉCNICAS (ABNT). *Normalização*. Disponível em: <http://www.abnt.org.br/m3.asp?cod_pagina=931>. Acesso em 16 abr. 2015.

ASSOCIAÇÃO CULTURAL MONTFORT. *Encíclica Rerum Novarum*. Disponível em: <www.montfort.org.br>. Acesso em: 16 abr. 2015.

BARDIN, Laurence. *Análise de conteúdo*. 2. reimpr. da 1ª ed. de 2011. Tradução de Luís Antero Reto e Augusto Pinheiro. São Paulo: Ed. 70, 2012.

BARRETTO, Vicente de Paulo. O "admirável mundo novo" e a teoria da responsabilidade. In: TEPEDINO, Gustavo; FACHIN, Luiz Edson (Coords.). *O direito e o tempo*: embates jurídicos e utopias contemporâneas: estudos em homenagem ao professor Ricardo Pereira Lira. Rio de Janeiro: Renovar, 2008.

BARZOTTO, Luciane Cardoso. *Direitos Humanos dos trabalhadores*: atividade normativa da Organização Internacional do Trabalho e os limites do Direito Internacional do Trabalho. Porto Alegre: Livraria do Advogado, 2007.

BATTAGLIA, Felice. *Filosofia do trabalho*. Tradução de Luís Washington Vita e Antônio D'Elia. São Paulo: Saraiva, 2008.

――. *Filosofia do trabalho*. Tradução por Luís Washington Vita e Antônio D'Elia. São Paulo: Saraiva, 1958.

BAUMAN, Zygmunt. *Modernidade líquida*. Tradução de Plínio Dentzien. Rio de Janeiro: Zahar, 2001.

BECK, Ulrich. *Sociedade de risco*: rumo à outra modernidade. Tradução de Sebastião Nascimento. São Paulo: Ed. 34., 2010.

BERÇO em forma de bolha utiliza nanotecnologia para efeito autolimpante. *Revista Pense Imóveis*, abr. 2013. Disponível em: <http://revista.penseimoveis.com.br/noticia/2013/04/berco-em-forma-de-bolha-utiliza-nanotecnologia-para-efeito-autolimpante-4095887.html>. Acesso em: 16 abr. 2015.

BIAVASCHI, Magda Barros. O princípio da socialidade na perspectiva das relações trabalhistas. In: TEPEDINO, Gustavo *et al*. (Coords.). *Diálogos entre o Direito do Trabalho e o Direito Civil*. São Paulo: Revista dos Tribunais, 2013. p. 81-96.

BORJES, Isabel Cristina Porto; GOMES, Taís Ferraz; ENGELMANN, Wilson. *Responsabilidade civil e nanotecnologias*. São Paulo: Atlas, 2014.

BRANDÃO, Cláudio. Direito e Democracia. In: FREITAS, Juarez; TEIXEIRA, Anderson V. (Orgs.). *Ensaios transdisciplinares*. São Paulo: Conceito, 2011. (Capítulo 7: A proteção ao trabalho em uma perspectiva democrática da Constituição de 1988).

――. Novos rumos do Direito do Trabalho. In: TEPEDINO, Gustavo *et al*. (Coords.). *Diálogos entre o Direito do Trabalho e o Direito Civil*. São Paulo: Revista dos Tribunais, 2013. p. 37-54.

BRASIL. Câmara dos Deputados. *Legislação informatizada*: Constituição de 1934: publicação original. Disponível em: <http://www2.camara.leg.br/legin/fed/consti/1930-1939/constituicao-1934-16-julho-1934-365196-publicacaooriginal-1-pl.html>. Acesso em: 16 abr. 2015.

BRASIL. Constituição (1967). Constituição da República Federativa do Brasil de 1967. Disponível em: <http://www.planalto.gov.br/ccivil_03/constituicao/constituicao67.htm>. Acesso em: 16 abr. 2015.

――. Constituição (1988). *Constituição da República Federativa do Brasil de 1988*. Disponível em: <http://www.planalto.gov.br/ccivil_03/constituicao/constitui%C3%A7ao.htm>. Acesso em: 16 abr. 2015.

――. *Decreto-Lei nº 5.452, de 1º de maio de 1943*. Aprova a Consolidação das Leis do Trabalho. Disponível em: <http://www.planalto.gov.br/ccivil_03/decreto-lei/del5452.htm>. Acesso em: 16 abr. 2015.

――. *Instrução Normativa nº 2, de 15 de junho de 2012*. Disponível em: <http://www.in.gov.br/visualiza/index.jsp?data=27/06/2012&jornal=1&pagina=4&totalArquivos=76>. Acesso em: 16 abr. 2015.

――. *Lei nº 10.593, de 6 de dezembro de 2002*. Dispõe sobre a reestruturação da Carreira Auditoria do Tesouro Nacional, que passa a denominar-se Carreira Auditoria da Receita Federal – ARF, e sobre a organização da Carreira Auditoria-Fiscal da Previdência Social e da Carreira Auditoria-Fiscal do Trabalho, e dá outras providências. Disponível em: <http://www.planalto.gov.br/ccivil_03/leis/2002/L10593.htm>. Acesso em: 16 abr. 2015.

――. *Lei nº 12.376, de 30 de dezembro de 2010*. Altera a ementa do Decreto-Lei nº 4.657, de 4 de setembro de 1942. Disponível em: <http://www.planalto.gov.br/ccivil_03/_Ato2007-2010/2010/Lei/L12376.htm>. Acesso em: 16 abr. 2015.

――. *Lei nº 6.938, de 31 de agosto de 1981*. Dispõe sobre a Política Nacional do Meio Ambiente, seus fins e mecanismos de formulação e aplicação, e dá outras providências. Disponível em: <http://www.planalto.gov.br/ccivil_03leis/l6938.htm>. Acesso em: 16 abr. 2015.

――. *Lei nº 8.036, de 11 de maio de 1990*. Dispõe sobre o Fundo de Garantia do Tempo de Serviço, e dá outras providências. Disponível em: <http://www.planalto.gov.br/ccivil_03/leis/l8036consol.htm>. Acesso em: 16 abr. 2015.

――. *Lei nº 8.213, de 24 de julho de 1991*. Dispõe sobre os Planos de Benefícios da Previdência Social e dá outras providências. Disponível em: <http://www.planalto.gov.br/ccivil_03/leis/l8213cons.htm>. Acesso em: 16 abr. 2015.

――. Ministério da Ciência e Tecnologia. *Desenvolvimento da nanociência e da nanotecnologia*: proposta do Grupo de Trabalho criado pela Portaria MCT nº 252 como subsídio ao Programa de

Desenvolvimento da Nanociência e da Nanotecnologia do PPA 2004-2007. Brasília: Ministério da Ciência e Tecnologia, 2003.

——. Ministério da Ciência e Tecnologia. *Iniciativas do MCT em nanotecnologia*: Programa Nacional de Nanotecnologia. In: WORKSHOP NANOTECNOLOGIA AEROESPACIAL, 2. São José dos Campos, 16-17 out. 2007. Disponível em: <http://www.ieav.cta.br/nanoaeroespacial2006/pdf_arquivos/1610%201130%20MCT%20-%20Nanotecnologia.pdf>. Acesso em: 16 abr. 2015.

——. Ministério da Ciência, Tecnologia e Inovação. Disponível em: <http://www.mcti.gov.br/index.php/content/view/756.html>. Acesso em: 16 abr. 2015.

——. Ministério da Ciência, Tecnologia e Inovação. *Portaria MCT nº 614, de 01 de dezembro de 2004*. Institui a Rede BrasilNano, como um dos elementos do Programa Desenvolvimento da Nanociência e Nanotecnologia, no âmbito da Política Industrial, Tecnológica e de Comércio Exterior. Disponível em: <http://www.mct.gov.br/index.php/content/view/11847.html>. Acesso em: 16 abr. 2015.

——. Ministério da Previdência Social. *Estatísticas*. Disponível em: <http://www.previdencia.gov.br/estatisticas/>. Acesso em: 16 abr. 2015.

——. Ministério do Trabalho e Emprego. *As Origens recentes da Economia Solidária no Brasil*. Disponível em: <http://portal.mte.gov.br/ecosolidaria/as-origens-recentes-da-economia-solidaria-no-brasil.htm>. Acesso em: 16 abr. 2015.

——. Ministério do Trabalho e Emprego. *Campanha Nacional de Divulgação e Mobilização Social da Economia Solidária*. Disponível em: <http://portal.mte.gov.br/ecosolidaria/campanha-nacional-de-divulgacao-e-mobilizacao-social-da-economia-solidaria.htm>. Acesso em: 16 abr. 2015.

——. Ministério do Trabalho e Emprego. *O que é Economia Solidária?*. Disponível em: <http://portal.mte.gov.br/ecosolidaria/o-que-e-economia-solidaria.htm>. Acesso em: 16 abr. 2015.

——. Ministério Público do Trabalho. *Projetos e ações*. Disponível em: <http://portal.mpt.gov.br/wps/portal/portal_do_mpt/area_de_atuacao/meio_ambiente_do_trabalho/meioambientedotrabalho_programasacoes/>. Acesso em: 16 abr. 2015.

——. *Portaria nº 3.214, de 08 junho de 1978*. Disponível em: <http://portal.mte.gov.br/legislacao/portaria-n-3-214-de-08-06-1978-1.htm>. Acesso em: 16 abr. 2015.

——. *Projeto de lei n. 6.741, de 2013*. Dispõe sobre a Política Nacional de Nanotecnologia, a pesquisa, a produção, o destino de rejeitos e o uso da nanotecnologia no país, e dá outras providências. Disponível em: <http://www.camara.gov.br/proposicoesWeb/prop_mostrarintegra;jsessionid=DBD94DD7C2168CDC9F0C5226D6BD13DE.proposicoesWeb1?codteor=1201083&filename=Avulso+-PL+6741/2013>. Acesso em: 16 abr. 2015.

——. Supremo Tribunal Federal. *ADPF nº 58*. Julgado em: 12 abr. 2012. Disponível em: <http://www.stf.jus.br/portal/jurisprudencia/listarJurisprudencia.asp?s1=%28ADPF+58%29&base=baseAcordaos&url=http://tinyurl.com/m7mth43>. Acesso em: 16 abr. 2015.

——. Tribunal Regional do Trabalho (4. Região). 13ª Vara do Trabalho de Porto Alegre. 1. Turma. *Acórdão nº 0001137-93.2010.5.04.0013 (RO)*. Participam: Iris Lima de Moraes e José Cesário Figueiredo Teixeira. Redator: José Felipe Ledur. Porto Alegre, 16 de maio de 2012. Disponível em: <http://gsa3.trt4.jus.br/search?q=cache:FX_yXxgmpnwJ:iframe.trt4.jus.br/gsa/gsa.jurisp_sdcpssp.baixar%3Fc%3D41991603+0001137-93.2010.5.04.0013+inmeta:DATA_DOCUMENTO:2010-05-19..2014-05-19++&client=jurisp&site=jurisp_sp&output=xml_no_dtd&proxystylesheet=jurisp&ie=UTF-8&lr=lang_pt&proxyreload=1&access=p&oe=UTF-8>. Acesso em: 16 abr. 2015.

——. Tribunal Regional do Trabalho (4. Região). 1ª Vara do Trabalho de Alegrete. 10. Turma. *Acórdão nº 0000311-68.2010.5.04.0821 (RO)*. Participam: Emílio Papaléo Zin e Denise Pacheco. Redator: Wilson Carvalho Dias. Porto Alegre, 29 de março de 2012. Disponível em: <http://gsa3.trt4.jus.br/search?q=cache:9wF45Rz6T1gJ:iframe.trt4.jus.br/gsa/gsa.jurisp_sdcpssp.baixar%3Fc%3D41442071+0000311-68.2010.5.04.0821+inmeta:DATA_DOCUMENTO:2010-05-19..2014-05-19++&client=jurisp&site=jurisp_sp&output=xml_no_dtd&proxystylesheet=jurisp&ie=UTF-8&lr=lang_pt&proxyreload=1&access=p&oe=UTF-8>. Acesso em: 16 abr. 2015.

———. Tribunal Regional do Trabalho (4. Região). 1ª Vara do Trabalho de Canoas. *Sentença proferida no processo nº 0000141-16.2010.5.04.0201 (RO)*. Disponível em: <http://www.trt4.jus.br/portal/portal/trt4/consultas/consulta_rapida/ConsultaProcessualWindow?svc=consultaBean&nroprocesso=0000141-16.2010.5.04.0201&operation=doProcesso&action=2&intervalo=90>. Acesso em: 16 abr. 2015.

———. Tribunal Regional do Trabalho (4. Região). 1ª Vara do Trabalho de Estrela. *Acórdão n. 0000699-86.2013.5.04.0781 (RO)*. Participam: Marçal Henri dos Santos Figueiredo e Iris Lima de Moraes. Redatora: Laís Helena Jaeger Nicotti. Porto Alegre, 24 abr. 2014. Disponível em: <http://gsa3.trt4.jus.br/search?q=cache:8zN6kgz-0UQJ:iframe.trt4.jus.br/gsa/gsa.jurisp_sdcpssp.baixar%3Fc%3D49520772+0000699-86.2013.5.04.0781+inmeta:DATA_DOCUMENTO:2013-06-28..2014-06-28++&client=jurisp&site=jurisp_sp&output=xml_no_dtd&proxystylesheet=jurisp&ie=UTF-8&lr=lang_pt&proxyreload=1&access=p&oe=UTF-8>. Acesso em: 16 abr. 2015.

———. Tribunal Regional do Trabalho (4. Região). 2. Vara do Trabalho de Passo Fundo. 6. Turma. *Acórdão nº 0000013-68.2010.5.04.0662 (RO)*. Participam: Maria Inês Cunha Dornelles e Maria Helena Lisot. Redatora: Maria Cristina Schaan Ferreira. Porto Alegre, 11 de abril de 2012. Disponível em: <http://gsa3.trt4.jus.br/search?q=cache:yTZ4fE5SbkcJ:iframe.trt4.jus.br/gsa/gsa.jurisp_sdcpssp.baixar%3Fc%3D41552902+0000013-68.2010.5.04.0662+inmeta:DATA_DOCUMENTO:2010-05-19..2014-05-19++&client=jurisp&site=jurisp_sp&output=xml_no_dtd&proxystylesheet=jurisp&ie=UTF-8&lr=lang_pt&proxyreload=1&access=p&oe=UTF-8>. Acesso em: 16 abr. 2015.

———. Tribunal Regional do Trabalho (4. Região). 25ª Vara do Trabalho de Porto Alegre. 8ª Turma. *Acórdão n. 0000006-76.2012.5.04.0025 (RO)*. Redator: Francisco Rossal de Araújo. Participam: João Paulo Lucena e Fernando Luiz de Moura Cassal. Porto Alegre, 13 mar. 2014. Disponível em: <http://gsa3.trt4.jus.br/search?q=cache:-VpOWA6XcawJ:iframe.trt4.jus.br/gsa/gsa.jurisp_sdcpssp.baixar%3Fc%3D49043336+limpeza+de+sanit%C3%A1rios+inmeta:DATA_DOCUMENTO:2013-06-17..2014-06-17++&client=jurisp&site=jurisp_sp&output=xml_no_dtd&proxystylesheet=jurisp&ie=UTF>. Acesso em: 16 abr. 2015.

———. Tribunal Regional do Trabalho (4. Região). 2ª Vara do Trabalho de Rio Grande. 8. Turma. *Acórdão nº 0000417-90.2010.5.04.0122 (RO)*. Participam: Juraci Galvão Júnior e Angela Rosi Almeida Chapper. Redator: Francisco Rossal de Araújo. Porto Alegre, 16 de agosto de 2012. Disponível em: <http://gsa3.trt4.jus.br/search?q=cache:p4_TtFdqXLIJ:iframe.trt4.jus.br/gsa/gsa.jurisp_sdcpssp.baixar%3Fc%3D43095052+0000417-90.2010.5.04.0122+inmeta:DATA_DOCUMENTO:2009-07-31..2014-07-31++&client=jurisp&site=jurispsp&output=xml_no_dtd&proxystylesheet=jurisp&ie=UTF-8&lr=lang_pt&proxyreload=1&access=p&oe=UTF-8>. Acesso em: 16 abr. 2015.

———. Tribunal Regional do Trabalho (4. Região). 2ª Vara do Trabalho de Sapucaia do Sul. 10. Turma. *Acórdão nº 0000761-41.2013.5.04.0292 (RO)*. Participam: Rosane Serafini Casa Nova e Iris Lima de Moraes. Redator: Marçal Henri dos Santos Figueiredo. Porto Alegre, 09 de abril de 2012. Disponível em: <http://gsa3.trt4.jus.br/search?q=cache:D0PJovrlNUMJ:iframe.trt4.jus.br/gsa/gsa.jurisp_sdcpssp.baixar%3Fc%3D49409862+0000761-41.2013.5.04.0292+inmeta:DATA_DOCUMENTO:2010-05-19..2014-05-19++&client=jurisp&site=jurisp_sp&output=xml_no_dtd&proxystylesheet=jurisp&ie=UTF-8&lr=lang_pt&proxyreload=1&access=p&oe=UTF-8>. Acesso em: 16 abr. 2015.

———. Tribunal Regional do Trabalho (4. Região). 2ª Vara do Trabalho de Sapiranga. 6ª Turma. *Acórdão n. 0001143-22.2012.5.04.0372*. Participam: Maria Cristina Schaan Ferreira e Maria Helena Lisot. Redator: Raul Zoratto Sanvicente. Porto Alegre, 19 mar. 2014. Disponível em: <http://gsa3.trt4.jus.br/search?q=cache:GAvtGtUbWrYJ:iframe.trt4.jus.br/gsa/gsa.jurisp_sdcpssp.baixar%3Fc%3D49127613+0001143-22.2012.5.04.0372+inmeta:DATA_DOCUMENTO:2013-06-28..2014-06-28++&client=jurisp&site=jurisp_sp&output=xml_no_dtd&proxystylesheet=jurisp&ie=UTF-8&lr=lang_pt&proxyreload=1&access=p&oe=UTF-8>. Acesso em: 16 abr. 2015.

———. Tribunal Regional do Trabalho (4. Região). 30ª Vara do Trabalho de Porto Alegre. 10. Turma. *Acórdão nº 0001339-82.2011.5.04.0030 (RO)*. Participam: João Alfredo Borges Antunes de Miranda e Carmen Gonzalez. Redator: Marçal Henri dos Santos Figueiredo. Porto Alegre, 12 de setembro de 2013. Disponível em: <http://www.trt4.jus.br/portal/portal/trt4/consultas/

jurisprudencia/gsaAcordaos/ConsultaHomePortletWindow_12;jsessionid>. Acesso em: 16 abr. 2015.

―――. Tribunal Regional do Trabalho (4. Região). 4ª Vara do Trabalho de Passo Fundo. 5. Turma. *Acórdão n. 0000930-13.2012.5.04.0664 (RO)*. Participam: Clóvis Fernando Schuch Santos e Brígida Joaquina Charão Barcelos Toschi. Redator: André Reverbel Fernandes. Porto Alegre, 03 abr. 2014. Disponível em: <http://gsa3.trt4.jus.br/search?q=cache:6y6wJKvm3zYJ:iframe.trt4.jus.br/gsa/gsa.jurisp_sdcpssp.baixar%3Fc%3D49335073+0000930-13.2012.5.04.0664+inmeta:DATA_DOCUMENTO:2013-06-28..2014-06-28++&client=jurisp&site=jurisp_sp&output=xml_no_dtd&proxystylesheet=jurisp&ie=UTF-8&lr=lang_pt&proxyreload=1&access=p&oe=UTF-8>. Acesso em: 16 abr. 2015.

―――. Tribunal Regional do Trabalho (4. Região). *Número de acidentes de trabalho ainda é alarmante no Brasil e no Estado*. 28 abr. 2014. Disponível em: <http://www.trt4.gov.br/portal/portal/trt4/comunicacao/noticia/info/NoticiaWindow?cod=882571&action=2&destaque=false&filtros=>. Acesso em: 16 abr. 2015.

―――. Tribunal Regional do Trabalho (4. Região). *Precedentes do TRT da 4ª Região*. Disponível em: <http://www.trt4.gov.br/portal/portal/trt4/consultas/jurisprudencia/precedentes>. Acesso em: 16 abr. 2015.

―――. Tribunal Regional do Trabalho (4. Região). Vara do Trabalho de São Borja. 11. Turma. *Acórdão nº 0000178-02.2012.5.04.0871 (RO)*. Participam: Ricardo Hofmeister de Almeida Martins Costa e Herbert Paulo Beck. Redatora: Flávia Lorena Pacheco. Porto Alegre, 20 fev. 2014. Disponível em: <http://gsa3.trt4.jus.br/search?q=cache:XaRhX2iXjP0J:iframe.trt4.jus.br/gsa/gsa.jurisp_sdcpssp.baixar%3Fc%3D48850909+0000178-02.2012.5.04.0871+inmeta:DATA_DOCUMENTO:2013-06-28..2014-06-28++&client=jurisp&site=jurisp_sp&output=x>. Acesso em: 16 abr. 2015.

―――. Tribunal Superior do Trabalho. *Consolidação das Leis do Trabalho – CLT – DL-005.452-1943*. Disponível em: <http://www.dji.com.br/decretos_leis/1943-005452-clt/clt200.htm>. Acesso em: 16 abr. 2015.

―――. Tribunal Superior do Trabalho. *Programa Trabalho Seguro*: Programa Nacional de Prevenção de Acidentes de Trabalho: apresentação. Disponível em: <http://www.tst.jus.br/web/trabalhoseguro/apresentacao>. Acesso em: 16 abr. 2015.

―――. Tribunal Superior do Trabalho. *Seção de Dissídios Individuais I – SDI I*. Disponível em: <http://www.tst.jus.br/ojs/-/asset_publisher/1N7k/content/secao-de-dissidios-individuais-i-sdi-i>. Acesso em 16 abr. 2015.

―――. Tribunal Superior do Trabalho. *Súmula nº 289*. Fornecimento do Aparelho de Proteção do Trabalho – Adicional de Insalubridade. Disponível em: <http://www.dji.com.br/normas_inferiores/enunciado_tst/tst_0289.htm>. Acesso em: 16 abr. 2015.

―――. Tribunal Superior do Trabalho. *Súmula nº 331*. Contrato de Prestação de Serviços. Legalidade. Disponível em: <http://www3.tst.jus.br/jurisprudencia/Sumulas_com_indice/Sumulas_Ind_301_350.html>. Acesso em: 16 abr. 2015.

―――. Tribunal Superior do Trabalho. *Súmula nº 428*. Sobreaviso aplicação analógica do art. 244, § 2º da CLT. Disponível em: <http://www3.tst.jus.br/jurisprudencia/Sumulas_com_indice/Sumulas_Ind_401_450.html#SUM-428>. Acesso em: 16 abr. 2015.

―――. Tribunal Superior do Trabalho. *Súmula nº 438*. Intervalo para recuperação térmica do empregado. Ambiente artificialmente frio. Horas extras. Art. 253 da CLT. Aplicação analógica. Disponível em: <http://www3.tst.jus.br/jurisprudencia/Sumulas_com_indice/Sumulas_Ind_401_450.html#SUM-438>. Acesso em: 16 abr. 2015.

―――. Tribunal Superior do Trabalho. *Súmula nº 448*. Atividade insalubre. Caracterização. Previsão na norma regulamentadora nº 15 da portaria do Ministério do Trabalho nº 3.214/78. Instalações sanitárias. Disponível em: <http://www3.tst.jus.br/jurisprudencia/Sumulas_com_indice/Sumulas_Ind_401_450.html#SUM-448>. Acesso em: 16 abr. 2015.

―――. Tribunal Superior do Trabalho. *Súmula nº 460*. Adicional de Insalubridade. Perícia Judicial em Reclamação Trabalhista. Enquadramento da Atividade. Disponível em: <http://www.dji.com.br/normas_inferiores/regimento_interno_e_sumula_stf/stf_0460.htm. Acesso em: 16 abr. 2015.

BRESCIANI, M. Stella M. *Londres e Paris no Século XIX*: o espetáculo da pobreza. São Paulo: Brasiliense, 1985.

CANARIS, Claus-Wilhelm. *Direitos Fundamentais e Direito Privado*. Coimbra: Almedina, 2003.

CANOTILHO, José Joaquim Gomes. *Direito Constitucional e Teoria da Constituição*. 7. ed. Coimbra: Almedina, 2003.

———. *Direito Constitucional*. 6. ed. rev. Coimbra: Almedina, 1993.

———. Homenagem ao Doutor Antônio Castanheira Neves. *Boletim da Faculdade de Direito*, Coimbra, 2006.

CARDOSO, Tatiana de Almeida Freitas. As origens dos Direitos Humanos Ambientais. *Direitos Fundamentais & Justiça*, Revista do Programa de Pós-Graduação, Mestrado e Doutorado da Pontifícia Universidade Católica do Rio Grande do Sul, Porto Alegre, ano 7, n. 23, abr./jun. 2013.

CARTA dos Direitos Fundamentais da União Europeia: 2000/C 364/01. *Jornal Oficial das Comunidades Europeias*, 18 dez. 2000. Disponível em: <http://www.europarl.europa.eu/charter/pdf/text_pt.pdf>. Acesso em: 16 abr. 2015.

CARTA Encíclica *Laborem Exercens* do sumo pontífice João Paulo II aos veneráveis irmãos no episcopado aos sacerdotes às famílias eligiosas aos filhos e filhas da igreja e a todos os homens de boa vontade sobre o trabalho humano no 90º Aniversário da *Rerum Novarum*. Disponível em: <http:/www.vatican.va/holy_father/john_paul_ii/encyclicals/documents/hf_jp-ii_enc_14091981_laborem-exercens_po.html>. Acesso em: 16 abr. 2015.

CARVALHO, Délton Winter. *Dano ambiental futuro*: a responsabilização civil pelo risco ambiental. Rio de Janeiro: Forense Universitária, 2008.

CATALAN, Marcos. Proteção constitucional do meio ambiente e seus mecanismos de tutela. São Paulo: Método, 2008.

CATHARINO, José Martins. *Compêndio de Direito do Trabalho*. São Paulo: Jurídica Universitária, 1981. v. 2.

CAUPERS, João. *Os Direitos Fundamentais dos trabalhadores e a Constituição*. Coimbra: Almedina, 1985.

CAZZETTA, Giovanni. Codificazione ottocentesca e paradigmi contrattuali: il problema del lavoro. In: MARTINS-COSTA, Judith; VARELA, Laura Beck (Orgs.). *Código dimensão história e desafio contemporâneo*: estudos em homenagem ao professor Paolo Grossi. Porto Alegre: Sérgio Fabris, 2013. p. 81-108.

CENTERS FOR DISEASE CONTROL AND PREVENTION (CDC). Current strategies for engineering controls in nanomaterial production and downstream handling processes. *DHHS (NIOSH)*, n. 2014-102, Nov. 2013. Disponível em: <http://www.cdc.gov/niosh/docs/2014-102/pdfs/2014-102.pdf>. Acesso em: 16 abr. 2015.

———. General safe practices for working with engineered nanomaterials in research laboratories. *DHHS (NIOSH)*, n. 2012-147, May 2012. Disponível em: <http://www.cdc.gov/niosh/docs/2012-147/pdfs/2012-147.pdf>. Acesso em: 16 abr. 2015.

———. *Nanotechnology*. Disponível em: <http://www.cdc.gov/niosh/topics/nanotech/>. Acesso em: 16 abr. 2015.

——— *Nanotechnology*: guidance and publications. Disponível em: <http://www.cdc.gov/niosh/topics/nanotech/pubs.html>. Acesso em: 16 abr. 2015.

COCA, Juan R. (Coord.). *Varia biologia, filosofia, ciência e tecnologia*. León: Centro de Estudos Metodológicos e Interdisciplinares, Universidade de León, 2007.

COIMBRA, Rodrigo. Jurisdição Trabalhista Coletiva e Direito Objetivo. In: ZAVASCKI, Liane; BÜHRING, Marcia Andrea; JOBIM, Marco Félix. *Diálogos constitucionais de Direito Público e Privado*. n. 2. Porto Alegre: Livraria do Advogado, 2013.

COMCIÊNCIA. *Nanotecnologia na história da ciência*. Disponível em: <http://www.comciencia.br>. Acesso em: 16 abr. 2015.

COMISIÓN INTERAMERICANA DE DERECHOS HUMANOS (CIDH). *Relatório nº 95/03*. 24 out. 2003. Disponível em: <http://cidh.oas.org/annualrep/2003port/Brasil.11289.htm>. Acesso em: 16 abr. 2015.

COMITÊ DA CULTURA DE PAZ. *Declaração Universal dos Direitos Humanos.* Disponível em: <www.comitepaz.org.br>. Acesso em: 16 abr. 2015.

COMPARATO, Fábio Konder. *A afirmação histórica dos Direitos Humanos.* 5. ed. São Paulo: Saraiva, 2007.

COOTER, Robert D.; SCHAFER, Hans-Bernd. O problema da desconfiança recíproca. *The Latin American and Caribean Journal of Legal Studies,* v. 1, issue 1, article 8, 2006.

CORDEIRO, Karine da Silva. *Direitos Fundamentais Sociais*: dignidade da pessoa humana e mínimo existencial, o papel do poder judiciário. Porto Alegre: Livraria do Advogado, 2012.

CULETTON, Alfredo; BRAGATO, Fernanda Frizzo; FAJARDO, Sinara Porto. *Curso de Direitos Humanos.* São Leopoldo: Unisinos, 2009.

CUNHA, Paulo Ferreira da. *A Constituição viva*: cidadania e Direitos Humanos. Porto Alegre: Livraria do Advogado, 2007.

CURIA, Luiz Roberto; CÉSPEDES, Livia; NICOLETTI, Juliana (Cols.). *Segurança e medicina do trabalho.* 13. ed. atual. São Paulo: Saraiva, 2014.

——; ——; —— (Cols.). *Segurança e medicina do trabalho.* 9. ed. atual. São Paulo: Saraiva, 2012.

DELGADO, Gabriela Neves. *Direito fundamental ao trabalho digno.* São Paulo: LTr, 2006.

DELGADO, Maurício Godinho. *Curso de Direito do Trabalho.* 12. ed. São Paulo: LTr, 2013.

——; DELGADO, Gabriela Neves. Constituição da República e Estado Democrático de Direito: imperativos constitucionais convergentes sobre o Direito Civil e o Direito do Trabalho. In: TEPEDINO, Gustavo et al. (Coords.). *Diálogos entre o Direito do Trabalho e o Direito Civil.* São Paulo: Revista dos Tribunais, 2013. p. 55-79.

DELMAS-MARTY, Mireile. *Por um direito comum.* Tradução de Maria Ermantina de Almeida Prado Galvão. São Paulo: Martins Fontes, 2004.

DEPOIMENTOS. Revista de Direito das Faculdades de Vitória, n. 9, jan./dez., 2005.

DHnet – Rede de Direitos Humanos & Cultura. *Carta Africana dos Direitos Humanos e dos Povos*: Carta de Banjul. Disponível em: <http://www.dhnet.org.br/direitos/sip/africa/banjul.htm>. Acesso em: 16 abr. 2015.

DICKEN, Peter. *Mudança global*: mapeando as novas fronteiras da economia mundial. Tradução de Teresa Cristina Felix de Sousa. 5. ed. Porto Alegre: Bookman, 2010. (parte 2: Processos de Mudança Global. cap. 3: Mudança Tecnológica: vento de destruição criativa).

DREXLER, Eric. Ciência abre campo para nova revolução industrial. *Educação em Revista*, Porto Alegre, v. 11, n. 68, p. 5-6, jun./jul. 2008. Entrevista.

DURKHEIM, Émile. *Da divisão do trabalho social.* Tradução de Eduardo Brandão. 2. ed. São Paulo: Martins Fontes, 1999.

DWORKIN, Ronald. *Los Derechos em Serio.* Tradução de Marta Gustavino. Buenos Aires: Planeta-Agostini, 1993.

——. *Uma questão de princípio.* Tradução de Luis Carlos Borges. 2. ed. São Paulo: Martins Fontes, 2005.

ENGELMANN, Wilson. *Direito natural, ética e hermenêutica.* Porto Alegre: Livraria do Advogado, 2007.

——. A (re)leitura da teoria do fato jurídico à luz do "diálogo entre as fontes do direito": abrindo espaços no direito privado constitucionalizado para o ingresso de novos direitos provenientes das nanotecnologias. In: Constituição, Sistemas Sociais e Hermenêutica. *Anuário do Programa de Pós-Graduação em Direito da Unisinos*: mestrado e doutorado, Porto Alegre, n. 10, p. 289-308, 2013.

——. As nanotecnologias e a Inovação Tecnológica: a "hélice quádrupla" e os Direitos Humanos. In: NANOTECNOLOGIAS: UM DESAFIO PARA O SÉCULO XXI, 2010, São Leopoldo. *Anais...* São Leopoldo, Casa Leiria, 2010a. v. 1. CD.

——. As nanotecnologias e os novos direitos: a (necessária) revisão da estrutura das fontes de direito. *Anuário de Derecho Constitucional Latino Americano*, Montevideo, año XVII, p. 383-396, 2011. Disponível em: <http://www.juridicas.unam.mx/publica/librev/rev/dconstla/cont/2011/pr/pr25.pdf>. Acesso em: 16 abr. 2015.

——. *Crítica ao positivismo jurídico*: princípios, regras e conceito de Direito. Porto Alegre: Sérgio Antônio Fabris, 2001.

——. A (re)leitura da teoria do fato jurídico à luz do "diálogo entre as fontes do direito": abrindo espaços no direito privado constitucionalizado para o ingresso de novos direitos provenientes das nanotecnologias. In: Constituição, Sistemas Sociais e Hermenêutica. *Anuário do Programa de Pós-Graduação em Direito da Unisinos*: mestrado e doutorado, Porto Alegre, n. 7, p. 289-308, 2010.

——. *Direitos bio-humano-éticos*: os humanos buscando 'direitos' para proteger-se dos avanços e riscos (desconhecidos) das nanotecnologias. [S.l.], 2010. Disponível em: <http://www.conpedi.org.br/manaus/arquivos/anais/fortaleza/3400.pdf>. Acesso em: 16 abr. 2015.

——. *O biopoder e as nanotecnologias*: dos direitos humanos aos direitos da personalidade no código civil de 2002. São Leopoldo: Unisinos, 2012.

——. O diálogo entre as fontes do direito e a gestão do risco empresarial gerado pelas nanotecnologias: construindo as bases à jurisdicização do risco. Constituição, Sistemas Sociais e Hermenêutica. *Anuário do Programa de Pós-Graduação em Direito da Unisinos*: mestrado e doutorado, Porto Alegre, n. 9, p. 319-344, 2012.

——. O Direito frente aos desafios trazidos pelas nanotecnologias. In: Constituição, Sistemas Sociais e Hermenêutica. *Anuário do Programa de Pós-Graduação em Direito da Unisinos*: mestrado e doutorado, Porto Alegre, n. 10, p. 301-311, 2013.

——. *Os avanços nanotecnológicos e a (necessária) revisão da teoria do fato jurídico de Pontes de Miranda*: compatibilizando "riscos" com o "direito à informação" por meio do alargamento da noção de "suporte fático". São Leopoldo: Programa de Pós-Graduação em Direito da Unisinos: mestrado e doutorado, 2011.

——. Os Direitos Humanos e as nanotecnologias: em busca de marcos regulatórios. *Cadernos IHU Ideias*, São Leopoldo, ano 7, n. 123. 2009. Disponível em: <http://www.ihu.unisinos.br/images/stories/cadernos/ideias/123cadernosihuideias.pdf>. Acesso em: 16 abr. 2015.

——. Primeras tentativas de reglamentación de las nano en Brasil. [S.l.:s.n], 2014. No prelo.

——; BORGES, Gustavo; MARTINS, Patrícia Santos. *O sistema de gestão da qualidade ISO e as nanotecnologias*: as (possíveis) interfaces regulatórias. [S.l.:s.n], 2014. No prelo.

——; HOHENDORFF, Raquel Von Hohendorff. Os *"compliance programs"* como uma alternativa à gestão empresarial para lidar com o direito à informação do consumidor e os riscos trazidos pelas nanotecnologias. In: ENCONTRO NACIONAL CONPEDI/UFSC, 23., 2014, Florianópolis. *Anais...* Florianópolis, 2014. p. 417-433. Disponível em: <http://www.publicadireito.com.br/artigos/?cod=6eae17727b4e77cf>. Acesso em: 16 abr. 2015. p. 428.

——; ——. Nanotecnologias, meio ambiente do trabalho e responsabilidade civil do empregador: buscando subsídios para a construção da primazia do valor social do trabalho na era nanotech. In: ENCONTRO NACIONAL CONPEDI/UNINOVE, 22. São Paulo, 2014. p. 279-306. Disponível em: <http://www.publicadireito.com.br/artigos/?cod=cd7214aaa777172b>. Acesso em 16 abr. 2015. p. 302.

ETZKOWITZ, Henry. *Hélice tríplice*: Universidade-Indústria-Governo: inovação em movimento. Tradução de Cristina Hintz. Porto Alegre: EDIPUCRS, 2009.

EUROPEAN Group on Tort Law. *Princípios de Direito Europeu da Responsabilidade Civil*. Universidade de Girona. Disponível em: <http://civil.udg.edu/php/biblioteca/items/295/PETL-Portuguese.doc>. Acesso em: 16 abr. 2015.

FABRIZ, Daury César. A crise do Direito Fundamental ao trabalho no início do século XXI. *Revista de Direitos e Garantias Fundamentais*, Vitória, n. 1, 2006.

FACHIN, Luis Edson; GONÇALVES, Marcos Alberto Rocha. Normas trabalhistas na legalidade constitucional: princípios da dignidade da pessoa humana, da solidariedade e da isonomia substancial. In: TEPEDINO, Gustavo et al. (Coords.). *Diálogos entre o Direito do Trabalho e o Direito Civil*. São Paulo: Revista dos Tribunais, 2013. p. 23-36.

FACHIN, Melina Girardi. O desenvolvimento das relações trabalhistas e a eficácia dos direitos humanos. In: TEPEDINO, Gustavo et al. (Coords.). *Diálogos entre o Direito do Trabalho e o Direito Civil*. São Paulo: Revista dos Tribunais, 2013. p. 113-129.

FEDERAL REGISTER, v. 79, n. 130, Tuesday, 8 Jul. 2014. Rules and Regulations. Disponível em: <http://www.gpo.gov/fdsys/pkg/FR-2014-07-08/pdf/2014-15874.pdf>. Acesso em: 16 abr. 2015.

FEYNMAN, R. There's plenty of room at the bottom. In: ENCONTRO ANUAL DA AMERICAN PHYSICAL SOCIETY. California Institute of Technology-Caltech, 29 dez. 1959. Caltech's Engineering and Science, Pasadena, fev. 1960. Disponível: <http://www.zyvex.com/nanotech/feynman.html>. Acesso: 16 abr. 2015.

FINCATO, Denise. Trabalho e tecnologia: reflexões. In: FINCATO, Denise; MATTE, Maurício; GUIMARÃES, Cíntia (Orgs.). *Direito e tecnologia*. reflexões sociojurídicas. Porto Alegre: Livraria do Advogado, 2014. p. 9-17.

FLORES, Joaquín Herrera. "Situar" os direitos humanos: o "diamante ético" como marco pedagógico e de ação. In: JOAQUÍN, Herrera Flores. *A (Re)Invenção dos Direitos Humanos*. Tradução de Carlos Roberto Diogo Garcia, Antonio Henrique Graciano Suxberger e Jefferson Aparecido Dias. Florianópolis: Boiteux, 2009. (Cap. 5).

FRIDEMAN, Thomas L. *O mundo é plano*. 3. ed. Rio de Janeiro: Objetiva, 2009.

GADAMER, Hans-Georg. *Verdade e método*: traços fundamentais de uma hermenêutica filosófica. Tradução de Flávio Paulo Meurer. 4. ed. Petrópolis: Vozes, 2002. v. I.

GERACI, Charles L.; SCHULTE, Paul; MURASHOV, Vladimir. Nickel nanoparticles: a case of sensitization associated with occupational exposure. 28 May 2014. Disponível em: <http://blogs.cdc.gov/niosh-science-blog/2014/05/28/nickel-nano/>. Acesso em: 16 abr. 2015.

GÓES, Maurício de Carvalho. A equiparação salarial como instrumento garantidor da isonomia dos contratos de emprego. Porto Alegre: Verbo Jurídico, 2009.

——. As nanotecnologias e o mundo do trabalho: a preocupação com uma nova realidade à luz da dignidade do trabalhador. *Justiça do Trabalho*, Porto Alegre, v.1, p. 2, 2013.

——; BUBLITZ, Michelle Dias. O teletrabalho como forma de acesso das pessoas portadoras de deficiência ao mercado de trabalho. *Ciência Jurídica do Trabalho*, Belo Horizonte, v. 13, n. 83, p. 165-184, set./out. 2010.

——; ROJAS, Ana Paula Freire. A possibilidade de cumulação de adicionais de insalubridade. *Justiça do Trabalho*, Porto Alegre, n. 360, p. 42-59, 2013.

GOMES, Orlando; GOTTSCHALK, Elson. *Curso de Direito do Trabalho*. Rio de Janeiro: Forense, 2006.

GRAU, Eros Roberto. *A ordem econômica na Constituição de 1988*. 5. ed. São Paulo: Malheiros, 2000.

GROSSI, Paolo. Globalização, Direito, Ciência Jurídica. In: *O direito entre poder e ordenamento*. Tradução de Arno Dal Ri Júnior. Belo Horizonte: Del Rey, 2010.

——. Lectio doctoralis la legalidade constitucional em la historia de la legalidade moderna y pós-moderna. In: MARTINS-COSTA, Judith; VARELA, Laura Beck (Orgs.). *Código dimensão história e desafio contemporâneo*: estudos em homenagem ao professor Paolo Grossi. Porto Alegre: Sérgio Fabris, 2013. p. 31-49.

GUIDDENS, Anthony. *O mundo na era da globalização*. Lisboa: Presença, 2000.

GUIMARÃES, José Ribeiro Soares. *Perfil do trabalho decente no Brasil*: um olhar sobre as Unidades da Federação durante a segunda metade da década de 2000. Brasília: OIT, 2012. Disponível em: <http://www.oitbrasil.org.br/sites/default/files/topic/gender/pub/indicadorestdnovo_880.pdf>. Acesso em: 16 abr. 2015.

HÄBERLE, Peter. A dignidade humana como fundamento da comunidade estatal. In: SARLET, Ingo Wolfgang (Org.). *Dimensões da dignidade*: ensaios de Filosofia do Direito e Direito Constitucional. Porto Alegre: Livraria do Advogado, 2005.

HAINZENREDER JÚNIOR, Eugênio. *Direito à Privacidade e Poder Diretivo do Empregador*: o uso do e-mail no trabalho. São Paulo: Atlas, 2009.

HAMMERSCHMIDT, Denise. O risco na sociedade contemporânea e o princípio da precaução no direito ambiental. *Revista de Direito Ambiental*, São Paulo, ano 08, n. 31, 2003.

HEIDEGGER, Martin. *Ser e tempo*. Tradução de Márcia Sá Cavalcante Schuback. 12. ed. Petrópolis: Vozes. 2002. parte I.

HÖFFE, Otfried. *A democracia no mundo de hoje*. Tradução de Tito Lívio Cruz Romão. São Paulo: Martins Fontes, 2005.

——. *Justiça política*: fundamentação de uma filosofia crítica do direito e do Estado. Tradução de Ernildo Stein. São Paulo: Martins Fontes, 2006.

INTERNATIONAL LABOUR ORGANIZATION (ILO). *Riesgos emergentes y nuevos modelos de prevención en un mundo de trabajo en transformación*. Ginebra: Organización Internacional del Trabajo, 2010. Disponível em: <http://www.ilo.org/wcmsp5/groups/public/---ed_protect/---protrav/---safework/documents/publication/wcms_124341.pdf>. Acesso em: 16 abr. 2015.

INTERNATIONAL ORGANIZATION FOR STANDARDIZATION (ISO). *About ISO*. Disponível em: <http://www.iso.org/iso/home/about.htm>. Acesso em 16 abr. 2015.

——. *ISO/TC 229 Nanotechnologies*. Disponível em: <http://www.iso.org/iso/iso_technical_committee?commid=381983>. Acesso em 16 abr. 2015.

ISERHARD, Antônio Maria. A idéia de sistema jurídico e o novo código civil: uma contribuição ao desafio hermenêutico da aplicação do Direito. *Anuário do Programa de Pós-Graduação em Direito da Unisinos*: mestrado e doutorado, São Leopoldo, p. 281-294, 2001.

JOURNAL Officiel de La République Française, texte 4, sur 44, 19 fev. 2012.

JULIOS-CAMPUZANO, Afonso de. *Constitucionalismo em temos de globalização*. Tradução de Jose Luis Bolzan de Morais e Valéria Ribas do Nascimento. Porto Alegre: Livraria do Advogado, 2009.

KANT, Immanuel. *Fundamentação da metafísica dos costumes*. Textos Filosóficos. Lisboa: Ed. 70, 2007.

KELSEN, Hans. *Teoria pura do Direito*. Tradução de João Baptista Machado. São Paulo: Martins Fontes, 2011.

KUGLER, Henrique. *Nanotecnologia em debate*. 24 jun. 2012. Disponível em: <http://www.nanotecnologiadoavesso.blogspot.com.br/>. Acesso em: 16 abr. 2015.

LA CUEVA, Mario de. *Derecho mexicano del trabajo*. 4. ed. México: Porrua, 1954.

LAMPTON, Christopher. *Divertindo-se com Nanotecnologia*. Rio de Janeiro: Berkeley, 1994.

LARENZ, Karl. *Metodologia da Ciência do Direito*. Tradução de José Lamego. 3. ed. Lisboa: Fundação Calouste Gulbenkian, 1997.

LAZZARIN, Sonilde Kugel. As repercussões da Norma Internacional ISO 26000 de Responsabilidade Social nas Relações de Trabalho no Brasil. In: TORRES, Artur (Org.). *Direito e Processo do Trabalho*: escritos em homenagem aos 20 anos de docência do Professor Gilberto Stürmer. Porto Alegre: Arana, 2013.

LEDUR, José Felipe. *A realização do Direito ao Trabalho*. Porto Alegre: Sergio Antonio Fabris, 1998.

LORENZETTI, Ricardo Luis. *Teoria da decisão judicial*: fundamentos de Direito. Tradução de Bruno Miragem. Notas e revisão da tradução de Cláudia Lima Marques. São Paulo: Revista dos Tribunais, 2009.

LUHMANN, Niklas. *Sociología del riesgo*. Tradução de Silvia Pappe, Brunhilde Erker e Luis Felipe Segura. Guadalajara: Universidad Iberoamericana; Universidad de Guadalajara, 1992.

MACHADO FILHO, Alexandre Marcondes. *Exposição de motivos [da Consolidação das Leis de Proteção ao Trabalho]*. 1948. Disponível em: <http://aplicacao.tst.jus.br/dspace/handle/1939/29280>. Acesso em: Acesso em: 16 abr. 2015.

MAIOR, Jorge Luiz Souto. *Proteção contra a despedida arbitrária e aplicação da Convenção 158 da OIT*. 2004. Disponível em: <http://www.calvo.pro.br/media/file/colaboradores/jorge_luiz_souto_maior/jorge_luiz_souto_maior_protecao_contra_dispensa.pdf>. Acesso em: 16 abr. 2015.

MANDALOZZO, Silvana Souza Neto; CAMPAGNOLI, Adriana de Fátima Pilatti Ferreira; NIEVERTH, Elisabeth Mônica Hasse Becker. Meio ambiente do trabalho na relação de emprego: perspectivas para a sustentabilidade. In: Direitos Fundamentais e Justiça. *Revista do Programa de Pós-Graduação*: mestrado e doutorado em Direito da PUCRS, Porto Alegre, ano 7, n. 25, p. 132-150, out./dez. 2013.

MARINONI, Luiz Guilherme. *Técnica processual e tutela dos Direitos*. São Paulo: Revista dos Tribunais, 2004.

MARQUES, Cláudia Lima. O "diálogo das fontes" como método da nova teoria geral do direito: um tributo à Erik Jayme. In: MARQUES, Cláudia Lima (Coord.). *Diálogo das fontes*: do conflito à coordenação de normas do direito brasileiro. São Paulo: Revista dos Tribunais, 2012. p. 17-65.

MARQUES, Rafael da Silva. *Valor social do trabalho na ordem econômica, na Constituição Brasileira de 1988*. São Paulo: LTr, 2007.

MARTINS, Paulo Roberto (Coord.). *Nanotecnologia, sociedade e meio ambiente*: em São Paulo, Minas Gerais e Distrito Federal. São Paulo: Xamã, 2007.

────── et al. (Coord.). *Impactos das nanotecnologias na cadeia de produção de soja brasileira*. São Paulo: Xamã, 2009.

MARTINS, Paulo Roberto; DULLEY, Richard (Org.). *Nanotecnologia, sociedade e meio ambiente*: trabalhos apresentados no Terceiro Seminário Internacional. São Paulo: Xamã, 2008.

MARTINS, Sérgio Pinto. *Direito do Trabalho*. 22. ed. atual. São Paulo: Atlas, 2006.

──────. *Direito do Trabalho*. 30. ed. atual. São Paulo: Atlas, 2014.

──────. *Direitos Fundamentais Trabalhistas*. São Paulo: Atlas, 2008.

MARX, Karl. *Trabalho Assalariado e Capital*. Escrito em: abr. 1849. Publicado na Neue Rheinische Zeitung. Disponível em: <www.intersindical.inf.br>. Acesso em: 03 fev. 2014.

──────; ENGELS, Friedrich. *Manifesto do Partido Comunista*. Escrito em: dez. 1847 / jan. 1848. Publicado pela primeira vez em: Londres, fev. 1848. Disponível em: <http://www.histedbr.fae.unicamp.br>. Acesso em: 03 fev. 2014.

MASI, Domenico de. *O ócio criativo*. Tradução de Léa Manzi. Rio de Janeiro: Sextante, 2000.

MELLO FILHO, Luiz Philippe Vieira de; DUTRA, Renata Queiroz. Contrato de locação de serviços, contrato de prestação de serviços e contrato de trabalho. In: TEPEDINO, Gustavo et al. (Coords.). *Diálogos entre o Direito do Trabalho e o Direito Civil*. São Paulo: Revista dos Tribunais, 2013. p. 215-247.

MENDES, Gilmar Ferreira. *Direitos Fundamentais e controle de constitucionalidade*. São Paulo: Celso Bastos, 1998.

MIRAGEM, Bruno. Eppur si muove: diálogo das fontes como método de interpretação sistemática no direito brasileiro. In: MARQUES, Cláudia Lima (Coord.). *Diálogo das fontes*: do conflito à coordenação de normas do direito brasileiro. São Paulo: Revista dos Tribunais, 2012. p. 68-109.

MIRANDA, Pontes de. *Tratado de Direito Privado*: parte geral. Rio de Janeiro: Borsoi, 1954. (t. II: parte III: Fatos Jurídicos. p. 183-226; Ato-Fato Jurídico. p. 372-401; p. 446-461; t. III: Negócios Jurídicos: p. 3-53).

──────. *Tratado de Direito Privado*: parte geral. Rio de Janeiro: Borsoi, 1954. (t. I. p. IX-XXIV).

MORAES, Maria Celina Bodin de. *Danos à pessoa humana*: uma leitura civil-constitucional dos danos morais. Rio de Janeiro: Renovar, 2003.

NANOPARTÍCULAS inibem metástase de câncer em ratos. *Veja*, São Paulo, 7 jul. 2012. Disponível em: <http://veja.abril.com.br/noticia/ciencia/nanoparticulas-inibem-100-de-metastases-linfaticas-em-ratos>. Acesso em: 16 abr. 2015.

NANOTECNOLOGIA torna ultrassom 1.000 vezes melhor. *Inovação Tecnológica*, 23 jun. 2014. Disponível em: <http://www.inovacaotecnologica.com.br/noticias/noticia.php?artigo=nanotecnologia-torna-ultrassom&id=010165140623&ebol=sim#.U69Brk25fIU>. Acesso em: 16 abr. 2015.

NEUTZLING, Inácio; ANDRADE, Paulo Fernando Carneiro de (Org.). *Uma sociedade pós-humana*: possibilidades e limites das nanotecnologias. São Leopoldo: Unisinos, 2009.

NEVES, Marcelo. *Transconstitucionalismo*. São Paulo: Martins Fontes, 2009.

NINO, Carlos Santiago. *Ética y Derechos Humanos*: un ensayo de fundamentación. Barcelona: Ariel, 1989.

NIPPERDEY, Hans Carl. Direitos Fundamentais e Direitos Privado. Tradução de Waldir Alves. In: DÜRIG, Günter; NIPPERDEY, Hans Carl; SCHWABE, Jürgen. *Direitos Fundamentais e Direito Privado*: textos clássicos. Organização e revisão de Luís Afonso Heck. Porto Alegre: Sergio Antonio Fabris, 2011. p. 51-70.

——. Livre desenvolvimento da personalidade. Tradução de Waldir Alves. In: DÜRIG, Günter; NIPPERDEY, Hans Carl; SCHWABE, Jürgen. *Direitos Fundamentais e Direito Privado*: textos clássicos. Organização e revisão de Luís Afonso Heck. Porto Alegre: Sergio Antonio Fabris, 2011. p. 71-90.

OLIVEIRA, Sebastião Geraldo. *Indenizações por acidente do trabalho ou doença ocupacional*. 5. ed. São Paulo: LTr, 2009.

ORGANIZATION FOR ECONOMIC CO-OPERATION AND DEVELOPMENT (OECD). *Six years of oecd work on the safety of manufactured nanomaterials*: achievements and future opportunities. Disponível em: <http://www.oecd.org/env/ehs/nanosafety/Nano%20Brochure%20Sept%202012%20for%20Website%20%20(2).pdf>. Acesso em: 16 abr. 2015.

ORGANIZAÇÃO DAS NAÇÕES UNIDAS (ONU). Declaração do Rio sobre Meio Ambiente e Desenvolvimento. In: CONFERÊNCIA DAS NAÇÕES UNIDAS SOBRE MEIO AMBIENTE E DESENVOLVIMENTO, Rio de Janeiro, 3-14 jun. 1992. Disponível em: <http://www.onu.org.br/rio20/img/2012/01/rio92.pdf>. Acesso em: 16 abr. 2015.

ORGANIZAÇÃO INTERNACIONAL DO TRABALHO – OIT. *Conheça a OIT*: história. Disponível em: <http://www.oit.org.br/content/hist%C3%B3ria>. Acesso em: 16 abr. 2015.

ORGANIZACIÓN DE LOS ESTADOS AMERICANOS. *Carta de la Organización de los Estados Americanos (A-41)*. Disponível em: <http://www.oas.org/dil/esp/tratados_A-41_Carta_de_la_Organizacion_de_los_Estados_Americanos.htm>. Acesso em: 16 abr. 2015.

ORWELL, George. *O caminho para Wigan Pier*. Tradução de Isa Maria Lando. São Paulo: Companhia das Letras, 2010.

PAGLIARINI, Alexandre Coutinho; STEPHAN, Cláudia Coutinho. A ordem constitucional brasileira e a aplicação direta do inciso i do artigo 7º; o Direito Internacional, e a proibição das dispensas coletivas. *Direitos Fundamentais & Justiça*, Revista do Programa de Pós-Graduação, Mestrado e Doutorado da Pontifícia Universidade Católica do Rio Grande do Sul, Porto Alegre, ano 5, n. 15, abr./jun. 2011.

PATON, H. J. *The moral law*. London: Hutchinson University Library, 1976.

PÉREZ LUÑO, Antonio Enrique. *Los Derechos Fundamentales*. 7. ed. Madrid: Tecnos, 1998.

PESSOA, Flávia Moreira Guimarães. *Curso de Direito Constitucional do Trabalho*. Salvador: Jus Podium, 2009.

PINTO, Álvaro Vieira. *O conceito de tecnologia*. Rio de Janeiro: Contraponto, 2005. v. 1.

PIOVESAN, Flávia. *Direitos Humanos e o Direito Constitucional Internacional*. São Paulo: Max Limonad, 1996.

PROCURADORIA GERAL DO ESTADO DE SÃO PAULO (PGE). *Convenção Americana de Direitos Humanos (1969)*: Pacto de San José da Costa Rica. Disponível em: <http://www.pge.sp.gov.br/centrodeestudos/bibliotecavirtual/instrumentos/sanjose.htm>. Acesso em: 16 abr. 2015.

QUEIROZ JUNIOR, Hermano. Os Direitos Fundamentais dos trabalhadores na Constituição de 1988. São Paulo: LTr, 2006.

RAMALHO, Maria do Rosário Palma. *Direito do Trabalho*. Coimbra: Almedina, 2005. (Parte I: Dogmática Geral).

RAUSCHER, Hubert; ROEBBEN, Gert. Towards a review of the EC Recommendation for a definition of the term "nanomaterial": part 1: compilation of information concerning the experience with the definition. *Joint Research Centre Institute for Health and Consumer Protection*, p. 171-172, Mar. 2014. Disponível em: <ttp://publications.jrc.ec.europa.eu/repository/bitstream/111111111/31515/1/lbna26567enn.pdf>. Acesso em: 16 abr. 2015.

REIS, Maurício Martins. As Súmulas vinculantes no direito brasileiro e o risco hermenêutico à democracia constitucional: política autoritária de normas ou normas políticas e conteúdo?. In: STRECK Lenio Luiz; BARRETO, Vicente de Paulo; CULLETON, Alfredo Santiago (Orgs.). *20 anos de Constituição*: os Direitos Humanos entre a norma e a política. São Leopoldo: Oikos, 2009. p. 195-271.

REVISTA Brasil de Fato, São Paulo, ano 11, n. 519, 7-13 fev. 2013.

RIDOLA, Paolo. La dimensione transnazionale dei diritti fondamentali e lo stato constituzionale aperto in europa. In: Direitos Fundamentais e Justiça. *Revista do Programa de Pós-Graduação*: mestrado e doutorado em Direito da PUCRS, Porto Alegre, ano 5, n. 15, p. 40-78, abr./jun. 2011.

ROBLES, Gregorio. *Os Direitos Fundamentais e a ética na sociedade atual*. Tradução de Roberto Barbosa Alves. Barueri: Manole, 2005.

ROCHA, Igara. A incidência da teoria do diálogo das fontes na defesa do consumidor. *Revista Eletrônica Jurídico-Institucional do Ministério Público do Estado do Rio Grande do Norte*, Natal, ano 3, n. 2, jul./dez. 2013. Disponível em: <http://www.mprn.mp.br/revistaeletronicamprn/abrir_artigo.asp?cod=1044>. Acesso em: 16 abr. 2015.

RODRIGUEZ, Américo Plá. *Princípios de Direito do Trabalho*. São Paulo: LTr, 1996.

ROMITA, Arion Sayão. *Direitos fundamentais nas relações de trabalho*. 2. ed. rev. e aum. São Paulo: LTr, 2007.

RUZYK, Carlos Eduardo Pianovski. Relações privadas, dirigismo contratual e relações trabalhistas. In: TEPEDINO, Gustavo et al. (Coords.). *Diálogos entre o Direito do Trabalho e o Direito Civil*. São Paulo: Revista dos Tribunais, 2013. p. 97-109.

SARLET, Ingo Wolfgang. *A eficácia dos direitos fundamentais*. 8. ed. rev. atual. Porto Alegre: Livraria do Advogado, 2007.

———. *Dimensões da dignidade*: ensaios de filosofia do direito e direito constitucional. Porto Alegre: Livraria do Advogado, 2005.

SCHREIBER, Anderson. *Direitos da personalidade*. São Paulo: Atlas, 2001.

SCHULZ, Peter Alexander Bleinroth. *A encruzilhada da nanotecnologia*: inovação, tecnologia e riscos. Rio de Janeiro: Vieira e Lent, 2009.

SEN, Amartya. *A ideia de justiça*. Tradução de Denise Bottmann e Ricardo Doninelli Mendes. São Paulo: Schwarcz, 2001.

SENNETT, Richard. *O artífice*. Tradução de Clóvis Marques. 3. ed. Rio de Janeiro: Record, 2012.

SILVA NETO, Manoel Jorge e. *Direitos Fundamentais e o contrato de trabalho*. São Paulo: LTr, 2005.

SILVA, José Afonso da. *Curso de Direito Constitucional Positivo*. 21. ed. rev. e atual. São Paulo: Malheiros, 2002.

———. *Direito Constitucional Positivo*. 16. ed. São Paulo: Malheiros, 1999.

SINDICATO DA INDÚSTRIA DE PRODUTOS FARMACÊUTICOS NO ESTADO DE SÃO PAULO (SINDUSFARMA). *Termo Aditivo a Convenção Coletiva de Trabalho FETQIM – CUT*: setor farmacêutico, 2012-2013. São Paulo, 19 abr. 2012. Disponível em: <http://www.sindusfarma.org.br/informativos/Aditivo_Osasco2012_2013.pdf>. Acesso em: 16 abr. 2015.

SINDICATO DOS FARMACÊUTICOS NO ESTADO DE SÃO PAULO (SINFAR). *Convenção Coletiva de Trabalho*: farmacêuticos, 2013-2015. São Paulo, 13 maio 2013. Disponível em: <http://www.sinfar.org.br/sites/default/files/SINDUSFARMA_2013-2015.pdf>. Acesso em: 116 abr. 2015.

SMITH, Adam. *A riqueza das nações*: investigação sobre sua natureza e suas causas. Tradução de Luiz João Baraúna. São Paulo: Nova Cultural, 1996.

STEIN, Ernildo. *Aproximações sobre hermenêutica*. 2. ed. Porto Alegre: ediPUCRS, 2010.

———. Introdução ao Método Fenomenológico Heideggeriano. In: *Sobre a Essência do Fundamento*: conferências e escritos filosóficos de Martin Heidegger. Tradução de Ernildo Stein. São Paulo: Abril Cultural, 1979. (Coleção Os Pensadores).

———. *Racionalidade e existência*. Porto Alegre: L&PM, 1988.

STEINMETZ, Wilson. *A vinculação dos particulares a Direitos Fundamentais*. São Paulo: Malheiros, 2004.

STRECK, Lenio Luiz. Hermenêutica e possibilidades críticas do direito: ainda a questão da discricionariedade positiva. *Boletim da Faculdade de Direito*, Coimbra, v. LXXXIV, [Separata], 2008. p. 559-589.

———. *Hermenêutica jurídica e(m) crise*: uma exploração hermenêutica da construção do Direito. 10. ed. Porto Alegre: Livraria do Advogado, 2011.

——. *Jurisdição Constitucional e Hermenêutica*: uma nova crítica do Direito. 2. ed. rev. e ampl. Rio de Janeiro: Forense, 2004. p. 4.

——. *Verdade e consenso*: constituição, hermenêutica e teorias discursivas. 4. ed. São Paulo: Saraiva, 2011.

STÜRMER, Gilberto (Org.). *Direito do Trabalho e outros estudos*. Porto Alegre: Livraria do Advogado, 2006-2007.

——. *A Liberdade sindical na constituição da república federativa do Brasil de 1988 e sua relação com a convenção 87 da Organização Internacional do Trabalho*. Porto Alegre: Livraria do Advogado, 2007.

——; COIMBRA, Rodrigo. A noção de trabalho a tempo parcial no Direito Espanhol como instrumento da "flexisegurança". In: Direitos Fundamentais e Justiça. *Revista do Programa de Pós-Graduação*: mestrado e doutorado em Direito da PUCRS, Porto Alegre, ano 6, n. 21, p. 39-57, out./dez. 2012.

SUPIOT, Alain. *Homo juridicus*: ensaio sobre a função antropológica do Direito. Tradução de Maria Ermantina de Almeida Prado Galvão. São Paulo: Martins Fontes, 2007.

SÜSSEKIND, Arnaldo; MARANHÃO, Délio; VIANNA, Segadas. *Instituições de Direito do Trabalho*. 14. ed. São Paulo: LTr, 1993. v. 1.

THE ROYAL SOCIETY AND THE ROYAL ACADEMY OF ENGINEERING. *Nanoscience and nanotechnologies*: opportunities and uncertainties. London, p. 26-27, 2004. Disponível em: <http://www.nanotec.org.uk/finalReport.htm>. Acesso em:16 abr. 2015.

UNESCO. *Éthique et politique des nanotechnologies*. 2007. Disponível em: <http://unesdoc.unesco.org/images/0014/001459/145951f.pdf>. Acesso em: 16 abr. 2015.

UNIÃO EUROPEIA. Comité Económico e Social Europeu. Parecer do Comité Económico e Social Europeu sobre a Comunicação da Comissão ao Parlamento Europeu, ao Conselho e ao Comité Económico e Social Europeu: aspectos regulamentares dos nanomateriais. *Jornal Oficial da União Européia*, Bruxelas, ano 52, 25 fev. 2009a. C218, p. 23. Disponível em: <http://eur-lex.europa.eu/LexUriServ/LexUriServ.do?uri=OJ:C:2009:218:0021:0026:PT:PDF>. Acesso em: 16 abr. 2015.

——. Parlamento Europeu. Comissão do Ambiente, da Saúde Pública e da Segurança Alimentar. *Relatório sobre aspectos regulamentares dos nanomateriais*. Relator de parecer por Carl Schlyter. Bruxelas, 2009b. Disponível em: <http://www.europarl.europa.eu/sides/getDoc.do?pubRef=-//EP//NONSGML+REPORT+A6-2009-0255+0+DOC+PDF+V0//PT>. Acesso em: 16 abr. 2015.

UNITED NATIONS ENVIRONMENT PROGRAMME – UNEP. *Declaration of the United Nations Conference on the Human Environment*. 16 June 1972. Disponível em: <http://www.unep.org/Documents.Multilingual/Default.asp?DocumentID=97&ArticleID=1503&l=en>. Acesso em: 16 abr. 2015.

VALADARES, Eduardo de Campos. *Aplicações da física quântica*: do transistor à nanotecnologia. São Paulo: Livraria da Física, 2005.

VASCONCELOS, Beuren Cristiane. *A proteção jurídica do ser humano in vitro na era da biotecnologia*. São Paulo: Atlas, 2006.

VECCHI, Ipojucan Demétrius. *Noções de Direito do Trabalho*: um enfoque constitucional. 2. ed. Passo Fundo: UPF, 2007. v. 1.

VICKI, Stone. *ITS-NANO*: prioritising nanosafety research to develop a stakeholder driven intelligent testing strategy. Edinburgh: Heriot Watt University, 2014. Disponível em: <http://www.particleandfibretoxicology.com/content/11/1/9>. Acesso em: 16 abr. 2015.

WEYERMÜLLER, André Rafael; ENGELMANN, Wilson; FLORES, André Stringhi. *Nanotecnologias, Marcos Regulatórios e Direito Ambiental*. Curitiba: Honoris Causa, 2010.